浙江地方立法蓝皮书

（2018—2022）

浙江立法研究院　浙江大学立法研究院　编

中国民主法制出版社

图书在版编目（CIP）数据

浙江地方立法蓝皮书：2018—2022/任亦秋，胡铭主编；浙江立法研究院，浙江大学立法研究院编．—北京：中国民主法制出版社，2022. 12
ISBN 978 - 7 - 5162 - 3021 - 3

Ⅰ. ①浙…　Ⅱ. ①任…②胡…③浙…④浙…　Ⅲ. ①地方法规—立法—研究—浙江—2018—2022　Ⅳ. ①D927. 550. 0

中国版本图书馆 CIP 数据核字（2022）第 233623 号

图书出品人：刘海涛
出版统筹：贾兵伟
图书策划：张　涛
责任编辑：周冠宇

书名/ 浙江地方立法蓝皮书（2018—2022）
作者/ 任亦秋　胡　铭　主编
浙江立法研究院　编
浙江大学立法研究院

出版·发行/ 中国民主法制出版社
地址/ 北京市丰台区右安门外玉林里 7 号（100069）
电话/（010）63055259（总编室）　83910658　63056573（人大系统发行）
传真/（010）63055259
http：//www. npcpub. com
E-mail：mzfz@ npcpub. com
经销/ 新华书店
开本/ 16 开　710 毫米 × 1000 毫米
印张/ 30. 5　字数/ 410 千字
版本/ 2022 年 12 月第 1 版　2022 年 12 月第 1 次印刷
印刷/ 三河市宏图印务有限公司

书号/ ISBN 978 - 7 - 5162 - 3021 - 3
定价/ 88. 00 元

《浙江地方立法蓝皮书(2018—2022)》编辑委员会

序

党的十八大以来，习近平总书记围绕全面依法治国提出一系列新理念新思想新战略，深刻回答了中国特色社会主义法治体系建设的重大理论和实践问题，形成了习近平法治思想，为建设法治中国指明了前进方向。地方立法是法治中国建设的重要组成部分，在完善以宪法为核心的中国特色社会主义法律体系中发挥着重要作用。浙江省十三届人大常委会坚持以习近平法治思想为指导，紧扣党中央重大决策部署和省委中心工作，强化立法决策与改革决策有机衔接，加强重点领域、新兴领域立法，拓展自主性先行性地方立法的高效路径，不断提高地方立法的质量和效率，为浙江全面深化改革和经济社会健康发展提供了有力法治保障。

五年来，我们围绕中心服务大局，充分发挥地方立法引领推动作用。着眼夯实共同富裕示范区建设法治基础，审议《浙江省高质量发展建设共同富裕示范区促进条例》，出台乡村振兴促进条例、慈善法实施办法等先行示范领域重要法规，争取全国人大常委会法工委印发《关于加强同浙江人大工作联系支持浙江高质量发展建设共同富裕示范区的若干意见》，推动发展型制度政策加快向共富型转变。着眼强化公共卫生领域法治保障，在省级人大层面第一批作出关于依法做好疫情防控工作的决定，编制实施公共卫生领域地方立法修法专项计划，保障人民群众身体健康和社会公共安全。着眼落实长三角一体化发展国家战略，作出关于促进和保障生态绿色一体化发展示范区建设的决定，开展铁路安全、长三角居民服务一卡通等立法，以区域协同立法保障更高质量一体化发展。

五年来，我们聚焦全面深化改革，推进数字化改革法治化和立法工作数字化。围绕省委数字化改革体系，制定数字化改革基础性法规《浙江省公共数据条例》，出台数字经济促进条例、电子商务条例等专门法规，在30多部法规中对推进相关领域数字化改革提出明确要求。以数字思维、数字认知、数字技术推进立法工作数字变革，建成地方立法综合应用，推动立法工作机制重塑、流程再造。

五年来，我们立足浙江实际，打造标志性立法成果。突出地方特色，强化制度创新，制定《浙江省保障“最多跑一次”改革规定》《浙江省民营企业发展促进条例》《浙江省综合行政执法条例》《浙江省医疗保障条例》等10多部具有浙江辨识度的首创性法规，以良法促进发展、保障善治。

五年来，我们完善“1+X”立法制度体系，以机制创新提高立法质效。落实全过程人民民主重大理念，出台《做好新时代地方立法工作的若干意见》，制定修订法规草案起草小组、“双组长”制、代表参与立法、基层立法联系点、法规实施情况报告、备案审查工作流程、设区的市法规审查指导标准等20多项工作制度，推进立法全链条民主参与、全流程闭环管理。与浙江大学联合设立全国首家事业单位性质并实体化运行的浙江立法研究院，创新建立多渠道、多层次的专家参与立法机制。

为全面展示浙江省十三届人大常委会科学立法、民主立法、依法立法的实践成果，认真总结地方立法经验做法，推动新时代立法事业接续发展，省人大常委会法制工作委员会会同浙江立法研究院编写了《浙江地方立法蓝皮书（2018—2022）》。该书系统回顾五年来浙江地方立法的特色亮点、实践经验，深入解读创制性立法案例和工作机制，集中展示法治研究成果，以生动、翔实的资料呈现新时代地方立法的浙江探索。希望本书能够成为展示浙江立法成果的平台，成为观察了解浙江地方立法的窗口，成为加强改进地方立法的参考。

党的二十大擘画了以中国式现代化全面推进中华民族伟大复兴的宏伟蓝图，对坚持全面依法治国、推进法治中国建设作出重要部署。浙江省第十五次党代会提出在高质量发展中奋力推进共同富裕先行和省域现代化先行的奋斗目标。这些都对进一步做好地方立法工作提出新的课题和要求。新时代新征程,浙江地方立法要进一步紧扣中心、紧跟改革、紧贴民生,加强先行先试、探索创新、完善提升,不断增强立法的系统性、整体性、协同性、时效性,为推进“两个先行”、谱写中国式现代化浙江新篇章提供固根本、稳预期、利长远的法治保障。

梁黎明

2022 年 12 月 2 日

目 录

(二)推进科学立法民主立法依法立法

部署交流篇

(一)省委、省人大常委会领导讲话

(二)经验交流发言

理论研究篇

(一)省人大常委会开展的立法理论研究

(二)浙江立法研究院开展的立法理论研究

附　　录

总 评 述

2018—2022年浙江地方立法总评述

地方立法是中国特色社会主义法律体系的有机组成部分，担负着保障宪法和法律在本行政区域内有效实施和推进本地区经济社会发展的双重职能。2018年以来，党的十九大确立了习近平新时代中国特色社会主义思想为我们党必须长期坚持的指导思想。党的十九届四中全会作出了坚持和完善中国特色社会主义制度、推进国家治理体系和治理能力现代化的决策部署。中央全面依法治国会议明确习近平法治思想为全面依法治国的指导思想。这些都对新时代的地方立法提出了更高的要求。

在此背景下，2018年到2022年的五年间，浙江省围绕中央和省委决策部署，结合地方经济社会发展实际需要，出台了一系列具有浙江辨识度的地方立法：全国"放管服"改革领域首部综合性地方性法规《浙江省保障"最多跑一次"改革规定》，全国首部以促进数字经济发展为主题的地方性法规《浙江省数字经济促进条例》，全国首部公共数据领域地方性法规《浙江省公共数据条例》，全国首部医疗保障领域综合性地方法规《浙江省医疗保障条例》，等等。同时，在科学立法、民主立法、依法立法三个面向持续推进，注重立法和改革决策相衔接、相统一，注重发挥立法的引领和推动作用，形成了具有浙江特色的地方立法创新做法和实践成果，为本省的经济社会持续健康发展提供了有力的法治保障。

一、2018—2022 年浙江地方立法概况

浙江省共有 13 个地方立法主体，[①] 包括浙江省人大及其常委会，11 个设区的市的人大及其常委会，以及景宁畲族自治县人民代表大会。2018 年至 2022 年，浙江省人大及其常委会共制定省地方性法规 64 件，修改 88 件，批准设区的市地方性法规及景宁畲族自治县自治条例和单行条例 193 件。在设区的市人大立法方面，浙江省各设区的市人大及其常委会积极开展立法工作，多有创新。如杭州市 2021 年出台的《杭州市物业管理条例》回应时下热议的人脸识别话题，规定物业不得强制业主通过人脸识别、指纹等进入小区，收获社会各界的赞许。衢州市 2021 年出台了我国首部围棋地方性法规《衢州市围棋发展振兴条例》，对推动衢州围棋文化走向世界、打造文化高地金名片具有重要意义。

总体上，2018—2022 年浙江地方立法深入贯彻习近平法治思想，围绕忠实践行“八八战略”、奋力打造“重要窗口”主题主线，坚持问题导向、目标导向和效果导向，聚焦经济发展、生态环境保护和改善民生等重点领域，不断改进立法方法，立法质量稳步提高，为法治浙江建设的深入推进、经济社会的持续健康发展以及治理能力水平的现代化作出了积极贡献。

---

① 广义的地方立法指由地方国家机关依照法定职权制定地方性法规和地方政府规章的活动，狭义的地方立法指地方国家权力机关依照法定职权制定地方性法规的活动，不包括地方政府规章的制定活动。参见高绍林：《地方立法的地位、特点和基本原则》，《天津人大》2013 年第 09 期。本评述中采用狭义理解。

二、2018—2022 年浙江地方立法的主要经验与成就

（一）坚持党的领导作为立法工作的政治原则

执政党要实现其政治目标和政策主张，必然要将其政策主张通过立法途径转化为国家或全民意志，在立法基础上实现其政治目标。在我国，要建设中国特色社会主义法治体系，建设社会主义法治国家，坚持党的领导，把党的领导贯穿到依法治国的全过程是根本保证。新中国成立以来我国的制度变迁总体上是推动型的制度变迁过程，当这种制度变迁与社会需求和党的主张方针政策一致的时候，正是法治得到长足发展的时候。[①] 在全面依法治国格局下，党的领导体现为领导立法、保证执法、支持司法、带头守法；科学立法是前提和条件，党领导立法的理论和制度是全面依法治国的基石。党对人大立法的领导具有双重意义：第一，党的领导提供了人大代表的共识基础，能够避免人大代表的身份多元所造成的代表性稀释，保证人大立法能够成为公意的体现，而不是众意的简单相加；第二，在新时代社会分化趋势下，加强党的领导有助于保证立法代表社会广大民众，实现以人民为中心的法治道路。[②]

党领导立法是习近平法治思想的重要内容，是确保全面依法治国伟大事业成功的根本保障。立法是全面依法治国的首要环节，坚持党对立法工作的领导，是我国立法发展的一条基本经验，是立法工作取得伟大历史性成就的政治保证，也是实现党对国家生活领导的基本形式。习近平同志指出："坚持党的领导，不是一句空的口号，必须具

① 田侠：《党领导立法实证研究：以北京市人大及其常委会为例》，中国社会科学出版社 2016 年版，第 36 页。

② 邵六益：《党为何要领导立法——以人大立法为例》，《毛泽东邓小平理论研究》2021 年第 7 期。

体体现在党领导立法、保证执法、支持司法、带头守法上。”[①] 党的十八大之后，“党领导立法”的表述首次出现在2012年12月4日习近平同志在首都各界纪念现行宪法公布施行三十周年大会上的讲话中。他指出，“党领导人民制定宪法和法律，党领导人民执行宪法和法律，党自身必须在宪法和法律范围内活动，真正做到党领导立法、保证执法、带头守法”[②]。

就浙江来说，地方党委一方面将对立法工作的领导列为党委的重要议事日程，及时听取地方立法中重大问题的报告，及时研究决定涉及重大体制和重大政策调整的立法事项，真正把领导立法工作的责任扛起来。另一方面，积极完善党对立法工作中重大问题决策的程序，熟悉和尊重立法规律，发挥立法机关党组织和党员委员的作用，不断提高领导立法工作的能力和水平。2003年，省人大常委会和省政府联合召开全省立法工作会议，时任省委书记、省人大常委会主任习近平同志到会讲话；2018年，浙江省委首次召开全省立法工作会议，时任省委书记、省人大常委会主任车俊同志到会讲话，进一步强化了党对立法工作的领导。

五年来，面对错综复杂的外部环境和艰巨繁重的改革发展稳定任务，浙江省始终坚持党对立法工作的集中统一领导。首先，围绕中央和省委工作大局开展立法，坚决贯彻党的路线方针政策和重大决策部署，主动把党的领导贯穿到立法工作全过程，各项审议意见和提出的草案或者草案修改稿符合中央和省委精神。其次，严格执行请示报告制度，对立法重大问题、重大事项及时向省委请示报告，重要法规和决定草案经省人大常委会党组研究后报请省委常委会会议研究，立法调研项目库调整和年度立法计划经常委会党组研究后报请省委全面依法治省委员会会议审议。第三，按照省委全面依法

① 习近平：《加快建设社会主义法治国家》，《求是》2015年第1期。

② 中共中央文献研究室编：《十八大以来重要文献选编》（上），中央文献出版社2014年版，第91页。

治省委员会部署，全面履行立法协调小组职责，抓好我省贯彻习近平总书记中央全面依法治国工作会议重要讲话精神立法方面的具体落实工作，发挥好分党组的作用，及时把党的主张、方针、政策转化为法规制度。第四，创新立法工作机制，完善党委领导、人大主导、政府依托、各方参与的立法工作格局，如杭州市人大率先制定《关于重大立法事项向市委报告的实施办法》，建立常委会主要领导担任组长的重要法规草案起草领导小组、双组长、立法工作专班、两审三表决、三审四表决等制度，切实提高法规立项、起草、审议质量。

（二）科学立法：尊重和体现客观规律

习近平总书记指出，科学立法的核心在于尊重和体现客观规律。[①] 世界上任何一个现代化的国家都追求立法的科学性，但是达到科学立法的方法、方式、路径却各不相同，立法科学性的程度相应也有所不同。如何设计更加合理的制度，来达到科学立法的目标，是人类法治文明史的一大永恒主题。科学立法原则在立法活动中可以表述为对调整事态的事实认知和对其他立法原则所提出之目的或价值的实现，前者要求在科学立法原则的指导下对作为立法对象的社会关系自身及其背后的客观规律予以清晰把握，后者要求在科学立法原则的指导下寻求实现各种预定目的的最优方案。[②] 科学立法原则同时也是判断立法质量的重要标尺。

“推进科学立法、民主立法、依法立法”，[③] 既是做好新时代地方立法工作的根本原则，也是基本方法。科学的地方立法需要坚持

---

① 习近平：关于《中共中央关于全面推进依法治国若干重大问题的决定》的说明。

② 裴洪辉：《合规律性与合目的性：科学立法原则的法理基础》，《政治与法律》2018 年第 10 期。

③ 习近平：《决胜全面建成小康社会 夺取新时代中国特色社会主义伟大胜利——在中国共产党第十九次全国代表大会上的报告（2017 年 10 月 18 日）》，《人民日报》2017 年 10 月 28 日第 1 版。

不抵触、有特色、精细化三个方面的价值基准，同时既要注重立法过程，也要注重立法结果，通过“科学地立法”，达致“科学的立法”。[①] 从党的十一届三中全会提出的法治建设十六字方针中的“有法可依”到党的十八大提出的法治建设新十六字方针中的“科学立法”，这一发展，不仅丰富了科学立法本身的内涵，同时也对我国今后的地方立法工作提出了更高、更新的要求。近40年来，在落实和贯彻“有法可依”要求的过程中，浙江省地方立法机关逐渐将立法的质量作为工作的核心任务。“科学立法”这一引擎牵引着民意对立法的强烈期待，驶向立法体制更完善、立法质量和立法效率更高、法律规范体系更完备的法治浙江，并最终实现治理体系和治理能力的现代化。[②]

立法法第六条规定：“立法应当从实际出发，适应经济社会发展和全面深化改革的要求，科学合理地规定公民、法人和其他组织的权利与义务、国家机关的权力与责任。法律规范应当明确、具体，具有针对性和可执行性。”这是科学立法的要求在规范上的直接体现。

1. 立法应当适应经济社会发展和全面深化改革的要求

立法应当从实际出发，适应当前经济社会发展需要。“观时而制法，因事而制礼。”[③] 立法从实际出发，就是要充分尊重和准确反映法所调整的社会关系的客观规律，回应当时的经济社会发展诉求。[④] 面对既定的和新生的社会关系，在努力寻求符合经济社会发展的客观规律的基础上，针对直接的社会关系主体的行为方式及其实际结果，进行正当性的审视和判定，由此设定相应的权利义务和法定或

① 该表述来源于时任中国法学会副会长、中国法学会行为法学会会长江必新教授2018年4月19日在浙江大学的演讲内容。http：//www. ghls. zju. edu. cn/ghlscn/2018/0421/c13700a1144006/page. htm（2022年7月23日访问）。

② 唐明良等：《全面依法治国 建设法治浙江》，社会科学文献出版社2020年版，第71页。

③ 2018年1月19日习近平总书记在中共十九届二中全会第二次全体会议上的讲话，出自《战国策·赵策二》。

④ 任才峰：《科学立法、民主立法、依法立法的理论与实践》，《人大研究》2019年第1期。

者可以酌定的行为方式，并辅之以法律激励或法律制裁，最终促进经济社会发展与立法者的价值预期相吻合，[①] 这是立法法第六条第一句规定背后的理论意涵。

当前，我国已进入全面建成小康社会的决定性阶段，也是我省“两个高水平”建设的关键时期，面临的发展机遇和风险挑战前所未有。一方面，浙江始终把我国改革开放和社会主义现代化建设的宏伟实践作为立法的基础，紧紧围绕奋斗目标和任务要求，深入分析立法需求，区分轻重缓急，突出立法重点，注重各方面法律制度的协调发展。同时，加强和改进地方立法工作，充分发挥立法在引领、推动和保障改革方面的重要作用，把改革决策与立法决策结合起来，做到重大改革于法有据、立法主动适应改革。[②] 另一方面，浙江深刻认识新时代的大趋势大背景、新变化新要求，自觉把立法工作放在党和国家事业发展大局上来谋划、来推进，处理好稳定性与变动性、前瞻性与阶段性的关系。为推动社会主义市场经济发展，加大经济领域立法，制定了一大批经济类法规。为推动实施“八八战略”等省委重大部署，认真做好有关重点领域立法，并通过立、改、废、释相结合进一步打开改革空间，确保浙江省改革在法治轨道上蹄疾步稳、阔步前进。

五年来，浙江省人大常委会紧盯重要领域，注重立法与改革决策相衔接，加强创制性立法，制定出台了一批具有浙江辨识度、在全国产生较大影响的创制性、标志性地方法规，引领和推动浙江高质量发展。比如，2018 年制定全国“放管服”改革领域第一部综合性地方法规《浙江省保障“最多跑一次”改革规定》，2020 年 1 月省人代会审议通过全国第一部省域层面促进民营企业发展的地方性法规《浙江省民营企业发展促进条例》，2020 年制定全国第一部以

① 韩忠伟、段海龙：《新〈立法法〉第 6 条的立法设计功能之解析》，《天津法学》2018 年第 1 期。

② 唐明良等：《全面依法治国 建设法治浙江》，社会科学文献出版社 2020 年版，第 72—73 页。

促进数字经济发展为主题的地方性法规《浙江省数字经济促进条例》，2022 年出台全国首部公共数据专门立法《浙江省公共数据条例》，等等。

2. 立法应当科学合理地规定公民、法人和其他组织的权利与义务

法律上的权利与义务是构成法律关系的基本要素之一。法律作为调整社会关系的行为规则，对公民、法人和其他组织的权利和义务进行设定，并以国家强制力保障权利的实现和义务的履行。[①] 公民的权利和义务涉及社会生活各个领域，公民享有法律规定的权利，同时也承担法律规定的义务。立法在设计公民的权利和义务时，须把握公民权利与义务相统一的原则，不得同宪法相抵触，下位法在设定公民的权利与义务时不得同上位法相抵触。对于宪法规定的公民的基本权利，下位法不得任意加以限制和剥夺，如果不适当地限制或剥夺宪法规定的公民基本权利，即同宪法相抵触。同时不能任意给公民设定义务，确保公民的义务和权利相适应。[②]

面对新时代、新形势，众多新经济形态引发了新的权利义务关系，对地方立法提出了更高的要求。在此背景下，浙江地方立法始终重视科学合理地设定公民、法人和其他组织的权利与义务。比如，为落实党中央关于平台经济发展的新要求和省委数字化改革的精神，破解我省电子商务发展中的新矛盾新问题提供了解决方案，进一步促进我省电子商务规范健康持续发展提供了坚实法治保障，出台了《浙江省电子商务条例》。条例协调了平台、商家和用户等主体之间的权利和义务，对用户个人信息保护、平台责任、新就业形态劳动者权益保护、“大数据杀熟”规制、网络餐饮治理等作出规定，为规范市场交易秩序，构建公平开放安全的电子商务发展环境提供制度

① 唐明良等：《全面依法治国 建设法治浙江》，社会科学文献出版社 2020 年版，第 73 页。

② 韩忠伟、段海龙：《新〈立法法〉第 6 条的立法设计功能之解析》，《天津法学》2018 年第 1 期。

支撑。[1] 再如,《浙江省快递业促进条例》是全国首部以促进快递业发展为主题的省级地方性法规,在该条例制定过程中,立法研究院理事长王辉忠同志、副理事长刘力伟同志分别亲自带队,赴基层和江西、湖南、上海、北京等地进行了多次调研、考察学习,不少创制性规定在广泛征求意见的基础上还专门听取了国家有关部门和全国人大常委会有关专委的意见。条例针对快递业用地难、快递车辆通行难、快件投递难、从业人员权益保障难等问题,平衡快递企业、快递从业人员和相关领域主体之间的权利和义务,完善快递末端服务设施和站点建设,明确快递专用电动三轮车通行和管理规则,保障从业人员劳动权益,为我省快递业发展跑出"加速度"提供制度支撑。[2]

3. 立法应当科学合理地规定国家机关的权力与责任

国家机关的权力来自于国家法律。国家机关享有管理社会的权力,同时其权力行使应受到监督。如果国家机关未能依法履行职责、行使权力,应当承担相应责任。立法在设定国家机关权力时,需同时考虑其应承担的责任,坚持国家机关权力与责任相统一的原则。[3] 另一方面,法治建设的重要环节是实现国家权力实施的法治化,避免行政部门争权诿责。在规定国家机关的权力和职责时,要坚持两者相统一的原则,既不能通过立法使行政部门利益法治化,也要赋予其必要的权力。[4]

浙江在推进地方立法的进程中充分认识到,立法必须科学合理地规定国家机关的权力与责任,才能满足社会治理的需要。比如,《浙江省人民代表大会常务委员会关于网络虚假信息治理的决定》针

① 浙江省人民代表大会法制委员会 2021 年工作报告。

② 浙江省人民代表大会法制委员会 2021 年工作报告。

③ 韩忠伟、段海龙:《新〈立法法〉第 6 条的立法设计功能之解析》,《天津法学》2018 年第 1 期。

④ 任才峰:《科学立法、民主立法、依法立法的理论与实践》,《人大研究》2019 年第 1 期。

对网络虚假信息这一互联网领域的痛点难点问题，对网络虚假信息治理机制、部门职责分工、监管协同、宣传教育等内容作出规定，有效规范网络传播行为，加强网络生态治理，维护人民群众的合法权益。《浙江省人民代表大会常务委员会关于促进和保障龙港市新型城镇化综合改革的决定》针对龙港“撤镇设市”探索大综合、扁平化管理，不设乡镇行政管理层级遇到的法律难题，以法规性决定形式明确乡镇人民政府履行的法定职责的承接主体，保障龙港市撤镇设市综合改革深入推进。作为全国首部“大综合一体化”行政执法改革法规，《浙江省综合行政执法条例》以立法形式固化改革成果，破解监管部门和执法部门权限界分等改革难点问题，推动形成权责明确、整体智治、协同高效的行政执法体系，依法保障“大综合一体化”行政执法改革深入推进。①

4. 立法应当明确、具体，具有针对性和可执行性

法的价值在于适用，法律规定只有明确、具体，具有针对性和可执行性，才能被人们具体适用于各种场景的社会生活中。对于地方立法而言，要做到明确、具体，具有针对性和可执行性，首先要实现“精准化”，即找准需要立法解决的问题，并以此作为立法选项和具体制度选择的基本依据。所谓需要立法解决的问题，应当是现实生活中客观存在、必须通过法律调整、现有中央立法尚未解决或有效解决而且属于地方立法权限范围的问题。其次要实现“精干化”，不能盲目比附中央立法结构。地方立法地位和功能决定了立法框架应该轻型化、简约化，“需要什么就规定什么，需要几条就规定几条”。当然，地方立法的轻型化、简约化，并不意味着地方立法的各项条款间杂乱无章，忽视内部结构体系。各个待决议题之间，仍然要遵循各部门法的基本体系框架，以确保法律适用者轻松游走于中央立法与地方立法之间，以中央立法的一般规定指引地方立法的具体适用，以地方立法的特色条款落实中央立法的基本精神。再次

① 浙江省人民代表大会法制委员会2021年工作报告。

要实现"精细化"，科学细致研究设计解决问题的路径和方案，使法规中提出的每项制度和措施都是严密可行的、能够有效解决问题的。[①]

浙江始终坚持立法的精准化、精干化和精细化。比如，作为全国首部医疗保障领域的综合性法规，《浙江省医疗保障条例》精准地聚焦于各地医保政策的统一、医保公共服务的规范和医疗保障基金筹资机制的健全，完善公平适度的医疗保障待遇，健全现代医疗保障体系建设，保障人民享受更优更高的医疗保障待遇和服务。[②]《浙江省乡村振兴促进条例》是我省乡村振兴和缩小"三大差距"的基础性综合性法规，条例立法过程中紧扣乡村振兴战略实施，精细完善城乡融合、产业兴旺、生态宜居、乡风文明的具体举措，明确乡村振兴的扶持措施，努力缩小城乡差距，促进农业全面升级、农村全面进步、农民全面发展，推动农业农村现代化。[③] 修订《浙江省广告管理条例》过程中，结合浙江实际，对绝对化用语、虚假广告、房地产广告、直播带货以及法律责任等热点难点问题，作了精细完善，体现了鲜明的浙江特色，为促进我省广告业健康发展，维护社会经济秩序提供有力的法治保障。[④] 在审议《浙江省土地管理条例》过程中，精准聚焦我省人多地少的省情，注重处理好耕地保护与经济社会发展、用地需求与农民合法权益保护的关系，对耕地保护、农民集体所有土地征收、农村宅基地管理、建设用地等作了全面系统规范，为促进土地合理利用，推动经济社会可持续发展提供有力法治保障。[⑤]

在设区的市立法和民族地区自治立法层面，宁波市人大从"小切口、真管用、有特色"入手，提高立法精准化、精细化、精干化

① 丁祖年、郑春燕：《中国地方立法的现实与转型》，《地方立法研究》2016年第1期。

② 浙江省人民代表大会法制委员会2021年工作报告。

③ 浙江省人民代表大会法制委员会2021年工作报告。

④ 浙江省人民代表大会法制委员会2020年工作报告。

⑤ 浙江省人民代表大会法制委员会2021年工作报告。

水平，在省内率先制定《宁波市居家养老服务条例》，截至2021年底，全市建成居家养老服务中心187个、居家养老服务站2792个，政府购买居家养老服务惠及22.6万高龄老人。《景宁畲族自治县促进惠明茶产业发展条例》仅有20多条，不设章节，快、准、稳回应茶农反映的产业规划、品牌建设、营销以及生产用地等方面的实际需要。《温州市危险住宅处置规定》仅10个条文，真正实现了选题精准、内容精细、框架精干，既避免了与上位法的架床叠屋，又成功解决了当地突出问题。

（三）民主立法：为了人民、依靠人民

习近平总书记指出，民主立法的核心是为了人民、依靠人民。[①] 立法本质上是各种社会利益的分配和协调，是不同利益相关者之间的博弈，是对现有利益格局的调整，是在打破现有利益格局的条件下，通过谈判和博弈重塑新的利益格局。立法的民主关系着立法的过程，同时对立法的内容提出了要求，即要求法律的内容应体现民众对于相关待立法的事项的普遍认识和共同判断。现代民主国家的立法必须基于民主主体的同意，也就是说“人民”的认可。从立法的最初民意形成，到立法草案的提出，再到立法的审议和通过、执行，乃至立法在实施中的监督和评估，立法的解释、修改、完善等等，这一系列立法活动自始至终都应当有民主价值发挥作用的空间。国家立法活动的所有领域和不同阶段都要坚持民主价值的指导，在决策的关键环节都要有决断机制发挥决定性作用。

立法法第五条规定：“立法应当体现人民的意志，发扬社会主义民主，坚持立法公开，保障人民通过多种途径参与立法活动。”党的十八届三中、四中全会提出健全立法机关主导、社会各方面有序参与立法的途径和方式，拓宽公民有序参与立法渠道，健全法律法规规章草案公开征求意见和公众意见采纳情况反馈机制，要把公开原

---

① 习近平：关于《中共中央关于全面推进依法治国若干重大问题的决定》的说明。

则贯穿立法全过程等要求。

1. 立法应当体现人民的意志，发扬社会主义民主

相比于其他国家，我国立法最大优势和特色就在于全过程人民民主。2021 年 10 月 13 日、14 日举行的中央人大工作会议上，习近平总书记在重要讲话中首次全面和系统地阐述了“全过程人民民主”的价值内涵。他指出，我国全过程人民民主不仅有完整的制度程序，而且有完整的参与实践。我国全过程人民民主实现了过程民主和成果民主、程序民主和实质民主、直接民主和间接民主、人民民主和国家意志相统一，是全链条、全方位、全覆盖的民主，是最广泛、最真实、最管用的社会主义民主。

浙江一直都在不断努力践行全过程人民民主。首先，发挥代表主体作用架起“桥梁纽带”，落实人民代表大会审议法规制度，保障代表直接参与行使地方立法权。深入研究代表议案建议，坚持统筹代表议案建议办理与立法调研项目库、年度立法计划编制有机结合，及时把人民群众关心关切的事项提上立法日程。深化代表分专业有重点参与立法工作，充分发挥代表的专业优势和特长，增强代表参与立法的实效。其次，依托基层联系点打通立法民意“最后一公里”，落实好《浙江省人大常委会基层立法联系点工作规则》，将基层立法联系点打造成为立法民意的“直通车”、开门立法的“最前线”。再次，围绕汇集民意民智完善 1 + X 立法工作制度体系，不断创新实现全过程人民民主的方式、程序、机制，切实提高立法民主的广泛性、代表性和实效性。此外，深化数字化改革撬动立法全过程人民民主系统重塑，不断强化现代科技对立法工作的支撑，重点针对当前地方立法中存在的公众参与不足、民意表达不充分、反馈不及时的问题，研究开发人大地方立法综合应用平台，以立法流程再造、制度重塑、高效协同撬动立法全过程人民民主质量和效率提升。最后，强化法治引领推动全过程人民民主实现，强化法规立改废释，加快民生实事项目人大代表票决制规定、村经济合作社组织条例等法规的制定修改，将全过程人民民主要求转化为地方性法规规范。

2. 坚持立法公开，保障人民通过多种途径参与立法活动

2020 年 5 月审议通过的《浙江省电动自行车管理条例》，是浙江民主立法的一次生动实践。条例修改稿两次公开征求意见，两次就社会关切问题进行大规模问卷调查，吸引近万名群众及 101 个市县交警部门参与。条例延长了非标车的过渡期、强制佩戴头盔、限制非机动车道划设机动车停车位、适当加重非标车驾驶人赔偿责任、对拆除或者改变限速装置加重处罚，主动回应了群众诉求与客观需要。

五年来，浙江在立法中坚持立法公开，让每一部法规都满载民意。第一，在编制年度立法计划、赴基层调研、法规草案征求意见等立法各工作环节，广泛征求和听取基层立法联系点的意见，充分发挥基层立法联系点反映民情、倾听民意、汇聚民智的“直通车”作用。第二，2020 年起，省人代会已连续 3 年审议通过地方性法规，人大代表通过参加大会审议与表决，直接参与行使立法权。第三，2021 年，浙江设立覆盖 11 个设区市的 22 个基层立法联系点，各基层立法点又各自向下延伸。如义乌市人大常委会基层立法联系点打造了一支上万人的信息采集员队伍，让居民在家门口就能参与立法。截至 2021 年底，全省各基层立法联系点对 13 件法规草案提出 1000 多条意见建议，许多好的意见建议被吸收采纳。第四，注重发挥专家学者作用，坚持和深化专家列席法制委员会会议制度。2021 年全年共邀请 16 名专家对 12 件法规草案进行论证，并委托语言文字专家对每件拟审议通过的法规草案进行审核。

在设区的市层面，杭州市人大在《杭州市西湖龙井茶保护管理条例》起草过程中坚持民主立法，开大门，接地气，听民声，纳民意，既把专业的问题研究深、琢磨透，又把群众参与的门打得更开、更畅通，真正做到科学立法、民主立法、依法立法。[①] 丽水市人大常

① 蒋慧骞：《〈杭州市西湖龙井茶保护管理条例〉立法实践与探索》，杭州人大，2021 年 11 月 26 日，http：//218.108.49.37/hzrd/zxzx/rdxw/202112/t20211229_792867.html（2022 年 7 月 25 日访问）。

委会在全省范围内首次探索将辩论机制引入到地方立法工作中，通过组织召开立法辩论会，为利益相关方搭建交流沟通平台，让各方充分阐述意见、表达利益诉求、达成立法共识，促使立法质量不断提高。[①] 基层立法联系点堪称民意“直通车”，可以有效打通民意征集的“最后一公里”。嘉兴市人大常委会不断探索创新，因地制宜，以规范化建设推动联系点建设，努力将其打造成为“基层民意直通点”“基层普法宣教点”“基层治理助力点”。[②] 台州市人大常委会为深入推进民主立法，扩大公众参与立法的途径和方式，建立了地方立法市民库，使不同区域、不同行业、不同年龄的市民能快速、直接参与到立法全过程，开创了基层民意表达、传送的新方式。[③]

（四）依法立法：维护法治统一和尊严

我国实行的是一元两级多层次的立法体制，法规范的供给主体众多，法源结构非常复杂。这就要求各立法主体要严格遵循宪法原则的约束，切实履行各自的法定职责，才能建构一个体系完备、内容和谐的法律规范体系。而“依法立法”强调的就是立法主体必须严格按照宪法、立法法和其他有关法律的规定，在法定职权或特别授权的权限范围以内，遵循法定程序的要求，开展立法工作。[④] 因此，坚持依法立法原则的要求，是保证法的形式合理性、增强法的可执行性的根本保障。

依法立法的核心要义在于，立法应当依照法定的权限和程序，从国家整体利益出发，维护社会主义法治的统一和尊严。我国地域辽阔，人口众多，各地政治、经济、文化发展很不平衡，在制定法

① 涓流：《浙江丽水：立法辩论渐成常态》，《山东人大工作》2019 年第 6 期。

② 赵晓思、赵宇龙、邱鹰梅：《“小平台”汇聚民主立法“大智慧”》，《浙江人大》2020 年第 10 期。

③ 元茂荣：《从广泛民意中汲取立法智慧》，《浙江人大》2020 年第 8 期。

④ 田钒平：《通过科学立法促进民族交往交流交融的法理探讨》，《民族学刊》2020 年第 4 期。

律、行政法规、地方性法规时，要从国家整体利益出发，防止通过立法实行地方保护主义、妨碍公平竞争。[①] 立法法第四条规定："立法应当依照法定的权限和程序，从国家整体利益出发，维护社会主义法制的统一和尊严。"

1. 维护法治统一，开展法规清理

法规清理是和立法活动有关的一项立法技术性工作，是对立法的整理，是国家使立法体系协调和谐的重要手段。[②] 法规清理不仅仅是针对个别法律或者是法律的个别条文进行的清理，而且还包括对一个国家立法机关制定的所有法律在体系层次上进行清理，在不同法律之间建立起必要的法律秩序。[③] 因此，法规清理不仅仅是内容上的清理，更是体系上的审查，开展法规清理可以使整个法律系统在层次上达到协调一致，从而建立一个健全周延的法律秩序。

构建一个体现良法善治、维护法治统一、契合浙江实际的地方性法规体系，是确保实现省委全会提出的"到党成立一百年时，在省域治理上积累形成一整套更加完善的制度体系"这一要求的基础性条件。[④] 五年来，浙江省立足长效规范，加强法规清理工作，先后开展生态环境保护法规清理、"最多跑一次改革"涉及法规梳理等专项清理工作，及时清理不符合新时代改革发展需求的法规，推动相关法律法规立、改、废，并出台《浙江省地方性法规清理工作若干规定》，实现法规清理工作的制度化、规范化。同时，积极做好法规配套规范性文件督促制定工作，出台《关于地方性法规配套规范性文件制定的工作程序》，确保地方性法规的有效实施。[⑤]

其中，2020 年，浙江省人大法制委员会成立工作专班，对照

---

① 任才峰：《科学立法、民主立法、依法立法的理论与实践》，《人大研究》2019 年第 1 期。

② 侯淑雯：《立法制度与技术原理》，中国工商出版社 2003 年版，第 25 页。

③ 莫纪宏：《法律清理的合宪性审查》，《中国宪法年刊》2009 年辑。

④ 余文斌、赵晓思：《立法助推"重要窗口"建设》，《浙江人大》2021 年第 1 期。

⑤ 吴江：《浙江省地方立法四十周年综述》，2019 年。

近年来中央和省委最新改革决策要求和国家法律法规修改情况，对2018年底前制定的现行有效的193件省级地方性法规开展全面清理。在充分征求各方意见、深入研究论证基础上，法规清理工作已取得阶段性成果，法制委员会研究提出10个打包修改或者废止决定的议案，修改法规46件，废止法规和法规性决定13件，并向常委会会议提出了清理工作报告，立法工作的协调性、及时性、系统性得到显著增强。根据全国人大常委会的统一部署，开展涉及民法典、野生动物保护和食品药品安全领域地方性法规专项清理工作，经过清理，有26件省和设区的市地方性法规与新出台上位法的精神、原则和规定存在不一致，修改9件，其余17件分步修改。①

2021年，在充分征求各方意见、深入研究论证基础上，浙江省人大法制委员会研究提出8个打包修改和单独修改决定的议案，对与改革发展新形势新任务不相适应的法规进行修改废止，共修改法规29件，实现法规制度的与时俱进、完善发展，立法工作的系统性、协调性显著增强。如为贯彻修改后的消防法，适应机构改革和消防工作新形势新要求，审议消防条例修改草案，完善监管体制，理顺工作机制，明确乡镇政府和物业服务企业的消防职责，强化对社会关注的电动自行车充电的安全管理。根据全国人大常委会统一部署，开展涉行政处罚、计划生育专项清理工作，与上位法存在不一致、不衔接、不配套的，及时通过打包修改、单独修改或纳入立法计划等方式予以修改。②

2. 严守合法性底线，加强设区市法规审查指导

立法法明确赋予所有设区的市在“城乡建设与管理、环境保护、历史文化保护等方面”的地方立法权，为地方立法留足了空间，同时也给地方立法带来了新的挑战和机遇。设区的市能否将这立法权

① 浙江省人民代表大会法制委员会2020年工作报告。

② 浙江省人民代表大会法制委员会2021年工作报告。

“接得住，用得好”，关键在于地方立法机关及其工作人员的立法能力和水平。[①] 浙江 11 个设区的市已经全部获得地方立法权，为地方改革发展释放了活力。为确保立法质量，省人大常委会高度重视对设区市立法工作的指导，加强统筹协调，做出了有益探索。

五年来，浙江省人大积极履职，强化对设区市立法工作的审查指导与统筹协调。首先，通过对各设区市立法计划的协调，从源头上减少重复立法，帮助设区市聚焦重点领域、符合立法权限。其次，对每件报批法规，加大审查指导力度，既贯彻落实习近平总书记批示指示精神和党中央决策部署，坚决依照宪法、法律、行政法规和省级地方性法规，又深入了解基层实情，通过口头沟通、实地调研与书面指导等方式，就每件法规草案的修改与设区市进行多轮沟通交流，力求精准指导。[②] 第三，在法规草案征求意见阶段提前介入，把主要问题解决在设区市人大常委会通过和报批前。第四，密切与设区市的联系，为设区市加强立法工作经验交流、做好立法宣传等提供服务和支撑。第五，在总结审查指导经验的基础上，制定《设区的市地方性法规审查指导工作流程》《关于推进设区的市完善立法工作机制提高依法立法水平的指导意见》《设区的市地方性法规合法性审查参考标准》，帮助设区市进一步建立健全立法工作机制，提高立法工作水平。[③] 第六，加强立法工作研讨与培训，帮助设区市提升立法能力和水平。最后，加强理论研究，参与承担全国人大常委会法工委委托课题《省级人大常委会审批、指导设区的市人大及其常委会法规的实践经验、主要问题及对策分析》。[④]

经过各方共同努力，我省设区市立法质量和能力有了较大提升，立出了许多问题导向清晰、地方特色鲜明、回应关切及时的高质量法规。比如，《杭州市淳安特别生态功能区条例》是淳安特别生态功

① 唐明良等：《全面依法治国 建设法治浙江》，社会科学文献出版社 2020 年版，第 85 页。
② 浙江省人民代表大会法制委员会 2019 年工作报告。
③ 浙江省人民代表大会法制委员会 2018 年工作报告。
④ 浙江省人民代表大会法制委员会 2019 年工作报告。

能区设立以来首部“量身定制”的法规，也是全国首部生态“特区”保护法规；《宁波市菜市场管理条例》是全国首部菜市场地方性法规，其中针对水产过度捆扎问题，该条例还创设了“宁波特色”处罚条款；《温州市“两个健康”先行区建设促进条例》是全国首部关于“两个健康”（即非公有制经济的健康发展和非公有制经济人士的健康成长）的地方性法规；《绍兴黄酒保护和发展条例》是全国第一部针对黄酒的保护和发展作出规范的地方性法规，极具绍兴地方特色。

3. 增强监督刚性，全方位推进备案审查

党的十八届四中全会提出：“加强备案审查制度和能力建设，把所有规范性文件纳入备案审查范围，依法撤销和纠正违宪违法的规范性文件，禁止地方制发带有立法性质的文件。”规范性文件是我国普遍存在的一种规范形式。备案审查是指立法主体把制定出来的规范性文件依照法定的程序在规定的期限内向备案审查主体报送备案，由备案审查主体依照法定职权或者依申请审查备份在案的规范性文件并作相应处理。① 规范性文件备案审查是立法工作的重要组成部分和延伸，是维护国家法治统一的重要手段。

浙江省人大高度重视备案审查工作，不断完善备案审查机制，坚持全面审查与有重点的主动审查相结合，坚决纠正不适当的规范性文件，实现“有件必备、有备必审、有错必纠”。持续推动备案审查工作数字化改革，优化备案审查数字化应用场景，持续深化多跨协同，形成整体协同效应。根据立法综合应用平台开发进度，适时增加在线辅助审查功能，提升备案审查工作效率。建成全省法规规章规范性文件数据库，为社会公众提供权威、系统、便捷的法规规章查询服务。全面推进有件必备，督促制定机关特别是新纳入备案范围的监察机关按照规定时间、要求做好规范性文件报备工作。推进有错必纠，重点纠正存在违背党中央重大决策部署

① 邓华晖、傅思明：《规范性文件备案审查制度研究》，《行政与法》2021年第11期。

和改革要求、与上位法相抵触等情形的规范性文件，不断增强备案审查制度刚性。持续推进备案审查工作制度建设，开展《浙江省各级人民代表大会常务委员会规范性文件备案审查规定（修改）》准备工作，总结提炼近年来备案审查工作特别是数字化改革积累的新经验新做法。

三、2018—2022 年浙江地方立法的鲜明特色和亮点

自 2018 年以来，地方立法工作面临着新形势新任务新要求。一是我国社会主要矛盾的变化，在新的历史条件下，人民群众对立法的期盼，已经主要不是有没有法律法规的问题，而是法律法规好不好、管用不管用的问题。二是实现我国经济高质量发展，我国经济已由高速增长阶段转向高质量发展阶段，实现高质量发展，必须坚定不移贯彻创新、协调、绿色、开放、共享的发展理念，建设现代化经济体系。三是全面深化改革开放，必须着力处理好改革和法治的关系，凡属重大改革都要于法有据。四是全面依法治国深入推进，在这一进程中，立法工作包括地方立法工作，将具有越来越重要的地位，发挥越来越重要的作用。

在此背景下，随着法治浙江的不断推进，浙江省地方立法也在不断探索创新，以国家法治原则精神统一为前提，从浙江实际出发，创造性地开展地方性法规的立法创制，紧紧围绕省委中心工作，把提高立法质量摆在首位，积累了宝贵的经验，形成了自身的鲜明特色和亮点。

（一）围绕中心服务大局，注重立法的引领推动作用

法治建设是一个系统工程，需要全面推进，但在一个阶段内又必须重点突破。为此，浙江省人大坚持立法决策与改革发展重大决策相结合，按照全面深化改革的要求和“根据需要与可能、突出重

点、统筹兼顾、急需先立”的立法原则，结合浙江实际，提出了人大及其常委会立法工作的重点项目，集中立法资源确保事关浙江发展和民生改善的重要地方性法规如期颁布。[①] 五年来，立法围绕改革、服务改革、引领改革，已成为浙江开展立法工作的基本遵循。

围绕“最多跑一次”改革，出台《浙江省保障“最多跑一次”改革规定》，是全国“放管服”改革领域第一部综合性地方法规，为全国“放管服”改革提供了浙江方案。规定立足“一件事”界定、“一个窗口”法律地位、信息孤岛、尽责免责等痛点难点问题，将浙江省在改革实践中行之有效的行政许可告知承诺、商事登记相关便利制度、区域评估、标准地、施工图设计文件联审、竣工综合测绘、亩均效益评价等经验做法在立法层面予以固化提升，并为进一步改革预留空间，保障改革持续深入推进和目标全面实现。[②]

《浙江省民营企业发展促进条例》是全国首部省域层面促进民营企业发展的创制性法规。条例紧紧围绕保障民营企业公平参与市场竞争，促进民营经济高质量发展，对民营企业的含义作了科学界定，增加建立现代企业制度规定，对政府采购和招投标领域限制和排斥民营企业平等准入作了禁止规定，并规定了禁止额外提供担保情形和迟延支付账款、信用修复等内容，为民营企业发展营造良好发展环境，进一步激发民营企业活力和创造力。[③]

为深入推进数字经济“一号工程”建设、推动数字经济成为我省展示“重要窗口”的标志性成果，出台《浙江省数字经济促进条例》。条例明确了数字基础设施的规划和建设要求，完善了促进数字经济发展的激励和保障措施，着力构建和完善数字经济新型生产关系、加快政府数字化转型、创新多元协调治理体系的制度支撑，不

① 徐邦友：《“法治浙江”：展示社会主义法治优越性的重要窗口》，《观察与思考》2020年第12期。

② 浙江省人民代表大会法制委员会2018年工作报告。

③ 浙江省人民代表大会法制委员会2019年工作报告。

断擦亮数字经济这张“金名片”。[①]

为构建适应数字化改革要求的地方性法规制度体系，出台全国首部公共数据专门立法《浙江省公共数据条例》。条例是数字化改革领域的基础性法规，省人大将审议该法规作为重中之重，对公共数据平台建设、数据收集归集、数据共享和开放、数据安全等作出系统规定，规范公共数据的边界、范围和治理体制机制，为促进公共数据应用创新、推动数字化改革提供支撑。[②]

2021年6月，中共中央、国务院印发《中共中央　国务院关于支持浙江高质量发展建设共同富裕示范区的意见》。高质量发展建设共同富裕示范区是习近平总书记和党中央赋予浙江的光荣使命，也是浙江的重大政治责任。省人大常委会聚焦更好地服务共同富裕示范区建设，强化共同富裕亟需法规的创设与集成，加快构建共同富裕示范区立法“1+N”的工作体系。2021年7月，省人大常委会通过《浙江省人民代表大会常务委员会关于促进和保障高质量发展建设共同富裕示范区的决定》，及时将中央和省委决策部署转化为全省人民共同意志和自觉行动，为推进示范区建设开通绿色法治通道。2022年初，省人大常委会将《浙江省促进高质量发展建设共同富裕示范区条例》作为2022年重大创制性立法项目，组建工作专班，集中力量组织起草。与此同时，开展示范区建设需要在我省暂时调整实施的法律、行政法规条款梳理工作，加强与省委社会建设委员会、省委改革办的沟通联系，多次组织召开专题座谈会，深入开展研究论证，形成需要在我省暂时调整实施的法律、行政法规条款清单。

（二）坚持体现地方特色，引领数字立法和立法数字化潮流

地方特色是地方立法的灵魂，也是地方立法的生命所在。浙江

① 浙江省人民代表大会法制委员会2020年工作报告。

② 吴江：《浙江省地方立法四十周年综述》，2019年。

坚持从实际出发、体现地方需求、突出地方特色，无论是立法选项还是具体制度设计，都始终立足本地实际，因地制宜确定立法项目、设定法规内容，提高立法的针对性和可操作性，增强立法的系统性和配套性，统筹立法的前瞻性和实践性，并把握好立法节奏，区分轻重缓急，坚持立法进度服从立法质量，不急于求成，不搞攀比，不相互照抄照搬，确保立出来的法规站得住、行得通、真管用。

当下，以大数据、人工智能、区块链为代表的科技浪潮汹涌澎湃，冲刷着社会生活的方方面面，令社会生活发生人们现有心智很难预料的结构性变化。浙江敏感于现代科学的巨大作用和发展趋势，果断地把数字经济、数字社会、数字政府作为牵引浙江全面发展转型的抓手，是浙江全面发展的未来之极。[①]

一方面，浙江省人大全面贯彻省委数字化改革决策部署，加大法规制定修改的力度，构建适应数字化改革要求的地方性法规制度体系。比如，全国首部以促进数字经济发展为主题的地方性法规《浙江省数字经济促进条例》很好地总结了我省推进数字经济发展实践经验，聚焦重点领域、关键环节作出了一系列创制性规定，为全省数字经济发展提供了强有力的法治保障。从调研的情况看，全省上下以数字化改革为牵引，聚焦通堵点破难点，纵深推进治理数字化，数字技术惠及社会治理的方方面面，进一步提升了群众和企业的满意度、获得感。[②] 再如，在浙江省人大2021年制定修改的法规中，均通过设置专章或者专门条款对运用数字技术、保障和推动相关领域数字化改革提出明确要求，推动构建与全省数字化改革相匹配的法规制度和法治秩序。如在审议乡村振兴促进条例草案和快递业促进条例草案中，分别设置“数字乡村”“数字快递”一章，对推进乡村治理与服务数字化、加强数字快递基础设施建设等作出规

① 徐邦友：《“法治浙江”：展示社会主义法治优越性的重要窗口》，《观察与思考》2020年第12期。

② 方小龙、林蔚：《把脉数字经济健康发展》，《浙江人大》2021年第12期。

定。审议政府非税收入管理条例修改草案时，在全国率先引入非银行支付机构代收政府非税收入的规定，为支付宝、银联等代收非税收入提供立法依据，有力推动省财政厅公共支付平台数字化改革。①

另一方面，按照省委“加快地方立法综合应用场景建设，促进立法流程再造、大成集智”的指示要求，浙江省人大紧扣推动数字化改革、发展全过程人民民主、助推共同富裕示范区建设一体融合的目标任务，进一步丰富拓展思路，加快工作进度，积极推进增量开发，地方立法综合应用场景开启了从无到有的历程。围绕立法全生命周期，目前已初步建成全省一体化的立法综合应用可视化平台。该平台按照法规总览、多跨场景、省人大年度立法、设区的市立法、智能应用、立法支撑等维度集成分析、展示立法工作数据，实现全省立法工作全局的一屏掌控。与此同时，按照“平台+大脑”改革架构，强化立法综合应用“大脑”建设，基于大数据分析等技术，构建集智能起草、智能检索、智能比对、智能文本、智能清理和智能统计等一体化智能应用体系。②

（三）紧盯重要领域立法，打造标志性立法成果

立法是法治建设的基础性工程。五年来，浙江省人大常委会精准选题，积极谋划重点领域、新兴领域立法，制定了一批有浙江辨识度的创制性、先行性立法成果，立法工作取得新成效。

除了《浙江省数字经济促进条例》有力地支撑了浙江数字经济这张“金名片”外，2020年，在突发疫情叠加冲击的背景下，围绕经济高质量发展，省人大常委会还制定修订了地方金融条例、广告管理条例、公路条例等，有力保障了省委统筹推进“两战”、落实“六稳”“六保”任务。围绕强化公共卫生法治保障，筑牢人民群众生命健康安全防线，编制《加强公共卫生法治保障地方性法规制定

① 浙江省人民代表大会法制委员会2021年工作报告。

② 吴江、方帅、林蔚：《数字化激发地方立法新活力》，《浙江人大》2022年第5期。

修改工作计划》，出台做好疫情防控、禁止非法交易和滥食野生动物两个决定；围绕推动绿色发展，推进美丽浙江和文化浙江建设，制定大运河世界文化遗产保护条例、水资源条例；围绕加强和改善民生，制定生活垃圾管理条例、电动自行车管理条例，聚焦群众所急所盼所需，切实解决好百姓的操心事、烦心事、揪心事。哲学社会科学是人们认识世界、改造世界的重要工具，为了推动全省哲学社会科学事业繁荣发展，2022 年 7 月率全国之先出台哲学社会科学工作综合性地方立法《浙江省哲学社会科学工作促进条例》，彰显了浙江以地方立法推进建设新时代文化高地的使命和担当。此外，2020 年，省人大常委会在区域协同立法方面迈出了实质性一步，浙江、上海、江苏两省一市人大常委会分别表决通过《关于促进和保障长三角生态绿色一体化发展示范区建设若干问题的决定》。这是两省一市人大常委会首次就示范区建设同步作出决定，在关键条款和内容表述上保持高度一致，为示范区发展提供有力法治保障。①

（四）完善立法工作机制，提升立法科学化水平

立法工作机制是地方立法运行的制度依托，是立法质量和效率的保障。省人大常委会围绕“立一件、成一件、行一件”要求，不断加强制度建设，制定修订了一系列立法工作制度规范，着力构建“1 + X”立法工作制度体系，促使我省地方立法工作更加科学化、规范化、精细化。

围绕提高立法质效，坚持重要法规草案起草小组“双组长”制度，由省人大常委会联系相关专门委员会的副主任和省政府分管副省长共同担任立法起草小组组长，共同推动法规起草过程中重要制度设计和重大问题的及时协调解决。建立法规草案起草专班工作机制，由省人大法制委、省人大常委会法工委、省人大有关专门委员会、省司法厅、有关部门、人大代表和专家共同组成，实现多跨高

---

① 余文斌、赵晓思：《立法助推“重要窗口”建设》，《浙江人大》2021 年第 1 期。

效协调，形成整体合力。为深化代表参与地方立法工作机制，修订《浙江省人大代表分专业有重点参与立法工作规定》，进一步激发代表履职积极性，扩大代表对地方立法参与的深度和广度。为完善专家参与立法体制机制，制定《浙江省人大常委会专家参与立法工作规则》，建立以立法专家信息库为基础、立法专家咨询委员会和立法项目专家为核心的“一库两机制”专家参与立法新体制，组建250人的专家信息库和14人的专家咨询委员会，建立专家列席法制委员会会议制度，更好发挥专家参与立法作用。为建立健全法规有效实施机制，制定《浙江省地方性法规实施情况报告规定》，将法规实施作为立法工作的重要环节，建立法规实施情况主动报告制度，推动法规落地见效。为落实“精准选题、精良设计、精炼表达”立法要求，制定《地方性法规一般不重复上位法若干规定（试行）》，对法规起草过程中如何避免和减少重复上位法作了明确规定，提升立法精细化水平，确保地方立法管用好用。[①]

（五）打造一流立法智库，为高质量立法提供智力支撑

2018年，作为浙江省十二届人大常委会确立的十五项重点工作之一，浙江省人大常委会和浙江大学合作推动建立立法智库。在此背景下，浙江立法研究院于2018年1月20日成立，为独立法人二类事业单位，由省社会科学界联合会主管；浙江大学立法研究院于2018年1月22日成立，为浙江大学校设研究机构，由浙江大学统一管理。浙江立法研究院与浙江大学立法研究院通力合作、成果共享。

两单位旨在深入研究新时代中国特色社会主义立法理论，相互合作，利用大数据技术实现“智慧立法”，以交叉学科的资源助力立法效率和提升立法质量，搭建培养立法专业队伍的顶尖平台，打造汇聚国内外立法专家的一流智库，为法治中国建设贡献浙江智慧。

---

① 余文斌、赵晓思：《立法助推“重要窗口”建设》，《浙江人大》2021年第1期。

同时秉持多学科交叉融合的研究理念，在丰富的立法实践基础上，以精准的立法对象意识、精干的立法框架、精细的立法方案等为视点，以规范分析、比较分析、社科法学分析、大数据分析等为方法，对立法领域中的基础性及重点难点问题进行深入研究，解决立法实践中遇到的重大立法难题，从而指导立法机关提升立法技术。

立法研究院聘任立法理论界24位顶尖学者、立法实务界18位资深专家为客座研究员，聘任浙江大学校内外法学、公共管理学、社会学、经济学、计算机等多学科专家31位为兼职研究员；与浙江省内15所高校的法学院建立平台伙伴合作关系；新增立法学方向的博士后流动站，每年都有入站博士后专门从事立法学的理论与实践研究。

2019年，浙江大学立法研究院新增为中国智库索引（CTTI）来源智库。2021年，浙江立法研究院入选浙江省新型重点专业智库。

回顾历程，立法研究院的品牌活动有一个显著特征：每年围绕中央或浙江省委的重大战略部署，布局“四个一”品牌活动，以全国立法学者与实务专家之智慧，全方位护航“重大改革于法有据”。四年多来，立法研究院已经成功举办了5届之江立法论坛、20期立法名家讲坛、17期立法专题沙龙、74项立法前沿课题（包括浙江省哲学社会科学立法专项课题23项），为全国人大常委会、浙江省人大常委会提交《立法研究参考》决策报告89期，持续为法治国家建设发力。①

四、浙江地方立法的未来展望

当前，改革进入攻坚期和深水区，地方立法需要破解一些新难

① 郑春燕：《浙江立法研究院动员全国立法专家力量献智献策 法治浙江建设拥有源源不断立法智慧给养》，《法治日报》2022年8月2日06版。

题，对科学立法工作机制提出了更高的要求。继续做好浙江地方立法，必须紧紧围绕新要求新期待，认真践行习近平总书记对浙江作出的“干在实处永无止境，走在前列要谋新篇，勇立潮头方显担当”重要指示，进一步坚定指导思想、明确目标任务、强化工作格局、健全工作机制、提升立法能力，确保立法始终保持正确的政治方向，反映鲜明的时代特征，体现坚实的民意基础，不断发挥立法对经济社会的引领、推动、规范、保障作用。[①] 2022 年 6 月 20 日，袁家军书记在浙江省第十五次党代会报告中提出，聚焦共同富裕和现代化先行宏伟目标，要把学深悟透习近平新时代中国特色社会主义思想与习近平总书记对浙江工作的重要指示精神贯通起来，牢牢把握让法治这一手真正硬起来的要求；要坚持立法决策与改革、发展、稳定的重大决策相结合，推进自主性先行性地方立法。[②] 这为浙江地方立法清晰地指明了前进方向和发展道路。展望未来，基于现有的鲜明特色和战略布局，浙江地方立法还可以在以下方面进一步拓展。

（一）在立法的全流程中继续贯彻全过程人民民主

王绍光教授指出全过程人民民主是象征性、描绘性、形式性和实质性代表四维一体的民主制度，这为地方立法全流程贯彻全过程人民民主提供了建构框架。[③] 首先，从象征性维度看，全过程人民民主强调人民至上，这种象征性带来很强的约束力，一方面要求立法形式要具有权威性、庄严性，另一方面要求立法程序本身需要不断完善。其次，从描绘性维度看，人大代表是生活和工作在人民中间、

① 吴江：《浙江省地方立法四十周年综述》，2019 年。

② 袁家军：忠实践行“八八战略”，坚决做到“两个维护”，在高质量发展中奋力推进中国特色社会主义共同富裕先行和省域现代化先行——在中国共产党浙江省第十五次代表大会上的报告（2022 年 6 月 20 日）。

③ 安英昭：《中国全过程人民民主何以丰富人类政治文明形态？——专访香港中文大学荣休讲座教授王绍光》，中国新闻网，2021 年 12 月 10 日，https：//www. chinanews. com. cn/gn/2021/12-10/9626791. shtml（2022 年 7 月 23 日访问）。

同人民有血脉联系的，这种构成本身就能描绘性地代表整体人民利益，这就要求进一步密切人大代表与选民之间的联系，进一步发挥人大代表在立法中汇集民意、集中民智的作用。再次，从形式性维度看，中国的人民代表大会制度确保了广泛的代表性，西式民主理论强调形式性代表，但其代议民主理论的焦点不是“代表”（Representation），而是“代议士”（Representative）。这就为我国的地方立法在探究全过程人民民主下立法协调国家利益、公共利益、集体利益和个人利益的制度优越性提供了新的观察视角。最后，从实质性维度看，我国的全过程人民民主强调“从群众中来，到群众中去”，群众的智慧与建议因而得以融入各级各类立法的决策中。对于地方立法而言，就需要对立法调研、论证、评估等环节增强人民民主实质的制度设计进行深入研究。

从立法项目立项到法律草案审议，从草案起草到评估论证，从广泛征求意见到备案审查，从立法公开到法治宣传教育，立法工作全部流程、每个环节都是推进全过程人民民主的具体生动实践。一是科学编制立法规划计划，从立项这一工作源头上发扬民主、科学决策；二是创新立法参与体制机制，丰富民主形式、拓宽民主渠道；三是协同政府立法与人大立法，统筹安排相关联相配套的法律法规规章的立改废释工作；四是发挥法规备案审查监督功能，切实维护法治统一和尊严，保证立法工作不断适应经济社会发展新形势、人民群众新期待。

立法中的全过程人民民主是讲好人大故事、立法故事，展示社会主义民主政治优越性的重要内容。习近平总书记多次强调要讲好中国故事，传播好中国声音，展示真实、立体、全面的中国。栗战书委员长也提出要积极讲好人大故事，展示全过程民主的优势。一方面要发挥媒体在人民群众参与立法过程中的作用，准确阐释立法宗旨和目标，反映人民群众的意愿和需求。另一方面立法机关要不断加大立法公开力度，生动讲述立法故事、全过程民主故事，不断增强坚持中国特色社会主义法治道路的自信心。

（二）在数字领域地方立法深入探索持续发力

数字经济代表着新的生产力发展方向，是当今世界经济发展新的强大引擎，我国数字经济规模已跃居全球第二。与数字经济的发展步伐相适应，我国与数字经济相关立法不断完善。对于科技进步越加迅速、社会变化越发频繁的当下，设计一套既能解决现实问题、又能为未来留下变动的空间，既能保护个人的合法权益、也能促进国家战略和产业发展的法律体系，就需要科学的制度设计和立法技术理论强有力的支撑。数字立法是一个动态的系统工程，不可能一蹴而就；数字经济发展日新月异，更要避免立法滞后的弊端。数字立法是一个国际前沿问题，中国的法律要走向世界，最有可能的也就是数字方面的法律。浙江地方立法应借助浙江省得天独厚的数字经济先发优势，继续以数字立法作为特色，围绕数字领域立法的理念和指导思想、数字经济对形成于传统工商业社会的法治理念和治理形态所带来的冲击与挑战、调和技术发展和经济形态的不确定性与制度稳定性之间的关系等问题，积极探索，开拓进取，贡献浙江智慧。

建议以数据类型为区分基点，确立不同的立法价值，相应展开规范的塑造。以个人数据、公共数据和企业数据为大数据立法体系的基本主干，分别布局设计相应的法律规范构成。在区分个人数据、公共数据和企业数据的立法框架基础上，就个人数据而言，围绕个人基本权利，确立个人数据在人格属性与财产属性上的双重价值；就公共数据而言，围绕政府规制策略的选择，强调公共数据的开放需求与安全保障的价值平衡；就企业数据而言，围绕市场的公平竞争秩序，确立企业数据的集群分布与垄断效应的价值取舍。

（三）在立法数字化基础上进一步实现立法智能化

人工智能和大数据技术的兴起，将从时空观、传媒手段、信息方式、计算方法等多个方面颠覆传统，智能的无限拓展也对人类的认知能力和认知方式构成挑战。智能时代的到来将为立法的叙事提出新问题，为立法的研究贡献新方法，也为立法理论的迭代更新带来机遇，为立法的制度调整和实践改良提供契机。一方面，将人工智能引入立法领域不仅能够解决我国的立法困境，使立法决策者不会被信息的洪流所淹没，而且在人工智能视阈下展开的立法前评估和立法后反馈能够使立法决策日臻完善，具有传统决策模式所难以比拟的优势。另一方面，大数据技术使得海量多样且时时更新的数据既能及时展示特定领域的具体变化，又能反映社会整体的状况与趋势，为立法者进行系统评估、作出周全决策提供强有力的支持。

目前除浙江外，北京、天津、江苏等地也通过与法律数据企业合作，在立法智能化上已迈出了第一步，一定程度上实现了立法工作的数字化，具备了推进智能立法建设的先期基础。可借助浙江立法研究院、浙江大学立法研究院平台优势，充分利用浙江大学作为综合性大学在人工智能、计算机、大数据等众多学科交叉互补的显著优势，开拓大数据立法、智能立法的研究高地，探索智能时代的立法调查、立法设计和立法后评估等的全新理论框架。

智能立法不是一蹴而就的，它需要相应的平台和标准化的大数据及高端算法，数字法治作为整体应相互融合、同步发展，同时结合立法活动自身的特点，做到讲数据、抓重点、防风险。首先，要实现经济社会全方位的数字化转型，作为制度产品的生产使用的各个环节，立法、执法、司法、守法同样应当整合到同一个数字化平台，实现同步智能化发展。其次，有了海量数据，还要有能力“让数据说话”，基于对大量数据的科学分析和有效评估来取得立法证据，从而支持法律草案的拟定和审议法律规范的内容。智能立法要塑造“处处以数据说话”的数字化应用场景，保障从立法调研到法规完善的各个环节都有扎实可靠的数据支撑，实现以数据驱动的精细化立法。再次，可以先通过对某一部或某几部法规的关键规则、关键条文或款项进行智能化设计，积累智能立法的初步经验，检测相关系统的可用性，成熟以后逐渐推广到更多的规则，最终达到法规的整体智能化立法。最后，与其他应用场景一样，智能立法的应用架构也应当以人为本，尊重人的主体地位，坚持安全可靠、风险可控。

（执笔人：蒋成旭，浙江大学立法研究院、浙江立法研究院副研究员。审校：郑春燕，浙江大学立法研究院、浙江立法研究院执行院长，浙江大学光华法学院教授，博士生导师）

立法成果篇

（一）推进创制性立法

“最多跑一次”：从实践探索到法律制度

从“跑多次”到“最多跑一次”，从群众跑腿到“数据跑腿”，从理念、制度到作风……历经两年攻坚，浙江“最多跑一次”改革破题。

在深入调查研究、广泛征求意见、充分分析论证的基础上，浙江省十三届人大常委会第七次会议于2018年11月30日审议通过《浙江省保障“最多跑一次”改革规定》，自2019年1月1日起正式施行。

“从2018年3月19日签订土地成交确认书，到4月27日核发施工许可证，原本需要100多天时间，现在只用了39天。”阿尔法智能制造产业园总经理章国荣体会到了“最多跑一次”改革的“桐庐速度”。

2016年，浙江在全国率先掀起“最多跑一次”改革大潮，承诺让群众和企业到政府部门办事，在申请材料齐全、符合法定要求时，办理一件事最多跑一次甚至一次不用跑。短短两年时间，“最多跑一次”从最初的办事理念转化为实实在在的实践探索，改革的丰硕成果已经真切地影响到企业和群众生产生活的各个方面。

从省“最多跑一次”改革办公室获悉，除例外事项清单外，我省省市县三级已实现“最多跑一次”事项100%覆盖。浙江企业、群众普遍感受到办事的便捷。最新第三方调查显示，全省“最多跑一次”改革满意率达96.5%。

改革积累了大量有效的经验做法，为国家改革贡献了浙江素材。但同时也发现了不少问题。比如，到底怎么样才算“一件事”？怎么样才算“最多跑一次”？政府部门与企业、群众存在不同理解。改革成果如何固化？改革中碰到的问题如何破解？

2018年11月30日，浙江省十三届人大常委会第七次会议审议通过《浙江省保障“最多跑一次”改革规定》。该规定从立法宗旨、适用范围、权责配置、事项清单、办事服务流程、商事登记、企业投资项目审批、事中事后监管、数据共享等方面，以立法形式固化了改革经验，解决了改革中面临的一些体制机制问题。由此，“最多跑一次”实现了从实践探索到法律制度的再一次升华。

立法保障“最多跑一次”改革纵深推进

2016年12月“最多跑一次”改革在浙江大地拉开序幕以来，短短两年时间，改革的丰硕成果已经真切地影响到企业和群众生产生活的各个方面，改革的成效得到社会广泛关注和群众普遍赞誉，受到党中央、国务院充分肯定。

2018年1月，中央全面深化改革领导小组专门审议“最多跑一次”改革调研报告，7月份中央深改委再次研究“最多跑一次”改革。“最多跑一次”也被写入李克强总理所作的2018年《政府工作报告》。2018年7月，中共中央办公厅、国务院办公厅印发《关于深入推进审批服务便民化的指导意见》，更是把浙江省“最多跑一次”经验做法作为典型经验全面推广。“最多跑一次”改革正在被越来越多的省份复制，已经从浙江逐渐走向全国。

改革刀刃向内，如何一以贯之地持续推进？改革实践中积累的大量行之有效的经验做法，如何进一步固化和升华？改革推进过程中，面临的一些体制机制上的问题如何解决？“要注重标准化和法治化，认真总结推广实践中的好做法，并上升为制度性成果巩固下来，提升改革的制度化水平。”早在2017年10月，时任浙江省委书记车俊同志就在《求是》杂志署名文章中为改革的纵深推进指明了方向。

深化“最多跑一次”改革，实现市场有效、政府有为、企业有利、群众满意，让新时代浙江全面深化改革的“金字招牌”释放出更加耀眼的光芒，亟待通过立法引领、保障和规范。

围绕中心、服务大局，是人大义不容辞的责任。为推动“最多跑一次”改革决策落地，省人大常委会打出了漂亮的履职“组合拳”：作出推进和保障桐庐深化“最多跑一次”改革决定，开展“最多跑一次”改革督察，制定保障“最多跑一次”改革规定，决定权、监督权、立法权持续发力，探索了用足人大制度空间、助推中心工作“落地”的有效路径。

从2018年年初开始，省人大常委会法制工作委员会就提早介入政府起草工作。省人大财经委在调研基础上提出了审议报告，对法规草案的修改提出建议。常委会第四次会议对草案进行初审以后，法制委员会和常委会法制工作委员会坚持开门立法、民主立法，通过多种渠道和途径，广泛征求省政府和省有关部门、人大代表、企业、中介机构、行政管理和法律专家等方方面面的意见。省人大常委会党组书记、副主任梁黎明，省人大常委会副主任赵光君分别亲自带队赴基层调研。

固化改革成果，确保改革于法有据

2018年4月24日，衢州市行政服务大厅迎来一次改头换面。主楼一楼升级改造为“无差别受理”大厅。24个“无差别受理”窗口，可受理投资项目和商事登记及后置审批和其他综合事务等多部门多板块事项。

“请问一下，卫生许可证和电表安装都在哪个窗口办理？”衢州市民梁女士是第一次来办理这两项业务，面对几十个窗口她有些发愣。

“您直接取号，选‘无差别窗口办理就行’。”在前台导服的指点下，不到5分钟，梁女士在6号窗口完成了材料递交和申请，快得让她不可思议。

大厅前台大屏幕上的数据，也印证了梁女士的感受。一周时间，24个窗口，平均办事等待时长为1分钟。

近年来，衢州市在创新性推出“一窗受理、集成服务”改革的基础上，又率先实施“无差别全科受理”，让办事主体不仅“只进一扇门”，而且“只到一个窗”，成为全省“最多跑一次”改革的主样板。

“一窗受理”发端于衢州，如今成为全省标配。规定明确，县级以上人民政府可以指定综合行政服务机构以该机构的名义统一负责办事事项的收件工作，并指定综合行政服务机构委托统一负责办事事项的受理、送达工作。也就是说，“一窗受理”通过立法得到明确，基层行政服务中心不再“师出无名”。

“要牢牢把握以人民为中心，处理好改革与法治、上位法与地方创制性立法等关系，推进科学立法民主立法，及时把‘最多跑一次’改革好的做法和经验上升为地方性法规，更好发挥‘最多跑一次’改革在全面深化我省各领域改革中的撬动和牵引作用。”在6月13日赴杭州开展深化“最多跑一次”改革专项督察座谈会上，梁黎明强调。

由此，可以看到，商事登记“多证合一”“一照多址”，“一件事”标准化清单，企业投资项目“承诺制”，“施工图联合审查”“建筑工程竣工测验合一”“标准地制度”“区域评估制度”等多项带有鲜明“浙江印记”的改革举措“走”进法律文本。

比如《浙江省保障“最多跑一次”改革规定》第十四条在与国家相关规定保持衔接的基础上，进一步明确了行政许可告知承诺制的适用范围、适用条件、监管措施、不履行承诺的法律后果等内容。该规定第十六条至第二十条对国家和省有关商事登记领域的“多证合一”“一照一码”“证照分离”“证照联办”“一址多照”“一照多址”和住所申报承诺制、企业简易注销等改革内容作了相应规定，并根据国务院文件精神明确对商事登记环节中的申请材料实行形式审查。该规定第二十六条明确对建设工程质量、人防、消防、节能、抗震、防雷等内容进行施工图联合审查。

浙江作为工程建设项目审批制度改革试点省份，在区域评估制度方面率先进行积极探索，改革成效受到国务院通报表扬。规定总结我省实践经验，明确省级以上各类经济开发区、特色小镇以及县级以上人民政府确定的其他区域，可以根据需要对企业投资项目涉及的环境影响评价、节能评估、地质灾害危险性评估、水土保持方案编制、地震安全性评价、压覆重要矿产资源评估等事项实行区域评估制度。对区域评估事项可以实行多评合一、联合评估。同时明确，已实施区域评估的，区域内企业投资项目可以简化评估或者不予评估。

建立标准地出让制度，是发挥市场在资源配置中的决定性作用，实现“有为政府”和“有效市场”有机统一的重大改革举措。该法规明确了标准地制度的适用范围以及标准地投资建设合同应当包括的内容，同时对标准地投资建设合同的履行也规定了相应监管措施。

破解痛点堵点，增强群众获得感

“最多跑一次”改革是一次先行先试的探索，改革推进过程中，难免会碰到一些问题，规定坚持以问题为导向，对那些阻碍改革，同时又有地方立法空间的领域，敢于亮剑，作出明确有针对性的规定。

实践中，政府部门和人民群众对“一件事”存在不同理解，直接影响到人民群众在“最多跑一次”改革过程中的获得感。打个比方，想在杭州开家小餐馆，老百姓认为，我餐馆开成功了，这算“一件事”；市场监管、卫生等部门可能认为，你来我这里是办营业执照、食品生产经营登记证的，证给你办成了，就算“一件事”。

所谓“一件事”，规定明确，是指一个办事事项或者可以一次性提交申请材料的相关联的多个办事事项。而“最多跑一次”，则指自然人、法人和非法人组织到政府办理一件事，如申请材料齐全、符合法定形式，从提出申请到收到办理结果，只需一次上门或零上门。

同时，为保障全省有统一的“一件事”标准，并兼顾各地实际情况的差异，规定由省人民政府梳理公布全省统一标准的“一件事”及其办事事项清单，市、县级人民政府可以结合本地实际予以补充。

此外，考虑到根据相关法律、法规的规定，有些办事事项确实无法实现“最多跑一次”，为了给各级行政机关提供统一的执行标准，也约束行政机关随意增加例外事项，规定由省人民政府公布“最多跑一次”的例外事项目录，任何单位不得增加例外事项。

针对企业和群众反映强烈的重复提交材料、转嫁证明责任、办事时间长等问题，法规要求减少办事环节、整合办事材料、缩短办事时限、减免办事费用，优化办事流程，提高办事效率，并从以下四方面提供制度保障：一是规范材料的重复提供，明确实行统一收件或者受理的办事事项，只需提供一套材料；可以通过公共数据平台提取的材料，不再要求申请人提供。二是对替代材料作出规定，明确户口本、居住证、驾驶证、社会保障卡、市民卡、老年卡、人像认证结果等记载申请人身份信息的有效证件或者凭证均可作为身份证明材料。电子签名与本人到场签名具有同等法律效力。三是建立容缺受理机制，规定主要申请材料具备、容缺受理申请材料欠缺的，可以先予以受理。四是严格办理期限要求，规定行政机关承诺的办事期限比法定期限更短的，应当在承诺期限内办结，无法定期限的应当合理确定办事期限并向社会公开。此外，考虑到对申请材料实行形式审查是提高办事效率、加速审批流程的重要举措，法规明确了以形式审查为原则、以实质审查为例外的审查制度。

实践中，涉审中介机构办事耗时较长、服务质量不高等问题是基层反映较多的，针对这一情况，法规作了如下规定：一是明确没有法律法规依据，行政机关不得要求申请人提供技术审查、鉴定、评估、鉴证等报告。二是明确中介机构应当加强行业自律、提高服务质量，政府应当采取措施鼓励和培育具有综合资质或者多种业务能力的中介机构的发展。三是明确中介机构应当向社会公开承诺出具相关报告的期限并将承诺期限备案。四是规定行政机关委托中介机构提供报告所需时间计入行政许可办理期限，但行政许可法明确扣除的除外。

信息孤岛是阻碍“最多跑一次”改革进程的最大堵点。法规根据政府数字化转型目标，专设数据共享一章，重点作了四方面规定：一是要求政府加强公共数据平台标准化建设，构建跨部门、跨层级、跨领域的标准模型，推动政府数字化转型。二是规定由省里建立统一的综合数据信息资源库。三是明确公共数据以共享为原则、不共享为例外，同级和上下级行政机关应当共享公共数据，破除信息壁垒。四是对数字化转型的平台作了规定，包括一窗受理平台、公共数据平台、国际贸易综合管理服务平台、咨询投诉举报统一服务平台、企业投资项目在线审批监管平台等，并明确相关平台应当以浙江政务服务网为依托，为实现政务服务“一网通办”提供保障。

尽管法规将很多改革举措作了固化和提升，但改革仍在进行中，由于一些改革措施法律依据不充分，部分政府部门和工作人员心中有顾虑，担心因改革失误承担责任，一定程度上影响了推进改革的积极性。法规从“为担当者担当、为改革者撑腰”的原则出发，积极回应基层单位希望立法建立容错和免责机制的诉求，设定了容错免责条款，对容错免责的具体条件进行明确，为保障基层改革创新提供支撑。

改革只有进行时，没有完成时。“最多跑一次”改革持续推进中，一些制度和措施仍在反复实验、不断打磨之中，对还看不清、看不准的事项，不能因为立法束缚住了改革者的手脚，应当允许他们大胆创新。因此，法规对这些问题暂时不作规定或者仅作原则性的规定，确保为改革发展预留出充足的空间。考虑到国家“放管服”改革在不断深化推进，为了更好地顺应改革需要，保持立法的开放性和前瞻性，法规明确法律、行政法规和国务院在“放管服”方面有新的举措和要求的，执行新的规定。

（执笔人：浙江省人大常委会法制工作委员会　吴恩玉　杨利学）

无人机不再“任性飞”

2019年3月28日，浙江省十三届人大常委会第十一次会议审议通过了《浙江省无人驾驶航空器公共安全管理规定》，自2019年5月1日起施行。这部法规是全国第一部规范无人驾驶航空器的地方性法规，对于加强和规范无人驾驶航空器安全管理，依法查处非法经营和使用无人驾驶航空器的行为，保障重要单位、场所和重大活动的公共安全，维护社会秩序，发挥了重要作用，也为国家层面下一步相关立法提供了浙江经验。

一、制定法规的背景和必要性

随着经济社会和科技水平的快速发展，以无人机为主的航空器从原先的“门槛高、专业性强、用途单一”快速向“门槛低、大众化、功能多、日用型”转变，产品成本和售价越来越低，获得途径更加多样，种类用途更加丰富，操控方式更加便捷，适用人群更加广泛。据了解，2017年我国无人机保有量约有60多万架。我省经济社会发展较快，生产和使用的无人机数量也较多。数量众多的无人机及其他无人驾驶航空器的广泛和无序使用，为人民群众生产生活带来便利的同时，对公共安全和人民生命财产安全的影响和潜在风险隐患也越来越大。同时，无人驾驶航空器一旦被不法分子、恐怖分子利用，将对重大活动、重要区域和设施的公共安全构成严重威胁。《中华人民共和国民用航空法》《中华人民共和国飞行基本规则》《通用航空飞行管制条例》《民用机场管理条例》等有关法律、行政法规，虽然对民用航空活动安全、飞行基本规则、空域管理、机场安全管理等作了统一规定，但对无人驾驶航空器的生产、销售、使用及其相关安全管理没有具体规定，飞行管制部门和其他政府有关部门的相关监管职责也不清楚，无人驾驶航空器发生危及公共安全的事件时公安机关对其处置缺乏相应法律依据。目前，专门针对无人驾驶航空器管理的规定主要是国家有关部门出台的一些规范性文件，存在位阶和层级低、管理手段少、监管体制不顺等问题。我省在承担 G20 杭州峰会维稳安保相关工作期间，探索和积累了不少无人驾驶航空器安全管理的经验，并得到公安部主要领导的充分肯定。为解决无人驾驶航空器监管中存在的问题，着力解决在保障公共安全特别是在保障大型活动公共安全过程中对无人驾驶航空器缺乏监管手段和措施的问题，保障公共安全，维护社会秩序，根据我省实际，及时制定相应地方性法规是十分必要的。

二、制定法规的过程和主要考虑

省公安厅于 2016 年 10 月启动条例草案起草工作，在总结实践经验和深入调研论证基础上，提出了条例草案送审稿并于 2017 年 10 月报送省人大常委会。省人大常委会有关领导对条例制定工作高度重视并提出明确要求。时任省人大常委会副主任刘力伟亲自带队赴台州等地进行调研和实地考察。省人大常委会法制工作委员会在广泛征求意见和深入调查研究基础上，对条例草案送审稿进行了多次研究修改。2017 年 11 月 16 日，省人大法制委员会召开全体会议，对条例草案送审稿进行了审议，提出了条例草案。2017 年 11 月底，省十二届人大常委会第四十五次会议审议了法制委员会提请的《浙江省小型无人驾驶航空器安全管理条例（草案）》。会后，法制工作委员会将草案书面印发各地各方面征求意见，并向社会公开征求意见，同时，先后到宁波、温州、湖州等地进行调研，并就有关问题两次专门赴京征求全国人大常委会法工委、民航总局有关领导的意见，赴南京征求南京军区有关飞行管制部门的意见。2019 年 2 月 19 日，召开省有关部门座谈会进一步听取意见。根据省人大常委会组成人员的审议意见和各地各方面的意见，法制工作委员会对草案作了多次研究、修改。2019 年 3 月 15 日，法制委员会召开全体会议，对草案修改情况进行了审议，提出了草案修改稿。2019 年 3 月 28 日，浙江省十三届人大常委会第十一次会议审议通过了该法规。

法规制定过程中，注意把握以下几点：一是，注意处理好地方公共安全管理与国家对空域实行统一管理的关系，找准地方立法权限的切入点，坚持依法立法与地方需求相结合。例如，由于草案关于无人驾驶航空器安全管理的规定涉及中央管理权限，致使这部法规多次搁置，经反复研究，根据立法权限和管理实际需要，决定调整草案原有立法思路和内容，从公安机关保障公共安全的角度加强无人航空器的管理，将法规题目由《浙江省小型无人驾驶航空器安全管理条例》修改为《浙江省无人驾驶航空器公共安全管理规定》，并将适用范围限定为“在本省行政区域内生产、经营、使用无人驾驶航空器涉及的相关公共安全管理活动”，妥善处理好与上位法的关系，确保了法规顺利通过。二是，坚持问题导向，回应实践需要和社会关注。着力解决在保障公共安全特别是在保障大型活动公共安全过程中对无人驾驶航空器缺乏监管手段和措施的问题，不涉及飞行管理、空域管理等国家管理的事项。三是，注重制度创新，体现浙江特色，总结固化在承担 G20 杭州峰会维稳安保相关工作期间积累的管理经验，率先探索，为国家相关立法提供浙江经验。

三、法规的主要内容和亮点

（一）完善实名登记管理制度，确保实名登记落到实处。无人驾驶航空器实行实名登记是遏制“黑飞”等情况、实现有效管理的重要前提和基础。考虑到国家民用航空局已建立民用无人驾驶航空器实名登记管理制度，但登记管理力量不足，为切实将国家有关实名登记管理制度落到实处，并便于公安机关及时掌握无人驾驶航空器相关信息，经与国家民用航空局沟通，法规从三个方面作了规定，与已有的实名登记管理制度相衔接。一是，规定公安机关协助民用航空主管部门实施无人驾驶航空器实名登记管理制度，民用航空主管部门应当为无人驾驶航空器所有者登记提供便利。二是，明确所有者登记义务，要求无人驾驶航空器所有者在取得无人驾驶航空器后，应当按照规定向民用航空主管部门进行登记。三是，明确销售者义务，要求无人驾驶航空器销售者告知购买者进行实名登记。

（二）划定临时禁飞区域，保障重大活动公共安全。我省是国内、国际大型会议和赛事等重大活动较多的省份。例如，在嘉兴乌镇召开的每年一度的国际互联网大会、在湖州德清召开的国际地理信息大会等。在这些重大活动期间，由于人员集中、人数众多，划定临时禁飞区，在一定时间内对无人驾驶航空器及其他空飘物进行必要管控是保障公共安全的重要措施。为此，法规对此作了相应规定。一是，在重大活动筹备、举行期间以及延后期限内，授权省、设区的市人民政府可以设定无人驾驶航空器禁飞时间和禁飞区域，并事先向社会公告。二是，规定无人驾驶航空器不得在禁飞时间和禁飞区域内起降、飞行。因执行重大活动的电视传播和航拍、应急救援、气象探测等飞行任务，无人驾驶航空器需要在禁飞时间和禁飞区域内起降、飞行的，应当事先报经公安机关同意。三是，在禁飞时间和禁飞区域内，公安机关可以临时封闭起降场地。四是，三角翼、滑翔伞、动力伞、热气球、无人驾驶自由气球、没有自备飞行控制系统的航空模型等，需要在禁飞时间和禁飞区域内飞行的，应当事先报经公安机关同意。五是，未经公安机关同意在禁飞时间和禁飞区域内飞行的，由公安机关责令改正，对单位处二万元以上十万元以下罚款，对个人处一千元以上五千元以下罚款。

（三）授权公安机关必要的强制措施权，有效应对危害公共安全事件。在无人驾驶航空器可能危及公共安全时，授权公安机关采取必要的强制措施予以处置，是保障公共安全的必要手段。为此，法规规定，无人驾驶航空器违反规定飞行，可能危及公共安全的，公安机关可以采取拦截、迫降、捕获等方式对无人驾驶航空器予以扣押。同时规定，无人驾驶航空器飞行过程中遇有紧急情况、可能危及人身和财产安全的，操控人员应当立即采取措施防止事故发生，并立即向公安、飞行管制等相关部门报告。有关部门接到报告后，应当依法处置，并立即通知其他相关管理部门。无人驾驶航空器发生事故的，操控人员应当立即抢救受伤人员，采取措施防止损失扩大，并立即向公安机关报告。

（四）强化无人驾驶航空器使用管理，建立举报奖励制度。无人驾驶航空器数量多、涉及面广，管理难度大，为切实保障公共安全，一方面，需要规范无人驾驶航空器使用行为；另一方面，需要调动社会各方面力量共同参与管理工作。为此，法规从两方面作了规定。一是，规定任何单位、个人不得利用无人驾驶航空器非法投掷物品，携带、运输违禁品，扰乱机关、团体、企业事业单位的工作、生产、教学、科研、医疗等活动的正常秩序，危害他人人身安全和财产安全，破坏公共设施，偷窥、偷拍个人隐私，以及违反法律、法规规定的其他行为。二是，规定任何单位、个人有权举报违法使用无人驾驶航空器的行为。公安机关和其他有关部门接到举报的，应当及时处理，并对举报人的相关信息予以保密；对实名举报的，应当反馈处理结果等情况，查证属实的，对举报人给予奖励。

（执笔人：浙江省人大常委会法制工作委员会　路国连　陈姜季）

立法筑牢反走私防线
预防打击走私行为

2019 年 8 月 1 日，浙江省十三届人大常委会第十三次会议审议通过了《浙江省反走私综合治理规定》，对反走私综合治理作了较为系统的规定，自 2019 年 9 月 1 日起施行。

走私是经济的毒瘤，破坏正常的进出口秩序，给国家带来重大经济损失。同时，未经检验检疫的走私冻品存在食品安全隐患，洋垃圾走私对生态环境造成重大污染，严重危害人民群众生命健康安全。由于我省海岸线漫长，沿海岛屿、海港码头和江河入海口情况复杂，邻省陆地交接口较多，走私自然条件比较便利，且走私利润大，违法成本低，导致近年来我省查获走私案件的数量、案值、涉税金额等均大幅增长，并呈现走私物品多样化、走私地域扩散化以及走私团伙规模化、智能化等趋势，反走私形势十分严峻。根据海关法的规定，认定走私违法犯罪必须要有证据证明该物品有入境环节，而实践中对于大量已经入境的走私货物，要查实其入境环节非常困难。

面对日益猖獗的境内贩私行为，由于法律制度欠缺，导致无法实施查处，对政府治理能力带来严重考验，同时，随着反走私综合治理的进一步深入，地方政府及其职能部门采取综合治理措施筑牢沿海反走私防线，公安、市场监督管理等部门在走私易发的港口、公路等地实施联合执法和专项整治，以及做好大量涉案物品、运输工具的处置工作，查处“三无”船舶等等，都需要通过立法予以解决。因此，省人大常委会制定《浙江省反走私综合治理规定》，对于遏制走私猖獗势头，保障“两个高水平”建设，确保我省反走私工作走在全国前列十分必要和迫切。

明确政府及部门职责
推动反走私工作有效开展

反走私综合治理工作涉及多个部门，海关法确立了“联合缉私、统一处理、综合治理”国家缉私体制，但对地方政府及有关部门的反走私综合治理工作职责没有作出明确具体规定。为了更好推动反走私工作的有效开展，法规对各级政府、反走私综合治理协调机构、政府有关职能部门在反走私综合治理中的职责作了如下规定：一是规定县级以上人民政府根据需要建立反走私综合治理协调机构，保障必要经费，将其纳入政府目标责任制考核，对成绩突出的单位和个人按照国家和省有关规定给予表彰。二是规定反走私综合治理协调机构应当督促成员单位落实职责任务，建立完善涉案物品处理机制，做好反走私综合治理组织、指导、协调和监督工作。三是规定市场监督管理部门负责查处涉嫌无合法来源证明进口货物经营行为；但进口烟草专卖品、野生动植物及其制品等货物，由烟草专卖、林业等部门按照各自职责查处；公安机关对查缉到的成品油案件可以直接予以查处。四是规定公安、市场监督管理等部门实施联合执法或者专项整治，涉嫌构成走私违法犯罪的，由海关、海警或者公安机关依法查处；涉嫌构成生产销售伪劣产品、销售有毒有害食品、成品油非法经营等犯罪的，由公安机关依法查处。

强化综合治理措施　多措并举预防走私

走私是一个社会问题，涉及方方面面，反走私除了打击以外，需要打防结合、综合施策，更需要切实发挥地方政府及有关部门在反走私综合治理中的作用，法规按照政府领导、部门负责、社会参与的反走私综合治理机制要求，对县级以上人民政府有关部门和乡（镇）人民政府、街道办事处加强反走私设施建设、日常巡防督查、车辆船舶管理、信息化建设、宣传教育等综合治理措施作了规定。同时，对举报奖励制度作了规定，明确县级以上人民政府应当设立举报奖励资金，制定举报奖励和举报保密制度，对举报线索查证属实的，应当给予奖励。

加强无合法来源证明进口货物查处
维护市场经济秩序

根据海关法等相关法律法规规定，认定走私违法或犯罪的关键是有证据证明该物品有入境环节。对于已经流入境内的进口货物，如果不能提供合法进口证明，且无证据证明构成走私的，实践中则视为无合法来源证明进口货物，过去由原工商行政管理部门依据《投机倒把行政处罚暂行条例》，以投机倒把行为查处。2008 年 1 月《投机倒把行政处罚暂行条例》被废止后，目前对该类行为无直接查处依据，导致市场上该类贩私行为日益猖獗，严重扰乱市场经济秩序。

为加强对无合法来源证明进口货物查处，维护市场经济秩序，法规参照广东、广西、福建、辽宁等省区经验，规定了以下几个方面内容：一是规定单位或者个人经营进口货物，应当建立凭证档案以及进货、销售记录制度，保存期限不得少于两年。二是规定任何单位和个人不得从事无合法来源证明进口货物经营行为，并对无合法来源证明进口货物经营行为涵义作了界定。三是规定任何单位和个人不得为无合法来源证明进口货物经营行为提供装卸、运输、仓储、保管等便利，并规定了相应的处罚措施。四是规定从事无合法来源证明进口货物经营行为，由行政执法部门没收违法所得、违法经营的进口货物和专门用于违法活动的运输工具、设备，并处货值金额一倍以下的罚款，明确上述行为同时违反食品安全、药品、烟草专卖、动物防疫等法律、行政法规规定的，依照法律、行政法规规定处罚。

加强涉案财物处置　破解执法实践难题

我省反走私工作实践中，执法部门查扣的涉案财物量大面广，保管难、周期长、成本高问题突显，尤其是冻品、船舶等涉案财物的保管和处置工作牵扯了执法部门大量人力、物力和财力。为了破解执法实践中涉案财物处置难问题，法规规定了如下内容：一是规定查获的涉嫌无合法来源证明进口货物以及涉案运输工具、设备，当事人无法查清的，行政执法部门应当发布协助调查公告，公告期限为三十日。公告期满无当事人接受调查的，由行政执法部门予以收缴。二是明确对于危险化学品或者鲜活、易腐、易失效等不宜长期保存的涉案财物，行政执法部门可以依法先行变卖、销毁。

加大“三无”船舶查处力度
打击走私交通运输工具

三无”船舶是指无船名船号、无船舶证书、无船籍港的船舶，“三无”船舶是从事海上走私违法犯罪活动的主要交通运输工具。加强对“三无”船舶的查处，既是打击走私的有力手段，也是进行反走私综合治理的重要措施。为此，法规对“三无”船舶、非法建造船舶认定、部门查处职责和法律责任作了衔接性规定：一是规定任何单位和个人不得非法建造船舶，不得使用“三无”船舶。二是规定非法建造船舶或者使用“三无”船舶的，由海警、海事、公安、渔业等部门依照相关法律、法规规定予以查处。三是规定“三无”船舶由海事、渔业部门按照各自职责予以认定或者由反走私综合治理协调机构组织海事、渔业和船舶检验部门联合认定。

（执笔人：浙江省人大常委会法制工作委员会　余文斌）

立法规范和推进街道人大工作

2019 年 11 月 29 日，浙江省十三届人大常委会第十五次会议审议通过了《浙江省街道人大工作条例》，自 2020 年 1 月 1 日起施行。这部法规对街道人大工作作了全面系统的规定，总结了我省推进基层民主、提高基层治理能力的创新做法和成功经验，具有显著的浙江特色和辨识度，为规范和推进街道人大工作提供了有力法治保障。

一、制定条例的背景和必要性

随着我省城市化和城乡一体化进程的推进，改革放权进一步扩大，街道工作已成为城市政权建设、区域经济社会发展和群众安居乐业的重要基础。近年来，中央和省委对巩固基层政权、提高基层治理能力作出了一系列重大决策部署。2015 年 6 月 22 日，中共中央转发《中共全国人大常委会党组关于加强县乡人大工作和建设的若干意见》的通知。2015 年 11 月 17 日，浙江省委制定出台《中共浙江省委关于认真贯彻落实中央文件精神加强县乡人大工作和建设的若干意见》。加强街道人大工作和建设，是贯彻中央和省委有关决策部署的重要内容。截至 2019 年 6 月底，我省根据地方组织法和中央、省委有关精神，在全省 472 个街道均已设立人大街道工委。人大街道工委在联系代表，组织代表活动，反映代表和群众的建议、批评和意见，办理县级人大常委会交办工作等方面发挥了重要作用，并通过建立街道居民议事会议等方式探索建立群众参与管理公共事务的民主议事制度，形成了一些好的经验和做法。同时，街道人大工作也存在一些不足，如县级人大及其常委会和人大街道工委的职责不够明确，有关工作机制不够健全，机构建设不够完善，工作力量薄弱，工作开展不够规范，有的地方探索建立的民主议事制度存在定位不准等问题。修改前的地方组织法第五十三条对市辖区、不设区的市人大常委会在街道设立工作机构以及工作机构的职责、工作内容只作了原则性规定，缺乏具体明确的法律规范。长期以来，不少省人大代表通过议案和建议方式呼吁省里制定地方性法规加以规范，设区的市、县（市、区）人大也普遍要求省里出台相应法规。2018年底，经时任省委书记车俊同意，省人大常委会主任会议研究决定，在全省范围内开展街道人大工作和建设试点，并成立了以省人大常委会党组书记、副主任梁黎明为组长的试点领导小组。试点工作坚持问题导向，注重改革创新，勇于破解难题，不断积累经验。为了更好地适应新时代、新要求，着力解决街道人大工作中存在的突出问题，推进街道人大工作规范化、制度化，并将实践中特别是在街道人大工作和建设试点中积累的行之有效的经验和做法予以固化，进一步推进我省基层民主政治建设，促进经济社会发展，维护社会稳定，及时制定《浙江省街道人大工作条例》是非常必要的。

二、制定条例的过程和指导思想

《浙江省街道人大工作条例》是省人大常委会2019年立法计划预备项目。2018年底，省人大常委会主任会议决定在全省范围内开展街道人大工作和建设试点，同时也要求同步开展相应地方立法工作。省人大常委会法制工作委员会按照立法计划和试点方案要求，同步启动立法准备和起草工作。2019年6月，法制工作委员会在深入调查研究、广泛征求各方面意见、总结试点经验基础上，初步拟定草案征求意见稿。2019年7月中旬，主任会议对草案代拟稿进行了研究，因对县人大常委会设立的街道工委是否纳入适用范围问题有分歧，决定暂不提请省人大常委会会议审议。2019 年 8 月 22 日，梁黎明副主任带队赴北京就条例有关问题向全国人大常委会汇报请示。王晨副委员长对浙江在街道人大工作中的实践创新和立法保障给予充分肯定。2019 年 9 月 24 日，省十三届人大常委会第十四次会议对条例草案进行了初次审议。初审后，法制工作委员会将草案印发征求各地各方面的意见并到市县进行立法调研，根据各方面意见进一步修改完善草案。2019 年 11 月 12 日，省人大常委会党组对草案送审稿作了研究，认为内容已较为成熟，决定报省委常委会会议审议。2019 年 11 月 18 日，省委常委会会议对草案送审稿进行了审议，原则同意草案送审稿。2019 年 11 月 29 日，条例经浙江省十三届人大常委会第十五次会议审议通过。条例制定的指导思想和原则是，坚持党的领导，充分发扬民主，严格依法办事，立足基层实践，坚持问题导向，注意处理好依法规范与鼓励创新的关系。

三、条例的主要亮点和创新

（一）适用范围全覆盖，保障街道人大工作健康发展。县级人大常委会在街道设立的工作委员会有三种类型。一是市辖区的人大常委会设立的；二是不设区的市人大常委会设立的；三是县人大常委会设立的。修改前的地方组织法第五十三条第三款仅对前两种情况作了规定，第三种情况是没有法律依据的。条例对第三种情况是否有权作出规定，有不同意见。我省当时共有 89 个县（市、区），其中县 33 个，县属街道 83 个，县人大常委会在 83 个街道均已设立工作委员会，且随着城市化进程会有更多的县属乡镇改为街道。考虑到县人大常委会设立的街道工委与市辖区、不设区的市人大常委会设立的街道工委在地位、性质、职能上没有区别，遇到的问题也一致，且县人大常委会设立街道工委已有很多年，为保证其工作的合法性、连续性和稳定性，需要立法统一规范。为此，专门就该问题请示了全国人大常委会领导。王晨副委员长指出，县人大常委会在街道设立工作机构已是客观事实和现实需要，应当允许这种探索创新并纳入法规适用范围。同时，他要求全国人大常委会法工委专门就此问题到浙江调研。2022 年 3 月，全国人大修正后的地方组织法吸收了浙江的实践做法，明确规定县、自治县的人民代表大会常务委员会可以在街道设立工作机构。

（二）理顺体制明确职责，强化人大街道工委组织和制度建设。一是，明确县级人大常委会的职责。县级人大常委会是街道人大工作的责任主体，明确其职责是做好街道人大工作的重要保证。条例要求县级人民代表大会常务委员会加强本行政区域内街道人大工作，将街道人大工作纳入常务委员会总体工作安排，研究解决街道人大工作和建设的重要问题。二是，明确人大街道工委的设立、性质和地位，规定县级人民代表大会常务委员会在街道设立的工作委员会应当在县级人民代表大会常务委员会和中国共产党街道工作委员会的领导下开展工作，并向县级人民代表大会常务委员会报告工作。三是，加强人大街道工委的组织建设和制度建设，明确人大街道工委人员组成和设立办事机构。四是，加强人大街道工委工作制度建设，规定人大街道工委应当加强自身建设，建立健全议事规则和视察检查、工作调研、联系代表等工作制度。五是，通过具体列举方式，明确街道工委应当履行的 10 项法定职责，同时明确人大街道工委根据县级人大常委会交办应当做好的具体工作事项。

（三）加强对街道预算和国有资产管理情况的监督。加强街道预算监督和人大国有资产监督职能，是全省街道人大试点工作重点推进的工作，是本次立法所要解决的重点问题，也是践行全过程人民民主的生动实践。为此，条例作了相应规定。一是，发挥人大街道工委在街道预算编制中的监督作用。规定街道办事处在编制街道预算草案时，应当征求人大街道工委的意见。人大街道工委应当在征求县级人民代表大会代表、街道居民议事组织成员和其他有关方面意见的基础上提出意见，及时反馈街道办事处，并将街道预算编制的有关情况报告县级人民代表大会常务委员会。二是，县级人民代表大会常务委员会可以每年选择若干街道预算由本级人民代表大会进行重点审查。县级人大常委会根据实际需要决定是否对街道预算进行重点审查，条例不作一刀切强制规定。三是，加强对街道预算执行和街道国有资产管理情况的日常监督。规定县级人民政府应当每年将街道预算执行情况纳入本级预算执行情况并向县级人民代表大会报告，将街道国有资产管理情况向县级人民代表大会常务委员会报告。人大街道工委应当加强对街道预算执行情况和国有资产管理情况的日常监督，将街道重点支出、专项资金、政府重大投资项目资金的拨付、使用和绩效情况作为重点监督内容，并及时将监督有关情况报告县级人民代表大会常务委员会。

（四）规范和健全街道居民议事制度。街道居民议事制度是我省推进基层民主政治的有益探索和创新，是人民群众参与管理公共事务的有效方式，是推进协商民主、发展全过程人民民主的途径和形式之一。立法对其性质、地位和工作职责的明确，对于规范民主议事制度、充分发挥民主参与、协商民主作用提供了法律依据。一是，明确街道居民议事组织的成立和组成。人大街道工委通过组织成立街道居民议事组织（具体名称由各地自己确定）的方式，建立居民参与管理经济社会文化等事项的民主议事制度。街道居民议事组织应当具有广泛的代表性，其成员一般由街道辖区内的人民代表大会代表、政协委员和其他居民等社会各界代表组成。二是，明确街道居民议事组织会议的召开次数、时间、内容和程序。街道居民议事组织会议由人大街道工委组织召开，每年至少召开一次。人大街道工委应当于每年年初组织召开街道居民议事组织会议，听取街道居民议事组织对人大街道工委本年度工作计划、街道办事处本年度工作计划和街道辖区内有关经济社会文化发展的重大事项、群众普遍关注的重要问题等提出的意见和建议，并由街道居民议事组织票选推荐街道民生实事项目。三是，对街道居民议事组织及其成员提出的意见和建议，明确处理程序、反馈处理结果。街道居民议事组织及其成员就街道辖区内有关经济社会文化发展重大事项、群众普遍关注的重要问题提出的意见和建议，人大街道工委应当将其交由街道办事处或者县级人民政府有关部门、司法机关派驻街道工作机构研究处理并及时反馈处理结果。四是，强化工作保障。街道居民议事组织成员参加人大街道工委组织的有关工作，应当安排好本人的生产和工作，所在单位应当予以支持。

此外，还对加强经费保障和干部队伍建设等作出规定，要求将人大街道工委干部的培养、选拔和任用纳入干部队伍建设总体规划。

四、条例实施以来成效显著

条例实施以来，对加强和规范街道人大工作发挥了重要作用。截至2022年上半年，全省480多个街道均设立人大街道工委，配备专职主任，91.1%的街道配备人大街道工委副主任，87.2%的街道配备专职副主任，不少街道还单设办事机构，落实专职工作人员，街道人大干部的培养、选拔和任用纳入党委干部队伍建设总体规划。人大街道工委依法积极履职，综合运用组织视察、专题调研、工作评议等方式，对预算执行、国资管理等开展监督。街道居民议事制度规范有序实施，成为社区居民表达意见、反映问题、参与社会治理的重要方式和渠道。全面推进街道民生实事项目票选制，2020年全省街道票选推荐民生实事项目3123个，占全省票决（选）项目总数的32.6%，展现了基层民主政治的蓬勃生机。

（执笔人：浙江省人大常委会法制工作委员会　路国连　孙晋坤）

地方立法护航浙江民企发展

2020年1月16日，浙江省十三届人大第三次会议以99.51%的赞成率高票通过《浙江省民营企业发展促进条例》（以下简称条例）。这是浙江省十三届人大以大会表决的方式通过的第一部法规，也是全国第一部促进民营企业发展的省级地方性法规。

一、立良法促善治，用法规制度为民企发展赋能

浙江是改革开放的先行地和中国民营经济的重要发祥地，民营经济是浙江经济的最大特色和最大优势，民营企业是浙江经济发展的主力军。在发展民营经济方面，浙江一直都走在前列。

然而，近年来，市场的变幻、转型的压力、融资的困局，使浙江的一些民营企业陷入发展的困境。面对复杂严峻的外部环境和转型发展的现实要求，为了与民营企业共同应对风险、一起爬坡过坎，浙江省委、省政府在习近平总书记主持召开民营企业座谈会并发表重要讲话后，第一时间出台进一步促进民营经济高质量发展的31项举措。同时，浙江省委还明确要求加强立法保障，为民营企业发展营造良好法治环境。

条例制定前期，浙江省政府坚持以问题为导向，认真梳理需要破解的重点问题，形成条例草案。浙江省人大法制委、常委会法工委和人大财经委提早介入草案起草工作，在充分调研的基础上对法规草案提出修改建议。

根据浙江省委有关部署，2019 年以来，浙江省人大常委会将专项监督与立法调研相结合，统一部署、上下联动开展促进民营经济高质量发展专项监督，听取审议专项工作报告，并组织开展专题询问。浙江省人大常委会和浙江省政府加强立法工作协调，运用“双组长”会议等创新形式，统筹解决立法中的重大问题。

2019 年 9 月、11 月、12 月，浙江省人大常委会分别召开会议对草案进行了三次审议。在此期间，法规草案全文公开向社会征求意见，两次征求全体省人大代表、各市县区人大常委会等各方面意见。为了提高制度设计的科学性，浙江省人大常委会先后召开省市县有关单位、不同行业领域民营企业家、相关协会商会、金融机构、法律专家等参与的各类座谈、论证会达 50 余场，并首次通过长三角立法协同机制征求上海、江苏、安徽三地人大常委会意见。

除了委托各设区的市召开座谈会听取本地省人大代表意见外，浙江省人大常委会党组书记、副主任梁黎明还专程带队分南北片区，听取省人大代表和在浙全国人大代表中民营企业家代表的意见。

立法过程中，浙江省人大常委会累计征求意见达 1200 余人次，收集各方面意见建议 1500 余条。浙江省人大法制委和常委会法工委多次召开会议，对各方面意见进行认真研究，对草案作了数次修改完善。浙江省委常委会对条例草案送审稿作了专门研究，进行了充分讨论。结合省委“三服务”活动部署，2020 年伊始，省领导又带着法规草案走进企业再次听取了意见。

条例从 2020 年 2 月 1 日起施行。有了立法作“护身符”，从此浙江民企吃下“定心丸”，有助于破除发展焦虑，继续走在前列。

二、力推市场平等准入，打破阻碍民企公平竞争的隐形门

“作为民营企业，我们现在最需要的或许并不是政府给我们多少优惠政策，而是公平参与市场竞争的机会。如果能够在同一舞台上

公平竞争，哪怕是死我们也死得心服口服！”条例立法座谈会上，一位民营企业家难掩激动地说。

落实中央决策部署、打造公平竞争环境，是条例进行制度设计、力求实现突破的重要着力点。为此，这部法规除了明确将“竞争中性”作为民营企业发展促进工作的原则以外，还专设“平等准入”一章，作了以下规定：一是明确市场准入负面清单以外的行业、领域、业务等，民营企业均可依法平等进入。二是支持和鼓励民营资本参与国企混改，除国家另有规定外允许民营资本控股。三是规范政府和民营企业在基础设施、公共服务领域的合作，规定合作方案应当包括民营企业回报机制、风险分担机制等事项，提高合作透明度。四是规范政府采购和招标投标活动，明确列举限制或者排斥民营企业参与政府采购、投标活动的禁止性行为。五是针对民营企业反映集中的信贷公平问题，规定金融机构在贷款利率、贷款条件、工作人员尽职免责等方面不得对民营企业设置不平等标准和条件。

“民营企业可以实现与国有企业权利平等、机会平等、规则平等，民营企业可以在融资方面依法享有和国有企业同等待遇，这些规定极大提振了我们的信心。”万事利集团董事长屠红燕说，“我们将以条例出台为契机，加强转型升级，提高创新能力，增强核心竞争力，实现更好发展。”

三、破解融资担保难题，更好为民企输血造血

“融资难、融资贵、融资慢问题仍是民营企业发展中重要的制约因素，一些小微民营企业不仅很难融到资，相反却因为申请贷款中遇到的各种问题死在融资的路上。”谈及融资问题，参加立法座谈会的一位民营企业负责人颇显无奈，“我宁愿你不贷款给我，也不希望我自己的老婆、孩子都被叫来签字画押，像只螃蟹一样被‘五花大绑’。”

经济是肌体，金融是血脉，没有强大的资金支撑，民营企业的发展壮大就无从谈起。条例虽然是一部促进类法规，囿于此类法规自身的特

点和地方立法权限，有不少宣示性、提倡性、鼓励性的条款。但面对民营企业的发展困境和现实需求，这部法规把解决实践中的问题作为立法之本，力求在地方立法权限内最大限度地提出破解之策。

为破解民营企业融资难融资贵问题，条例从以下方面提出对策：一是明确民营企业已符合贷款审批条件的，银行业金融机构不得再违法要求其法定代表人等提供保证担保，并在地方立法权限范围内对违反规定要求保证担保的行为明确法律责任。二是规定银行业金融机构应当优化授信评价机制，提高信用贷款、中长期贷款等产品比重，提供无还本续贷、循环贷款或者其他创新型续贷产品。三是针对付款方不及时确认债权债务关系导致民营企业应收账款质押难的问题，在中小企业促进法相关规定基础上进一步明确付款方确认债权债务关系的时限，同时规定国家机关、事业单位不按规定确认债权债务关系的法律责任。此外，条例还对央地协作建立金融综合服务机制、政府加强政策性融资担保体系建设、有关部门支持民营企业提高直接融资比例等作了规定。

"法规实施以后，民营企业开展融资活动就有法可依了。"金帝集团董事长诸建勇认为，这些规定为解决民营企业融资问题提供了法规依据。建行大学客户关系研修院院长高强亦认为，条例针对民营企业最关注的担保问题作出了积极探索，他相信法规的实施会进一步促进银行业开发提供更多符合民营企业所需的融资产品。

四、用制度撑直腰杆，打造民企维护自身权益的坚强后盾

保护民营企业家人身财产安全是习近平总书记在民营企业座谈会上提出的支持民营企业发展壮大的重要方面。近年来，一些民营企业和民营企业家合法权益受到侵害的事件屡有发生，在国务院日前对第六次大督查中发现典型问题进行的通报中，也不乏一些地方和单位不作为、慢作为、乱作为侵害民营企业和民营企业家合法权

益的问题。

为了避免类似问题在浙江发生，条例重点从四个方面作出规定：一是合法权益保障。针对部分民营企业担忧的干预企业自主权、以刑事手段处理不涉嫌犯罪的经济纠纷、向民营企业摊派费用等问题，作出明确禁止性规定。二是信赖利益保护。规定行政机关应当保持政策的连续和稳定，依法作出的政策承诺以及依法订立的合同，不得以政府换届或者领导更替等为由违约毁约，同时要求县级以上人民政府应当将行政机关履行政策承诺、合同约定情况纳入政府绩效评价体系。三是禁止拖欠民营企业账款。规定国家机关、事业单位、国有企业不得违反合同约定迟延支付民营企业账款，不得在约定的付款方式之外以承兑汇票等形式延长付款期限，明确迟延支付的法律责任，并要求审计机关将国家机关、事业单位、国有企业支付民营企业账款情况作为重要审计内容。四是规范媒体报道。规定新闻媒体应当加强对民营企业合法经营活动和履行社会责任情况的宣传，为民营企业发展营造良好氛围，恪守新闻职业道德，杜绝有偿新闻和新闻敲诈。此外，这部法规还对涉企收费、中介服务、评比达标等行为作了规范。

五、把握政府和市场边界，明确促进民企发展各方职责

为了更好构建亲清政商关系，让民营企业家在浙江这片土地投资放心、创业安心、发展顺心，条例对国家机关、社会组织的职责作了明确规定：一是县级以上人民政府应当将支持民营企业发展相关指标纳入高质量发展绩效评价体系，为民营企业营造稳定、公平、透明、可预期的发展环境。二是监察机关依法对公职人员和有关人员履行职务过程中侵犯民营企业合法权益的行为实施监察。三是司法机关依法为保护民营企业合法权益、促进民营企业发展提供司法保障。四是经济和信息化主管部门负责具体组织实施政策落实，综

合协调相关工作。五是各有关部门、驻浙直属机构按照各自职责，做好民营企业服务指导。六是工商联和协会、商会根据法律法规、章程，做好民营企业服务工作。

条例严格把握政府和市场边界，重点从优化政务服务和加强要素支持方面为民营企业发展提供制度保障，助推民营企业在市场经济浪潮中尽显身手：一是支持民营企业“走出去”，规定有关部门应当为其提供信息推送、境外风险预警、境外投资知识培训等服务，引导支持民营企业依法合理有序开展境外投资。二是强化民营企业人才保障，针对民营企业引进和留住人才难的问题，除对政府制定人才政策提出要求外，允许符合条件的民营企业利用其存量工业用地按照国家有关规定建设企业人才公寓等办公生活配套设施。三是完善民营企业风险预警和纾困帮扶机制，对政府、司法机关等建立健全市场风险分析预警、分类帮扶纾困、企业破产联动协调、企业破产启动资金援助、破产重整企业征信信息修复等制度作了规定。

此外，为了提升浙江营商环境这个竞争“软实力”，条例还规定了一些明确具体的“硬措施”：一是规范涉企政策的制定和执行。二是要求建立政企沟通统一渠道。三是规范行政执法行为。同时，对民营企业加强党组织建设、践行社会主义核心价值观、提高自主创新能力、完善治理结构、强化内部监督和风险防控、规范财务管理、区分企业法人财产和股东个人财产等作出规定。

“《浙江省民营企业发展促进条例》使很多促进民营企业发展的政策实现法律化，真正让民营企业吃下‘定心丸’，使浙江在促进民营经济发展方面又走在了全国前列。”全国人大财经委员会委员、清华大学政治经济学研究中心主任蔡继明说。全国人大常委会法工委经济法室主任王瑞贺也认为，作为全国首部促进民营企业发展的省级专门地方性法规，这部法规的出台和实施为通过地方立法保障促进民营企业发展提供了浙江方案。

（执笔人：浙江省人大常委会法制工作委员会　吴恩玉　杨利学）

立法推动构建全覆盖多层次医疗保障体系

2021年3月26日，浙江省十三届人大常委会第二十八次会议审议通过了《浙江省医疗保障条例》，并于2021年7月1日起施行。这部法规是我省医疗保障领域的综合性、基础性法规，也是全国第一部医疗保障领域的综合性法规，为深化医疗保障制度改革、推进“重要窗口”建设提供了有力法治保障。

一、制定条例的背景和必要性

医疗保障是减轻群众就医负担、增进民生福祉、维护社会和谐稳定的重大制度安排。党的十九大提出，要全面建立中国特色医疗保障制度，并就深化医疗保障制度改革作出重要部署。省委对提升医保依法治理和监管能力，推进医疗保障立法，健全医疗保障立法、执法和司法体系提出了明确要求。医疗保障相关职能根据国家机构改革的要求进行了调整和整合，组建了专门的医疗保障主管部门。从国家立法层面来看，社会保险法、基本医疗卫生与健康促进法分别对基本医疗保险（主要是职工基本医疗保险）、建立多层次医疗保障体系和基本医疗保险基金的支付范围作了原则规定，《医疗保障基金使用监督管理条例》对医疗保障基金的使用监管作了规范，但医疗保障领域缺乏系统性的法律制度规范。从我省医疗保障情况看，经过多年的改革实践，已初步构建了多层次医疗保障体系，同时也存在统筹层次低、制度政策碎片化、待遇不平衡不充分等突出问题，需要立法加以解决、提供保障。为了贯彻落实中央和省委决策部署，固化医疗保障改革成果，解决实践中存在的短板弱项和突出问题，以法治手段引领和推动医保改革发展，助力“重要窗口”建设，及时制定条例是非常必要的。

二、制定条例的过程和总体考虑

《浙江省医疗保障条例》是浙江省人大常委会2020年立法计划初次审议项目。根据立法计划的任务分工，省政府在深入调研论证基础上起草了条例草案。期间，省人大、省政府加强立法协调，通过提前参与、“双组长”工作机制等协调解决草案起草中的重大难点问题。2020年9月，省人大常委会审议了省政府提请的条例草案。初次审议后，法制委员会、法制工作委员会按照规定程序将草案印发各地各方面书面征求意见，同时派员赴市县实地调研，听取当地人大、政府、有关部门和单位、人大代表、基层立法联系点、医疗机构、药店、保险公司等方面的意见。就药械集中采购、医疗保障待遇、长期护理保险等问题，多次召开专题论证会，并就条例调整范围等问题赴国家医疗保障局征求意见。法制委员会、法制工作委员会根据各地各方面意见，对条例草案进行了反复研究修改。2021年3月15日，省委常委会会议对草案送审稿进行了审议，原则同意送审稿。2021年3月26日，省十三届人大常委会第二十八次会议表决通过条例。

条例坚持从增进民生福祉出发，推动构建覆盖全民、城乡统筹、权责清晰、保障适度、可持续的多层次医疗保障体系。立法中注意把握以下几点：一是处理好立法与改革的关系，既坚持通过制度创新引领和推动医疗保障改革，又注重为改革探索留下足够空间。二是坚持促进公平性，筑牢底线，缩小待遇差距，增强普惠性、基础性、兜底性保障。三是运用系统思维方法和整体智治理念，注重制度创新，统筹推进医保、医疗、医药联动改革。四是遵循保障水平与经济社会发展水平相适应、权利与义务相对应、公平与效率相结合原则。五是坚持问题导向，着力解决医保统筹层次低、保险待遇不平衡和制度碎片化等问题，推动医疗保障事业高质量发展。

三、条例的主要亮点

（一）构建多层次医疗保障体系。条例调整的对象和范围涉及医疗保障诸多领域，包括基金筹资和管理、待遇保障、经办管理和公共服务以及监督管理等方面，是一部系统规范医疗保障各领域活动，重点解决医疗保障领域基础性、综合性问题的综合性法规，着力构建以基本医疗保险为主体，大病保险为延伸，医疗救助为托底，商业健康保险、职工互助医疗和医疗慈善服务等为补充的多层次医疗保障体系。条例制定时，全国范围内尚没有医疗保障领域的综合性法律法规，没有立法经验可以借鉴，这个条例立足浙江实际，创新立法模式和医疗保障制度，为构建多层次医疗保障体系提供了法治保障，也为国家层面医疗保障改革和相应立法提供了浙江经验。

（二）引领和推动医保、医疗、医药联动改革。推进医保治理现代化，需要坚持系统集成、协同高效，在医保、医疗、医药联动改革中系统推进。条例对此作了相应规定。一是将统筹推进医保、医疗、医药联动改革明确为医疗保障的工作原则。二是加强医疗保障与基本公共卫生服务在疾病预防、诊断、治疗、护理和康复等方面的衔接配合。三是完善基本医疗保险基金支付与分级诊疗制度相衔接机制，引导参保人员在基层医疗机构诊治常见病、慢性病。四是通过集中带量采购等制度，推进医保支付标准和集中采购价格协同，进一步降低药品和耗材价格，同时，建立和完善短缺药品监测预警和供应保障等机制。五是实行医疗检验、检查信息共享和检验结果互认，防止过度医疗和医保基金浪费。

（三）促进医疗保障公平。公平性是医疗保障事业高质量发展的重要价值取向和目标。条例凸显医疗保障公平性。一是提高基本医疗保险基金统筹层次，明确职工基本医疗保险、城乡居民基本医疗保险和大病保险分别以设区的市为统筹地区实行基金统筹，逐步推进省级统筹。二是统一医保政策，消除各地在人员参保、基金筹集、待遇保障等方面政策差异，比如明确单位职工工资总额和职工缴费工资的确定方法和缴费比例，明确城乡居民基本医疗保险基金筹集的原则和比例要求，将参保职工的退休缴费年限统一为二十年等。三是鼓励逐步建立长期护理保险制度，为失能老人提供日常照料等服务，减轻家庭负担。四是更好地保障灵活就业人员权益，比照用人单位职工参保规定，明确灵活就业人员在统筹地区首次参保的自办理参保手续的第二个自然月起开始享受保险待遇，并将灵活就业人员的待遇等待期统一并缩短为三个月，即自连续足额缴满三个月后开始恢复享受保险待遇。五是对于城乡居民基本医疗保险，统一参保人员中途参保政策，即可以在当年补缴其全年个人缴费，并自缴费月起的第三个自然月开始享受保险待遇。

（四）着力解决“看病贵”问题。看病贵、看病难是世界难题，具有一定的普遍性，也是群众反映强烈的问题。条例在健全多层次医疗保障体系的基础上，按照尽力而为、量力而行的原则，进一步提高医疗保障待遇水平，尽可能减轻群众医疗负担，着力解决“看病贵”问题。一是取消各地关于中断缴费后的待遇等待期规定，规定用人单位按时补缴保险费的，医疗费用由基本医疗保险基金报销，参保职工自足额补缴的第二个自然月起恢复享受待遇；逾期仍未缴纳或者补足职工基本医疗保险费的，明确职工医疗保险待遇由用人单位承担。二是在大病保险方面，明确大病保险保障的是高额医疗费用，并将保障范围扩大到一个结算年度内发生的住院医疗费用和特殊病种门诊、慢性病门诊等医疗费用中符合规定的部分，限定统一的基金起付标准，并鼓励统筹地区逐步提高基金支付比例。三是特殊病种和慢性病的特殊保险待遇方面，进一步提高保障水平，规定特殊病种门诊治疗的医疗费用按照住院保险待遇规定予以保障，适当提高慢性病门诊医疗费用的支付比例。四是在结算信息系统中设置大额医疗费用预警提示，及时将大额医疗费用支出人员信息与社会救助主管部门共享，共同做好医疗救助对象医疗费用网上审核结算工作。五是鼓励发展商业健康保险，引导商业保险公司建立面向所有基本医疗保险参保人员，不设置健康状况、既往病史等前置条件，保费与个人疾病风险脱钩的商业健康保险，对参保人员基本医疗保险、大病保险之外的医疗费用给予补充性保障。

（五）切实解决“看病难”难题。条例针对“看病难”的症结，多措并举，切实缓解“看病难”难题。一是按照数字化改革整体智治要求，建立统一、高效、兼容、便捷、安全的医疗保障数字化平台，依托省公共数据平台推进相关部门和地区之间信息共享和应用，加强智慧化、一体化数字医保建设，提高医疗保障领域数字化治理水平。二是推进定点医疗机构按照诊疗规范开展远程诊疗、在线复诊、处方线上流转等互联网医疗服务，推广电子凭证、电子病历、电子处方、电子票据的应用，并将符合条件的互联网医疗服务纳入医保基金支付范围。三是完善省内外医保异地即时结算机制，推进基本医疗保险、大病保险、医疗救助等费用的即时联网结算和“一站式”办理。四是建立健全医疗服务项目价格管理机制，简化价格项目申报流程，支持符合条件的医疗服务确定为价格项目，促进医疗新技术项目进入临床使用。

（执笔人：浙江省人大常委会法制工作委员会　路国连　孙晋坤）

让电动自行车行驶更加安全

2020 年 5 月 15 日，《浙江省电动自行车管理条例》经浙江省十三届人大常委会第二十一次会议审议通过，自 2020 年 7 月 1 日起施行。

一、立法规范电动自行车管理，保障道路交通安全和公民人身财产安全

近年来，电动自行车基于小、快、灵和价格低廉等特点，数量迅猛增长，日益成为我省人民群众交通出行的重要方式。同时，对电动自行车管理工作提出了严峻的挑战。一是非标电动自行车数量巨大。截至 2019 年年底我省电动自行车保有量近 3000 万辆，其中 2000 多万辆是非标电动自行车。电动自行车超标问题突出，拼（改、加）装、无牌无证、假牌假证、逆行、乱停乱放等现象普遍，再加上非机动车通行、停放设施条件不够完善等，都对道路交通安全管理造成很大压力。二是交通安全问题突出。实践中，非标电动自行车在便利群众生活的同时，大量在非机动车道上行驶，严重影响交通安全，衍生出一系列交通秩序、安全问题和法律问题，涉及电动自行车的交通事故一直居高不下。2018 年浙江全省发生涉及非机动车的交通事故死亡 1550 人，受伤 6063 人，分别占交通事故伤亡总量的 41.79% 和 52.66% 。三是从执法管理看，迫切需要适应加强和改进事中事后监管的改革要求，进一步明确公安、市场监管、

经济和信息化等部门在电动自行车管理中的具体职责，强化协作配合，解决执法中因职责不清存在的相互推诿扯皮等问题，对生产者、销售者、使用者的相关行为加以规范。为了有效解决电动自行车管理中存在的突出问题，加强电动自行车管理，依照道路交通安全法等法律、行政法规规定，及时制定相应地方性法规，运用法治手段维护道路交通秩序，预防、减少道路交通事故，保护公民人身和财产安全，非常必要，意义重大。

二、立法过程中切实践行全过程人民民主，充分汇民意聚民智

条例是2019年省人大常委会立法计划初次审议项目。根据立法计划，省政府在2019年年初组织起草了草案，同年9月提请省十三届人大常委会第十四次会议进行审议。初次审议后，法制工作委员会将草案印发各地各方面征求意见。常委会副主任赵光君带队赴义乌调研，法制委员会、法制工作委员会派员到宁波、温州、绍兴、衢州、苍南、江山、遂昌等地进行调研，还专门到杭州、湖州、余杭、诸暨等地面对面听取基层交警的意见，并就草案涉及的电动自行车的交通事故责任认定、火灾预防等问题多次听取专家意见。2020年3月下旬，就立法涉及的与社会公众密切相关的问题公开进行了问卷调查，近万名群众参加了问卷调查，并对101个设区的市、县（市、区）交警部门进行了问卷调查。两次就条例草案修改情况公开征求社会公众的意见。发动省市县三级人大法工委干部在休息日对电动自行车销售市场进行明察暗访，了解非标电动自行车违法销售情况。审议期间，召开各类座谈会、专题研究会、专家论证会等不同层次的会议共40余次，对条例涉及的与人民群众利益密切相关的制度设计，充分听取各方面意见，特别是利益相关方的意见。根据省人大常委会组成人员的审议意见和各地各方面的意见，法制工作委员会对草案作了多次研究、修改，及时回应社会关切。2020

年4月29日，法制委员会全体会议对草案修改情况进行了审议，提出了草案修改稿。2020年5月15日，省人大常委会会议审议通过条例。

三、坚持生命至上，切实保障人民群众生命安全

针对电动自行车交通事故、火灾事故频发、人员伤亡多等问题，经过反复研究论证，条例从三个方面作了规定。一是强制要求驾驶人佩戴安全头盔。实践中，驾驶人因嫌麻烦，特别是在炎热、雨天状态下，普遍不习惯佩戴头盔。但是，从道路交通实践情况看，佩戴安全头盔是保障生命安全的“最后一道防线”。2018年浙江全省发生涉及非机动车的交通事故死亡1550人，受伤6063人，其中因头部受伤致死的占75%左右，头部受伤致死人数中有85%以上未佩戴或者未按规范佩戴安全头盔。2019年，宁波、嘉兴通过推行电动自行车驾驶人佩戴安全头盔，涉及电动自行车交通事故死亡人数分别下降了43.69%、61.54%。为了有效保障驾驶人生命安全，条例作出强制佩戴头盔的规定。二是采取措施预防电动自行车火灾。多年来，因电动自行车充电导致的火灾事故居高不下，造成人民群众生命、财产安全重大损失。为了有效预防电动自行车火灾事故，条例规定，住宅小区、单位应当在电动自行车停放场所、区域设置符合国家标准的限时充电设施。电动自行车蓄电池应当避免在非集中充电的室内场所充电。电动自行车所有人或者驾驶人应当定期检修蓄电池电气线路，防止因电气线路老化、短路等原因引发火灾事故。同时规定，禁止在建筑物的疏散通道、安全出口、楼梯间等区域停放电动自行车。三是在机动车右转弯位置设置右转弯导向线和危险警示区，在事故多发路段、路口设置减速标线等。针对实践中大型货车等机动车右拐弯时，驾驶员存在视域盲区，容易造成交通事故致人身伤亡，以及一些路段、路口事故多发等情况，条例作了针对性、创新性规定。即：大型车辆通行频繁的道路，应当在机动车右

转弯位置设置右转弯导向线和危险警示区，防止大型车辆右转弯时与电动自行车发生刮擦、碾压等安全事故。农村公路交通事故多发路段、路口，应当设置减速标线、右转弯导向线、让行标志、减速标志、爆闪灯等标线、标志和设施。

四、合理设置非标电动自行车过渡期，切实保障人民群众财产权益

从法律规定看，2004 年 5 月 1 日起施行的《中华人民共和国道路交通安全法》第一百一十九条规定，作为非机动车管理的电动自行车的设计最高时速、空车质量、外形尺寸应当符合国家标准。超过国家规定最高限额的电动自行车应当作为电动摩托车管理。《中华人民共和国道路交通安全法》第八条规定：国家对机动车实行登记制度。机动车经公安机关交通管理部门登记后，方可上道路行驶。尚未登记的机动车，需要临时上道路行驶的，应当取得临时通行牌证。2019 年 3 月 14 日，国家市场监管总局、工业和信息化部和公安部联合发布文件，要求对非标电动自行车设置过渡期，逐步淘汰。考虑到非标电动自行车数量庞大，涉及人民群众财产权益和出行需要，设置过渡期需要慎重对待，充分论证。草案原来规定的过渡期是截至 2021 年 12 月 31 日。在草案修改过程中，就此问题进行了专题调研和论证，并进行了问卷调查。大多数意见认为逐步淘汰非标电动自行车是必要的，但建议对草案规定的过渡期适当延长。经研究，考虑到非标电动自行车是人民群众从市场上购买的重要出行工具，在充分保障交通安全、人民群众生命财产安全的基础上，需要最大限度保障人民群众财产权益和出行需要，为此，条例从我省电动自行车管理实际出发，进一步延长草案规定的过渡期期限，将过渡期截止时间由 2021 年 12 月 31 日延长至 2022 年 12 月 31 日，并同时规定使用期满七年的备案非标电动自行车不得上道路行驶。为更好保障电动自行车所有人权益，条例还规定，县级以上人民政府可

以通过补贴等方式，鼓励备案非标电动自行车提前淘汰。鼓励电动自行车生产者、销售者通过以旧换新、折价回购等方式回收备案非标电动自行车。

五、坚持问题导向，回应民生关切

法律是社会问题的综合性解决方案，对社会问题、民生问题的关注和回应是衡量地方立法质量的重要指标之一。这部条例从确定题目到制度设计，始终坚持问题导向，做到民有所呼我有所应。一是聚焦电动自行车管理这一社会普遍关注的突出问题，确定法规题目和调整范围。省政府提请的条例草案名称是“浙江省非机动车管理条例”，调整范围包括电动自行车、自行车和其他非机动车的生产、销售、登记、通行、停放及相关管理活动。考虑到电动自行车存在非标车数量庞大、违章行驶、无序停放、交通事故和火灾事故多发等突出问题，是非机动车管理中的重点和难点，也是人民群众反映强烈的问题，迫切需要专门立法加强管理，同时，电动自行车以外的其他非机动车，相关法律法规已有较为全面的管理规定，目前问题并不突出。为此，条例将名称修改为“浙江省电动自行车管理条例”，并对调整范围作了相应修改。二是就实践中划设机动车停车位过度占用非机动车道问题，作出针对性规定。不少地方反映，一些城市在非机动车道上划设夜间临时停车位，导致非机动车驾驶人不得不在机动车道上骑行，不仅影响了非机动车正常通行，且引发一些交通事故。有的意见提出，将非机动车道改为停车场地，严重影响交通安全，是对人民生命安全不负责任，应作出禁止性规定。还有意见认为，目前停车难问题突出，简单的禁止并不能从根本上解决问题，应当允许在非机动车道路较宽的路段划设临时停车位。经研究，为了兼顾保障通行安全和解决停车难题，条例规定，在非机动车道上划设机动车停车位（包括限时停车位）的，余留的非机动车道的宽度不得小于一点五米，但划设机动车临时上下客的车位除外。三是引导电动自行车所有人投保第三者责任险、驾驶人员人身意外伤害险，提高赔付能力，保护群众权益。实践中，电动自行车事故率高，参保率低，发生事故后因赔付问题引发的纠纷较多。针对这一问题，条例规定，县级以上人民政府应当采取措施，引导电动自行车所有人投保第三者责任险、驾驶人员人身意外伤害险。同时规定，快递、外卖等服务企业和互联网电动自行车租赁企业应当加强安全生产教育和管理，落实安全生产主体责任，可以通过购买第三者责任险、驾驶人员人身意外伤害险等方式提高企业偿付能力。

条例实施以来，电动自行车驾驶人自觉按照规定佩戴安全头盔，全省在各交叉路口新增设机动车右转弯导向线和警示区近6000个，农村地区道路交通事故多发路段、路口新增标志2万多块，住宅小区和单位按照规定设置符合规定的电动自行车充电设施，清理了余留宽度不符合条例规定要求在非机动车道上划设的机动车停车位5300处，全省2000多万辆非标电动自行车逐步淘汰。条例实施成效明显，交通事故和伤亡人数明显下降，道路交通秩序逐步改善，预防和减少了道路交通事故和火灾事故，有效保护了人民群众人身和财产安全。

（执笔人：浙江省人大常委会法制工作委员会　路国连　陈姜季）

法治守好浙江水资源

《浙江省水资源条例》（以下简称条例）经省十三届人大常委会第二十四次会议审议通过，于2021年1月1日起正式施行。条例共三十四条，全面构建了最严格水资源管理制度。

一、立法背景

浙江是江南水乡，因水而名、因水而兴、因水而美，同时浙江水情复杂，深受水患威胁、饱受缺水限制。人均水资源短缺，浙江人口和产业高度集聚，人均水资源量比全国人均水平低20%左右，只有世界人均水平的四分之一，属于国际公认的中度缺水地区。水资源不平衡不匹配，从时间分布上看，降雨集中在梅雨期和台汛期，70%的水资源形成洪水排入大海，无法有效利用，秋冬季降雨偏少，容易出现季节性旱情；从空间分布上看，杭嘉湖、宁绍地区人口稠密、经济发达，经济总量占全省2/3，而水资源量只占全省1/5，水资源供需矛盾日益显现，尤其是嘉兴、舟山等市优质水库水供给严重不足。水资源利用效率水平偏低，我省水资源利用水平、管理能力与西方先进国家存在不小差距，迫切需要推动水资源利用从粗放低效向集约高效转变，实现经济社会的高质量发展。

二、立法的必要性

《浙江省水资源管理条例》自2003年1月1日实施以来，为构建具有浙江特色的水资源保障体系、加强水资源管理、促进水资源可持续利用等方面发挥了重要作用。但随着经济社会的快速发展，水资源需求发生了深刻变化，我省水资源管理面临新的挑战，需要量水而行、因水制宜，强化水资源管理的刚性约束。条例的制定将进一步完善管理体系，提升管理能力，为水资源管理提供强有力的法治保障。

条例是落实习近平总书记新时期治水思路的重要举措。2014 年，习近平总书记提出了“节水优先、空间均衡、系统治理、两手发力”的新时期治水思路，赋予了新时代治水的新内涵、新要求、新任务，为科学认识水问题提供了全新的视角，也为有效解决水问题提供了重要遵循。条例在现有工作基础上，全面总结经验，查找梳理问题，提出针对性的制度和机制保障，充分体现我省贯彻落实总书记新时期治水思路、促进绿色发展的决心。

条例是保障我省经济社会可持续发展的客观要求。水资源是经济社会可持续发展、生态文明建设的基础保障。随着经济社会的快速发展，需要深入推进水资源供给侧改革，坚持“以水定城、以水定地、以水定人、以水定产”的原则，强化水资源刚性约束。我省水资源管理要继续走在全国前列，需要通过立法引领，把新时代的治水新理念落实到治水实践中，为水资源的节约、保护、开发、利用贡献浙江经验和浙江样本，充分彰显“重要窗口”的使命担当。

条例是适应生态文明体制改革的迫切需要。2013 年以来，党中央、国务院在生态文明建设方面作出一系列重要部署，实行最严格的水资源管理制度，推进实施水污染防治行动计划。省委、省政府举全省之力推进“五水共治”，强力推动河湖长制和“最多跑一次”改革，对水资源管理改革产生了深远影响。全省各地在最严格水资源管理制度考核、节水型社会建设、取水许可审批改革、区域水资源论证、流域生态保护补偿等方面进行了有益探索，积累了实践经验，有条件有必要进行提炼总结和制度固化。

三、条例的主要内容及亮点

条例以习近平总书记新时期治水思路为指引，积极贯彻习近平总书记对治水的系统论述，坚持问题导向，出实招求实效，着力破解我省水资源管理中存在的刚性约束不足、工作联动机制不畅、节水激励措施不显、监管手段单一等突出问题，充分体现“三个地”和“重要窗口”的政治担当。

一、优化水资源规划管理。水资源规划在水资源管理中发挥着重要的作用，《中华人民共和国水法》对水资源综合规划作了原则性的规定。为进一步发挥规划的引领作用和刚性约束，一方面，条例对《中华人民共和国水法》有关规定作了细化，明确各流域和区域综合规划的具体编制程序和要求。另一方面，在流域综合规划和区域综合规划的基础上，创造性地明确要求县级以上人民政府水行政主管部门均应当组织编制水资源节约保护和开发利用总体规划，为一个区域具体开展节水、供水等各项工作提供依据和指导，同时对规划编制应当遵循的原则和规划期限作了相应补充规定。

二、落实“最多跑一次”改革要求。取水许可制度是上位法规定的一项重要水资源管理制度，有效确保了取水效率与安全，条例在不降低许可要求的基础上，通过优化取水许可审批流程、提高审批效率，不断减轻用水单位取水负累。一是实行区域水资源论证制度，建设项目所在区域已经开展区域水资源论证的，需要办理取水许可的建设项目不再进行水资源论证，将取水许可审批从“一项目一论证”转变为“一区域一论证”。二是以告知承诺制方式管理取水许可，用水单位书面承诺按照要求建设取水工程或者设施的，主管部门可以先行作出许可取水的决定，并加强事中事后监管。三是合并办理涉水许可。取水许可、在河道管理范围内建设取水建筑物、构筑物的许可是两项许可制度，涉及不同的管理层级，条例规定主管单位应当合并办理，进一步缩短了取水许可办理时限。

三、加大水生态环境保护力度。条例通过创新体制机制，以更大力度保护水资源、改善水环境、修复水生态，全方位构建和谐人水新关系。一是加大生态流量监测，主管部门应当确定重要河流的生态流量控制目标，合理设置生态流量监测站位，建立生态流量监测评估机制，实时监控重要河流的水生态环境。二是加强泄放生态流量管理，有效协调好生活、生产和生态环境用水是水资源管理的一项重要内容，条例坚持保护与开发并重，要求水库、水电站、航运枢纽等具有拦蓄水功能的水工程应当建设泄放生态流量设施和监测设施，并按照规定泄放生态流量。三是完善生态补偿机制，受益者付费、保护者得到合理补偿是生态补偿制度的基本原则，条例明确要求县级以上人民政府应当建立水资源配置工程水源区的市场化、多元化生态补偿机制；水资源配置工程供水价格应当体现水源区水源涵养、水生态保护、水环境整治等投入，真正实现好水好价。同时为持之以恒保护水生态环境，以及确保人民群众共享生态保护收益，条例要求生态补偿资金优先用于水源区的水资源保护和水源区保护范围内村（居）民的生活保障、生产补助。

四、突出节约用水。进一步推进节约用水是此次立法重点，条例在吸收《浙江省节约用水办法》《浙江省节水行动实施方案》中有关定额管理、水价调节等行之有效的节水制度的基础上，从正向激励和反向限制等两个维度新设了很多节水具体措施，督促、引导地方政府、社会、用水单位节约用水，助推节水型社会建设。一是实行最严格水资源管理制度。上一级人民政府可以限制或者暂停未满足用水总量和用水效率控制指标的地区新增取水项目。县级以上人民政府要推进高耗水企业向水资源条件允许的工业园区集中，统筹供排水、工业水厂、再生水利用等基础设施建设，促进工业园区分质供水和再生水利用，实现优水优用。达标再生水直接用于工业、市政杂用，减少污染物排放的，可以相应核减本行政区域主要污染物排放总量，以鼓励地方政府建设再生水利用设施，提高再生水利用率。二是督促各行业落实节水措施。要求有关主管部门根据水资源总体规划制定本行业节水实施计划，推进农业节水增效、工业节水减排、城乡节水降损和非常规水利用；要求公共供水企业控制供水管网漏损率，有效降低管网漏损。三是加大节水扶持力度，规定有关财政专项资金应当对分质供水项目建设、节水项目建设、节水产品和技术推广、节水示范创建、节水宣传教育等给予补助或者奖励；直接从江河湖泊取水的省级以上节水型企业，可以减征水资源费，以经济手段助推节约用水。

此外，条例还对水库联网互通和供水联网联供、非常规水利用、农村生活供水设施建设等作出了相关要求。

（执笔人：浙江省人大常委会法制工作委员会　刘永华　王贤祥）

立法引领数字经济发展

党的十八大以来，以习近平同志为核心的党中央放眼未来、顺应大势作出建设数字中国、网络强国的战略决策。党的十九届五中全会对加快数字化发展作出部署安排。习近平总书记2020年考察浙江时也对发展数字经济作出重要指示。为了全面贯彻落实习近平总书记数字中国、网络强国战略思想和党的十九届五中全会精神，通过立法加强顶层设计和制度供给，推动体制机制持续创新，再创浙江数字经济创新发展新优势，2020年12月24日，浙江省十三届人大常委会第二十六次会议审议通过《浙江省数字经济促进条例》（以下简称条例）。这是全国第一部以促进数字经济发展为主题的省级地方性法规，通过着力构建数字经济基础制度和发展环境，以先行先试为数字经济领域立法提供经验借鉴。

一、条例制定的有关情况

浙江作为数字经济先行省份，多年来全面贯彻落实党中央决策部署和习近平总书记重要指示精神，在数字经济领域大胆探索、积极实践，各项促进数字经济创新发展的改革举措始终走在前列。习近平总书记强调，凡属重大改革都要于法有据。为了给数字经济领域的各项改革提供健全的法治保障和稳固的制度支撑，推动改革持续纵深推进，浙江积极推进数字经济领域相关法律问题的立法研究和实践探索，力求通过制定实施地方性法规，以良法促善治，为数字经济创新发展提供坚实法治保障，引领和推动浙江经济高质量发展。浙江省委、省人大常委会、省政府高度重视条例制定工作。省委十四届八次全会明确提出加强数字立法。省人大常委会将专项监督与立法调研相结合，统一部署、上下联动开展促进数字经济发展专项监督。条例草案形成阶段，省人大常委会、省政府加强立法协同，通过“双组长”机制等协调解决立法重大问题。草案经省政府常务会议讨论通过后，省人大常委会于2020年7月、11月、12月分别召开会议对草案进行审议。审议期间，条例草案公开向社会征求意见，并广泛征求省有关部门、各市县区、企业、行业协会、省人大代表等各方面意见。先后赴省内多地开展调研，召开相关部门、企业、社会组织、数字经济专家、法律专家等各层面座谈会论证会30余次，在此基础上反复研究论证，多次对条例草案作出修改完善。2020年12月14日，省委常委会会议对草案送审稿进行了讨论，原则同意送审稿。2020年12月24日，浙江省人大常委会第二十六次会议表决通过条例。

二、条例的主要内容

条例从浙江数字经济的发展实践出发，把近年来深入推进数字经济“一号工程”过程中行之有效的好做法、好经验、好制度提升入法，并结合国内外数字经济的新发展、新变革和新趋势作出多项具有前瞻性制度设计，从法律制度层面搭建了保障和促进浙江数字经济发展的“四梁八柱”。条例共九章六十二条，首次在法律制度层面对数字经济的基础性概念作出明确界定。条例聚焦数字经济发展的核心问题，对数字基础设施和数据资源两大支撑，数字产业化、产业数字化、治理数字化三大重点以及激励保障措施、法律责任等作了相关相应规定。

（一）明确了数字经济领域的基础性概念。条例在《G20数字经济发展与合作倡议》和党中央、国务院关于数字经济发展战略部署相关表述的基础上，结合浙江的实践探索，并根据立法规范要求，经过反复论证，首次在法律制度层面对数字经济作出明确界定，明确数字经济是以数据资源为关键生产要素，以现代信息网络为主要载体，以信息通信技术融合应用、全要素数字化转型为重要推动力，促进效率提升和经济结构优化的新经济形态。同时，条例还首次在法律制度层面对数据基础设施、数据资源、数字产业化、产业数字化、治理数字化等数字经济领域的基础性概念作出明确界定。

（二）规定了数字基础设施规划和建设的有关要求。针对当前数字基础设施建设缺乏规划引领、低水平重复建设、共建共享程度不高等突出问题，条例主要作了以下规定：一是要求按照技术先进、共建共享、避免重复等原则组织编制数字基础设施发展规划、建设专项规划，并对发展规划、建设专项规划的编制程序和重点内容予以明确。二是要求国土空间详细规划对数字基础设施建设专项规划确定的设施位置、空间布局等作出安排。三是明确规定新建、扩建建筑物应当按照标准配套建设移动通信基础设施，与主体建筑物同步设计、同步施工、同步验收，并对配套建设的程序机制作出具体规定。同时，针对通信基础设施在一些老旧小区落地难的问题，规定老旧小区改造应当配套建设通信基础设施。

（三）规定了促进数据资源开放共享的相关举措。为了解决实践中公共数据共享开放程度不够、数据质量不高等问题，条例主要作了以下规定：一是明确行政机关和其他国家机关的数据，以及法律、法规规定纳入公共数据管理的其他数据属于公共数据，应当按照公共数据管理要求进行共享和开放。二是建立公共数据的核实和更正制度，规定采集单位对所采集公共数据的准确性负责，并应当根据公共数据主管部门的要求及时核实、更正数据。三是引导企业、社会组织等单位和个人开放自有数据资源。

（四）规定了推动浙江数字产业化发展的具体措施。针对浙江数字产业发展中存在的规模体量不够大、创新质量不够高、创新平台引领作用不够强等问题，条例主要作了以下规定：一是规定省政府应当统筹全省数字产业发展，并明确浙江重点支持和发展的数字产业，要求各地结合实际确定发展重点。二是规定省政府及其有关部门应当加强科技创新平台和大型科技基础设施建设，推动大型科学仪器开放共享。三是规定政府及其有关部门应当培育形成大中小微企业协同共生的数字经济产业生态，支持企业创建数字经济领域创新创业平台，鼓励第三方机构为数字产业发展提供相关服务。

（五）规定了促进浙江产业数字化转型的具体措施。针对浙江传统企业数字化转型速度不够快、质量不够高、基础支撑薄弱以及中小企业不愿、不敢、不会转型等问题，条例对政府及有关部门促进产业数字化转型的职责和措施作了以下规定和要求：一是通过服务指导、试点示范、政策支持等方式支持工业互联网普及应用，推动企业发展智能型制造。二是通过培育转型试点等方式推动数字技术与生活性服务业、生产性服务业深度融合，通过建设数字文化创意产业试验区等方式发展文创产业。三是通过示范带动、技术指导、政策支持等方式推广农业物联网应用，加强农业生产、农产品加工、农产品流通领域数字基础设施建设。四是引导和支持发展电子商务新业态新模式，推进数字生活新服务。五是完善各类园区数字基础设施，为园区企业数字化转型和数字产业集聚发展提供支撑。

（六）规定了提升浙江治理数字化水平的具体措施。为了深入贯彻习近平总书记考察浙江时对数字化治理的重要指示精神，落实国家数字经济创新发展试验区实施方案赋予浙江的试验任务，条例主要作了以下规定：一是规定政府及有关部门应当按照整体智治要求推进政务服务、政府办公全流程网上办理、掌上办理，并规定行政执法掌上办理等政府数字化转型的具体手段。二是要求加强“城市大脑”和智慧城市建设，促进现代信息技术在乡村治理中的应用。三是规定加强数字教育、智慧医疗健康、智慧养老体系建设的基本路径和目标。四是要求加强综合治理工作平台、市场监管平台、综合执法平台、便民服务平台等基层治理平台建设运营，并明确未来社区示范建设的基本要求。

（七）规定了弥合“数字鸿沟”的具体措施。为了消除“数字鸿沟”，推动数字经济发展成果普惠共享，条例主要作出以下规定：一是着力加强乡村数字基础设施建设，要求加强山区、海岛等地区网络基础设施建设，提升乡村光纤网络、移动网络建设水平和覆盖质量，实现电信普遍服务。二是着力提升全民数字素养，规定加强数字经济的宣传、教育、培训，提升全民的数字素养和数字技能。三是着力解决老年人等运用智能技术困难问题，要求按照优化传统服务与创新数字服务并行的原则，在出行、就医、消费、文娱、办事等方面制定措施，保障和改善老年人等运用智能技术困难群体的基本服务需求和服务体验。

（八）规定了激励和保障数字经济发展的综合性措施。条例将浙江实践中行之有效的扶持政策和激励措施予以固化提升，规定应当通过设立产业投资基金、财政资金支持、首台套产品采购、科技创新券等方式加大数字经济发展支持力度。明确在土地供应、电力接引、能耗指标、频谱资源等方面优先保障数字经济发展，支持举办数字经济领域相关展览、赛事、论坛等帮助企业开拓市场。规定政府应当加强产业链协同创新统筹协调，引导支持高校、企业等协同攻关数字经济领域关键共性技术，通过开设数字经济专业、课程以及共建实习实训基地等方式培养数字经济人才。

（执笔人：浙江省人大常委会法制工作委员会　吴恩玉　杨利学）

立法助力浙江乡村振兴

实施乡村振兴战略是新时代做好“三农”工作的总抓手。制定乡村振兴促进条例，是贯彻落实党中央和省委决策部署、保障乡村振兴战略全面实施的重要举措；是有效落实上位法规定、总结提升我省“三农”法治实践、充分发挥立法保障和推动作用的重要体现。

2021 年 7 月 30 日，浙江省十三届人大常委会第三十次会议审议通过了《浙江省乡村振兴促进条例》，条例于 2021 年 9 月 1 日起施行。这是我省首部“三农”领域的基础性、综合性、系统性法规，为促进乡村振兴、推动高质量创建乡村振兴示范省提供了法治保障。

一、制定条例的重要意义

（一）制定条例是贯彻落实党中央和省委关于乡村振兴战略决策部署的重要举措。党的十九大提出实施乡村振兴战略以来，党中央、国务院先后出台了《中共中央　国务院关于实施乡村振兴战略的意见》《乡村振兴战略规划（2018—2022 年)》，确定了乡村振兴的一系列重大政策举措；省委、省政府制定了《浙江省乡村振兴战略规划（2018—2022 年)》《中共浙江省委　浙江省人民政府关于高质量推进乡村振兴争创农业农村现代化先行省的意见》，明确了我省乡村振兴的目标、任务和政策措施。有必要将党中央和省委关于乡村振兴的重大决策部署，包括乡村振兴的目标、任务、原则和政策措施等通过立法确定下来，确保乡村振兴战略部署得到全面落实。

（二）制定条例是有效落实乡村振兴促进法的必然要求。2021年4月29日，全国人大常委会通过了《中华人民共和国乡村振兴促进法》。乡村振兴促进法是“三农”领域的基础性、综合性法律，聚焦增加农民收入、提高农民生活水平、提升农村文明程度等核心任务，对产业发展、人才支撑、文化繁荣、生态保护、组织建设等乡村振兴重点任务作了全方位的规定。有必要从我省实际和需要出发，将法律确定的重要原则和制度要求等转化为可操作、能考核、能落地的制度措施。

（三）制定条例是将我省实践经验上升为法律制度的客观需要。早在习近平总书记在浙江工作期间就提出了关于“三农”工作的重要论述，近年来，我省深入实施“八八战略”，坚定不移推进农业供给侧结构性改革，深化农村改革，开展农村生态文明和美丽乡村建设，率先走上以工补农、以城带乡、工农互促、城乡互补的发展路子，是农业现代化进程最快、农村经济最活、农民收入最高、乡村环境最美、城乡差距最小的省份之一。有必要将我省乡村振兴实践经验和改革成果上升为法规制度，以法治手段引领和保障高质量推进乡村振兴工作，当好农村改革探路者、城乡融合先行者、乡村振兴排头兵，推动高质量发展建设共同富裕示范区。

二、条例的特色亮点

第一，着力促进共同富裕。共同富裕是社会主义的本质要求，是人民群众的共同期盼。乡村振兴是推进共同富裕的重要组成部分，农业农村领域是建设共同富裕示范区的主战场。条例聚焦乡村单元，完善先富帮后富、实现共同富裕的路径和工作机制，突出对加快发展地区和弱势群体的倾斜，着力体现推进共同富裕的要求。

第二，坚持推进城乡融合。实施乡村振兴战略，必须重塑城乡关系，走城乡融合发展之路。条例顺应农业农村发展要求和城乡关系变化趋势，通过统筹城乡基础设施建设，促进教育、医疗、就业、社会保障等城乡基本公共服务均等化，优化农村外部发展环境，缩小城乡发展差距，着力提升城乡融合发展水平。

第三，坚持数字乡村建设。数字乡村既是未来的发展方向，也是我省乡村振兴重要的特色优势。条例落实数字化改革的要求，坚持数字赋能，明确和细化数字乡村建设的相关制度措施，加快缩小城乡“数字鸿沟”，推进数字技术在乡村各领域广泛应用，推动数字技术和乡村振兴深度融合，让数字化、智能化成为美丽乡村新的亮色。

第四，坚持突出地方特色。有特色是地方立法的生命力所在。条例着眼于突出浙江特色、浙江元素，认真总结我省“三农”工作和乡村振兴等方面行之有效、可复制可推广的创新举措、成功经验，如数字乡村建设、“两山理论”实践、“千万工程”建设、“枫桥经验”等，将其在法规层面予以固化，使内容具有浓厚的浙江味和辨识度。

第五，坚持问题导向。条例着眼于群众急难愁盼问题，对农民住宅建设用地得不到有效保障、村内公共服务设施建设不足等作了针对性规定。对实施乡村振兴战略面临的人才、资金、土地等方面的薄弱环节和突出问题，条例也力争做好顶层设计，规范和健全制度措施，为推动乡村振兴破难题、开新局、聚合力提供有力抓手。

三、条例的主要内容

（一）全面深入贯彻落实中央和省委推进共同富裕的部署和要求。条例在总则部分明确促进乡村振兴应当统筹解决地区差距、城乡差距、收入差距等“三大差距”，推动高质量发展建设共同富裕示范区。在城乡融合、产业兴旺、生态宜居、保障措施等章节中也都围绕实现共同富裕目标，要求加大财政支持、探索“两山”转化通道、健全先富帮后富机制、推进“千企结千村”等帮扶行动。条例还明确通过转移支付等方式加大对山区县、海岛县的财政支持，通过生态补偿、水资源交易等多种方式，增加山区县、海岛县农村集体资产收益和农民收入。

（二）推进城乡融合补短板。条例对推进农村基础设施建设，完善教育、医疗、就业等公共服务作出细化规定，着力推动解决城乡发展不平衡、不充分的问题。如规定推进城乡公共基础设施的建设改造和运营管理，明确城郊结合地区和其他有条件地区的公共基础设施应当按照城市市政设施标准建设，与城市市政设施互联互通。规定推进农村学校适度规模化建设，鼓励通过建立城乡教育共同体等方式，促进优质教育资源城乡共享。规定加强就业服务平台建设和农民职业技能培训工作，提高农民技能水平，提升农民就业能力。

（三）全面推进“五大振兴”。在产业兴旺方面，从强化政府扶持、发展现代农业产业、提高优势农产品竞争力，依托红色文化遗存、诗画浙江、美丽乡村等资源和生态优势发展乡村经济，引导社会资本参与乡村振兴等方面提出细化要求和具体举措。在生态宜居方面，从统筹安排农村居民点、基础设施、公共服务设施和乡村产业用地，开展村内公共服务设施建设、村容村貌综合整治，持续改善农村人居环境等方面提出细化要求和具体举措。在乡风文明方面，从推动公共文化资源共享和服务质量提升，保护传统村落、特色村寨，传承和发展特色乡村文化，引导培育文明乡风、良好家风、淳朴民风等方面提出细化要求和具体举措。在治理有效方面，从完善乡村治理体系，加强农村基层干部队伍建设，推进法治乡村、平安乡村、清廉乡村建设等方面提出细化要求和具体举措。在人才支撑方面，从坚持和完善农村工作指导员、科技特派员制度，加强乡村教师、医疗卫生队伍建设，支持和引导各类人才服务乡村振兴等方面提出细化要求和具体举措。

（四）推进数字乡村建设促发展。条例专设“数字乡村”一章，从数字基础设施建设、数字农业、乡村治理、公共服务等多个方面，对数字乡村建设相关制度措施进一步明确和细化。如规定推进农村新型数字基础设施建设，提升乡村光纤网络等建设水平和覆盖质量，加快传统基础设施的数字化改造。规定支持发展智慧农业，加大涉农信息服务提供力度，培育和壮大乡村电子商务市场。规定拓展乡村治理与服务数字化应用场景，促进现代信息技术在政务服务、农村集体资产管理等领域的综合应用。

（五）健全乡村振兴保障措施。条例对保障乡村振兴资金投入、产业用地倾斜和农民住宅建设用地等作了规定。如明确加大用于保障和促进乡村振兴的财政投入和金融支持力度。根据中央文件规定，对国土空间规划、土地利用年度计划中用于保障乡村产业用地的具体指标比例作了明确。条例还从规划保障、指标落实、宅基地公平有序分配等方面提出了具体举措，切实满足农民住宅用地合理需求。

（执笔人：浙江省人大常委会法制工作委员会　褚福宝　孙潮阳）

提升标准化立法的浙江辨识度

习近平总书记强调，加强标准化工作，实施标准化战略，是一项重要和紧迫的任务，对经济社会发展具有长远的意义。2016 年 12 月，经国务院批准，浙江率先开展国家标准化综合改革试点工作，把标准化改革总体要求与浙江实际紧密结合，努力在体制机制、体系建设、供给能力等方面取得率先突破，为全国提供浙江实践、浙江经验，更好地发挥标准化的基础性、战略性作用。

2021 年 7 月 30 日，浙江省十三届人大常委会第三十次会议通过《浙江省标准化条例》，自 2021 年 10 月 1 日起施行，同时废止 2000 年 6 月 29 日起施行的《浙江省标准化管理条例》。我省标准化立法从理念到具体制度设计实现“破茧成蝶”、与时俱进，各项规定彰显浙江特色。

一、贯彻落实中央和省委决策部署更加有力

服务高质量发展。适应高质量发展建设共同富裕示范区、建设社会主义现代化先行省的新目标新定位，条例将立法目的明确为“加强标准化工作，促进自主创新，服务高质量发展、高品质生活，推动共同富裕”。同时，多层次多角度将中央和省委有关高质量发展的决策部署融入标准化工作。一是规定标准化工作应当贯彻新发展理念。二是要求县级以上人民政府推动实施标准化战略，发挥标准化在建设社会主义现代化先行省中的基础性、战略性作用。三是创

设“浙江标准”标识制度，规定地方标准、团体标准、企业标准，经自愿申请和第三方机构评价，符合引领高质量发展要求的，可以使用“浙江标准”标识。四是鼓励社会团体、企业事业单位在“互联网+”、生命健康和新材料等领域，主导或者参与国际标准研究制定。

推进数字化改革。围绕全省正在全力推进的数字化改革，条例对标准化工作的数字化建设和数字化的标准化保障都作出明确规范。一是规定县级以上人民政府标准化主管部门应当推进标准化工作的数字化改革，促进多方参与、业务协同、数据集成，提升标准化工作水平和效率。二是要求省、设区的市标准化主管部门运用数字化技术等手段，系统研究本级地方标准的先进性、适用性、有效性，准确掌握地方标准制定、修订需求。三是要求建设全省统一的标准化公共服务平台和标准化数据库，实行地方标准立项、起草、征求意见、报批、公示、发布、废止、实施信息反馈和收集等全流程数字化管理。四是对推进数字化改革、推动共同富裕以及落实其他重大决策部署，需要统一技术要求的，要求省、设区的市标准化主管部门和其他有关主管部门加快制定相关地方标准。

二、体现标准化工作改革成果更加充分

标准化工作改革的总体目标是：建立政府主导制定的标准与市场自主制定的标准协同发展、协调配套的新型标准体系，健全统一协调、运行高效、政府与市场共治的标准化管理体制，形成政府引导、市场驱动、社会参与、协同推进的标准化工作格局。浙江自2016年开展改革试点工作以来，在标准化管理体制、标准化体系建设、浙江标准水平和标准供给能力等方面均取得了新突破。条例发挥立法引领、推动和保障改革功能，从以下几个方面体现“正确处理政府与市场关系”的改革要求，固化我省改革试点工作成果：

确立标准化工作原则。规定标准化工作应当坚持政府引导、市

场驱动、社会参与、协同推进的原则。

重塑标准体系。要求县级以上人民政府及其有关主管部门突出本省优势和特色，建立新型标准体系，推动政府主导制定的标准与市场自主制定的团体标准、企业标准协同发展、协调配套。

引入“揭榜挂帅”机制。为激发全社会活力，推动重要标准集中攻关，条例要求省、设区的市标准化主管部门和其他有关主管部门建立相关工作机制，对技术难度大、影响重大或者急需制定的地方标准，可以向社会发榜，鼓励具备标准编写能力的单位和个人揭榜攻关。

落实企业标准化主体责任。规定企业应当根据市场和创新需求，建立健全企业标准体系，保持企业标准的先进性、适用性和有效性；要求社会团体、企业根据需要，配备熟悉标准化相关法律法规和专业知识的工作人员；鼓励企业组建标准创新团队；支持企业建立科技研究与标准研究同步、科技成果应用推广与标准制定同步、科技成果产业化与标准实施同步的工作机制。

强化政府服务与激励。除加快发展标准化服务业、加强标准化人才培养外，条例规定县级以上人民政府应当建立健全促进科技成果向标准转化的工作机制，支持社会团体、企业将自主创新科技成果转化为标准，推进标准与知识产权融合发展；推动团体标准、企业标准转化为国际标准、国家标准或者行业标准，畅通社会团体和企业事业单位主导、参与制定国际标准、国家标准、行业标准渠道。同时明确，对拟突破关键核心技术瓶颈、预期取得标志性成果的标准化项目，在省重点研发计划项目评审时予以优先支持；对企业标准核心要素和关键技术指标达到国际国内先进水平且实施效果显著的企业，在高新技术企业认定时予以优先支持，等等。

固化重要地方标准听证制度。为增强重要地方标准科学性，条例规定涉及人身健康和生命财产安全、生态环境安全的地方标准，存在重大意见分歧或者涉及利益关系重大调整，需要进行听证的，省、设区的市标准化主管部门应当召开听证会，听取有关行政机关、社会团体、企业事业单位、消费者代表、人大代表、政协委员等社会各方面的意见。

三、紧扣问题创新制度更加明显

习近平总书记反复强调，要坚持问题导向，把问题作为研究制定政策的起点，把工作的着力点放在解决最突出的矛盾和问题上。针对实践中一些地方标准必要性、针对性、有效性不强，标准制定周期过长，标准质量不高，标准“重制定、轻实施”，长三角区域标准一体化建设程度不高，我省参与国际标准化活动话语权不高等问题，条例着力破解难题，有针对性地补短板、堵漏洞、强弱项，完善规则制度，加强制度创新。

细化地方标准程序规范。对地方标准立项评估审查和送审文本技术审查的具体内容和程序规范作了明确规定，将“是否存在利用标准实施妨碍商品、服务自由流通等排除、限制市场竞争的情况”“主要技术内容的科学性、合理性和可行性”“是否符合实际需求”“是否与国家标准、行业标准和现有地方标准重复交叉或者不协调配套”等作为审查具体内容。同时，对审查人员和审查程序作出规范，以此保障地方标准质量。

缩短地方标准制定和复审周期。规定地方标准自立项到报送报批文本的期限一般不超过十五个月，确有必要延期的，应当在期限届满三十日前向同级标准化主管部门提出延期申请，延期时间不超过六个月。对地方标准即时复审和应予废止的具体情形也作了细化规定，确保地方标准与时俱进。

规范团体标准、企业标准。一方面，要求团体标准的制定应当遵循开放、透明、公平原则，吸纳不同地区、不同规模、不同性质企业参与，征求各方意见，反映各方共同需求。另一方面，要求企业制定产品标准时，应当明确试验方法或者检验方法。试验方法或者检验方法引用相应国家标准、行业标准或者国际标准的，应当予以明示；企业自行制定试验方法或者检验方法的，应当科学合理、准确可靠。

推进标准公开。一方面，规定地方标准应当免费向社会公开，重要地方标准应同步出台实施方案和释义，并采取配套措施推动实施。另一方面，规定企业公开的产品、服务的功能指标、性能指标项目少于或技术要求低于推荐性标准的，应当予以明示；企业实际执行标准发生变化的，应当即时更新自我声明公开的标准；企业通过公共服务平台以外的渠道进行标准自我声明公开的，应当进行标注。

创新标准实施监督方式。为了保障公众知情权，发动全社会参与标准实施监督，条例顺应数字技术新趋势，鼓励本省企业在其产品上或者服务场所设置二维码等数据载体，方便公众查阅相应标准主要技术指标。企业通过电商平台销售商品、提供服务的，应当在页面显著位置标注其执行的标准编号，电商平台经营者应当加强监测并提供技术支撑。

推动我省标准“走出去”。要求加大地方标准外文版翻译和宣传推广力度，鼓励开展团体标准、企业标准外文版翻译。同时规定，省政府支持建立长三角区域标准统一管理制度，在相关领域开展区域统一标准试点，推进地区间标准互认和采信。

（执笔人：浙江省人大常委会法制工作委员会　许迎华　王珏）

立法保障浙江快递业从大到强

制定快递业促进条例是推进和保障我省快递业高质量、持续健康发展，实现从快递大省到快递强省跨越，推进快递业治理体系和治理能力现代化的重要举措；是总结我省在促进快递业发展方面的创新举措、成功经验，充分发挥立法保障和推动作用的重要体现。

2021 年 9 月 29 日，浙江省十三届人大常委会第三十一次会议审议通过了《浙江省快递业促进条例》，条例于 2022 年 3 月 1 日起施行。这是全国首部以促进快递业发展为主题的省级地方性法规，条例为解决快递行业投递难、通行难、从业人员权益保障难等“老大难”问题提供了有效路径，为提升我省快递业现代化水平提供了强有力的法治保障。

一、制定条例的背景和重要意义

快递业是现代服务业的重要组成部分，是推动流通方式转型、促进消费升级的现代化先导性产业。作为民营快递萌发地、电商快递起航地、快递创新策源地，浙江快递行业规模由小到大，市场结构持续优化，资源要素不断集聚，新动能不断呈现，已经成为长三角、全国乃至全世界快递物流行业的一张新名片。2021 年浙江快递业务量超 230 亿件，相比 2008 年增长了 230 倍，已占全球快递业务总量的 12% 多、全国的 21.5%，占长三角三省一市快递业务总量的近60%，在长三角区域居于绝对的引领地位。同时，全年支撑全省实物商品网络零售交易额超过2万亿元，拉动农产品销售超1000亿元，行业从业人员30余万人。

快递行业的迅猛发展有力地促进了全省电子商务、网络消费、跨境电商、农村淘宝等新兴业态的发展。特别是在疫情防控期间，快递业在抗疫物资配送和民生物资运送上都发挥了重要作用。在疫情缓解之后，快递业又在稳定产业链和供应链、构建国内国际双循环相互促进的新发展格局中发挥了重要作用。但快递业在高质量发展中也面临一些困难和问题：一是末端“最后一公里”仍是短板，城市末端网点通行难、用地难、进社区难等问题未得到有效解决；二是不规范投递情形依然不少，对未经用户同意使用智能快件箱投递、虚假签收等问题群众反映比较强烈；三是关于绿色快递的法律法规尚不健全，在快递包装的设计、生产、消费和资源化利用处理等方面没有形成相对完整的制度规范；四是有些快递企业用工不够规范，从业人员权益保障不足。因此，制定一部具有针对性和专业性、能够真正解决一些行业面临的痛点难点问题，切合我省实际的地方性法规十分必要和迫切。

浙江省人大常委会在全国率先开展快递业促进立法，不仅是把行业发展经验成果上升为法规，而且能有效提升规范化科学化法治化水平，更好回应人民群众的美好生活需求，助力浙江高质量发展建设共同富裕示范区。

二、条例的特色亮点

条例制定过程中坚持问题导向，充分调研，特别是派员实打实地“沉”进了快递小哥的日常工作场景，以“体验式”调研搜集真实民意，这种务实的调研态度得到了社会各界的好评。

条例的内容充分体现了围绕中心工作，注重提高浙江辨识度，切实增强可操作性。具体地讲：一是有广度，整体结构较为合理，体现了促进发展与规范管理的有机统一，厘清了制约发展的痛点、难点问题，提出了有针对性的解决方案。二是有深度，坚持问题导向，增加了创设性规定，以可操作、能落地为目标，对快递专用电动三轮车的登记上牌和通行管理等作了规定，在全国范围内率先提出了快递专用电动三轮车的解决方案。三是有温度，关切民情民生，结合快递服务质量争议较多的实际情况，在规范快件投递服务、加强消费者权益保护上完善了相关规定，以更好地平衡各方主体的合法权益。

三、条例的主要内容

（一）科学界定快递的内涵

近年来，外卖配送、城市快运、闪送等新业态新模式不断涌现。如何界定“快递”的科学内涵，不仅涉及条例调整范围，而且关系到我国快递业法律体系的科学性、法律措施设置的有效性。经研究，快递经营活动包含收寄、分拣、运输、投递等寄递环节，由邮政管理机构负责监管，依法实行准入许可管理，对寄递物品实行开箱验视和安全检查；而外卖配送一般点到点直接送达物品，目前主要由市场监督管理部门牵头负责监管，未实行准入许可管理，也无安全检查要求。二者在行为特征、监管主体和监管具体要求上存在较大区别。为了准确把握快递经营活动的内涵，根据国家邮政法对快递的相关定义规定，结合国家对快递业准入许可管理的制度安排，条例规定：本条例所称快递经营活动，是指依法取得快递业务经营许可的企业，在承诺的时限内快速完成物品收寄、分拣、运输、投递等环节的寄递活动。外卖配送等点到点直接送达物品的活动，不适用本条例。

（二）推进快递末端服务设施建设

快递驿站、智能快递柜等快递末端服务设施和站点可以提高投递效率，保障快件安全。为进一步推进该类服务设施和站点建设，条例规定：邮政管理机构应当会同乡镇政府、街道办事处，按照网格化布局要求，组织推进快递末端服务设施、站点的配套建设；鼓励快递经营企业在社区、住宅小区、村庄设置智能快递柜，新建住宅小区或者老旧小区改造，应当同步建设智能快递柜或者预留建设智能快递柜的场地；县级政府可以通过购买服务或者给予财政补贴等方式，引导快递经营企业建设公益性智能快递柜。

（三）保障快递专用电动三轮车上路通行

快递专用电动三轮车在非机动车道上的通行权，是解决快件投递“最后一公里”民生难题最有效的举措，也是立法急需解决的重点问题。为了更好地推动该项制度落到实处，条例对快递专用电动三轮车的生产企业、生产标准和登记要求作出规定，明确由列入国家公告管理的三轮摩托车生产企业根据公开的企业标准生产，由快递经营企业向公安机关交通管理部门申请登记；符合规定的快递专用电动三轮车可以在非机动车道上行驶，公安机关交通管理部门按照非机动车对其实施管理；明确快递经营企业的交通安全主体责任、驾驶人员的行为规范和车辆通行管理要求；并对快递专用电动三轮车与行人或者非机动车驾驶人发生道路交通事故的责任认定和赔偿责任承担作出规定。

（四）促进数字快递和绿色快递发展

数字快递和绿色快递是快递业未来发展的方向，为了全面推进快递业数字化发展、落实国家有关绿色快递的要求，条例规定：县级以上人民政府及其有关部门、邮政管理机构应当加快培育数字快递新业态和新模式，推动快递业数据资源的汇集整合，促进与公共数据的融合应用；支持相关企业应用数字化技术，推进快递业整个作业链和上下游产业链供应链的标准化、数字化、网络化、智能化，依法探索无人驾驶工具的应用；省邮政管理机构应当推进快递业数字化应用和监管系统建设，开展数字快递监测、统计、分析，发布快递业发展指数；鼓励快递经营企业推进包装产品的标准化、系列化、模组化，提高包装产品与寄递物品的匹配度，减少电商快件的二次包装，防止过度包装；明确快递业生产经营过程中的绿色作业要求；鼓励快递经营企业建立绿色行动激励机制，通过积分奖励、寄件优惠等方式，引导寄件人重复使用快件包装箱、包装袋。

（五）规范快件投递服务

当前投递作业中存在无效投递、无法投递、不规范投递等问题，导致了快件收派人员劳动时间长、强度高、效率低、投诉多、服务质量参差不齐等问题，同时，快递用户与快递经营者、快递从业人员之间的争议也较多。为了规范和提升快递服务，条例规定：鼓励电子商务经营者为收件人提供个性化、差异化的快递服务选择；明确快件上门投递的具体要求、快件投放智能快递柜的条件以及收费规则。同时，对快件无法投递情形的认定以及处理、快件遗失或者损毁造成消费者权益损害的赔偿问题作出规定。

（六）保障从业人员权益

实践中，快递从业人员流动性大，日均工作时间长，劳动合同签约率低，社保缴纳率低，劳动权益难以得到保障。条例规定：快递经营企业应当与从业人员依法订立劳动合同，与临时聘用人员订立非全日制用工劳动合同，依法参加社会保险，保障从业人员劳动权益；快递经营企业应当合理确定劳动定额和计件报酬标准，建立合理的考核奖惩制度；设区的市邮政管理机构应当制定单件最低派送费指引标准，并建立动态调整机制；各级人民政府应当因地制宜，为快递从业人员提供休息场所和车辆充电等配套服务，营造社会关心、关爱快递从业人员的良好氛围；快递经营企业应当依法建立工会组织，工会应当依法做好组织平等协商、参与企业民主管理等工作，监督快递经营企业履行用工责任，拓宽维权和服务范围，维护快递从业人员合法权益。

（执笔人：浙江省人大常委会法制工作委员会　褚福宝　孙潮阳）

筑牢电子商务健康发展法治保障

一、四年三审紧盯电商发展关键问题

作为中国电子商务起步最早、发展最快的地区之一，浙江对电子商务立法有着更深远的意义。五年间，全省网络零售额翻了一番，电子商务已成为稳定经济增长和高质量发展的重要动能。

为电商立法，缘何“四年三审”？

“条例较其他法规更复杂，涉及面广。电商发展日新月异，很多问题需要深入调研，不少内容需要等上位法出台才能确定。”省人大法制委员会副主任委员尹林经历了条例制定全程，她道出了原委，浙江在全国较早启动电子商务立法，之后的每一次审议都很慎重，修改也始终围绕电商发展的关键问题，可以说这四年也是电子商务发展迅猛的四年。

时间拨回到2017年11月条例的初次审议。当时，高速成长的浙江电商，亟需一部好用、管用的地方性法规。由于电子商务法出台在即，条例的后续审议暂时搁置。

2018年8月31日，电子商务法正式出台，并于次年1月起施行。为了充分观察其实施效果，省人大常委会等待了一年。2019年11月，省十三届人大常委会第十五次会议二次审议条例草案。因为上位法仍存在不少需要进一步明确的内容，条例仍未审议通过。

2020年条例被列为省人大常委会年度立法计划继续审议项目。

时值社交电商、直播带货等模式成为电商新宠。到底要不要把网络社交、网络直播纳入监管范围？类似的争议一直持续到三审草案定稿前。最终，条例增加了相关条款，明确网络直播等相关经营者也应当履行相应义务。

千呼万唤始出来。条例最终凝练成31条法规条款，较二次审议稿精简了6条，并于2021年9月29日通过，自2022年3月1日起施行。

二、回应关切　解决突出矛盾和问题

大数据“杀熟”套路怎样破解，餐饮外卖如何确保“舌尖上的安全”，新业态用工权益如何保障，直播带货怎样才能不“翻车”？这部共31条、不到6000字的法规一一作出了回应。

向“大数据杀熟”说“不”。对于习惯使用某APP订酒店、打车的消费者，商家本应给予更加优惠的价格。但有些电子商务经营者却利用消费者的使用偏好和信息的不对称，采取技术手段对“忠实用户”进行提价，严重侵害消费者的知情权和公平交易权。为此，条例规定，电子商务经营者不得利用大数据分析、算法等技术手段，对交易条件相同的交易相对人实行不合理的差别待遇。

外卖配送过程中被污染、被调包甚至被偷吃等问题经常见诸新闻，容易引发消费纠纷，也成为食品安全监管新的痛点。对此，条例规定，网络餐饮经营者应当对配送食品使用封签封口，未封口或者封签损坏的，配送员有权拒绝配送，消费者有权拒绝签收。

维护“外卖小哥”合法权益也是条例的重要内容。平台经济的迅速发展创造了大量新的就业机会，产生了网约配送员、网约车驾驶员等新的就业形态。为了进一步健全新就业形态劳动者权益保障体系，条例规定，平台经营者制定算法规则时应当将保障从业人员交通安全、控制从业人员合理劳动强度等作为重要考虑因素，省有关部门应当在交通安全、劳动安全等方面加强对平台经营者制定配送算法规则的指导，认为明显不合理的，应当及时提出整改建议。平台经营者或者其用工合作单位应当按照规定与新就业形态劳动者签订书面协议，依法维护劳动者劳动报酬、休息、劳动安全等权益；符合确立劳动关系情形的，应当依法签订劳动合同。

浙江是直播电商大省，为了促进直播电商规范健康持续发展，条例规定，直播间运营者、直播营销人员应当对直播内容及所链接商品或者服务页面与直播相关的内容进行审核，对违反法律法规、违背公序良俗以及与商品或者服务实际情况不符的内容不得进行直播。直播间运营者、直播营销人员应当对擅自修改的直播内容承担相应法律责任。直播间运营者、直播营销人员发布的直播内容构成商业广告的，还应当履行和承担广告相关法律法规规定的义务。

三、面向未来　数字化监管写入条例

“阳光厨房”，是浙江数字化改革重大应用成果——“浙江外卖在线”的其中一个应用场景。而这一具有浓厚“浙江味”的内容，也被写入条例。

为了让消费者更加直观地了解外卖的制作环境，条例将“浙江外卖在线”的数字化改革成果上升为法规制度，规定网络餐饮经营者应当在经营者信息页面显著位置以视频形式公开食品加工现场，平台应当提供相关的技术支持。

条例还进一步明确了罚则，强化了“阳光厨房”监管的法律刚性：未实时公开的，将由市场监督管理部门责令限期改正，逾期不改正的，可以处二百元以上五百元以下罚款。

数字化监管理念在条例中随处可见。县级以上人民政府及相关主管部门通过公共数据平台为电商平台经营者履行核验义务提供服务，省市场监管部门依托公共数据平台核验电商平台经营者身份信息，海关等部门通过数字化监管体系提高跨境电商服务和监管效率……

“省有关部门正在积极推动数字化手段赋能监管工作，以适应层出不穷的新问题、新挑战。我们也将及时吸收固化其中的优秀经验做法，实现以良法善治推动浙江电子商务健康持续发展，继续为国家提供浙江经验、浙江样本。”省人大常委会法制工作委员会相关负责人表示。

（执笔人：浙江省人大常委会法制工作委员会　吴恩玉　杨利学）

立法护航“大综合一体化”行政执法改革

2021年11月25日，浙江省十三届人大常委会第三十二次会议审议通过《浙江省综合行政执法条例》，于2022年1月1日起施行。条例主动适应我省行政执法改革需要，坚持立法决策与改革决策相衔接，确保在法治轨道上推进我省“大综合一体化”行政执法改革。条例被浙江省委评为2021年度有辨识度有影响力的法治建设成果。

一、制定条例的背景和必要性

综合行政执法改革是推进地方政府治理体系和治理能力现代化的重大举措，对深化“放管服”改革、整体政府建设具有重要作用，是落实中央决策部署、推进法治政府建设的标志性成果。党的十九大报告提出，深化行政执法体制改革，统筹配置行政处罚职能和执法资源。党的十九届四中全会提出，进一步整合行政执法队伍，继续探索实行跨领域、跨部门综合执法，推动执法重心下移，提高行政执法能力水平。2015年，我省在城市管理领域实行综合执法的基础上，开始全面推进城乡统筹的跨部门、跨领域综合行政执法。2019年，省委、省政府就深化“大综合一体化”行政执法改革选择了一批县（市、区）和乡镇、街道进行试点，积累了不少好的经验做法。2021年5月，《中共中央　国务院关于支持浙江高质量发展建设共同富裕示范区的意见》中明确要求浙江全面建设法治浙江，构建全覆盖的政府监管体系和行政执法体系。省委高度重视综合行政执法工作，要求全面构建全覆盖的整体政府监管体系和全闭环的行政执法体系，形成职责更清晰、队伍更精简、协同更高效、机制更健全的“大综合一体化”行政执法体系，高水平推进省域治理现代化，助力打造“重要窗口”、高质量发展建设共同富裕示范区。为了更好地贯彻中央和省委有关决策部署，用法治手段固化改革成果，明确各级政府及有关部门权力和责任，破解重复执法、多头执法、各自为政、效率低下等实践难题，做到重大改革于法有据，为推进“大综合一体化”行政执法改革保驾护航，及时制定相应地方性法规非常必要。

二、制定条例的过程和主要考虑

《浙江省综合行政执法条例》是省人大常委会 2021 年立法计划一类项目。2021 年 2 月，条例草案经省政府常务会议研究通过后提交省人大常委会。2021 年 5 月，省十三届人大常委会第二十九次会议对条例草案进行了审议。初次审议后，法制委员会、法制工作委员会在广泛征求意见、深入研究论证的基础上，对条例草案作了多次研究、修改，形成了草案修改稿。2021 年 11 月 4 日，省人大常委会党组会议对草案送审稿进行了研究，认为草案内容比较成熟，决定报省委常委会会议审议。2021 年 11 月 15 日，省委常委会会议对草案送审稿进行了审议，原则同意送审稿。2021 年 11 月 25 日，浙江省十三届人大常委会第三十二次会议审议通过了条例。

条例制定过程中，坚持以习近平法治思想为指导，贯彻中央关于综合行政执法改革精神，立足浙江“大综合一体化”行政执法改革实践，强化顶层设计，坚持问题导向，注重制度创新，体现先行先试，突出浙江辨识度和全国影响力，努力形成更多可复制、可推广的标志性成果，为全国改革大局提供浙江方案、贡献浙江智慧。立法中注意把握以下几点：一是处理好立法决策与改革决策的关系。

考虑到我省“大综合一体化”行政执法改革正处于积极探索和深入推进阶段，立法决策既要为改革提供法治保障，又要为改革留足空间。二是注重系统性与协调性。“大综合一体化”行政执法改革涉及面广、工作量大，任务复杂艰巨，事关各级政府、有关部门和相关行政执法人员职责职权调整，必须坚持系统思维方法，协同推进。三是坚持以数字化改革为引领，构建高效协同的事中事后监管执法体系，推进执法监管更公平、高效、便利。四是着力解决人民群众反映强烈的突出问题，积极回应和着力破解改革实践中存在的热点难点问题。

三、条例的主要亮点和创新

（一）坚持整体政府理念，确立“大综合一体化”行政执法改革基本制度框架。我省推进的综合行政执法改革，是通过以数字化改革为引领，以构建高效协同的事中事后监管执法体系为重点，实现执法职责、执法资源、执法组织及执法活动的“大综合一体化”。从改革的发展阶段来看，我省推进的“大综合一体化”行政执法改革，已经超越了按照专业领域开展综合执法的发展阶段，属于对行政执法的整体改革与系统重塑，走在全国前列。条例坚持将整体政府理念贯穿融入到各项具体制度中，并按照我省“大综合一体化”的改革理念对综合行政执法的概念作了界定，明确本条例所称综合行政执法，是指按照整体政府理念，以数字化改革为牵引，通过优化配置执法职责、整合精简执法队伍、下沉执法权限和力量、创新执法方式，开展跨部门、跨区域、跨层级的行政执法活动。

（二）强化整体智治，数字赋能“大综合一体化”行政执法改革。数字化改革是浙江新发展阶段全面深化改革的总抓手，撬动各领域体制机制、组织架构和方式流程的全方位系统性重塑。对于“大综合一体化”行政执法改革来说更是如此，其整体政府的理念与数字化改革整体智治的要求在精神实质上是一致的。为此，条例坚持以数字化改革为牵引，统筹运用数字化思维、数字化技术全面提升行政执法效率：一是明确要求组织建设全省统一的数字化行政执法平台，并全面运用到执法数据归集和共享、统计分析、预警研判、联动指挥和监督评议等各环节，创新智能行政执法模式，实现执法业务集成整合和执法流程优化统一。二是规定行政执法平台与政务服务、基层治理、投诉举报、公共信用等平台互联互通。三是全面运用数字化行政执法平台开展执法活动，推行非现场执法、掌上执法、移动执法，提高证据采集核查、执法文书送达、信息提示、告知申辩、网上听证及其他执法业务的自动化智能化水平，并确保执法数据符合标准要求。

（三）推进清单式执法，建立健全执法事项目录管理体系。清单化管理是明确职责与权限、确保职责有效落实的有效手段。推行执法事项目录清单化管理，是综合行政执法改革的一项重要内容。为此，条例作了以下规定：一是建立监督管理事项目录、省综合行政执法事项统一目录、乡镇（街道）综合行政执法事项指导目录、综合行政执法事项扩展目录、乡镇（街道）具体实施的综合行政执法事项目录清单等组成的执法事项目录清单体系，并分别明确规定了相应的制定主体和程序。二是要求设区的市、县（市、区）综合行政执法部门，应当按照省人民政府批准的综合行政执法事项目录确定的范围，行使相应事项的行政处罚权以及与行政处罚相关的行政检查、行政强制措施等职权。三是结合改革不断推进和各地发展不平衡的实际，规定设区的市、县（市、区）人民政府可以根据本地实际，将市场监管等专业领域的部分或者全部执法事项纳入到综合行政执法范围，并对执法队伍进行归并整合。四是要求对目录实施情况定期组织评估，并根据执法依据变动、评估结果以及工作实际，对目录进行动态调整。

（四）稳步推进乡镇、街道承接行政执法权，逐步实现“一支队伍管执法”。长期以来，由于基层事、责、权不对等，“乡镇（街道）看得见的管不着，部门管得着的看不见”等难点堵点问题突出。

稳步推进乡镇、街道综合行政执法工作，逐步实现基层“一支队伍管执法”，是增强乡镇（街道）行政执行能力，加强基层政权治理能力建设的重要内容，也是贯彻落实新修订的行政处罚法的必然要求。为此，条例作了相应规定：一是明确稳步推进的指导思想，考虑到各地情况不一和改革的复杂性，要求综合考虑乡镇、街道经济社会发展水平等因素，稳步推进乡镇、街道的综合行政执法工作。二是细化明确交由乡镇、街道行使的行政处罚权的范围，将其限定为基层管理迫切需要且高频多发、易发现易处置、专业要求适宜的执法事项，同时要求县（市、区）人民政府编制乡镇、街道具体实施的综合行政执法事项目录清单，向社会公布后组织实施。三是对暂不具备承接能力的乡镇、街道，县（市、区）人民政府可以通过部门派驻执法队伍等方式开展行政执法工作。四是按照“一支队伍管执法”的改革要求，乡镇街道承接行政处罚权的，要整合基层执法职责，组建统一的综合行政执法队伍；派驻执法的，执法队伍也应当按照规定由乡镇人民政府、街道办事处统筹协调指挥。

（五）强化执法协同，提高执法效能。执法协同作为综合行政执法改革的重要内容，有利于解决多头执法、重复执法，避免执法扰民扰企，提高执法整体实效。为此，条例作了以下规定：一是建立健全跨部门、跨区域、跨层级的行政执法协同工作机制，推进违法线索证据材料、执法标准、处理结果的互通、互认。二是推行联合执法，对同一监管对象涉及多个执法主体的事项可以按照一件事进行集成，通过“综合查一次”，防止监管缺位、避免重复检查。三是强化部门间协同联动，并对行政执法机关之间工作协作配合、专业和技术支持、证据和线索互通互认等方面内容作了明确。同时，为解决执法事项划转后部门权界不清问题，明确规定行政处罚事项依法划转或者交由乡镇、街道行使后，有关行政执法机关继续履行其他监督管理职责。四是加强县乡联动，为解决乡镇、街道可能存在的执法能力不足问题，规定涉及专业性、技术性较强或者复杂、疑难执法事项的，乡镇人民政府、街道办事处可以向有关县（市、区）

行政执法机关提出执法协作请求。五是建立跨部门、跨区域、跨层级的行政执法法治审核协作机制，整合和共享法治审核力量，通过数字化行政执法平台开展线上协同法治审核。六是针对持证执法人员执法范围受限的问题，规定持有行政执法证件的行政执法人员，可以根据执法协同工作需要，参加本省行政区域内跨部门、跨区域、跨层级的行政执法活动。

（六）推进规范文明执法，强化执法保障和监督。坚持严格规范公正文明执法，是全面推进依法治国的基本要求，是维护社会公平正义的重大举措，是提升执法公信力的重要途径。为此，条例作了相应规定：一是落实行政执法公示、执法全过程记录、重大执法决定法治审核等基本制度。二是全面落实“双随机、一公开”监管，并实行与信用等级相结合的分级分类差异化监管措施。三是加强规范指导，统一执法标准、尺度，明确执法层级管辖。四是加强执法能力建设，通过繁简案件分流、专业业务分类等方式，优化组织结构和力量配置，提升行政执法专业化水平。同时，条例进一步加强执法保障和监督。一是采取措施解决实践中执法人员不足问题，合理配置行政执法辅助人员，保障行政执法工作经费、办公用房、执法装备以及行政执法人员和执法辅助人员相应待遇。二是要求行政执法机关建立完善内部监督制度，加强考核评价、督办和责任追究，督促行政执法人员依法履行职责。三是要求县级以上人民政府健全评议、考核制度，对所属部门、下级人民政府及街道办事处的行政执法工作情况进行评议、考核。

（执笔人：浙江省人大常委会法制工作委员会
路国连　孙晋坤　陈姜季）

以法治保障公共数据共享开放

2022年3月1日，《浙江省公共数据条例》（以下简称条例）正式施行。作为全国首部公共数据领域地方性法规，条例的出台为推动省域经济社会发展和治理能力质量变革、效率变革、动力变革提供了有力制度支撑，为实施国家大数据战略、推进治理能力现代化贡献了实践范例。

一、加强新兴领域立法的具体实践

党的十九届五中全会作出加强新兴领域立法的重要部署。作为改革开放先行地，浙江近年来持续强化新兴领域立法，不断完善数字经济、大数据等领域法规制度。

2020年制定全国首部以促进数字经济发展为主题的地方性法规《浙江省数字经济促进条例》，引领和推动数字经济发展，为浙江再创数字经济发展新优势提供法治保障。

2021年，《中华人民共和国电子商务法》实施后，出台全国首部电子商务领域地方性法规《浙江省电子商务条例》，完善电子商务新业态发展规则，推动平台经济持续健康规范发展；出台全国首部以促进快递业发展为主题的省级地方性法规《浙江省快递业促进条例》，以法治护航快递业高质量发展；依法作出关于网络虚假信息治理的决定，规范网络传播行为，推动构建清朗网络空间。

2021年以来，浙江以数字化改革为牵引，高水平建设数字浙江，奋力打造数字中国示范区、全球数字变革高地。浙江始终坚持改革与法治一体推进，在公共数据立法上先行一步，着力为党政机关整体智治、数字政府、数字经济、数字社会、数字法治提供基础制度支撑。

条例是浙江聚焦新兴领域法治急需、持续完善新兴领域制度规范体系的又一制度成果，对于深入贯彻落实大数据发展战略、保障数字化改革纵深推进、充分发挥公共数据作为关键生产要素的作用具有重要意义。

二、有效贯彻全过程人民民主

浙江省委、省人大常委会、省政府对条例制定工作高度重视。在条例草案形成阶段，省人大常委会、省政府发挥立法“双组长”机制重要作用，强化立法协同。草案经省政府常务会议讨论通过后，浙江省人大常委会会议进行了三次审议。审议修改期间，通过网络公开、书面印发、召开座谈会、邀请专家论证等多种形式，多次广泛征求省有关单位、各市县区、基层立法联系点和有关专家、企业及社会各界意见，三次征求全体省人大代表意见，累计召开各类座谈会、论证会65次，收到意见建议1200余条。2021年12月27日，浙江省委常委会会议对草案作了专门研究。

条例制定过程中，通过广泛发动各方面积极参与，有效汇集了社会各界智慧和力量，为科学设计相关制度提供了有力支撑，为纵深推进改革创新、促进法规全面实施营造了良好氛围，是立法中践行全过程人民民主的一次生动实践。

2022年1月21日，条例在浙江省十三届人大六次会议上以99.5%的赞成率获得高票通过，充分体现了过程民主和成果民主、程序民主和实质民主、直接民主和间接民主、人民民主和国家意志的统一。

三、为数据应用创新提供基础制度

按照打造标志性精品立法成果的目标，条例着重处理好改革与立法、公共数据充分流通与个人信息有效保护、公共数据高效利用与保障数据安全等方面关系，突出改革导向、需求导向、问题导向，推动公共数据依法收集、充分共享、有序开放、安全利用，作出一系列具有全国引领性和浙江辨识度的制度设计，成为法治引领公共数据创新发展的基础性制度规范。

通过拓宽公共数据范围，条例为党政机关整体智治提供更多基础资源支撑。除了明确本省国家机关、法律法规规章授权的具有管理公共事务职能的组织依法履行职责过程中收集、产生的数据属于公共数据外，还包括供水、供电、供气、公共交通等公共服务运营单位提供公共服务过程中收集、产生的数据，以及根据本省应用需求，税务、海关、金融监督管理等国家有关部门派驻浙江管理机构提供的数据。

截至目前，浙江省级公共数据平台已归集省级公共数据800多亿条。面对如此庞大且还在不断增长的数据资源，条例从六个方面提出公共数据平台一体化、智能化规范建设要求——建设一体化数字基础设施、建设一体化共享开放通道、构建一体化数字资源系统、建设一体化数据资源体系、建立一体化数据目录体系、建设一体化数据标准体系。

同时，条例提出完善公共数据收集归集规则，不断提高公共数据质量。建立数据校核更正机制，规定当事人提出数据准确性、完整性校核申请以及有关部门发现数据不准确、不完整或者不同部门之间数据不一致的，相关主管部门应当在规定期限内校核完毕，以保证公共数据准确性、完整性和及时性；建立健全数据全流程质量管控体系，及时更新失效或已变更数据，实现问题数据可追溯可定责，实现公共数据的动态维护。

条例还通过建立公共数据充分共享机制、构建公共数据有序开放制度、设立公共数据授权运营制度等，不断推动经济社会发展和治理能力现代化——数据共享助力省域治理高效协同。条例将公共数据分为无条件共享、受限共享和不共享数据三类，明确公共数据以共享为原则、不共享为例外。为保障“应共享尽共享”原则的落实，规范共享属性确定程序，规定列入受限共享数据的，应当说明理由，列入不共享数据的，应当提供法律依据，同时明确共享数据的审核时限和审核程序，以提高数据共享的及时性。

有序开放激活数据要素市场。为保障数据安全的前提下推动公共数据有序开放，条例根据风险程度将公共数据分为无条件开放、受限开放、禁止开放数据三类。为有效防范风险，明确受限开放条件和要求，规定申请获取受限开放数据应当具备数据存储、处理和安全防护能力等条件，并要求签订安全承诺书和开放利用协议，落实安全保障措施；为充分激活数据要素市场，明确开放的范围和重点，要求制定开放目录和年度开放重点清单，优先开放与民生紧密相关、社会迫切需要等方面的数据。

授权运营推动数据创造价值。为充分释放数据红利，更好培育大数据相关产业，条例规定政府可以授权符合安全条件的单位运营公共数据，授权运营单位对利用公共数据加工形成的数据产品和服务可以获取合理收益。同时规定授权运营协议应当明确数据安全要求，授权运营单位应当依托公共数据平台加工数据，不得向第三方提供授权运营的原始数据，并要求省有关部门制定授权运营具体办法，明确授权运营单位的安全条件和运营行为规范等内容，保障授权运营过程中的数据安全。

此外，条例提出健全公共数据安全管理规范，确保公共数据全生命周期安全。在上位法基础上确立“谁收集谁负责、谁使用谁负责、谁运行谁负责”的数据安全责任制，明确相关部门的主要负责人是本单位数据安全工作第一责任人，并对数据安全监管职责分工作了规定。

（执笔人：浙江省人大常委会法制工作委员会　吴恩玉　杨利学）

完善生态环保法规体系
助推高水平建设美丽浙江

2022年5月27日，浙江省十三届人大常委会第三十六次会议审议通过了《浙江省生态环境保护条例》，自2022年8月1日起施行。制定这部法规是贯彻落实习近平生态文明思想、党中央重大决策部署的重要举措，也是推进生态环境治理体系和治理能力现代化、高水平建设美丽浙江的迫切需要。条例是我省生态环境保护领域的综合性法规，也是推进高质量发展建设共同富裕示范区的重要法规。条例坚持系统观念，突出改革导向和问题导向，积极回应社会关切，作出了很多富有浙江特色的创制性规定，并在全国首次以地方性法规的形式对“绿水青山转化为金山银山”作出较为系统的规定。

一、完善法规体系，更好守护绿水青山

生态环境是关系党的使命宗旨的重大政治问题，也是关系民生的重大社会问题。习近平总书记强调，用最严格制度最严密法治保护生态环境。我省历来高度重视生态环境保护工作和相关地方立法工作，在水、大气、固体废物、海洋、生活垃圾等污染防治方面先后出台了相关单项法规，对于保护改善生态环境、推进生态文明建设发挥了重要作用。近年来，中央和省委对加强生态文明建设和环境保护出台了一系列新规定，提出很多新要求，我省在完善生态环境保护体制机制和促进“两山”转化等方面也进行了积极探索创新。

同时，随着经济社会发展和改革的深化，生态环境保护也面临一些新情况新问题。为了更好地贯彻中央和省委有关决策部署，固化改革成果和成功经验，解决生态环境保护中出现的新问题，进一步完善生态环保领域地方法规体系，以法治手段推进高水平美丽浙江建设，省人大常委会将制定《浙江省实施〈中华人民共和国环境保护法〉办法》列入省人大常委会2021年立法计划初次审议项目。

根据立法计划，省政府在调查研究基础上，形成了《浙江省实施〈中华人民共和国环境保护法〉办法（草案）》。草案形成阶段，省人大常委会、省政府发挥立法“双组长”机制重要作用，加强立法协调。草案经省政府常务会议讨论通过后，于2021年9月提请省人大常委会审议。审议期间，法制工作委员会通过多种途径和方式广泛征求各地各方面意见，并赴多地开展立法调研，召开各类座谈会、专题研究会、专家论证会等不同层面会议30余次。根据各地各方面意见，对草案进行反复研究修改，提出草案送审稿。期间，考虑到2014年修订的环境保护法实施以来，中央对生态文明建设提出了一系列新要求，我省生态环境保护工作中也有很多创新举措需要固化，草案规定的一些内容在上位法中未作规定，采用省政府提请的“《浙江省实施〈中华人民共和国环境保护法〉办法》”名称难以全面涵盖这些新变化新情况。经研究，为更好体现中央生态文明建设新要求，将法规名称修改为“浙江省生态环境保护条例”。2022年4月28日，省人大常委会党组会议对草案送审稿进行了研究，认为内容已比较成熟，决定报省委常委会会议审议。2022年5月5日，省委常委会会议对草案送审稿进行了审议，原则同意送审稿。2022年5月27日，省人大常委会会议审议通过了条例。

法规制定过程中坚持以习近平生态文明思想为指导，紧紧围绕中央关于生态环境保护的决策部署进行制度设计，全面贯彻新发展理念，坚持人与自然和谐共生、绿水青山就是金山银山、山水林田湖草沙是生命共同体的理念，落实最严格的生态环境保护制度。立法中注意把握以下几点：一是，注意处理好与有关上位法及省生态环保领域单行法规的关系，注重解决生态环保领域普遍性、综合性的问题。二是，体现浙江特色，总结固化我省生态环境保护实践探索经验，增强浙江辨识度，推进高水平建设美丽浙江。三是，坚持问题导向，回应社会关注和实践需要，着力解决生态环境保护中的难点问题。

二、坚持系统观念，推进联防联控

生态是统一的自然系统，是相互依存、紧密联系的有机链条，生态环境保护是一项系统工程。党的十八大以来，以习近平同志为核心的党中央把生态文明建设纳入中国特色社会主义现代化建设五位一体总体布局，全面加强生态文明建设，坚持保护优先，坚持山水林田湖草沙一体化保护和系统治理。条例在制定过程中，坚持以系统观念推进生态环境保护工作，主要从以下几方面加强污染防治联防联控和协同治理。一是，建立健全地上地下、陆海统筹的生态环境治理制度，坚持综合治理、系统治理、源头治理，协同推进大气、水、土壤、海洋、固体废物、噪声、放射性污染防治。二是，要求县级以上人民政府建立健全污染防治联防联控机制，加强多污染物协同控制和区域协同治理，实施水土环境风险协同防控，落实固体废物收集、转移、处置等全过程监督管理制度，加强塑料污染全链条防治等。三是，要求相邻的设区的市人民政府建立生态环境保护协作机制，共同处理重大生态环境保护问题。四是，要求沿海县级以上人民政府根据陆海统筹、海河兼顾、预防为主、防治结合的原则，建立健全近岸海域环境保护协调机制和海洋环境违法行为综合行政执法体制。五是，建立健全跨部门、跨区域生态环境应急协调联动机制，提高生态环境事件防范和应急处置能力。六是，推动构建长江三角洲生态环境保护协作机制，联合开展污染治理，推进区域环境污染协同防治。

三、创新污染防治措施，强化全过程闭环监管

条例总结我省深化生态环保领域改革、创新污染防治措施等方面经验，作出相应创新规定。一是，明确“三线一单”制度，建立以生态保护红线、环境质量底线、资源利用上线和生态环境准入清单为核心的生态环境分区管控体系。二是，建立规划环评与建设项目环评联动机制，明确特定区域已通过规划环评的，建设项目可以简化环评程序。三是，确立先行验收制度，规定建设项目的配套环保设施符合规定条件的，可以先行验收。四是，推行环境污染防治协议制度，运用市场和经济手段调动企业减排积极性。五是，建立全省统一的排污权有偿使用和交易制度。六是，建立健全地上地下、陆海统筹的生态环境治理制度和污染防治联防联控机制，完善生态环境保护区域协作机制。七是，进一步细化完善生态环境损害赔偿制度，着力破解企业污染、群众受害、政府买单的困局。此外，还对防治光污染等社会关注的难点问题作了针对性规定。

为确保生态环境保护相关制度落地落实，条例从完善机制、丰富监督方式和手段等方面，加大监管力度。一是，建立健全生态环境问题发现机制，建设全省统一的生态环境监督管理系统，加强大数据分析研判和预警，落实企业环境信息依法披露制度，推动智能化、闭环化监督管理。二是，加强生态环境执法和管理，建立健全近岸海域环境保护协调机制和海洋环境违法行为综合行政执法体制，明确污染物排放自动监测设备收集、固定的污染物排放数据可以作为生态环境执法和管理的依据。三是，强化刚性约束和监督，建立健全生态环境保护考核制度、督察制度、约谈制度和问责制度，各级政府每年应当向人大报告生态环境状况和环境保护目标完成情况。同时，条例按照最严保护的要求，对生态环境服务机构等单位的违法行为设定了相应行政处罚，并增加了可以按日连续处罚的违法情形。

四、加强碳减排和生物多样性保护，改善生态环境

为贯彻落实中央提出的“双碳”目标和生物多样性保护要求，进一步改善生态环境，条例作了相应细化规定。一是，建立健全碳达峰碳中和工作推进机制，逐步将“双碳”工作纳入生态环境保护考核体系。二是，建立健全降低温室气体排放的激励约束机制，将重点行业建设项目的温室气体排放纳入环境影响评价范围。三是，完善差别价格、阶梯价格政策，引导合理使用水、电、燃气等资源和能源。四是，加强对重点排放单位碳排放情况和配额清缴情况的监督管理。五是，支持绿色金融发展，推进绿色金融产品和服务创新。六是，健全防范应对外来物种入侵制度，建立生物遗传资源数据库和全省生物遗传资源信息管理平台，健全生物遗传资源获取与惠益分享制度，加强生物多样性保护。

五、践行“两山”理念，促进生态产品价值实现

我省是“两山”理念发源地和率先实践地，在“两山”转化实践中作了很多有益探索。中央明确要求浙江拓宽“两山”转化通道，建立健全生态产品价值实现机制。中央和省委先后就建立健全生态产品价值实现机制出台了相应规定。为了贯彻中央和省委决策部署，以法治手段推进生态富民惠民，助力共同富裕示范区建设，条例专设一章对“两山”转化作出规定，构建了生态产品价值实现的基本制度框架。一是，建立自然资源确权登记制度和生态产品基础信息普查制度、动态监测制度。二是，建立健全生态产品价值评价机制和核算指标体系，支持开展碳汇交易，鼓励探索生态产品价值权益质押融资。三是，建立全省统一的生态产品经营管理平台，推进供

需对接。四是，建立政府主导、社会参与、市场运作、可持续的生态产品价值实现机制。五是，支持山区、海岛县（市）发展旅游、休闲度假经济和文化创意产业。六是，鼓励社会资本参与生态产品经营开发，支持创建生态产品区域公用品牌和区域特色农产品品牌。七是，建立健全财政转移支付资金分配机制和主要流域上下游地区横向生态保护补偿机制。八是，建立健全生态产品价值考核机制。

六、强化公众参与，构筑全社会共同参与生态保护大格局

生态环境保护与我们每个人的利益都息息相关，每个人都是生态环境的保护者、建设者、受益者。做好生态环境保护工作人人有责，需要全社会共同努力。条例将公众参与作为生态环境保护工作的基本原则之一，在促进全社会共同参与生态环境保护方面作了较为系统的规定，保障人民群众在生态环境保护工作中的知情权、参与权、表达权和监督权。一是，明确社会各类主体的生态环境保护责任，构筑全社会参与生态环境保护的大格局。条例对各级政府、有关部门、企业事业单位、公民、基层自治组织、新闻单位、生态环境服务机构、行业协会、为排污单位提供生产经营场所的出租人等各类主体的生态环境保护职责和义务作了明确规定，同时，强化生态环境保护法律法规和生态环境保护知识的宣传教育，提高全社会生态环境保护意识。二是，建立健全生态环境问题发现机制。要求政府和有关部门通过报纸、电视、互联网、手机客户端等方式，拓宽问题线索发现渠道，健全举报奖励制度，调动人民群众参与生态环境保护工作的积极性和主动性。三是，鼓励志愿者、社会力量参与生态环境保护工作。条例规定，鼓励社会资本投入生态环境保护事业，鼓励和支持社会组织、志愿者依法从事生态环境保护公益活动，鼓励和支持社会资本参与生态环境修复，鼓励和支持符合法律规定的社会组织依法提起生态环境公益诉讼，鼓励社会资本以投

资、与政府合作等方式参与生态产品经营开发。四是，充分保障公众知情权，强化全过程社会监督。条例规定：生态环境保护规划、计划及其执行情况、温室气体重点排放单位名录、生态环境保护考核结果、约谈整改情况等向社会公布，制定地方环境质量标准应当广泛征求意见；生态环境损害涉及公共利益的重大事项应当向社会公开，并邀请专家和利益相关的公民、法人、其他组织参与；完善环境信息依法披露制度，要求省生态环境主管部门建立全省统一的企业环境信息依法披露系统，供公众免费查询；鼓励生态环境监测设施、污水集中处理设施等向公众开放；鼓励重点排污单位通过设立企业开放日、建设教育体验场所等形式，向公众开放相关污染防治设施。条例将公众参与贯彻到生态环境保护工作的全过程。

（执笔人：浙江省人大常委会法制工作委员会　路国连　吴露萍）

立法引领保障哲学社会科学强省建设

《浙江省哲学社会科学工作促进条例》于2022年7月29日经省十三届人大常委会第三十七次会议通过，将于2022年10月1日起施行。

作为全国首部哲学社会科学工作综合性法规，条例填补了全国哲学社会科学领域综合立法的空白，将为繁荣发展我省哲学社会科学事业，建设哲学社会科学强省发挥重要引领推动作用。条例主要呈现出以下特点：一是政治引领性。条例深入贯彻习近平总书记重要讲话和指示精神，明确坚持党的领导，坚持为人民服务、为社会主义服务方向和百花齐放、百家争鸣方针，以立法推动实施新时代马克思主义理论研究和建设工程。二是地方特色性。条例不分章节，体例简洁，内容上注重总结浙江特色经验，制度设计上注重体现浙江辨识度。例如，浙江文化研究工程由习近平总书记在浙江工作期间倡导设立，是繁荣我省哲学社会科学的重要举措，条例规定实施文化研究工程，加强以红色根脉为核心的革命文化、浙江精神为主题的社会主义先进文化、宋韵文化等为标识的优秀传统文化研究，形成原创性、标志性文化研究成果。又如，围绕数字化改革，条例规定推进哲学社会科学工作数字化改革，建立开放共享的哲学社会科学专题数据库，建设数字化交互平台开展普及工作。三是问题导向性。条例紧扣我省哲学社会科学发展面临的问题，理顺哲学社会科学工作体系，明确“五路大军”职责定位，加强学科体系、学术体系和话语体系建设，推进智库建设，完善激励保障措施，着力破解我省哲学社会科学发展短板。四是鲜明时代性。省第十五次党代会确立“两个先行”的奋斗目标，提出高水平建设社科强省，打造新时代文化高地。条例规定统筹支持山区、海岛县哲学社会科学工作，促进哲学社会科学事业区域协调发展；建设哲学社会科学重点研究基地和实验室等学术创新平台，加强哲学社会科学人才队伍建设，明确哲学社会科学人才在住房、医疗等方面与自然科学同层次人才享有同等待遇；将公众人文社会科学素养纳入文明创建考核评价体系，充分发挥哲学社会科学铸魂、塑形、赋能作用，推动实现人的精神富有和全面发展，为推进“两个先行”提供思想理论支撑和智力支持。

完善体制机制和工作职责

哲学社会科学工作离不开完善的组织体系、工作机制予以支撑。条例总结浙江实践经验，作了如下规定：一是明确县级以上人民政府及其工作部门的职责，并将哲学社会科学工作纳入国民经济和社会发展规划纲要，所需工作经费纳入本级财政预算。二是明确社科联，党校（行政学院）、社会科学院、国家机关研究机构等社会科学研究机构和高等学校、哲学社会科学类社会组织等在哲学社会科学工作中的作用。三是明确省、市哲学社会科学工作领导机构和工作机构的设置及职责，发挥县区协调机制的作用。

加强学科体系、学术体系和话语体系建设

学科体系、学术体系和话语体系是中国特色哲学社会科学工作的框架和内容。我省学科体系、学术体系和话语体系建设基础较好，条例固化提升相关做法，努力为构建中国特色哲学社会科学学科体系、学术体系和话语体系作出浙江贡献。为此，条例规定了如下内容：一是浙江作为习近平新时代中国特色社会主义思想的重要萌发

地，条例规定加强习近平新时代中国特色社会主义思想研究中心建设，深入开展习近平新时代中国特色社会主义思想研究阐释。二是优化学科专业设置和布局，促进学科之间融合发展，加强教材体系建设。三是建立重大研究成果发布机制，畅通研究成果转化应用渠道。四是明确构建科学规范、公开透明的学术评价体系，加强科研诚信建设，营造良好学术生态。五是加强国内外学术交流合作，创建学术论坛品牌，提升浙江学术国际影响力。

推动智库建设

智库是党和政府科学民主依法决策的重要支撑。为有效发挥智库“最强大脑”作用，条例作了如下规定：一是省哲学社会科学工作机构要优化智库结构布局，完善智库组织形式和管理方式。二是智库应当聚焦国家和本省重大战略，开展前瞻性、针对性、储备性政策研究，快速响应政策需求。决策部门要为智库研究提供支持和便利，促进供需对接。三是智库依托单位应当健全智库内部治理结构，完善智库考核和绩效评价办法。

强化哲学社会科学普及

加强哲学社会科学普及对传播哲学社会科学知识，提高公民的人文社会科学素养具有重要意义。为提升哲学社会科学普及的实效性，条例作了如下规定：一是明确每年五月的第三周为全省哲学社会科学普及周。二是公共文化服务场所应当设立社科普及的设施和内容，政府投资建设的普及场所应当免费向公众开放。三是高等学校、社会科学研究机构要将学术资源向社会开放共享，发挥哲学社会科学工作者和志愿者在普及中的作用。四是定期组织开展公众人文社会科学素养调查评估并向社会公布。

完善保障措施

推进哲学社会科学工作持续健康发展需要完善的措施予以保障，条例对加强人才队伍建设、场馆建设、数据库建设等保障措施作了规定，并强化统计调查评估工作，完善项目管理体系，支持承接政府购买服务项目，加大优秀成果褒扬激励，明确省政府设立哲学社会科学优秀成果奖，推动我省哲学社会科学事业高质量发展。

（执笔人：浙江省人大常委会法制工作委员会　余文斌）

立法擦亮为民办实事“金名片”

——《浙江省民生实事项目人大代表票决制规定》

2022年9月29日，浙江省第十三届人民代表大会常务委员会第三十八次会议通过了《浙江省民生实事项目人大代表票决制规定》，自2022年10月1日起施行。这个法规切实践行全过程人民民主，是助力打造全过程人民民主实践高地的重要创制性法规。

一、制定法规的背景和必要性

民生实事项目人大代表票决制是我省人大工作的一张“金名片”，发端于习近平同志在浙江工作时提出的“为民办实事长效机制”，是“为民办实事长效机制”的人大工作实践成果。票决制工作由宁海县于2008年率先探索试行。2017年、2019年，省委办公厅、省人大常委会办公厅在总结实践经验基础上先后出台相关规定，在全省范围内全面推进票决制工作。2018年6月，票决制工作实现市县乡三级全覆盖，2019年民生实事项目票选推荐工作基本实现街道层面全覆盖。票决制工作全面开展5年多来，共确定了5万多件民生实事项目，推动解决了一大批事关群众切身利益的民生问题，逐步实现了党委、政府决策与群众需求的有效对接、与民意民愿的深度融合，丰富了全过程人民民主的时代内涵，提升了人民群众的获得感和幸福感。票决制工作已在全国推广，并得到全国人大常委会领导的充分肯定。2022 年 3 月，全国人大修改地方组织法时吸收了我省票决制工作的实践做法，增加了地方人大及其常委会讨论决定重大项目的内容。浙江省第十五次党代会报告明确提出，要丰富拓展基层民主实践，深化民生实事项目人大代表票决制。

法治是制度之治最基本最稳定最可靠的保障。为了进一步规范和促进票决制工作，充分发挥代表在基层社会治理中的作用，总结固化实践中行之有效的“三阶段六环节”等经验做法，解决票决制实施过程中遇到的问题，用法治方式保障票决制工作长效发展，将票决制工作这张“金名片”擦得更亮，助力打造践行全过程人民民主实践高地，制定相应法规是非常必要的。

二、制定法规的过程

《浙江省民生实事项目人大代表票决制规定》是省人大常委会 2022 年立法计划初次审议项目。2022 年 2 月，省人大常委会成立了由省人大常委会党组书记、副主任梁黎明担任组长的起草工作领导小组。起草工作领导小组及其工作专班，在系统梳理相关法律法规、政策文件和总结我省行之有效的经验做法基础上，提出了草案征求意见稿。常委会领导分别带队赴有关市、县、区以及代表联络站、基层立法联系点等开展立法调研，听取当地人大、政府、代表和基层群众性自治组织等方面的意见。根据各地各方面意见，起草工作领导小组及其工作专班对草案征求意见稿进行了多次研究修改。5 月 16 日，常委会主任会议对草案征求意见稿进行了研究，提出了草案，并将草案提请 5 月底召开的省人大常委会会议进行了初审。之后，法制委员会、法制工作委员会在广泛征求各方面意见和深入调查研究的基础上，对草案作了多次研究、修改。9 月 5 日，省委常委会会议对草案送审稿进行了讨论并原则同意。9 月 14 日，法制委员会召开全体会议，对草案修改情况进行了审议，提出了法规草案修改稿。9 月 19 日，省人大常委会主任会议研究决定将法规草案修改稿提请省人大常委会审议。2022 年 9 月 29 日，法规经浙江省十三届人大常委会第三十八次会议审议通过，自 2022 年 10 月 1 日起施行。

三、法规的主要内容和亮点

法规共 5 章 27 条，把全过程人民民主的理念、原则和要求贯彻到票决制工作的全流程、全链条、全方位，从民生实事项目的征集、提出到审议、票决，再到实施、监督，人大代表和人民群众全过程参与，丰富了民主形式，拓宽了民主渠道，充分发挥了人大代表来自人民、植根人民的桥梁纽带作用，扩大了人民群众直接有序的政治参与。同时，注重运用我省数字化改革成果和数字化手段，实现民生实事项目全流程公开和量化闭环管理，切实保障人大代表、人民群众的知情权、参与权、表达权和监督权。

（一）合理确定法规调整范围。法规第二条规定，本省行政区域内设区的市、县（市、区）、乡镇民生实事项目的征集和提出、审议和票决、实施和监督及相关活动，适用本规定。这样规定主要是基于三个方面的原因。一是省委已有相应规定。2017 年，省委办公厅印发《关于实施民生实事项目人大代表票决制工作的意见（试行）》，明确票决制工作限于市县乡三级，不包括省级层面。省级层面一直未开展过票决制工作。二是从省级层面为民办实事情况看，主要解决全省性、普遍性的民生问题，为民办实事机制已比较健全，从 2004 年 10 月省委、省政府出台《关于建立健全为民办实事长效机制的若干意见》以来，历届省政府都高度重视民生实事工作，在每年年初都进行专题研究，重点做好民生保障领域等 10 个方面的实事，人民群众满意率持续上升，取得了很好的社会效果。同时，由于全省各地经济社会发展水平不同，人民群众对民生实事的需求存在较大差异，可能难以达成一致意见。三是在基层实施票决制工作，人民群众的关注度、参与度更高，实施和监督效果更好。民生实事主要是群众身边的“关键小事”，基层政府更贴近群众，特别是县乡两级人大代表由选民直接选举产生，更加了解人民群众的所思所想，确定的民生实事项目更接地气、更符实情、更合民意。同时，基层人大和人大代表也可以就地就近开展监督检查，人民群众可以更加方便了解项目实施情况并直接参与监督，监督评价更加有力有效。综上原因，法规未对省级层面实施票决制工作作出规定，仅在附则中作了衔接性规定，即：省人民政府为民办实事工作按照其相关工作程序执行。

（二）明确票决制工作的基本原则。为了在票决制工作中深入践行全过程人民民主，法规规定："民生实事项目人大代表票决制工作，坚持中国共产党的领导，坚持以人民为中心，坚持全过程人民民主，坚持依法办事。"同时，对民生实事项目的概念、确定和实施民生实事项目的基本要求作了明确规定。

（三）数字赋能票决制工作。全面推进数字化改革，是我省新发展阶段全面深化改革的总抓手，也是进一步推进票决制工作的重要保障。为此，法规作了相应规定。一是要求省人民政府组织建设全省统一的民生实事数字化应用系统，实现民生实事项目全流程公开和量化闭环管理，保障人大代表、人民群众的知情权、参与权、表达权和监督权。二是要求设区的市、县（市、区）、乡镇应当运用数字化技术开展民生实事项目人大代表票决制工作，并按照规定将有关信息及时归集到民生实事数字化应用系统。三是要求设区的市、县（市、区）人大常委会、乡镇人大主席团实行线上线下有机融合，监督本级人民政府实施民生实事项目。

（四）完善民生实事项目的征集和提出程序。听民声汇民意，紧扣群众需求，是合理确定民生实事候选项目，做好票决制工作的前提和基础。为此，法规作了相应规定。一是明确民生实事项目征集意见的范围和时限，同时，规定可以根据需要建立健全常态化征集机制。二是要求人大常委会、乡镇人大主席团主动参与项目征集工作，充分发挥代表作用，通过代表联络站等渠道广泛收集民生问题，提出建议项目。三是政府应当统筹考虑群众意愿、项目必要性和可行性、财政承受能力等因素，初步确定民生实事候选项目。四是根据本级人大常委会、乡镇人大主席团审议意见和本级人大代表的意见，政府集体讨论研究后提出民生实事候选项目。

（五）规范民生实事项目的审议和票决程序。为统一规范各地的审议和票决程序、票决方式，法规作了针对性规定。一是要求大会召开前将候选项目及其具体情况发送给人大代表，在审议时政府派员听取意见、回答询问。二是明确规定民生实事候选项目实行差额票决，应当获得全体人大代表过半数赞成。三是民生实事项目由大会主席团予以公告。四是授权市、县（市、区）、乡镇人大举行会议时，可以制定民生实事项目票决具体办法。

（六）强化民生实事项目的实施和监督。办好民生实事，实施是关键，监督是保证。为此，法规对健全实施程序、加强实施监督作了相应规定。一是明确政府作为实施主体，制定实施计划，建立健全实施情况评估制度和财政资金监督管理制度。二是对实施过程中需要调整或者暂缓、终止实施民生实事项目的条件和程序作了明确。三是明确对民生实事项目实施情况进行监督的方式和程序，并鼓励各地可以创新监督的方式方法，实现对民生实事项目全过程闭环监督。四是明确了民生实事项目实施情况向人代会报告以及开展满意度测评的制度。

（执笔人：浙江省人大常委会法制工作委员会　路国连　陈姜季）

用好人大“决定权”保障改革发展大局

重大事项决定权是宪法和法律赋予人大及其常委会的重要职权，是人民当家作主、管理国家事务的根本体现。五年来，本届省人大常委会积极适应新形势新要求，围绕中心工作，灵活运用“决定”方式，创造性、针对性开展人大工作，保障改革发展大局。

一、以重大事项决定推进高质量发展建设共同富裕示范区

2021年6月，《中共中央　国务院关于支持浙江高质量发展建设共同富裕示范区的意见》发布，省委随即召开省委全会制定实施方案。为切实贯彻中央和省委决策部署，根据时任省委书记、省人大常委会主任袁家军指示精神，省人大常委会在省委全会结束后立即成立工作专班，启动《关于促进和保障高质量发展建设共同富裕示范区的决定（草案）》起草工作。工作专班在深入学习领会中央和省委有关文件规定精神和广泛征求意见的基础上，拟定决定草案，经省人大常委会党组和主任会议研究后，将决定草案送审稿报省委常委会会议审议。省委常委会会议原则同意决定草案送审稿。2021年7月30日，省十三届人大常委会第三十次会议通过了《关于促进和保障高质量发展建设共同富裕示范区的决定》。

决定的出台，对于切实贯彻中央和省委决策部署，统一思想，

凝聚共识，明确奋斗目标和各方责任，形成高质量发展建设共同富裕示范区的合力，提供了有力的制度保障。省人大常委会依法作出关于促进和保障高质量发展建设共同富裕示范区的决定，对于保障中央和省委决策部署落地见效，促进新发展阶段浙江的高质量发展、竞争力提升和现代化先行具有重要作用。一是，充分发挥省人大常委会作为地方国家权力机关在保障和促进高质量发展建设共同富裕示范区中应有的独特作用。二是，决定为凝聚起高质量发展建设共同富裕示范区的磅礴力量提供制度支撑。三是，决定为高质量发展建设共同富裕示范区进一步明确目标任务和实现路径。四是，决定通过明晰各方责任推动形成高质量发展建设共同富裕示范区的合力。五是，决定进一步明确高质量发展建设共同富裕示范区的保障措施。

从这次依法作出决定的情况看，在选题立项、制定过程和规定内容等方面，都有不少可圈可点的创新和亮点。一是，聚焦中心工作，运用法治手段贯彻中央和省委决策部署。浙江高质量发展建设共同富裕示范区是习近平总书记亲自谋划、亲自定题、亲自部署、亲自推动的重大战略决策，是习近平总书记和党中央赋予浙江的光荣使命。省人大常委会围绕这一最重要的中心工作，及时依法出台决定，有利于保障中央和省委决策部署的贯彻实施，充分彰显了政治机关的作用。二是，领导重视，专班运作。时任省委书记、省人大常委会主任袁家军指示要求省人大常委会依法作出相应决定。省人大常委会党组高度重视依法作出决定有关工作。省人大常委会党组书记、副主任梁黎明对选题立项、规定内容、时间节点等都提出明确要求。省人大常委会副主任赵光君多次听取工作专班和法工委关于决定草案起草情况，提出修改意见和建议。省委常委会会议对决定草案送审稿进行了审议。三是，明晰责任，强化保障措施。决定通过明确国家机关、团体组织、企事业单位、人大代表、公民等方面的责任，要求有关方面各尽其责、各尽其能，构筑共同参与示范区建设的大格局。

二、以快制快，为依法“战疫”提供有力保障

2020年初，新型冠状病毒感染肺炎疫情突然肆虐，打赢新型冠状病毒感染肺炎疫情阻击战是关系全省人民生命健康安全的大事。省委、省政府高度重视，在以习近平总书记为核心的党中央坚强领导下，及时成立疫情防控工作领导小组，并依法及时启动一级响应机制。我省流动人口多，在湖北特别是武汉经商的浙江籍人员和在我省务工的外省籍人员较多，确诊感染病例人数也较多，截止2020年2月6日24时确诊病例人数达到1006人，仅次于湖北和广东，同时地区差异较大，疫情防控形势复杂严峻。在各类人员大量集中返浙、企业集中复工的重要时间节点和“防输入、防传播、防扩散”的关键阶段，2月7日下午，省人大常委会专门加开了一次会议，审议通过了《关于依法全力做好当前新型冠状病毒感染肺炎疫情防控工作的决定》。决定明确了防控工作的基本原则、总体要求和各级人民政府的职责，规定临时性应急行政管理措施，强化群防群治，明确了单位、社区和个人的权利义务，为打赢防控疫情阻击战提供了有力的法律依据。我省是在全国最早做出相关决定的省市之一，充分体现了省人大常委会“三个地”的政治自觉，展示了省人大常委会在疫情防控中依法用好重大事项决定权的特有作用。

决定的出台，时间紧、任务重，在浙江省人大有关决定中创造了制定时间最短的记录。让时间回到2020年2月7日，当天中午12时左右法工委接到常委会领导部署的任务，要求抓紧起草决定草案，下午2时召集专题会议讨论，4时将举行主任会议研究，5时将召开常委会会议对决定草案进行审议，按照程序提交表决通过。能够在这短短的半天时间内顺利完成从起草、修改、审议通过到全文公布的所有流程，程序一项不少、细节一点不漏，充分体现了省人大常委会的组织力，也以实际行动体现了法工委和处室承办同志的战斗力。一是政治敏感性强，见事早。2月3日春节假期后上班第一天，

法工委主要领导根据常委会领导的要求，即组织相关处室同志对制定有关决定事宜进行研究，为决定起草作了思想准备和资料收集。二是发挥团队优势，行动快。在法委法工委主要领导的带领下，承办同志分工明确，行动迅速，以读秒倒计时的高要求完成了每个时间节点的任务，保障了会议的顺利召开。三是展现严谨务实吃苦耐劳作风，质量高。在时间特别紧的情况下，承办同志密切配合，互相把关，防止因时间紧迫出现不必要的失误。承担任务的几位同志从当天中午一直工作到晚上 8 时多，精神高度绷紧，可以说一刻都没有停过。有的同志还承担了法委领导在第二天新闻发布会上的发言稿拟定任务，晚上回家后一直加班到凌晨 1 时多，高质量完成文稿起草任务，期间中饭、晚饭都来不及吃。

另外，非法交易和食用野生动物，不仅破坏自然环境、危害生态环境安全，还会对公共卫生安全构成重大威胁。新冠疫情发生以来，滥食野生动物的问题引起社会关注。为坚决革除滥食野生动物陋习，切实保障人民群众生命健康安全，在疫情防控的关键时期，省人大常委会于 2020 年 3 月 26 日审议通过《关于全面禁止非法交易和滥食野生动物的决定》。

三、与时代同步、与改革同频

2021 年 11 月 25 日，省十三届人大常委会第三十二次会议表决通过《关于促进和保障龙港市新型城镇化综合改革的决定》，这是地方立法主动适应改革和经济社会发展需要，为浙江在全国先行先试改革发展提供法治支撑的又一次生动实践。

2019 年 8 月，经国务院批准，温州市苍南县龙港镇“撤镇设市”，实现了从中国第一座“农民城”到全国首个“镇改市”的历史性跨越，承担探路国家新型城镇化综合改革的任务。作为一座有近 50 万常住人口的城市，龙港市仅设置了 15 个党政部门，比省内其他县市的机构数量少 60%。不设乡镇、街道，由市直管社区，这是龙港独有的“大部制、扁平化、低成本、高效率”新型设市模式。两年来，龙港新型设市模式和“市管社区、分片服务”基层治理扁平化改革，在机构改革、基层治理、城乡一体化发展等进行了积极探索，取得了很好效果。但与此同时，改革也遇到了一些行政管理体制和运行机制方面的法律问题，其中最为突出的，就是在扁平化管理新模式下，乡镇层级不复存在，法律法规规定由乡镇人民政府履行的法定职责的承接主体亟待明确。

为支持和保障龙港市“撤镇设市”综合改革深入推进，为国家新型城镇化改革先行先试、积累经验，省人大常委会高度重视并全力支持龙港积极探索改革工作，通过作出法规性决定的方式，解决龙港改革面临的突出问题。2021 年初，省人大常委会法工委通过听取汇报、实地调研等方式，就龙港新型城镇化综合改革情况进行了专题调研，并就改革中涉及的有关法律问题赴全国人大常委会法工委作了专门请示汇报。在前期工作基础上，组织起草了决定草案，广泛征求省有关部门以及温州市人大常委会、温州市人民政府的意见建议，反复研究论证，多次对草案修改完善。2021 年 11 月 4 日，省人大常委会党组会议对决定草案进行研究。11 月 15 日，省委常委会会议对决定草案送审稿进行了审议，原则同意送审稿。11 月 25 日，省十三届人大常委会第三十二次会议表决通过《关于促进和保障龙港市新型城镇化综合改革的决定》。

决定的出台，为龙港改革送上了“及时雨”。决定明确，依法应当由乡镇人民政府承担的职责和工作，可以由龙港市人民政府及其有关部门直接履行和承担，对其中属于服务性、事务性的部分工作事项，可以通过委托、购买社会服务等方式，交由社区自治组织、其他社会力量具体承担。同时，还明确了哪些事项由政府承担，哪些事项由社区自治组织、其他社会力量承担，并明确二者具体承担的工作事项实行清单化管理，向社会及时公布。此外，还明确省和温州市人民政府及其有关部门加强对龙港市新型城镇化综合改革工作的支持、指导和督促；省和温州市人大常委会、龙港市人大及其常委会应当依法履行立法、监督等法定职责，保障法律法规和决定以及相关改革决策在龙港市的有效实施，加强对改革工作的支持和监督。

四、回应社会关切，依法治理网络虚假信息

网络空间天朗气清、生态良好，事关国家安全与经济社会发展，事关人民利益。利用网络传播含有歪曲事实、散布谣言、侮辱或者诽谤他人等内容的虚假信息，是长期以来破坏网络生态、侵犯网民权益的一项痛点难点问题，社会反映强烈。通过法治手段治理互联网，推动依法管网、依法办网、依法上网，是习近平总书记的重要指示要求。省委也高度重视依法治网体系建设工作，强调要加强网络领域法规制度建设，大力打造浙江依法治网“金名片”，努力把我省建设成为互联网治理的首善之区。为全面贯彻落实党中央和省委决策部署，立法规范网络秩序，维护网络安全，有效清理、防范网络虚假信息，加强网络生态治理，2021 年 9 月 29 日，省十三届人大常委会第三十一次会议审议通过《关于网络虚假信息治理的决定》。浙江作为互联网大省，以网络虚假信息治理作为切入点，出台法规性决定，总结固化好的经验和做法，以法治手段着力解决实践中突出问题，加强网络虚假信息治理，对于规范网络传播行为，保障公民、法人和其他组织的合法权益，守护共同的网上精神家园，维护国家安全和社会公共利益，具有重要意义。

此外，本届以来，省人大常委会注重用好决定权，制定了《浙江省各级人民代表大会常务委员会讨论决定重大事项的规定》，保障和规范本省各级人民代表大会常务委员会依法行使讨论、决定重大事项的职权。制定了《关于授权省和设区的市人民政府为保障亚运会、亚残运会筹备和举办工作规定临时性行政措施的决定》，保障亚运会、亚残运会筹备和举办工作顺利进行。制定了《关于促进和保障长江流域禁捕工作若干问题的决定》，做好本省长江流域禁捕以及

相关工作，加强生态环境保护和修复，实施长江大保护，保障生态安全。制定了《关于促进县域医疗卫生服务共同体健康发展的决定》，推进健康浙江建设，增强基层医疗卫生服务能力，满足人民群众医疗卫生健康需求。制定了《关于推进和规范社区社会组织参与基层社会治理的决定》，按照共建共治共享要求，进一步推进和规范社区社会组织参与基层社会治理工作，充分发挥社区社会组织提供服务、反映诉求、化解矛盾等作用，促进社会和谐。制定了《关于加强检察公益诉讼工作的决定》，加强检察公益诉讼工作，维护国家利益和社会公共利益，促进依法行政，助力高水平推进省域治理现代化。

（执笔人：浙江省人大常委会法制工作委员会
路国连　孙晋坤　虞维佳）

（二）推进科学立法民主立法依法立法

最大限度吸纳民意汇聚民智

——省人大推进立法工作机制创新的实践

科学立法、民主立法、依法立法是立法工作机制建设的目标方向，也是中央和全国人大的明确要求。本届以来，浙江省人大及其常委会认真贯彻落实习近平法治思想，践行全过程人民民主，围绕提高立法质量和效率，立足浙江实际，在实践中创新，在创新中发展，逐渐形成了一整套涵括立法全环节各领域、具有浙江辨识度的“1+X”立法工作制度体系，推动浙江地方立法与时俱进、走在前列。

一、创新完善民主立法机制，广泛凝聚立法共识

深入贯彻中央人大工作会议精神，完善民主民意表达平台和载体，拓宽社会各方有序参与立法的途径和方式，努力使立法过程成为践行全过程人民民主的生动实践。

一是创新代表参与机制。认真做好所有法规草案印发代表征求意见、邀请代表参加立法起草小组、列席常委会会议等工作。出台《浙江省人大代表分专业有重点参与立法工作规定》，代表可以根据自身关注点、职业专长等因素，主动选择重点参与的立法项目，

全程深度参与相关立法活动，进一步增强代表参与立法的针对性、专业性、实效性。激活人民代表大会立法职能，先后有浙江省民营企业发展促进条例、浙江省公共数据条例等3件地方性法规由人民代表大会审议通过，有效发挥代表主体作用，彰显人民代表大会制度优势。

二是加强基层立法联系点建设。总结实践经验，迭代升级基层立法联系点制度，重新确立22家基层立法联系点，使得结构更加合理、布局更加优化、联系更加紧密，并出台《基层立法联系点工作规则》，对基层联系点的功能作用和职责要求作了进一步明确，更好发挥基层立法联系点反映民意、汇集民智、扩大民主参与的“立法直通车”作用。义乌市人大常委会被确定为全国人大常委会基层立法联系点。

三是健全专家参与立法机制。注重发挥专家优势，搭建多层次、多渠道、多维度的立法专家参与机制，形成了以立法专家信息库为基础，立法专家咨询委员会和立法项目专家为核心的“一库两机制”专家参与立法格局。推行法规草案普遍实行专家论证，专家列席法制委员会会议的常态化，提升专家参与立法的实效性。联合浙江大学成立全国首家实体化运行的浙江立法研究院，立足打造一流立法智库，充分整合省内外研究力量，开展立法决策咨询、课题研究等工作，推动立法理论和实务的深度融合。

四是完善立法协商机制。构建立法前、立法中、立法后的全流程评估机制，对立法选项、法规制度可行性以及法规实施效果等进行评估论证，为立法科学决策提供支撑。建立征求企业和行业商会意见机制，确保立法过程中充分听取相关立法主体意见。发挥政协委员在立法协商中的作用，会同省政协社法委就生活垃圾管理条例（草案）、快递业促进条例（草案）等法规开展协商，邀请省政协委员和民主党派、社会组织代表等为修改完善草案建言献策。

二、实行法规全生命周期管理，提高立法质量和效率

围绕立法“一件事”，立足法规立项、起草、审议、实施等全生命周期，创新立法工作机制，打造法规闭环管理链条，确保立法全过程广泛汇聚民智、充分发扬民主，不断提高立法科学化民主化水平。

一是法规立项机制。健全法规立项工作机制，制定《浙江省地方性法规立项工作规则》，实行法规立项公开征集制度、立法项目申报论证制度、法规建议项目逐项评估论证制度，通过征集各方意见、召开人大代表座谈会、委托研究机构和专家学者等方式广泛征集立法需求、逐项评估论证、严格立项标准，确保选准、选好立法项目。

二是协同起草机制。建立法规草案提前介入机制，实行法规草案起草专班制度，构建“立法工作者、实务工作者、专家学者”三结合的起草模式，强化人大对法规起草进度和内容的主导作用。建立重要法规项目“双组长”制度，由省人大常委会联系相关专委的副主任和省政府分管副省长共同担任组长，对起草过程中重大问题进行协调论证。机制建立以来，已有15件重要法规项目实行“双组长”制度，成效明显。

三是审议机制。探索常委会组成人员法规审议事先调研制度，建立常委会组成人员沟通会制度，对存在较大意见分歧的重要法规，在审议通过前向组成人员汇报法规修改情况并进一步听取常委会组成人员意见。制定《关于提高省人大常委会会议审议质量的办法》，增加隔次审议和“三审制”的运用，做好常委会组成人员审议意见的沟通和反馈，提高审议的针对性、科学性和实效性。

四是立法沟通协调机制。发挥省委全面依法治省委员会立法协调小组作用，研究提出立法领域任务清单，部署年度工作，推动形成合力。发挥好“双组长”的统筹协调作用，共同推动法规重要制

度设计和重大问题的及时协调解决。加强省人大专门（工作）委员会、常委会法工委与省司法厅之间的沟通协调，完善立法计划编制和实施协商机制，建立联席会议制度，保证立法工作有序高效运转。

五是法规实施机制。落实“立一件、成一件、行一件”要求，制定《浙江省地方性法规实施情况报告规定》，明确法规实施情况报告的主体、程序等，推动法规实施情况报告工作常态化、规范化。制定《浙江省地方性法规配套规范性文件制定工作若干规定》，督促法规草案起草单位同步开展配套规范性文件起草工作，确保法规有效实施。加强立法宣传，制定《浙江省人大常委会立法新闻发布工作规定》，突出宣传重点，讲好立法故事，促进法规贯彻实施。

六是法规清理机制。建立健全法规即时清理与定期清理、专项清理与全面清理相结合的机制，及时修改或者废止与国家法律法规不一致、与我省经济社会发展不相适应、与全面深化改革不协调的法规，增强立法工作的协调性、及时性、系统性。2020 年起，对 237 件现行有效地方性法规和法规性决定开展全面清理。截至目前，共作出 21 个打包或单独修改决定，共修改法规 87 件，废止 21 件。同时，根据全国人大要求，开展生态环保、行政处罚、计划生育等专项清理工作，推动地方性法规制度体系与时俱进，适应改革发展。

三、开展地方立法数字化改革，推动立法工作流程重塑和机制创新

紧跟省委决策部署，主动融入党政机关整体智治体系，积极开展立法数字化改革实践探索，初步建成地方立法综合应用，着力实现省市人大“一体使用”、立法情况“一屏掌控”、起草审议“一网协同”、流程进度“一览无余”、工作任务“一键智达”，确保每部法规都符合宪法精神、反映人民意愿、得到人民拥护。

一是建设一个平台。围绕立法全生命周期，构建全省一体化的可视化平台，按照法规总览、多跨场景、省人大年度立法、设区的

市立法、智能应用、立法支撑等维度集成分析、展示立法工作数据，全面掌握全省立法工作全局。

二是打造五个多跨场景。遵循数字化改革的理念要求，运用V字模型分析方法，全面梳理立法核心业务，开发建设立法需求、立法一件事、民主立法、法规实施、备案审查等五个多跨协同应用场景，旨在实现民意反映高频词动态抓取，起草专班线上协同，立法意见征集精准投放、自动汇总和及时反馈，工作任务实时推送和逾期提醒，以及备案审查工作的可量化可监测可评价，达到业务协同、责任明晰、节点可控，推动流程重塑和机制创新。

三是开发六个智能应用。运用文字识别、数据分析等技术，开发智能起草、智能检索、智能比对、智能文本、智能清理、智能统计等六大智能应用，努力实现立法资料收集分享、文本在线辅助生成、关联法规自动匹配、草案自动查错纠正、修改记录全程留痕和法规清理智能提醒等功能，帮助立法工作者摆脱简单重复的机械劳动，更好地分析、研判和发现客观规律，不断提高立法质效。

（执笔人：浙江省人大常委会法制工作委员会　方帅）

浙江省现行有效省的地方性法规全面清理工作情况[①]

为更好贯彻落实党的十九届四中全会和省委十四届六次全会精神，统筹推进地方性法规立改废释，维护国家法治统一，提高立法与改革决策相衔接的力度、准度和精度，发挥地方立法在高水平推进省域治理现代化中的作用，2020 年 3 月，省人大常委会决定对 2018 年底前制定的 193 件现行有效省的地方性法规（含法规性决定）开展一次系统全面清理。截至 2020 年 11 月底，法规清理工作已取得阶段性成果，经过三次常委会会议审议，打包修改了 46 件法规，废止了 13 件法规及法规性决定。现将今年以来的法规清理工作情况报告如下：

一、清理工作的指导思想、范围和重点

（一）清理工作指导思想

本次清理工作，以习近平新时代中国特色社会主义思想为指导，深入贯彻落实党的十九大、十九届二中、三中、四中全会和省第十四次党代会及省委历次全会精神，围绕不断完善中国特色社会主义法律体系，切实维护国家法治统一，及时修改或者废止与国家法律

① 此文为 2020 年 12 月提交浙江省十三届人大常委会第二十六次会议审议的报告。

法规不一致、与我省经济社会发展不相适应、与全面深化改革不协调的地方性法规，不断促进立法决策与改革决策有机衔接，更好发挥地方立法在高水平推进省域治理现代化中的重要作用。

（二）清理范围和重点

本次清理工作，除已列入省人大常委会2020年立法计划初次审议项目和预备项目的法规外，将1979年至2018年期间省人大及其常委会制定的193件现行有效的地方性法规，全部纳入清理范围。对纳入清理范围的法规，重点围绕以下几个方面开展清理：

1. 与宪法、法律和行政法规规定相抵触，或者因法律、行政法规修订、修改导致与上位法规定不一致的；

2. 因机构改革涉及机构名称、职能变化的；

3. 调整对象或者主要规范事项发生重大变化或者已经消失的；

4. 法规之间对同一事项规定不一致或者不衔接造成执行困难的；

5. 不符合“放、管、服”改革、“最多跑一次”改革等全面深化改革精神的；

6. 不符合疫情防控要求，需要弥补公共卫生法治保障短板的；

7. 不符合生态文明建设和环境保护要求的。

二、清理工作步骤

鉴于本次清理法规数量多、涉及面广、标准高、专业性法律性强，为保质保量有序开展工作，清理工作主要分为以下几个阶段：

（一）启动部署

省人大常委会决定开展法规清理工作后，法制工作委员会立即成立清理工作专班，在做好相关准备工作的基础上，起草了《浙江省人大常委会地方性法规清理工作实施方案》，提交2020年3月份召开的主任会议研究通过后，由省人大常委会办公厅印发省人大各专门（工作）委员会、“一府一委两院”、各人民团体以及各设区的市人大常委会。在2020年3月底召开的省委全面依法治省委员会立法协调小组第二次会议上，立法协调小组组长、省人大常委会赵光君副主任专门进行了工作部署。

（二）分头清理

2020年4至5月，省人大各专门（工作）委员会、省有关部门和单位根据各自职责分工，对列入清理范围的法规分头进行审查，提出初步处理意见。

（三）委托第三方清理

2020年4月，通过规定程序，委托浙江立法研究院和浙江工业大学法学院开展第三方清理工作，就法规的修改或者废止提出初步审查意见。

（四）意见汇总论证并提出处理意见

2020年6月起，法制工作委员会牵头法规清理工作专班，在对各方面提出的初步处理意见、初步审查意见进行汇总整理和认真梳理分析的基础上，通过召开多轮座谈会，与有关专门（工作）委员会、省有关部门和单位分别进行沟通、研究；根据工作需要赴各地进行调研；对重大、疑难问题及时组织专家进行论证。根据各方面意见和论证结果，就法规的修改或者废止提出初步处理意见。

（五）分类分批处理

按照区分轻重缓急、成熟先改的原则，对明显不符合不衔接不适应法律规定、中央精神和改革要求且各方面意见较为统一的法规，及时由法制工作委员会起草有关议案草案，经法制委员会全体会议审议后，分批向常委会提出修改、废止部分法规的议案；对情况较为复杂、需要继续论证研究的法规项目，年内来不及清理，留待今后继续进行。

三、清理工作进展情况

法制工作委员会对纳入本次清理范围的193件法规提出了分类处理意见：一是对基本不存在清理重点所列情况的法规，建议暂不作修改、继续有效；二是对需要部分修改的，建议分批予以修改；三是对需要全面修订的，建议列入年度立法计划或者立法调研项目库分步实施；四是对综合考虑上位法立法进程和实际需要后拟通过制定新法予以替代的，暂时予以保留；五是对已不适应形势发展需要的，建议适时予以废止。具体情况报告如下：

（一）建议暂不作修改的法规

这类法规有29件，其中半数以上为近五年内制定，其余制定时间较早的法规，也基本在近年内作过修改或者修订，法规内容与上位法精神较为一致，基本不存在与经济社会发展不相适应、与全面深化改革不协调的情形。

（二）已修改的法规

2020年，常委会共打包修改了46件法规，主要解决了以下问题：一是适应机构改革的实际情况，对法规中涉及的部门、机构名称和职责作相应修改和调整。二是维护法治统一，根据上位法特别是民法典、监察法等法律的制定出台以及修改、修订情况，对水污染防治条例、社会救助条例、见义勇为人员奖励和保障条例等法规作相应修改，解决与上位法不一致的问题。三是根据国家“放、管、服”改革、我省深化“最多跑一次”改革以及推进数字化转型的部署要求，对渔港渔业船舶管理条例、航道管理条例、燃气管理条例、绿色建筑条例、献血法实施办法等法规中不符合改革要求的条款作了修改。四是根据国家国土空间规划体系改革的部署，对房屋使用安全管理条例、违法建筑处置规定、城市景观风貌条例、人民防空法实施办法、国有土地上房屋征收与补偿条例等法规中“城乡规划”“土地利用总体规划”“城市总体规划”“城镇规划区”等规划相关内容作相应修改。五是根据生态文明建设和环境保护的新要求，对大气污染防治条例、水污染防治条例、机动车排气污染防治条例、钱塘江管理条例、饮用水水源保护条例等法规中有关不符合生态保护要求的规定作了修改。

（三）已废止的法规和法规性决定

2020 年，常委会共打包废止了 13 件法规和法规性决定，主要分为三种情形。一是部分法规制定时间较早，其主要内容已被新修改的上位法所覆盖，还有一些内容与上位法相抵触，属于不符合形势发展需要的过时法规，如军事设施保护实施办法、民兵工作实施办法、集会游行示威法实施办法。二是随着经济社会发展，法规的调整对象和主要规范事项产生了重大变化，相关规定已不适应当前经济社会发展的需要，实践中已不再适用，如职工教育条例、取缔无照经营条例、房地产开发管理条例以及关于加强畜禽养殖污染防治促进畜牧业转型升级的决定。三是随着新的法规的出台，既有法规性决定的相关内容已基本被覆盖，失去了适用的范围和对象，如随着 2018 年保障“最多跑一次”改革规定和 2019 年义乌国际贸易综合改革试验区条例的出台，2017 年制定的关于推进和保障桐庐县深化“最多跑一次”改革的决定、2012 年制定的关于保障和促进义乌市国际贸易综合改革试点工作的决定的相关内容已基本被覆盖。

四、后续清理工作建议

法规全面清理工作涉及面广、任务重、难度大。从 2020 年已开展的清理工作情况看，需要系统谋划，做到积极稳妥、慎重推进。

下一步，建议继续按照区分轻重缓急、成熟先改的原则，对余下的法规开展清理。具体建议如下：

（一）建议继续分步修改一批

经审查分析，县、乡两级人民代表大会代表选举实施细则和技术市场条例等50件左右法规不同程度地存在清理重点所列的情形，有的制定时间较早，需根据实际情况的变化进行修改；有的存在不适应经济社会发展和改革要求的内容；有的上位法已作修订或者修改，对一些实质性内容作了较大调整。为此，建议于2021年继续分批进行打包或者单独修改；对少数难度较大的法规，于2022年完成修改。

（二）建议全面修订一批

经审查分析，科学技术进步条例、海塘建设管理条例等30件左右法规存在问题较多，其中部分法规的修订已分别列入2020年度立法计划、2020—2021年公共卫生法治保障地方性法规制定修改专项计划；还有一些法规制定时间较早，许多内容已不适应经济社会发展、生态文明建设等要求，有必要进行全面修订。为此，建议将这些法规项目通过中期调整列入省十三届人大及其常委会立法调研项目库，今后逐项列入立法计划予以修订。

（三）建议立新废旧或者通过决定废止一批

经初步审查分析，宁波、温州、杭州、萧山四件开发区条例等20件左右法规，由于制定时间较早、上位法发生重大调整或者有关领域体制机制进行重大改革等原因，法规中许多制度已不适应经济社会发展需要。经研究，对其中大多数法规，建议采用立新废旧的方式，在后续相关领域新的法规出台时对现行法规予以废止，如，提请本次常委会会议审议的数字经济条例草案中，即对废止信息化促进条例作了规定。此外，还有少数法规，可采用作出废止决定的方式予以废止。鉴于本次法规清理工作量大，在主任会议统一领导下，法制工作委员会将继续实行专班运作，与省人大各专门（工作）委员会、省有关部门和单位密切配合，按照清理工作实施方案的要求稳步推进，力争在本届省人大常委会任期内基本完成本次全面清理工作任务。[1]

附件：已完成清理的法规目录（略）

① 2021年至2022年，浙江省人大常委会持续开展法规清理，在2020年工作基础上，又修订法规9件，作出11个修改决定、修改法规32件，废止法规7件。

新时代备案审查工作的浙江实践

规范性文件备案审查是中国特色的宪法监督制度，是保证党中央令行禁止，保障宪法法律实施，保护公民合法权益，维护国家法治统一的重要制度安排。党的十八大以来，党中央对备案审查工作作出了系列重要部署，党的十八届三中全会、党的十八届四中全会、党的十九届四中全会、中央人大工作会议分别从全面深化改革、全面推进依法治国、推进国家治理体系和治理能力现代化、坚持和完善人民代表大会制度的高度，对备案审查工作提出了明确要求，为地方人大推进新时代备案审查工作指明了奋进方向，提供了根本遵循。本届（2018 年，下同）以来，浙江省人大常委会认真贯彻落实党中央决策部署，着力加强备案审查实务研究和创新探索，出台《浙江省人大常委会关于加强新时代规范性文件备案审查工作的若干意见》，在更高质量、更高水平、更大范围推进备案审查工作，积极推动以备案审查为基础的中国特色宪法监督体系在浙江省域实践完善。

一、拓宽备案范围，全面落实有件必备

（一）落实备案全覆盖

自立法法、监督法实施以来，省人大常委会就将省市县三级的人大决议决定、政府规章以及政府规范性文件纳入备案审查范围。为深入贯彻落实党中央“把所有规范性文件纳入备案审查范围”的

要求，省人大常委会根据法律规定和工作实际，不断拓宽备案范围，分别于2020年、2021年将“两院”规范性文件、监委规范性文件纳入备案范围，实现规范性文件横向到边（包括人大、政府、监察、“两院”），纵向到底（包括省市县三级）全覆盖。

“两院”规范性文件。立法法第一百零四条第三款规定：“最高人民法院、最高人民检察院以外的审判机关和检察机关，不得作出具体应用法律的解释。”但是在司法实践中，为明晰具体司法案件的法律适用，地方“两院”一直在制定对审判、检察工作有指导作用的规范性文件，以保证省域内的司法公平公正。为准确把握“两院”规范性文件纳入备案范围后的监督工作尺度，2020年浙江省人大常委会组织开展了重点课题研究，结合本省实际，制定了《浙江省人大常委会关于省高级人民法院、省人民检察院规范性文件备案审查工作规定》，将需要备案的“两院”规范性文件，明确限定在涉及公民、法人和其他组织权利义务，对审判、检察工作具有规范、指导作用的规范性文件，并对“两院”规范性文件的审查、沟通以及纠正程序作出了符合法律精神的规定，保证“两院”规范性文件备案审查工作积极稳妥前行。

监察规范性文件。监察法实施后，《全国人民代表大会常务委员会关于国家监察委员会制定监察法规的决定》授权国家监委可以制定监察法规，并报全国人大常委会备案，但是对地方监委是否有权制定规范性文件，是否应当报同级人大常委会备案没有作出规定。为此，省人大常委会对地方纪委监委制定规范性文件情况进行了调研，按照文件制定主体将地方纪委监委制发的规范性文件分为纪委单独制发、纪委监委联合制发、监委单独制发等三种类型，按照党内监督与人大监督分开的原则，提出了纪委单独制发以及纪委监委联合制发的规范性文件纳入党委备案审查体系，监委单独制发的规范性文件纳入人大备案审查体系的工作思路。经过与省纪委监委沟通会商，自2022年起正式开展监察规范性文件备案工作。

乡镇规范性文件。地方组织法规定，县级人大及其常委会有权撤销乡镇人民代表大会不适当的决议决定，乡镇人民代表大会有权撤销乡镇人民政府不适当的决定命令。乡镇工作直面一线，在乡村振兴、环境整治、宅基地审批等涉及人民群众切身利益的工作中承担着重要职能，并且越是乡镇文件，适用越频繁，影响也越直接。为此，省人大常委会一直积极支持、推动乡镇人大探索开展规范性文件备案工作，并于2021年组织对全省乡镇人大备案审查工作进行专题调研。调研情况显示，虽然全省乡镇人大普遍存在人手少、法律专业人才欠缺等困难，但是仍有超过20%的乡镇人大开展了备案审查工作，为适时全面推开全省乡镇规范性文件备案审查工作积累了经验。

（二）提升备案质量

及时精准规范进行规范性文件备案是备案审查的最基础工作，也是开展审查纠正工作的前提。但是从过往的备案工作看，这项基础性工作不是很扎实，迟报漏报、材料不全、格式不规范等问题时有发生。为此，省人大常委会采取了系列措施加强督促报备工作。一是建立备案情况不定期检查制度，对发现的问题实时提醒。二是建立备案审查情况年度统计和通报制度，通报各级各类规范性文件制定主体的备案工作质量。三是推动省政府将政府规章、政府规范性文件报人大常委会备案情况纳入法治政府考核，实施考核管理。经过综合施策，全省备案工作的及时性精准性规范性明显提升，报备及时率准确率规范率基本达到100%。

二、完善审查机制，做深做实有备必审

（一）完善审查工作机制

备案审查的主要工作内容是合法性审查，因此，地方人大常委会在明确备案审查职责分工时，多数将备案审查工作确定由人大常委会法工委负责，同时，又会考虑规范性文件涉及社会治理的各个

方面，需要有关专门（工作）委员会进行专业审查等因素，明确由有关专门（工作）委员会负责对其归口领域的规范性文件进行协助审查。但是在实际工作中，由于有关专门（工作）委员会自身的监督、立法等重点工作任务已经十分繁重，往往无暇顾及审查工作，导致在许多地方的审查工作逐渐演化为人大常委会法工委一家职责，甚至在一些有立法权的省和设区的市人大常委会，人大常委会法工委专注于立法主业，审查工作进一步退化为备案审查处职责。为此，省人大常委会从完善审查工作机制入手，着力解决有备必审工作不到位的问题。一是将审查工作流程分为专门（工作）委员会初步审查、人大常委会法工委综合审查前后两道程序，明确各专门（工作）委员会负责对口审查的文件范围，保证规范性文件审查全覆盖。二是在人大常委会法工委内部建立健全分工协作的重点审查工作机制，明确政府规章由人大常委会法工委立法处负责重点审查，其他重要规范性文件由人大常委会法工委备案审查处负责重点审查，加强对重要规范性文件的审查力度。三是明确各道审查环节的审查时限和责任人，压实审查工作责任，保证审查意见质量。以人大常委会法工委为主、各专门（工作）委员会分工协作的审查工作机制完善后，促进了人大常委会法工委与有关专门（工作）委员会形成审查工作合力，保证了每一件备案的规范性文件都能得到有效的审查，保证了有备必审要求的实现。

（二）构建备案审查共同体

与备案审查工作的重要性及工作任务相比，当前的工作力量、工作能力薄弱是个较为突出问题。为此，省人大常委会做好“借力”文章，不断拓展辅助力量。

横向方面，保持备案审查衔接联动机制畅通。依托备案审查衔接联动机制，加强与省委办公厅、省司法厅的工作沟通与联系，相互通报年度工作，相互邀请参加工作会议，相互交流审查意见。如2021年，省委办公厅来函征求对省委编办《市县机关事业单位编外聘用人员管理暂行办法》的审查意见，省人大常委会法工委对劳动合同解除、编外聘用人员用工形式等不适当规定提出审查研究意见。又如，《浙江省国土资源厅　浙江省农业厅关于进一步支持设施农业发展的通知》规定，乡镇政府要将用地协议与农业设施建设方案报县级有关部门备案，不符合设施农业用地有关规定的不得动工建设，省人大常委会法工委研究认为该规定涉嫌以备案形式变相设定行政许可，移送省司法厅建议作进一步审查。

纵向方面，探索省市县三级人大联动审查机制。一方面，加强培训指导，通过实战研讨方式提高市县人大的审查能力。如 2019 年围绕《关于电动自行车新标准实施过渡期有关登记和路面管理工作的通知》等 4 件个案，2020 年围绕《规章、规范性文件备案审查指引（试行）》，组织市县人大共同参与审查或研讨。另一方面，探索省市县三级人大联动审查机制，增强监督总体效能。如 2021 年，根据温州市人大常委会法工委的请示，对省医疗保障局等 3 部门发布的《关于进一步加强医疗救助工作的指导意见》进行审查，纠正其中不适当的规定。又如，经对公民的审查建议审查研究，发现湖州、嘉兴、金华、衢州、舟山等市的网约车管理规定，涉嫌限制外地户籍驾驶员到本地区从事网约车服务的权利，与行政许可法、优化营商环境规定相抵触。省人大常委会法工委移送湖州等市人大常委会审查后，各市均在要求期限内作出了纠正处理。

社会力量方面，注重引进第三方审查力量。一是省人大常委会法工委按照精干、效能原则，建立了只有 8 名成员组成的备案审查专家组，深度参与备案审查工作，为备案审查工作提供专家咨询意见。二是 2020 年，与浙江工商大学合作建立“浙江省规范性文件备案审查工作研究基地”，加强备案审查理论和实务研究，为备案审查工作实践探索创新提供理论支持。三是每年通过政府购买服务方式，委托浙江工商大学法学院对政府规章以及其他重要规范性文件进行合法性预审，增加合法性审查的视角，提高审查质量。四是经常邀请具有法律专业背景的代表参与备案审查工作，更好发挥代表作用。

（三）优化审查方式

省人大常委会在全面审查的基础上，聚焦关键问题，优化审查方式，提高审查效能。

组织专项审查。根据全国人大部署要求，省人大常委会集中开展了涉及民法典、人口与计划生育法、行政处罚法、环境保护法等领域规范性文件的专项审查，清理与党中央重大改革和法律、政策调整不相适应的规定。设区的市人大常委会围绕党委政府中心工作和地方立法实际，组织开展了多次规范性文件专项审查。如湖州、衢州市组织开展地方性法规配套规范性文件专项审查，温州市开展民办教育领域规范性文件专项审查，嘉兴市组织开展交通、建筑领域规范性文件专项审查，台州市组织开展优化营商环境领域规范性文件专项审查等。

坚持有重点审查。省人大常委会每年接收备案的规范性文件数量基本稳定在100件左右，而省人大常委会法工委备案审查处工作人员只有2到3人，客观上没有条件对所有备案的规范性文件实施全面深入的审查。为此，省人大常委会法工委坚持从实际出发，要求备案审查处每年选择6件左右的规范性文件，参照立法审议模式逐条、逐段地对照上位法进行重点审查。通过重点审查，每年都能发现2到3件规范性文件存在合法性或者其他不适当问题，有效地维护了备案审查工作的权威性，保持了对制定机关的监督压力。

规范依申请审查。本届以来，省人大常委会收到公民书面审查建议10余件。对所有的审查建议，省人大常委会法工委都按照有件必复的要求，逐一登记、逐件审查研究，提出审查处理意见并向审查建议人作出反馈，做到件件有办理，件件有回应。

三、把准审查尺度，持续推进有错必纠

（一）统一审查尺度

根据宪法法律规定，地方人大有权撤销“不适当”的规范性文

件，但不同文件制定机关、备案审查机关往往对具体条款的“不适当”理解存在差异，直接影响了规范性文件制定和审查工作的严肃性。如对立法法规定的城乡建设与管理、环境保护、历史文化保护等三类事项的内涵，限缩上位法规定的行政处罚幅度，公共信用惩戒的适用条件、范围等问题，都争议较大。本届以来，省市县三级人大共对164件规章、规范性文件提出审查异议，最终纠正119件，占比72.56%，主要原因就是审查标准不统一。为此，省人大常委会法工委系统梳理了规范性文件制定权限和制定程序、行政处罚、行政许可、行政强制、优化营商环境、公共信用信息管理等六个方面较常见、有争议的适当性问题，经过反复研究论证，明确提出相对具体、细化的审查标准，出台浙江省《规章、规范性文件备案审查指引（试行）》，为全省统一审查标准提供指引和参考。此外，省人大常委会法工委每年选编审查纠正案例，通过具体个案评析审查重点和审查标准尺度，发挥了相当重要的指导作用。

（二）突出纠正重点

省人大常委会结合监督工作计划和代表议案建议，聚焦全面深化改革大局、关系公众切身利益的规范性文件进行重点审查，纠正了一批涉及违法设定行政处罚、行政许可，破坏营商环境，侵犯公民权利的不适当规范性文件。

如2021年，《浙江省危险货物道路运输安全管理办法（试行）》规定，“危险货物运输企业新增自有或租赁停车场（位），应按规定通过第三方安全服务机构的安全评价。”经审查研究，《中华人民共和国道路运输条例》等法律、法规有关道路危险货物运输许可事项规定中并无停车场应当经过第三方安全评价的要求，该办法涉嫌没有法律、法规或者国务院决定依据将中介服务事项作为行政审批条件，与国务院《优化营商环境条例》第四十三条规定相抵触。该办法又规定，外省道路危险货物运输车辆进入我省装载或卸载的，应按规定向我省报送电子运单。我省危险货物装货人和收货人等相关企业或个人对未备案、未按规定报送电子运单的，不得进行装载或卸货。经审查研究，根据交通运输部等六部委《危险货物道路运输安全管理办法》第二十四条规定，危险货物承运人应当制作危险货物运单。办法规定外省企业未报送电子运单不得装载或卸货，否定了纸质运单的效力，与部委规章规定不一致，也违反了建立全国统一大市场的要求。

又如2020年，《浙江省农村集体资产股权管理暂行办法》第十六条规定："村集体经济组织流动资金占总资产百分之十以上，且近三年经营性收入年均增幅达百分之五以上时，方可开展集体赎回。"经审查研究，股权持有人将股权退回本村集体经济组织，由本集体经济组织对其股权进行收购，属于集体经济组织自主决定的事项，除非法律法规有明确规定，政府部门无权干预。该规定超越了规范性文件制定权限，违法限制了集体经济组织及集体资产股权持有人的民事权利。

（三）推动市县全面发力

备案审查是一项新兴的法律制度，目前仍处在探索、创新、规范阶段，理论积淀尚不深厚，专业培养未成体系。可以说，对备案审查工作而言，人人都是新兵，市县人大尤其明显。很多市县人大对备案审查工作的认识停留在备案阶段，审查基本当成"程序性工作"，纠正更是"没有考虑过的问题"。虽然浙江省备案审查工作一直在稳步发展，所有设区的市人大常委会都已有纠正案例，但是仍有近80%的县级人大常委会没有实现纠正案例零的突破。为进一步督促市县人大常委会积极履职，坚决纠正不适当的规范性文件，2020年省人大常委会将备案审查工作纳入"党领导人大工作"考核，指标分值向纠正情况倾斜。经过两年考核，市县人大审查纠正工作全面发力，2020年纠正规范性文件29件，其中设区的市人大常委会纠正20件，县级人大常委会纠正9件；2021年纠正规范性文件56件，其中设区的市人大常委会纠正38件，县级人大常委会纠正18件，呈大幅增长趋势。

四、深化改革创新，全方位提升备案审查能力

（一）加强备案审查工作显性化

备案审查工作重要性无需赘言，但有时处境尴尬，说起来重要，做起来次要，忙起来不要。近年来，省人大常委会一直致力于备案审查工作显性化，努力实现备案审查工作在法工委、专委会、常委会以及社会等各个层面的显性化，不断彰显备案审查制度的张力。一是推动市县人大常委会听取审议备案审查工作报告。2019 年出台的《浙江省人大常委会关于加强新时代规范性文件备案审查工作的若干意见》，明确要求设区的市人大常委会每年听取审议备案审查工作报告，县级人大常委会每届至少听取审议 2 次备案审查工作报告。2021 年，设区的市人大常委会已经实现全覆盖。下一步，将根据新修改的地方组织法规定，重点推动县级人大常委会听取审议备案审查工作情况报告全覆盖。二是加强备案审查工作宣传。如 2019 年《浙江日报》要闻版推出“省人大常委会去年备案审查报告出炉——法治体检，查出了啥”长篇报道；《今日浙江》杂志刊出“让法规体检刚性运行”长篇通讯；2022 年《浙江日报》头版介绍浙江备案审查工作情况。近年来，社会公众尤其是法律专业人士对备案审查工作知晓度明显提升，公民审查建议逐渐增多。

（二）推进备案审查工作数字化改革

2021 年，浙江全省党政机关开展全方位的数字化改革，备案审查数字化改革是人大数字化改革的重要模块。按照数字化改革 V 型理论，全流程多维度审视备案审查工作，层层分解堵点卡点，细化工作事项颗粒度。一是针对不报漏报、报备不及时、报备不规范等问题，完善审查机关与制定机关的多跨协同，实时提取制定机关规范性文件制定数量进行横向比较，解决报备总量不清、不报漏报等

问题；增加“公布日期”项并实时统计报备及时率，解决报备起始日期不清晰、超时未报等问题；改造系统设置，确保不符合规定格式的文件无法报备，解决报备文件错漏、填报不全等问题。二是针对审查不及时、审查质量不高、公民建议不回复等问题，完善人大各专工委之间的多跨协同，突出显示超时未审情况，解决审查不及时问题；优化省市县人大多跨协同，实行联合审查、交叉审查，提高市县人大审查质量；设置专栏记录审查建议办理全流程，突出显示超时未办情况，解决审查建议回复不及时等问题。针对不敢纠正、纠正情况跟踪不力等问题，设置专栏对纠正意见落实实行目录化管理，解决制定机关审查纠正意见落实不力、审查机关重提意见轻督促的问题。2021 年，已经建成备案审查数字化应用场景 1.0 版，2022 年，将继续实施系统升级改造，进一步打通数据孤岛，实现关键节点可量化可监测，工作效能可执行可评价，以数字化改革推动备案审查工作高质量发展。

（三）建成全省法规规章规范性文件数据库

建设权威、统一、规范的全省法规规章规范性文件数据库，既是建设法治中国示范区的内在要求，也是建设数字法治的基础性工程。2021 年，省人大常委会在全国人大常委会法工委的指导下，会同“一府一委两院”共同建设浙江省法规规章规范性文件数据库，并上线投入使用。在定位上，与国家法律法规数据建设库以备案审查为视角不同，我省数据库以规范性文件制定为视角，实行谁制定、谁把关、谁负责的工作机制，落实制定机关主体责任，确保数据更新的准确及时全面。在内容上，数据库建设坚持“横向到边、纵向到底”，涵盖省市县三级人大、政府、监委、“两院”规范性文件，并在创造条件尽快收录乡镇规范性文件，全面贯彻全覆盖要求。在检索方式上，因地方规范性文件数量大且知晓度低，为方便查询，增设了“主题分类”选项，实现精准查询和类别查询相结合，使用者可以一键查清同一类型的所有相关规范性文件。数据库的建成，将进一步提升规范性文件公开的及时性、规范性和系统性，以及规范性文件查询服务的权威性和便利性，优化我省法治服务软环境。

（四）构建备案审查工作指标体系和评价体系

当前，全省人大对备案审查工作重要性的认识是深刻的，在常委会工作要点、立法工作计划、监督工作计划、常委会工作报告中都有安排有体现，但缺少客观有效的指标体系来评价衡量备案审查工作的成效。省人大常委会法工委以问题为导向，深度梳理备案审查工作重要环节、关键节点，将评价项目细化分解为"有件必备""有备必审""有错必纠""制度与能力建设"等4项一级指标和近30项二级指标，构建了比较科学的备案审查工作指标体系和评价体系，较为完整地反映了备案审查工作的全貌。同时，注重发挥指标体系和评价体系的导向作用，每年根据年度重点工作动态调整指标的分值权重，推动年度重点工作落实。省人大常委会法工委已连续三年开展对设区的市开展综合评价工作，做到评价指标年初公开，评价过程公开透明，评价结果年底公布，有效降低了评价工作随意性，增强了评价结果说服力。有关综合评价的结果作为设区的市工作排名的依据，以及省委"党领导人大工作"、省政府"法治政府"等考核的赋分依据，推动设区的市形成了争先创优的良好氛围，全省备案审查工作得到了明显的整体提升。

五、思考与建议

（一）进一步明确地方监委、"两院"规范性文件制定权限。虽然我省人大常委会已经按照党中央、全国人大常委会文件精神要求，将地方监委、"两院"的规范性文件纳入备案范围，但是在立法法、监督法、监察法、"两院"组织法等相关法律修改以前，地方监委、"两院"能否制定规范性文件，以及地方人大常委会能否接受地方监委、"两院"规范性文件备案，能否对地方监委、"两院"规范性文件进行审查，能否对存在不适当问题的地方监委、“两院”规范性文件行使撤销权，都是一个悬而未决的法律问题，直接影响地方监委、“两院”备案审查工作的开展与深入，迫切需要法律规定明确。为此，建议全国人大常委会法工委积极回应地方关切，按照“重大改革于法有据”的要求，及时对立法法、监督法、监察法、“两院”组织法等相关法律进行修改，为地方人大常委会履行职权提供法律依据。

（二）进一步拓宽规范性文件范围。在全国人大常委会法工委指导下，地方人大对需要备案的规范性文件范围已经形成基本共识，即应当限于涉及公民权利义务的公文。政府方面也持相同观点，2018年《国务院办公厅关于加强行政规范性文件制定和监督管理工作的通知》规定，行政规范性文件是指由行政机关依照法定权限、程序制定并公开发布，涉及公民权利义务，具有普遍约束力，在一定期限内反复适用的公文。我们在实际工作中发现，有些规范性文件虽然不直接涉及公民权利义务，但是文件内容事关重大，应当纳入备案范围。例如，地方人大常委会制定的议事规则、监督工作规则等，事关地方国家权力机关是否依照宪法法律规定运行，应当纳入备案范围。又如，我省政府有关行政执法大综合一体化改革的规范性文件，涉及上下级以及同级行政机关之间的职能、职权调整，属于重大改革事项，应当纳入备案范围。再如，一些旨在规范国家机关自身公权力行使的内部规范性文件，例如行政审批程序、行政执法程序、行政处罚裁量规则、查封扣押罚没财物管理规定等，也会间接地对公民权利义务产生重大影响，应当纳入备案范围。为此，建议全国人大常委会法工委及时总结地方工作中发现的问题，对需要备案的规范性文件范围进行新一轮的研究与界定，进一步强化备案审查监督职能。

（三）进一步明确审查标准。根据立法法第九十六条、监督法第三十条规定，对行政法规、地方性法规、自治条例和单行条例的备案审查，遵循合法性原则；对规章以下规范性文件的备案审查，遵循适当性原则。全国人大常委会委员长会议通过的《法规、司法解释备案审查工作办法》，在立法法、监督法有关规定基础上，对审查标准作了进一步扩充完善，明确不区分规范性文件的种类，统一实施合宪性、政治性、合法性、适当性等四项审查标准，对审查工作提出了更高的工作要求。为此，建议全国人大常委会及时修改立法法、监督法相关规定，在法律制度层面上实现审查标准的协调统一。另外，审查标准不够具体、清晰，始终是困扰地方人大备案审查工作的难题。我省出台的《规章、规范性文件备案审查指引（试行）》，在明晰审查标准上作了一些有益的研究和探索，但相对来讲层级较低，缺乏权威性。建议全国人大常委会法工委比照立法技术规范，对实践中常见的有争议的不合法情形进行总结提炼，研究出台具体的审查标准规范，为地方人大依法审查提供指导与遵循。

（执笔人：浙江省人大常委会法制工作委员会　刘永华　王贤祥）

秉匠心立良法　促善治惠民生

——设区的市人大以高质量立法护航高质量发展

十三届省人大常委会以习近平新时代中国特色社会主义思想为指导，紧紧围绕党中央决策部署和省委贯彻落实党中央大政方针的决策部署，强化对设区的市人大立法工作的统筹协调与审查指导，有力推动设区的市人大立法工作再上新台阶。紧扣中心大局，提升政治站位，坚决推动设区的市立法贯彻落实党的主张。紧守审查原则，严格进行合法性审查，守牢法治统一底线。紧贴实践所需，坚持提前介入，靠前指导设区的市地方性法规草案，提高立法效率。紧跟形势任务，印发系列文件，指导设区的市在工作流程、依法立法、精准选题上持续发力，开创地方立法工作新局面。

截至2022年9月，本届省人大常委会共批准设区的市地方性法规181部。其中，制定130部，修订13部，修改33部，废止5部。在制定修订的法规中，属于城乡建设与管理方面的95部，属于环境保护方面的33部，属于历史文化保护方面的15部。

一、彰显地方特色，打造精品项目

各设区的市人大按照精准选题、精良设计、精炼表达的要求，突出实践特色和针对性、适用性、可操作性，形成了一批具有浙江辨识度和重要影响力的标志性立法成果。

坚持围绕中心大局，加强重点领域立法，出台了一大批促发展有特色的地方性法规。聚焦实施数字经济“一号工程”，杭州市出台智慧经济促进、跨境电子商务促进、城市大脑赋能城市治理促进等法规。聚焦实施乡村振兴战略，湖州市出台美丽乡村建设、乡村旅游促进、法治乡村建设等法规，金华、台州、丽水市出台传统村落保护等法规。聚焦社会主义核心价值观融入法治建设，各市均出台文明行为促进条例，宁波、温州市出台全民阅读促进条例，金华市出台无偿施救规定，台州市出台企业信用促进条例，等等。

坚持因地制宜，突出地方辨识度，走出了一条带有鲜明地方特色的立法之路。立足浙江深厚的历史文化底蕴，杭州市出台西湖龙井茶保护管理条例，绍兴市出台绍兴黄酒保护和发展、绍兴古城保护利用、会稽山古香榧群保护等法规。作为“绿水青山就是金山银山”理论诞生地，湖州市立足生态环境保护，以生态文明先行示范区建设条例为龙头，陆续出台美丽乡村建设、乡村旅游促进、绿色金融促进等法规。位处浙西南革命老区，丽水市制定革命遗址保护条例，为开展革命遗址保护、传承革命文化、弘扬浙西南革命精神提供有力的法治保障。

坚持创新驱动，以创制性立法服务保障城乡高质量发展。杭州市聚焦城市国际化，出台全国首部促进城市国际化的地方性法规；聚焦生态环境保护，出台淳安特别生态功能区条例，系全国首部特别生态功能区保护地方性法规。衢州市出台的城乡网格化服务管理、围棋发展振兴条例均为全国首部该类立法。舟山市出台的港口船舶污染物管理条例系国内首部规范港口船舶污染物管理的地方性法规，为港口船舶污染物“海陆无缝交接”提供了明确的法律依据，填补了上位法空白。

坚持“小切口”模式，探索“小快灵”立法，以精准解决问题为导向，不断创新立法形式。宁波市出台的公筷使用规定对各类用餐场所公筷使用方式予以规范，共 9 条，大幅缩短前期调研、立项、起草到提请审议的时间，精准契合新时代对立法工作提出的新要求。

嘉兴市坚持立项精准、框架精干、条文精细的理念，立法轻型化特色明显。该市出台的住房租赁管理规定仅14条，餐饮业油烟管理办法仅17条，近五年制定的10部法规有7部在30条以内。

开展协同立法，整合区域立法资源，凝聚工作合力。在公安机关警务辅助人员管理规定立法中，杭州、宁波两地开展区域协同立法，确定了“四个协同”原则，即步骤协同、内容协同、体例协同、过程协同。两地多次开展交流，围绕重点问题进行研究，协同做好立法工作。绍兴市与台州市就浙东唐诗之路文化保护利用开展协同立法，在浙东唐诗之路及其文化资源的规划编制、保护制度等方面协同一致，共同解决文化资源保护利用过程中存在的问题，为区域合作治理提供有效的法治保障。

二、健全完善立法工作格局

各设区的市人大按照“党委领导、人大主导、政府依托、各方参与”的立法工作格局要求，在党委的坚强领导下，充分发挥人大主导作用和政府依托作用，加强协调配合，加强协商论证，凝聚各方合力，在健全完善立法工作格局、提高立法质量和效率方面进行了积极有效的探索和实践。

设区的市人大坚持党对立法工作的全面领导，把党的领导贯穿到立法工作的全过程和各方面，确保地方立法工作正确的政治方向。温州市不断增强党领导立法的思想自觉和行动自觉，把坚持党对立法工作的领导作为地方立法工作的首要要求，在立法计划制定、法规制度内容等方面贯彻市委要求，实现立法决策与党委决策协调同步。湖州市加强机制建设，坚持和完善党对立法工作的领导。2018年市委召开全市立法工作会议，出台了《中共湖州市委关于加强党领导立法工作的实施意见》。2019年成立市委全面依法治市委员会立法协调小组，加强对立法工作的协调指导。金华市自觉坚持党对立法工作的领导，把坚持党的领导贯穿地方立法实践全过程。严格执行《向市委请示报告地方立法重大事项工作规则》，立法工作中的重大事项、重要问题均按程序报常委会党组研究后向市委请示报告。认真贯彻市委有关立法工作的意见，自觉将市委决策融入到立法具体工作中。

设区的市人大从统筹立项安排、改进起草方式、提高审议表决质量等入手，进一步创新完善立法工作机制，在立法全过程和各个关键环节发挥人大主导作用，深入推进科学立法、民主立法、依法立法。杭州市完善立法起草方式，充分发挥人大主导作用，实行法规起草的“双组长”制、工作专班制等。在《杭州城市大脑赋能城市治理促进条例》起草过程中，同步全程介入法规起草工作。在制定《杭州市萧山湘湖旅游度假区条例》时，由萧山区人大承担条例具体起草任务，有效调动区、县（市）人大参与立法的积极性。绍兴市加强上下级人大间联动，形成立法整体合力。在谋划年度立法计划时，及时了解省人大下一年立法思路和重点立法项目，确保立法计划能够与省人大保持纵向联动。充分发挥县（市、区）人大密切联系群众和基层的优势，联动开展立法调研、征求意见等各项工作。台州市建立“四员”机制，积极发挥人大在立法中的主导作用。强化立项主导，科学编制五年立法调研项目库和年度立法计划，当好“引导员”。强化起草主导，每个法规项目都确定一名工作人员全程参与起草、修改过程，当好“调度员”。强化审议主导，提高审议质量，当好“决策员”。强化合法性审查主导，严守“不抵触”红线，当好“守门员”。

设区的市人大充分发挥市政府及相关部门在立法中的重要作用，与政府在立法工作开展、立法力量配备、立法人员培训等方面加强合作联系，健全顺畅高效的沟通协调机制。嘉兴市在立法中注重发挥政府职能作用，依托政府协同推进。对于涉及部门多、社会影响大、立法难度高的立法项目，实行法规草案起草“双组长”制度。制订年度立法工作方案，明确政府部门起草、政府提请审议时间等工作责任。衢州市在立法计划协同、立法工作考核等方面发力，提升政府参与立法的积极性和主动性。坚持立法计划与政府共同启动，立法建议项目与市政府联合征集、联合论证，立法计划相互衔接、同时下达，并联合召开立法项目动员部署会。将立法工作考核列入全市法治政府建设考核内容，通过考核激励，充分调动政府各部门的立法积极性。丽水市发挥政府及其部门熟悉业务、具有行政管理经验的优势，在提出法规议案、组织法规起草、参与修改调研等方面，充分依托政府及其部门，调动和发挥其积极性、主动性。

只有充分发扬立法民主，才能保证立法关注民生、反映民意、集中民智、顺应民心。设区的市人大有针对性地调动社会各方参与立法活动的积极性，在立法中广泛凝聚社会共识。宁波市增强开门立法理念，树立“兼听诉求”观念，规范和引导不同利益诉求充分表达，最大程度吸纳社会各方面意见建议，最大限度集中群众智慧。拓展意见征集途径，将征求意见工作与立法信息公开、网络平台建设紧密融合。规范意见建议处理，对征集的意见建议全面梳理、逐条研究，将采纳情况及时进行反馈。加强立法宣传工作，把每一次立法座谈会、调研论证会、新闻发布会都当作“广而告之”的机会。舟山市坚持广开言路、广纳民意，认真听取各方意见。坚持地方法规协商制度，充分发挥政协委员、民主党派、工商联、无党派人士、人民团体、社会组织等在立法协商中的作用，加强沟通与协调。加强基层立法联系点建设，及时收集反馈立法意见，有效发挥“民意直通车”的作用。拓展公众参与立法途径，通过网络报纸等各类媒体向社会公开征求意见，通过多种形式认真听取有关群体和社会各方的意见，让立法更加“接地气”。

三、推动全过程人民民主融入地方立法实践

全过程人民民主这一重大理念，是习近平总书记对马克思主义民主理论的拓展和深化，是对社会主义民主政治规律特点的深刻洞察与精准把握，是坚持和完善人民代表大会制度，确保人民当家作

主的思想行动指南。各设区的市人大深刻理解把握习近平总书记关于全过程人民民主重大理念的科学内涵和真理力量，确保立法各个环节都吸纳民意、汇集民智，将全过程人民民主融入地方立法工作实践。

杭州市深化“三全”立法机制，切实践行全过程人民民主。一是坚持立法动态“全过程”公开。将所有新制定及重大修改的法规草案送区县市人大常委会和全体市人大代表征求意见，对涉及百姓切身利益的法规举行立法听证会，听取相关行业代表和市民代表等方面的意见。二是深化立法环节“全过程”参与。广泛征求意见，科学编制立法规划、计划，科学开展项目研究论证。加强基层立法联系点建设，畅通民意表达渠道。依托数字化改革契机，拓展社会立法参与路径。三是强化立法效果“全过程”监督。注重完善立法后评估机制，重视人民群众对法规实施效果的评价意见，将评估结果作为修法的重要依据。加强法规实施情况的报告工作，推进法规实施情况跟踪监督常态化。

绍兴市坚持和发展新时代“枫桥经验”，拓展了民主立法的新途径。一是优化立法流程，架起人民群众与立法机关的“连心桥”。在地方立法中始终坚持和发展新时代“枫桥经验”，原汁原味听取基层对法规草案及立法工作的意见建议，形成覆盖面广、代表性强、参与度高的立法意见征求工作机制。二是讲好绍兴故事，用地方立法固化新时代“枫桥经验”。制定法规时注重吸纳新时代基层治理方面的“枫桥经验”，在构建市域社会治理现代化联动机制、完善社会基础治理制度、推动社会自治、利用大数据智治等方面寻求新突破。在《绍兴市物业管理条例》等法规中，着力构建政府治理与社会调节、居民自治良性互动的基层社会善治体系，将法治理念全面融入基层治理实践。

台州市在全国首创地方立法市民库制度，充分发挥非专业领域普通市民群体在地方立法过程中的作用。市民库成员共55名，主要包括村居具有较高威望和良好群众基础的民意代表、基层社会工作者以及各类社会团体的行业代表。通过开展专题培训、建立微信群、邀请座谈等途径，积极引导、指导市民库成员参与法规草案调研、起草和修改。截至目前，共邀请128人（次）市民库成员参与立法工作，收集、整理各类意见建议1800余条，采纳吸收近400条意见。该项工作被评为第二届“浙江人大工作与时俱进奖”优秀奖。

四、深化立法工作机制建设

各设区的市人大贯彻党委决策部署，围绕地方所需、人民所盼，坚持科学立法、民主立法、依法立法，推动形成创新亮点工作，不断完善立法机制，为地方立法提供稳定优质的制度支撑。

宁波市建立地方性法规“全生命周期”管理工作机制，从立法前期调研、立项论证、草案起草、专委会初审、法制委统一审议、人大及其常委会会议审议、表决、公布、法规实施宣传和监督、立法后评估和清理等立法前、中、后的各个环节各个流程入手，建立全覆盖、常态化、长效化的立法质量和效益管理工作制度体系，努力打造立法“精品工程”，维护法规实施的生命力。

温州市建立常委会会议表决前法规草案文本解读机制和法规全文释义机制，以机制创新带动立法质效提升。在法规草案审议表决前，对法规草案审议意见采纳情况、修改的主要思路、重大制度决策等立法关键核心问题，由法制委主要领导向常委会组成人员进行阐释解读，进一步聚焦争议点、凝聚共识，从而提高审议表决质效。建立法规全文释义机制，编纂《温州市楠溪江保护管理条例释义》《温州市养犬管理条例释义》《温州家政服务条例释义》，逐条、逐款揭示立法背景和缘由，阐释立法用意和实质，增加社会各界对法规的理解度、认同度和运用度。

金华市开发全国首个法律法规实施实时监督系统——“金法督”应用场景。构建全过程闭环监管、全天候实时监督预警、全方位多跨监督协同“三全体系”，推动破解法律法规实施监督的痛点堵点，实现从“单线监督”到“集成监督”、从“低频监督”到“实时监督”、从“泛化监督”到“精准监督”的“三个转变”。“金法督”系统于2021年9月上线试运行，被纳入省人大立法综合应用系统主目录，获全省人大数字化改革创新暨第三届“浙江人大工作与时俱进通报表扬”特别奖。

台州市建设“立法民意通”应用场景，进一步拓展了公众参与立法、表达诉求的途径和方式。“立法民意通”涵盖“民意直通”“焦点畅通”“协商互通”“研判精通”“民愿相通”五个核心子场景，适用法规立项、起草、审议、实施、评估的立法全生命周期，形成民意征集、研判、运用、反馈、评价的全流程工作闭环。2021年共有两部法规通过“立法民意通”征集意见，群众参与量达80余万人次，意见建议数达253.77万条。“立法民意通”应用获全省人大数字化改革创新暨第三届“浙江人大工作与时俱进通报表扬”特别奖。

丽水市创新立法论证形式。以协调不同利益群体权益诉求为核心，在全省率先开展立法辩论，对立法中意见分歧较大的问题，专门组织相关行政机关、行政相对人、人大代表、街道社区和律师等不同利益群体代表进行辩论。为利益相关方搭建交流沟通平台，使立法全面反映各利益群体的意愿，既推动各类群体在辩论中达成共识，又提升了基层群众参与立法的积极性，相关经验做法被《浙江人大》《浙江日报》等刊物报道。

五、加强立法队伍建设

各设区的市人大深入学习贯彻习近平总书记关于立法队伍建设的重要论述，贯彻落实《浙江省委关于高水平推进新时代人大工作和建设的意见》和《中共浙江省委组织部关于加强新时代我省立法队伍建设的若干意见》精神要求，从队伍规划、力量配备、素质提升、激励保障等方面着手，打造一支政治坚定、业务精通、务实高效、作风过硬、勤政廉洁的高素质立法队伍，为实现良法善治、保障发展和高水平推进市域治理现代化提供强有力的立法人才保障。

聚焦发展规划，定准队伍“指南针”。湖州人大与市府办、市委组织部、市司法局等部门共同印发了《加强立法队伍建设的会议纪要》，对建立会商机制、强化立法者和立法工作者专业力量配备、加强立法工作机构建设、完善工作制度机制、组织常态化立法培训等10个方面作了具体部署。台州市委组织部印发《关于贯彻落实〈中共浙江省委组织部关于加强新时代我省立法队伍建设的若干意见〉的通知》（台组〔2020〕15号），对加强立法队伍建设提出了明确要求。丽水市明确由市委组织部牵头抓总，编委办、司法局、政法委等相关单位各司其职，将立法队伍建设纳入市干部人才总体规划中。

聚焦力量配备，锻造队伍“主心骨”。杭州市法工委近年来通过事业岗位公开招录3名工作人员，市人大常委会新增1名副局级领导职数和1个正处级内设处室（立法工作处），不断配齐配强人员力量。宁波市人大法工委及立法研究中心共11人，其中4名为全日制法律专业硕士研究生，6名具有国家法律职业资格。湖州市人大常委会组成人员中具有法学背景和实践经验的人数占比较高，各专工委均有具备法学背景的同志，法制委委员增至11人，法工委（在职）7人全部具有立法专业知识或实务经验。

聚焦素质提升，筑稳队伍“压舱石”。温州市多次组织市人大法制委全体组成人员赴外地高校培训，并列席常委会分组审议会议，全面提高履职能力；鼓励立法工作者参加各类学习培训，市人大常委会法工委已有1人在职获博士学位。嘉兴市将地方立法培训班纳入市委主体班次，在杭州、南京、重庆等地举办全市地方立法培训班，邀请专家从立法实务和理论角度进行授课，近300人参训。衢州市坚持理论与实践相融，提高人才培养质量，法工委有3名同志入选市法治人才库，2名同志入选市行政复议专家库。金华市和浙江师范大学合作共建实体化地方立法研究院，在地方立法前沿理论研究等重点领域开展工作，促进理论与实务的贯通，获第二届“浙江人大工作与时俱进奖”优秀奖。

聚焦激励保障，打造队伍“助推器”。宁波市加大对立法干部的培养、选拔和使用力度，近年来有1名市人大常委会法工委副主任被选举为常委会组成人员，有数名市人大常委会法工委（立法研究中心）同志被提拔为处级、科级领导干部。台州市在职级晋升时优先考虑表现优秀、成绩突出的立法干部，近年来市人大常委会法工委有1名副主任被提拔为市直机关局长，有数名同志被提拔为科级领导干部。舟山市积极推荐立法工作者参与地方荣誉申报，1名同志获舟山市首届“十大法治人物”称号。

（执笔人：浙江省人大常委会法制工作委员会　许迎华　薛瑞阳）

部署交流篇

（一）省委、省人大常委会领导讲话

袁家军同志在贯彻中央人大工作会议精神部署会上的讲话（摘要）

（2021 年 10 月 26 日）

深刻领会全过程人民民主的重大理念，进一步完善保证人民当家作主制度体系

总书记在讲话中深刻论述了我们党关于民主的立场、理念、观点和做法，在强调“八个能否”的基础上，创造性地提出了“四个要看、四个更要看”和“五个基本观点”，展现了强烈的中国特色社会主义民主自信和底气。总书记系统论述了全过程人民民主的重大理念，指出人民代表大会制度是实现我国全过程人民民主的重要制度载体，对“具体地、现实地”践行全过程人民民主提出明确要求。这一重大理念，为新时代发展全过程人民民主、推进社会主义民主政治建设提供了指引和遵循。我们要深刻理解中国特色社会主义民主的真谛，依托人民代表大会制度这一重要制度载体，不断丰富和拓展全过程人民民主的时代内涵、理论真谛、实践特色，努力把浙江打造成为全过程人民民主的示范区。

一要保证人民通过人民代表大会行使权力。人民通过人大行使

权力，实现人民当家作主，是我国的宪法原则和国家制度。要贯彻宪法法律规定，落实保障全过程人民民主的各项举措，以人民代表大会制度的浙江实践，诠释全链条、全方位、全覆盖的民主。党委要支持人大依法行使权力，支持人大履行立法、监督、决定、选举任免等职能，模范贯彻执行宪法法律，带头依法办事，为人大履职尽责创造良好环境。各级人大要忠实代表人民意志和利益，完善人民民主的方式、程序、机制，有效贯通民主选举、民主协商、民主管理、民主监督，把人民当家作主具体地、现实地体现到党治国理政的政策措施上来，体现到各个方面各个层级工作上来，体现到实现人民对美好生活向往的工作上来。

二要依法落实民主选举权利。按照中央、省委的统一部署和选举法的规定，加强对代表选举工作的组织领导，认真做好各阶段各环节工作，确保换届选举依法有序进行。要用好换届选举数字化应用场景，精准登记选民，保证直接选举参选率，保障人民选举权利。把好代表政治关、结构关、素质关，落实好增加基层代表数量、连任代表比例等要求，做到广泛性、先进性、代表性的统一。组织开好人民代表大会第一次会议，依法做好国家机关领导人员的选举工作。

三要拓宽有序政治参与渠道。按照“尊重代表权利就是尊重人民权利，保障代表依法履职就是保证人民当家作主”的要求，支持保障代表执行职务，发挥代表主体作用。依法开好各级人民代表大会会议，精心组织代表视察、专题调研等会前准备工作，引导代表围绕人民群众的关切进行深入审议、提出议案建议，讨论决定好各地经济社会发展目标任务和举措。认真组织闭会期间代表活动，扩大代表对人大常委会和专工委工作的深度参与，落实代表分专业有重点参与立法、监督等工作机制，扩大列席人大常委会会议的基层代表数量，落实与列席的代表座谈机制，及时转办反馈代表提出的意见，使人大工作更好体现人民意志、维护人民利益、激发人民创造。

四要拓展联系表达平台。深化人大常委会组成人员与代表的直接联系，落实专工委对口联系代表工作机制，及时通报人大工作重要情况，悉心听取代表的意见建议，落实体现代表的主体地位。完善人大的民主民意表达平台和载体，推广运用代表联系群众应用场景，健全立法基层联系点、立法听证、代表联络站等制度，推进人大协商、立法协商，把党和国家的政策部署传达下去、把人民群众的呼声愿望传递上来，更好做到接地气、察民情、聚民智、惠民生。深入开展“我为群众办实事、我为企业解难题、我为基层减负担”专题实践活动，立足人大履职的优势，主动集聚和回应各方面现实利益需求，做到民有所呼、我有所应。各级人大代表肩负着人民赋予的光荣职责，要站稳政治立场，密切联系群众，发挥专业优势，积极履职尽责，展现新时代人大代表的形象和风采。

深刻领会加强和改进新时代人大工作的主要任务，进一步在共同富裕大场景中展现人大担当

总书记明确指出，要全面贯彻实施宪法，维护宪法权威和尊严；加快完善中国特色社会主义法律体系，以良法促进发展、保障善治；用好宪法赋予人大的监督权，实行正确监督、有效监督、依法监督；充分发挥人大代表作用，做到民有所呼、我有所应；强化政治机关意识，加强人大自身建设。这些任务要求，抓住了新时代人大工作的重点和关键，凸显了创新的理念和科学的方法路径，为坚持和完善人民代表大会制度，加强和改进人大工作指明了前进方向、注入了强大动力、提供了科学指引。我们要紧跟紧随、对表对标，在共同富裕示范区建设“大场景”中找准人大履职“小切口”，推动人大工作高质量发展，让人民代表大会制度优势更好转化为国家治理效能。

一要立良法、促善治。深入贯彻习近平法治思想，加快立法理念变革，迭代立法工作机制，坚持质量效率并举，拓展实践自主性

先行性地方立法的高效路径。要加强地方立法体系化建设。认真研究我省高质量发展建设共同富裕示范区法治急需，编制完善立法调研项目库，滚动实施立法任务，构建结构完整、功能齐备、协同高效的地方法规体系。统筹整合立法资源，用好制定、修改、废止、解释和备案审查、规范性文件配套等手段，完善法规跟踪实施和动态维护机制，强化法规制度的系统设计和集成供给。要加快推进重点领域新兴领域立法。坚持立法决策与改革决策有机衔接，突出急用先行和“小快灵”立法，加大创制性立法力度，加快制定收入分配制度改革、优化营商环境、数据确权等方面的地方法规，发挥地方立法的实施性、补充性、探索性功能，着力解决实际问题。要充分发挥人大立法主导作用。坚持党委领导、人大主导、政府依托、各方参与的立法工作格局，健全重要法规起草“双组长”制和专班工作机制，发挥协调把关作用，完善全周期全链条立法机制，确保法治统一和权威有效。要提升立法工作整体水平。加强对设区的市和民族自治县人大立法工作的联系指导，深入推进长三角“三省一市”人大立法工作协同协作，推动提升立法能力和综合水平。

车俊同志在全省立法工作会议上的讲话（摘要）

（2018年7月12日）

省委讨论同意并批转了《省人大常委会党组关于省十二届人大常委会立法工作的意见》，明确了本届立法工作的指导思想、目标任务和重点工作，并提出了实施的要求。这是新时代我省加强和改进地方立法工作、深化法治浙江建设的一个重要文件。今天，省委召开全省立法工作会议，目的就是要深入贯彻习近平新时代中国特色社会主义思想和法治中国建设部署，深刻领会习近平总书记对浙江工作的重要指示精神，按照省第十四次党代会提出的法治浙江建设要求和省委批转的立法工作意见，全面部署省十三届人大及其常委会立法工作，以高质量地方立法护航“两个高水平”建设，切实扛起“干在实处永无止境，走在前列要谋新篇，勇立潮头方显担当”的使命和责任。

第一，深学笃用习近平总书记关于法治建设的重要思想，增强做好地方立法工作的使命感和责任感。党的十八大以来，以习近平同志为核心的党中央以前所未有的决心和力度推进全面依法治国，推动中国特色社会主义法治体系、社会主义法治国家建设取得历史性成就。在这一伟大实践中，习近平总书记对社会主义法治理论进行了创造性的发展与完善，深刻回答了中国特色社会主义法治建设的一系列重大问题。特别是就立法工作，习近平总书记发表了一系列重要论述，在立法功能、立法意义、立法原则、立法重点、立法体制机制等方方面面，提出了许多新思想新举措新要求，为新时代加强和改进立法工作提供了根本遵循。地方立法是立法工作的重要组成部分，是依法治国实践的重要基础。习近平同志在浙江工作期间就对地方立法工作有过深刻阐述，指出“地方立法担负着保障宪法和国家法律、法规在本行政区域内有效实施和推进本地区经济社会发展的双重职能”，强调地方立法“要为发展服务、要有地方特色、要为人民所用、要体现时代性”。这些重要理念及一以贯之的深入实践，是这些年我省法治建设走在前列的思想之源、力量之基。

新起点上，浙江作为习近平新时代中国特色社会主义思想的重要萌发地，必须更加坚定自觉地坚持习近平总书记关于法治建设重要思想的指引，努力在高质量地方立法上继续发挥先行和示范作用。习近平同志当年谋划“八八战略”时明确指出：“发挥‘八个优势’、推进‘八项举措’，都需要观念、机制、体制和制度的创新，都离不开法治的推进、引导和保障，都与地方立法工作紧密相关，都要求地方立法工作在已有的基础上进一步加强和提高。”今天，我们旗帜鲜明推进“八八战略”再深化、改革开放再出发，更需要法治的引领、推进、规范和保障，更需要地方立法工作与时俱进、再上新台阶，因而也就更需要深学笃用习近平总书记关于法治建设的重要思想。习近平总书记重要指示要求浙江继续走在前列，立法工作也应体现“干在实处永无止境，走在前列要谋新篇，勇立潮头方显担当”的要求，伴随着经济社会发展走在前列而推动立法工作立在前头、走在前列。我们要通过深入持久开展“大学习大调研大抓落实”活动，深刻领会把握习近平总书记关于法治建设重要思想的精神实质、实践要求特别是对立法工作的要求，高质量做好地方立法工作，更好地保障宪法、法律、法规有效实施和中央决策部署落地见效，更好地引领推动我省“两个高水平”建设。

第二，围绕中心大局加强重点领域立法，以良法促进发展、保障善治。地方立法必须服从服务中心大局，这是立法的重大使命和职责，也是我省立法工作的鲜明特色和传统。这些年，省人大、省政府和有立法权的市县围绕中心、服务大局，积极履行地方立法职能，出台了一系列高质量的地方法规，为推动中心工作、重点工作发挥了很好的作用。

随着依法治国实践的日益深化，地方立法的任务越来越重，节奏越来越快，要求越来越高。我们要紧紧围绕“六个浙江”“四个强省”等省委重大决策部署，统筹立法资源与立法需求、立法效率与立法质量，全面完成省委批准的立法任务，加快形成与国家法律法规相协调、与浙江实际相适应的地方法规。一要出台一批引领经济高质量发展的法规，聚焦实施数字经济“一号工程”、加快改造提升传统产业、防范化解重大风险等重要任务和重大举措，重点做好大数据发展与应用、经济开发区管理、军民融合发展、地方金融管理、人才环境优化等方面的立法，营造经济转型升级的良好法治环境。二要出台一批支撑实施乡村振兴战略的法规，聚焦乡村振兴的关键性、基础性制度支撑，重点做好绿色农业促进、农村宅基地管理、农用地流转管理、传统村落保护利用等方面的立法，以法治保障乡村振兴走在前列。三要出台一批加强社会主义民主法治的法规，聚焦制度化、规范化、程序化要求，结合机构改革带来的地方立法需求，重点做好民生实事项目代表票决制、政府信息公开、行政综合执法、国有资产监督等方面的立法，以此为牵引、深化法治建设。四要出台一批回应民生关切的法规，聚焦人民群众不断提升的美好生活需要，着眼于保障改善民生的基础性制度建设，加大教育、医疗、养老保险、城镇住房保障等方面的立法，提升人民群众对地方立法的获得感。五要出台一批加强和创新社会治理的法规，聚焦社会治理中多发频发、群众反映强烈的问题，重点做好突发事件应对、基层治理、校园安全、医疗纠纷预防与处理等方面的立法，以具有威慑力的法规推进更高水平的平安浙江建设。六要出台一批保障“两山”理念落地生根的法规，聚焦制约环境保护的深层次矛盾和问题，重点做好实施环境保护法和加强土壤污染防治、城乡生活垃圾分类收集处理等方面的立法，以严密的法治保护好绿水青山。

在统筹推进“六个一批”地方立法的过程中，要集中力量、集聚资源，突出完成保障“最多跑一次”改革规定、乡村振兴促进条例、标准化管理条例等若干探索性、标志性、引领性的地方立法项目，着力塑造我省地方立法工作的“金名片”，更好展现我省地方立法先行探索的使命担当。

第三，坚持立法决策与改革决策相统一、相衔接，推动地方立法走在前列。中国特色社会主义法律体系是动态的、开放的、发展的，而不是静止的、封闭的、一成不变的。从某种意义上讲，改革就是对旧法的扬弃、对新法的孕育，社会主义法律体系正是在改革与立法的互动中迭代更新、臻于至善的。我们要顺应时代要求，处理好稳定性与变动性、前瞻性与阶段性的关系，实现地方立法与改革开放相互促进、与时俱进。一方面，要以立法保障改革，做到重大改革于法有据。当前，改革已经进入攻坚期和深水区，需要“啃硬骨头”“涉险滩”，触及深层次体制机制矛盾，许多重大改革往往涉及法律法规的制定、修改、废止等活动，“不破法规破常规”的改革空间日益缩小。要坚持立、改、废、释相结合，通过立法的创新、法规的授权进一步打开改革空间，同时加强现有法规文件的清理，需要修改的及时修改，需要废止的抓紧废止，需要作出立法解释的及时作出解释，使我省改革在法治轨道上蹄疾步稳、阔步前进。另一方面，要在改革中完善法治，形成更多创制性立法成果。形成一部好的法律不是那么简单的，靠简单移植不行，靠象牙塔里的思辨也不够，必须坚持源于实践并接受实践的检验，真正做到“干在实处”。要着眼于法规制度的空白和短板，及时将改革实践中的成熟经验上升为先行先试的制度规范，使之更具权威性、更有实效性，并为全国面上立法积累经验。

“最多跑一次”改革是新时代我省推进治理体系和治理能力现代化的一大创举，是牵动性、引领性、普惠性的重大改革。2018 年 7 月 6 日中央全面深化改革委员会第三次会议再次研究“最多跑一次”

改革，指出对深化“最多跑一次”改革需要中央层面解决的事项，要列出清单，统筹考虑，分类处理，通过机构改革、投资审批改革、信息共享、法律修改等措施，抓紧研究解决有关问题。这充分体现了以习近平同志为核心的党中央对基层探索、对地方改革实践的高度重视和支持，也充分说明“最多跑一次”改革具有全局性意义。我们要以对中央、对人民、对历史负责的态度，集中最强立法力量，制订好《浙江省保障“最多跑一次”改革规定》，为全国推行“最多跑一次”改革提供高质量法规样本。制订这个规定要注意把握三个方面：一要把我省“最多跑一次”改革的有效做法制度化、规范化；二要有利于破解信息孤岛等改革推进中的难点堵点痛点；三要为改革再探索、再深化留足必要空间。同时，请省人大常委会法工委牵头，会同省政府法制办、省编办等部门，全面梳理涉及中央的法律修改事项，列出清单，经省委改革办汇总后统一报中央决策。

第四，深入推进科学立法、民主立法、依法立法，不断提高地方立法质量。坚持以科学、民主、依法原则推进地方立法实践，是做好地方立法工作的基本要求，也是提高地方立法质量的重要着力点。推进科学立法，关键是要遵循立法工作规律，立有效管用之法。坚持科学的立法体制机制和方式方法，精确对准改革发展中的重大疑难问题，积极运用大数据等现代信息技术加强立法研究，探索委托第三方起草法律法规草案，科学设计解决问题的措施制度，确保立出来的法规能够准确体现所调整社会关系的客观规律，能够有效解决实际中的问题，经得起实践和历史的检验。推进民主立法，关键是要汇聚民意、集中民智。始终坚持开门立法，进一步发挥人大代表在立法中的主体作用，进一步完善专家参与立法机制，进一步拓展公众有序参与立法的途径，切实提高开门立法的广泛性、代表性、实效性，使每一项立法都充分反映人民意愿、得到人民拥护。推进依法立法，关键是处理好有所为和有所不为的关系。地方立法既要立足地方实际，更要严格执行立法法规定，依照法定权限和程序进行，防止越权立法、违反立法程序立法。要自觉维护国家法治统一，地方立法决不能违背宪法原则和精神，决不能违背上位法规定，必须坚决守住合法性底线。

目前，我省11个设区市和景宁畲族自治县都有地方立法权。各地积极性都很高，也出台了一些体现地方特色的法规，但是总体上看，在立法能力、立法质量等方面还有较大提升空间。各地要深刻把握科学立法、民主立法、依法立法的实践要求，从市县立法实际出发，着重在三个方面下更大功夫。一是突出精准立法。法规立项上要充分论证、精挑细选，着重考虑细化和补充国家及省级法律法规的规定，缺什么补什么，需要什么立什么，对国家级、省级已有明确规定的，不搞叠床架屋式立法。二是突出精细立法。科学严密设计法规规范，每一个环节都要做到完整、规范、充分，不要搞一般号召性的法规，而要对制度规定、行为性规定和处罚幅度等进行细化，自由裁量权能小则小，确保条文规定明确、细致、管用。三是突出精干立法。立法不在于多，而在管用。各地要适当控制立法数量，量力而行，决不能“贪多求快”、相互攀比。内容上要简明、实用，有几条定几条，防止照抄照转，不要“贪大求全”，上位法已有明确规定的不作重复规定。另外，地方立法既要积极，也要慎重。没有达成社会共识、时机不成熟的不要急于去立法，可先制定政府规章，成熟了再出台地方法规。省人大常委会要加强对有立法权市县立法工作的协调和审查指导，严格把牢合法性“关口”，进一步加大审查和纠错工作力度，指导和帮助各地提高立法能力和立法质量。

第五，加强党对立法工作的领导，健全地方立法工作体制机制。坚持把党的领导、人民当家作主和依法治国有机统一于具体的立法实践中，形成党委领导、人大主导、政府依托、各方参与的立法格局。党的领导是立法工作必须遵循的重大政治原则，也是立法工作不断取得新成绩、实现新发展的基本经验。这一点，我们在任何时候、任何情况下都决不能有丝毫疏忽、丝毫偏移，更不能有丝毫背离。要全面落实中央和省委有关加强党领导立法工作的文件精神，把党的重大决策与地方立法决策有机结合起来，把党的领导贯彻落实到立法工作的全过程和各方面。党委主要负责同志是党领导地方立法的第一责任人，要把地方立法工作摆到战略全局高度，对立法调研项目库和立法计划亲自把关审定，对重大立法建议亲自调研谋划，对重大立法问题亲自研究解决，对重要地方性法规亲自领导制定，切实担负起党委领导地方立法的职责。各级党委要充分尊重和支持立法机关依法行使职权、开展工作，保证立法工作顺利进行。人大是代表人民利益、反映人民意志的权力机关和立法机关，要充分发挥在地方立法中的主导作用。进一步健全人大主导立法机制，强化人大在整个立法过程中的组织协调和实体决策功能。抓住立项这一基础环节，通过编制实施立法调研项目库和立法计划，加强对立法工作的统筹安排，在明确立法项目上更好发挥主导作用。突出起草、审议、清理等重点环节，落实好法规草案起草小组制度，逐步增加人大专门委员会组织起草法规的比重，在把握立法进程和内容上更好发挥主导作用。注重统筹协调，加强对立法计划编制实施和立法过程中重大问题的研究协调，在解决立法重大问题上更好发挥主导作用。各级政府在推动地方立法中发挥着重要作用，政府规章也是地方治理的重要依托。政府及其部门要按照立法计划安排，及时组织起草法规草案，按时提请审议，同时认真做好政府规章制定工作。要坚持以人民为中心，坚决摒弃立法就是管理老百姓的错误观念，坚决克服和防止部门利益法治化的倾向，不断提高法规规章起草质量。

能否把党的领导贯彻到立法工作各方面各环节，能否真正提高立法质量，关键在人、在队伍。各级领导干部特别是参与领导地方立法的干部，要把立法法和立法基本知识作为“必修课”，结合“大学习”持续学、深入学，增强法治信仰，把握立法规律，不断提高领导服务地方立法的能力和水平。地方立法是为地方定规矩、为社会定方圆的神圣工作，立法人员必须具有很强的政治素质和专业能力。要制定立法工作队伍建设规划，根据立法人才成长发展规律和正规化、专业化、职业化要求，探索创新立法人才培养和任用机制，着力打造一支政治坚定、业务精通、务实高效、作风过硬、勤政廉洁的高素质立法工作队伍。

以上五个方面涵盖了做好新时代地方立法工作的指导思想、重点领域、重大关系、方式方法和组织实施。最后，再强调一下法律法规的宣传与执行问题，这与做好地方立法工作紧密相关。法律的权威源自于人民的内心拥护和真诚信仰，人民权益要靠法律保障，法律权威也要靠人民维护。地方立法要真正发挥作用，就要让群众周知、为人民所用。只有绝大多数群众都知道、都遵守，这样的法规才有群众基础。新出台的法规要加强宣传，要有通俗易懂的解读和案例分析，引导广大群众自觉守法、遇事找法、解决问题靠法，成为社会主义法治的忠实崇尚者、自觉遵守者、坚定捍卫者。特别要加强对各级领导干部的法治宣传教育，推动领导干部学法经常化、制度化，增强依法执政、依法行政、依法办事的能力和水平，以领导干部的学法信法守法用法带动全社会的学法信法守法用法。学习法律、掌握法律最终是为了运用法律，法律的生命力在于实施，法律的权威也在于实施。一个法律规定得不到有效实施，损害的不仅仅是这一件法律，而且损害整个法律体系的权威。所以，我们开展地方立法的时候，就一定要考虑法规出台后的实施问题。如果立法的出发点很好，但是不符合实际，不具有可操作性，或者执行成本很高、容易产生弊端，就要从源头调整立法思路和内容。一个好的法规，一定是能在实践中取得好效果的制度。各地要按照严格规范公正文明执法的要求，不断完善执法程序，加大关系群众切身利益的重点领域执法力度，严格执法监督，切实解决突出执法问题，让人民群众在每一项执法活动、每一起案件办理中都能感受到公平正义。

梁黎明同志在2018年全省人大立法工作座谈会上的讲话（摘要）

（2018年12月4日）

值此第五个国家宪法日到来的时候，我们召开全省人大立法工作座谈会，主题是深入学习贯彻宪法，学习贯彻今年以来全国人大和省委召开的一系列重要人大工作和立法工作会议精神，进一步统一思想、提高认识，研究提出加强和改进我省地方立法工作的思路举措，推动我省地方立法继续走在前列，以高质量地方立法护航“两个高水平”建设。

一、贯彻新思想，树立新理念

新时代中国特色社会主义的一个显著特征就是有了引领党和国家事业发展的新思想。这就是习近平新时代中国特色社会主义思想。党的十九大和宪法修正案将这一新思想确立为必须长期坚持的党和国家的指导思想。浙江作为中国革命红船的起航地、改革开放的先行地、习近平新时代中国特色社会主义思想的重要萌发地，我们有基础、有条件、更有责任，在学深悟透习近平新时代中国特色社会主义思想上下功夫，在立法工作上全面贯彻落实习近平新时代中国特色社会主义思想，不断树立契合新时代发展要求的立法工作新理念，开创新时代地方立法工作新局面。

一是把不断学习贯彻习近平新时代中国特色社会主义思想作为推动地方立法工作发展的动力之源。习近平总书记在中央全面依法治国委员会第一次会议上，对党的十八大以来中央提出的一系列全面依法治国新理念新思想新战略作了十个方面的概括；栗战书委员长在深入学习贯彻习近平总书记关于坚持和完善人民代表大会制度的重要思想交流会上，列举了习近平总书记关于坚持和完善人民代表大会制度的重要思想十个方面的主要内容。这两个十个方面的内容都涉及到了对立法工作的要求。同时，习近平总书记在浙江工作时，就十分关心、积极推动地方人大工作和地方立法工作，对立法工作进行了全面思考，就加强地方立法工作提出了许多在今天看来仍然具有重要指导意义的论述和要求。栗战书委员长在第二十四次全国地方立法工作座谈会上将这些论述和要求概括为六个方面。我们必须学习好、研究好、贯彻好这些新思想、新理念，并注重结合习近平总书记对浙江工作重要指示精神抓学习贯彻，结合栗战书委员长在浙江考察调研时重要讲话精神抓学习贯彻，准确把握习近平总书记关于人大工作和立法工作重要论述和指示的精神实质，深刻认识其时代意义、理论意义、实践意义，自觉用以指导和推进地方立法工作。这是我们立法者和立法工作者的首要任务，也是做好新时代地方立法的根本保证。

二是深刻理解立法工作面临的新形势新要求，不断发挥地方立法在推动全面深化改革和经济社会发展中的重要作用。新时代提出新要求，新要求呼唤新作为。党的十九大站在更高起点上谋划和推进全面深化改革，宪法的修改确立了党和国家新时代的奋斗目标，省委也作出了一系列推动“八八战略再深化、改革开放再出发”的新举措。不论是已经确定的还是今后将要推出的重要任务和措施，很多都涉及现行法律法规的规定。中央明确要求，在整个改革过程中，都要高度重视运用法治思维和法治方式，发挥法治的引领和推动作用，在法治轨道上推进改革，着力处理好改革和法治的关系，确保凡属重大改革都要于法有据。地方立法必须深刻认识新时代的大趋势大背景、新变化新要求，自觉服从服务于大局，自觉把立法工作放在党和国家事业发展大局上来谋划、来推进，增强敏锐性，找到结合点，通过法治方式推动中央和省委重大战略的实现，更好发挥地方立法的引领、推动和保障作用。

三是坚持以提高地方立法质量为重心，推动实现良法善治。进入新时代，我国社会主要矛盾已经转化为人民日益增长的美好生活需要和不平衡不充分的发展之间的矛盾。人民群众对立法的期盼，已经主要不是有没有，而是好不好、管用不管用的问题。对法治的要求，已经不仅是“有法可依”，更要求有良法、善法，要求法律法规不仅体现价值理念，还能够合理有效地解决现实生活中实际问题。“观时而制法，因事而制礼”。新时代地方立法工作任务重、要求高、难度大，需要研究的问题越来越多、越来越深，需要提出的解决方案越来越细、越来越专。做好地方立法工作，必须坚持以人民为中心的发展理念，充分反映人民的意愿，切实保障人民的利益，不断满足人民对幸福美好生活的期盼；必须深入了解客观实际，科学分析立法需求，抓住人民群众普遍关心的热点难点问题开展立法，不断提高地方立法的针对性、及时性、可执行性和系统性，促进国家治理体系和能力的现代化，实现以良法促进发展、保障善治。

二、明确新目标，落实新任务

车俊书记在全省立法工作会议上强调：浙江作为习近平新时代中国特色社会主义思想的重要萌发地，必须更加坚定自觉地坚持习近平总书记关于法治建设重要论述的指引，努力在高质量地方立法上继续发挥先行和示范作用；习近平总书记重要指示明确要求浙江继续走在前列，立法工作也应体现“干在实处永无止境，走在前列要谋新篇，勇立潮头方显担当”的要求，伴随着经济社会发展走在前列而继续立在前头、走在前列。车书记的讲话，给我们做好新时代地方立法工作提出了更高要求，明确了总体方向。

根据中央、全国人大和省委的有关精神，当前和今后一个时期我省地方立法工作的目标是：高举中国特色社会主义伟大旗帜，以习近平新时代中国特色社会主义思想为指导，认真贯彻落实党的十九大和省第十四次党代会精神，围绕“五位一体”总体布局和“四个全面”战略布局，围绕省委坚定不移沿着“八八战略”指引的路子阔步前进、奋力推进“两个高水平”建设的决策部署，按照习近平总书记对浙江工作的指示要求，立足我省省情，体现我省特色，突出工作重点，出台一批贯彻省委重大决策部署、推动全面深化改革、保障和改善民生、完善社会治理体系以及实施国家法律的地方性法规，为全面深化法治浙江建设和我省经济社会持续发展提供有力的法治保障。围绕这一工作目标，地方立法中需要着重做好以下三方面工作：

一是更加聚焦党委中心工作，加快立法步伐。依法治国，立法先行。新时代对立法功能的认识已经发生了重要变化，在继续重视发挥立法总结实践经验、保障实践发展的同时，更加注重发挥立法的引领和推动作用。这就需要地方立法工作紧紧围绕党委中心任务，积极主动聚焦当前改革发展的热点难点痛点，既考虑队伍力量和能力水平，又善于调配统筹资源和调配力量，在保证立法质量的前提下加大立法工作力度、加快立法工作步伐，通过立法的顶层设计，来引领和推动实践的发展。近年来，省委先后作出“四大建设”“四个强省”“六个浙江”“两个高水平”建设等重大战略决策，地方立法应当围绕这些重大举措，优先考虑立法项目。比如，省人大常委会制定了《浙江省保障“最多跑一次”改革规定》，审议了《浙江省地方金融条例》《浙江省电子商务条例》，明后两年还要制定《浙江省民营企业发展促进条例》《浙江省数字经济促进条例》《义乌国际贸易改革试验区条例》等。这些项目，都较好地体现了聚焦党委中心工作的要求，具有鲜明的时代性和地方特色。总之，要围绕中心，加快步伐，抓紧出台一批贯彻中央和省委重大决策部署、保障和改善民生以及实施国家重要法律的地方性法规，充分发挥地方立法在引领、保障和推进改革发展中的重要作用。

二是开展重点领域立法，发挥立法功能。栗战书委员长在第二十四次全国地方立法工作座谈会上，明确提出了当前地方立法的三个重点领域，即生态环境领域、社会主义核心价值观融入地方立法和民生领域。针对生态环境领域地方立法，我们要根据中央打好污染防治攻坚战的决策部署，围绕资源环境保护工作中出现的新情况新问题，加强相关法规的立改废释工作，抓紧制定《浙江省实施〈中华人民共和国环境保护法〉办法》《浙江省海洋环境保护条例(修改)》《浙江省农村生活垃圾分类收集处置条例》等法规，不断加快制度创新，强化制度执行，用最严格的制度最严密的法治保护生态环境，让制度成为刚性的约束和不可触碰的高压线。针对将社会主义核心价值观融入地方立法，要发挥地方立法区域性的特点，注重运用法治手段解决道德领域突出问题，在文明促进、社会救助、志愿服务、慈善事业、见义勇为、家庭教育、哲学社会科学、宗教事务、非物质文化等方面，作出有针对性的规范和引导，不断丰富和拓展地方性法规的价值观内涵，强化道德对法律法规的引领和法律法规对道德的保障、规范作用。针对民生领域地方立法，要继续把民生领域作为地方立法工作的重点方向，通过完善地方性法规，加强、引导、保障和提高“七有”（幼有所育、学有所教、劳有所得、病有所医、老有所养、住有所居、弱有所扶)，不断促进社会公平正义，努力从法治上增强人民群众的获得感、幸福感、安全感。

三是着力推动重点立法项目，体现地方特色。《浙江省十三届人大及其常委会立法调研项目库》已经省委讨论同意并以省委文件转发。调研项目库共有法规项目 98 件，分为两类。第一类项目是具有较强的立法必要性和可行性，需要抓紧调研，争取在条件成熟时提请审议的法规项目，共 68 件。第二类是具有一定的立法必要性和针对性，可以安排调研并在条件确实成熟时提请审议的法规项目，共 30 件。这 98 件法规项目构成了本届省人大常委会的立法任务清单，要认真抓好落实。当然，在制定年度立法计划时候，也不要局限于这98件法规项目，还应当根据经济社会发展的实际需要，及时做出动态调整，将改革发展急需、人民群众关注的法规项目列入立法计划并抓紧出台。当前，重点是要统筹立法资源与立法需求、立法效率与立法质量，按照“任务、时间、组织、责任”四落实的要求，拟定具体起草工作计划和方案，明确时间表、路线图和责任人，抓紧出台车俊书记在全省立法工作会议上提出的“六个一批”地方性法规，即一批引领经济高质量发展的法规、一批支撑实施乡村振兴战略的法规、一批加强社会主义民主法治的法规、一批回应民生关切的法规、一批加强和创新社会治理的法规、一批保障“两山”理念落地生根的法规，确保圆满完成省委交代的立法任务。

三、完善新机制，实现新发展

栗战书委员长在第二十四次全国地方立法工作座谈会上明确提出，要推动新时代地方立法工作紧跟形势、与时俱进、完善发展。围绕这一目标，必须紧密结合我省地方立法工作实际，不断总结经验、改进方式，积极创新和完善适应新时代地方立法工作发展需要的立法体制机制，努力开创我省地方立法工作新局面，实现地方立法与时代同步伐、与改革同频率、与实践同发展。

（一）坚持党对立法工作的领导，旗帜鲜明讲政治

习近平总书记指出，“法律是治国理政最大最重要的规矩”。立法是为国家制规矩、定方圆的重要政治活动，集中体现和反映党的大政方针和决策部署，具有鲜明的政治属性。人大是政治机关，政治机关必须讲政治。立法具有较强的专业性、业务性，但首先必须把讲政治摆在人大工作、立法工作的第一位。

讲政治落实到立法工作中，最重要的就是牢固树立政治意识、大局意识、核心意识、看齐意识，坚定中国特色社会主义道路自信、

理论自信、制度自信、文化自信，坚决维护习近平总书记的权威和核心地位，坚决维护以习近平同志为核心的党中央权威和集中统一领导，始终在思想上政治上行动上同以习近平同志为核心的党中央保持高度一致，始终保持政治上的清醒和坚定，始终坚持立法工作正确政治方向，严格遵守政治纪律和政治规矩。要全面落实中央和省委有关加强党领导立法工作的文件精神，把党的领导贯彻落实到地方立法工作的全过程和各方面，推动形成党委领导、人大主导、政府依托、各方参与的立法工作格局。对中央或者同级党委部署、交办的重大立法任务，要全力以赴抓好贯彻落实。重大立法项目、立法中的重大问题和立法工作中的重要事项，要及时主动向同级党委请示报告。常委会党组要在同级党委的领导下，把地方立法工作摆在更加突出位置，抓紧抓实抓好，发挥好把方向、管大局、保落实的重要作用，统筹安排和推进立法工作。对拟提请表决的重要法规草案，召开常委会党组会议，确保有关法案顺利通过。在立法工作中，对涉及是否符合国家宪法法律法规的问题以及有重要分歧意见的问题，应当及时报同级党委、上级人大常委会研究解决。

（二）加强立法工作组织协调，发挥人大立法主导作用

发挥人大及其常委会在立法工作中的主导作用，是人民代表大会制度的题中应有之义，是加强和改进新时代立法工作、提高立法质量和效率的必然要求，也是充分发挥地方国家权力机关作用，发挥我国人民民主政治优势的必然要求。发挥人大及其常委会在立法工作中的主导作用，就是要在党的集中统一领导下，认真贯彻执行党的决策，统筹安排立法计划、协调组织立法起草，广泛听取各方意见、组织进行审议，提高立法的及时性、针对性、有效性，发挥好职能作用，确保党的意图、主张的实现。当前，要从以下四个方面着手，加强人大对立法工作的主导：

一是强化主导意识。人大自身主导意识不够强，不愿意主导、

不善于主导是长期以来人大未能发挥主导作用的主观原因。加强人大对立法工作的主导，必须首先解决人大自身的思想认识与责任意识问题。人大及其常委会组成人员、各专门委员会和工作机构的同志要深刻认识和领会国家权力机关的性质地位，明确树立起立法主体的责任感，大胆主动全面承担起主导立法的责任。人大主导立法，就是要让人大不仅仅成为程序上的立法主体，更成为实体上的立法主体，成为立法过程有效的组织者、主导者、协调者，以及法规内容的实质决定者。

二是加强主动谋划。人大常委会党组和主任会议要协调有关方面，制定好立法调研项目库和年度立法计划，并抓好落实。要从引领和推动本地改革开放和经济社会发展的关键领域和重点工作出发，广泛征求各方意见，加强评估论证，细化立项内容，科学确定法规的调整对象范围和规范框架，不断增强立法工作的统筹性、针对性、前瞻性，增强立法计划的可操作性。对关系本地经济社会发展重大方面的立法，或者跨部门职权和创制新体制的重要立法项目，人大常委会应当主动与政府会商沟通，互相对接后再报党委决定，推动相关项目的立法进度。必要时，也可以由人大有关专门委员会组织起草，人大常委会负责同志牵头，组织政府及有关部门，吸收专家学者和研究机构，采取课题攻关方式，集中时间进行起草。对需要协调处理的重大复杂问题，要紧紧依靠党委，及时向党委请示报告，作出决策。

三是抓住主要环节。要做好法规起草和组织协调工作，落实好法规草案起草小组制度。每件法规都成立由人大有关专门委员会、常委会有关工作委员会，政府立法工作机构、有关职能部门，人大代表及专家学者共同参与的法规草案起草小组，构建“立法工作者、实际工作者、专家学者”三结合的起草模式，将立法工作者熟悉立法业务的优势、政府部门了解实际情况的优势和专家学者具有的专业理论优势紧密结合起来，提高法规草案起草工作质量。人大常委会有关工作机构要定期督促检查起草进展情况，听取起草工作汇报，并协调解决起草中争议较大的问题。要根据上位法的原则和精神，重在突出地方特色，在提高法规的针对性、可操作性、解决本地实际问题的有效性上下功夫，深入调研，反复论证，扩大立法有序参与，充分听取各方面意见，开展立法评估，广泛凝聚立法共识，认真做好草案审议和修改完善工作，并提高常委会和专门委员会对法规草案的审议质量。对于存在争议和分歧的立法事项，要根据中央有关精神，遵循立法规律，适时作出决断，不能因为还有不同意见就犹豫不决，该下决心就要下决心，及时作出科学合理的决策。

需要注意的是，强调发挥人大及其常委会的立法主导作用，不是忽视政府在立法中的重要作用，更不是撇开政府由人大唱“独角戏”。由于政府部门业务性、专业性较强，大量法规草案由政府起草并提请审议，这是符合立法工作规律的。对政府有关部门负责起草的法规草案，人大有关专门委员会或工作机构要加大提前介入力度，在工作思路、工作方向和一些重大问题上进行会商、沟通、对接和指导，站在全局的高度来谋划法规需要调整解决的基本问题，注意防止和克服立法中的利益偏向，避免起草工作出现反复和走弯路，更好发挥人大在表达、平衡、调整社会利益方面的主导作用。

四是提升主导能力。能否把党的领导贯彻到立法工作各方面各环节，真正发挥人大及其常委会在立法中的主导作用，做到让党和人民满意，关键在人、在队伍。要进一步贯彻落实习近平总书记和党中央、全国人大有关立法队伍建设的要求，把党的政治建设摆在首位，以政治建设为统领，坚持用习近平新时代中国特色社会主义思想武装头脑，坚决维护以习近平同志为核心的党中央权威和集中统一领导，始终在政治立场、政治方向、政治原则、政治道路上同党中央保持高度一致，全面提高做好新时代地方立法工作的本领。要加强常委会及专门委员会能力建设，对常委会组成人员和专门委员会组成人员开展立法能力培训，不断提升其在立法各个环节中发挥主体作用的能力。要加强常委会立法工作机构建设，根据立法人才成长发展规律和正规化、专业化、职业化要求，制定立法人才队伍建设规划，优化人员配备和结构调整，建立健全立法人才培养和任用机制，通过培训进修、挂职锻炼、引进人才等多种形式，不断提高立法人才队伍的法律素养和业务能力，着力打造一支政治坚定、业务精通、务实高效、作风过硬、勤政廉洁的高素质地方立法工作队伍。

（三）进一步推进科学立法、民主立法、依法立法

党的十九大报告明确提出，要“推进科学立法、民主立法、依法立法，以良法促进发展、保障善治”。科学立法、民主立法、依法立法三者有机统一，互为支撑，是进一步加强和改进地方立法工作，推动地方立法工作与时俱进、完善发展的重要着力点。

一是推进科学立法。就是要坚持科学的立法体制、实行科学的立法机制、运用科学的立法方式，确保立出来的法规准确反映和体现所调整社会关系的客观规律，经得起实践和历史的检验。要不断健全法规的立项、起草、调研、审议等工作机制，全面推进立法的精准化、精细化和精干化，精确对准当前改革发展中真正需要立法解决的重大疑难问题，科学细致地设计解决问题的措施制度，努力实现立法框架轻型化、简约化，使得法规的制度和措施都符合实际、切实可行，关键是能有效解决问题。要加强立法理论研究，重点是深化地方立法工作本身规律的研究，细化对不同类型的地方性法规特征的研究，进一步实现精准立法。要加强对浙江立法研究院的业务指导和有关研究机构的交流合作，积极探索运用现代信息技术和大数据研究分析立法重要制度方案，提高地方立法质量。

二是推进民主立法。就是要坚持人民主体地位，充分发扬民主，保证人民通过多种途径有序参与立法，使立法更好地体现民主、汇聚民意、集中民智。要进一步拓展公众有序参与立法的途径，完善立法基层联系点工作制度，健全法规草案公开征求意见和公众意见的收集、整理、分析、运用和反馈机制，广泛凝聚社会共识。要进一步发挥人大代表在立法中的主体作用，可以选择若干有关本行政

区域特别重大事项的法规，提交人民代表大会审议通过。落实好代表分专业有重点参与立法、代表联络站、代表履职服务平台等制度措施，丰富代表参与立法的途径，加强对代表参与立法能力的培训。要深化专家参与立法体制机制，充分发挥好省人大常委会立法专家信息库、立法专家咨询委员会和立法项目专家的作用，提高专家参与立法的实效性。要加强新出台的法律法规的宣传，用讲故事方式把法律法规宣传好、解读好、阐释好，增强全社会法治观念，增强各方面立法认同，为贯彻实施法律法规营造良好社会氛围，特别是要注重领导干部以宪法为核心的法治宣传教育，提高广大领导干部运用法治思维和法治方式解决问题的能力和水平。

三是推进依法立法。就是要严格执行立法法的规定，依照法定权限和程序开展地方立法，不违背宪法原则和精神，不违背上位法规定，处理好有所为有所不为的关系，防止越权立法、违反立法程序立法。省人大常委会法工委要加强对设区市立法工作的协调和审查指导，严格把牢报批法规的合法性“关口”，帮助设区市健全立法工作机制，为设区市进一步提高立法能力和立法质量提供优质的服务。要认真贯彻党的十九大关于“加强宪法实施和监督，推进合宪性审查工作，维护宪法权威”的重要精神，充分认识备案审查工作的重要性，加强备案审查制度和能力建设，坚持全面审查与有重点的主动审查相结合，完善备案审查信息系统，进一步加大审查和纠错工作力度，确保“有件必备、有备必审、有错必纠”，推动我省备案审查工作继续走在前列。

梁黎明同志在省级人大立法工作交流会传达贯彻会议上的讲话（摘要）

（2019年10月15日）

全国人大常委会召开省级人大立法工作交流会，虽然名称上是省级，但对设区市、自治县人大立法工作同样具有重要指导意义。希望全省有立法权的各级人大一起，以交流会精神特别是栗战书委员长讲话精神为指导，整体推进我省地方立法工作高质量高水平发展。主要是聚焦聚力做好“四篇文章”：

一、做好“理论武装”的文章，就是要学懂弄通做实习近平总书记关于立法工作重要思想，以科学理论指引我省地方立法实践

栗战书委员长特别强调，要深入学习贯彻习近平总书记关于立法工作重要思想。开展地方立法工作，首先要强化立法工作的创新理论武装，就是要认真学习领会、全面贯彻落实习近平总书记关于立法工作重要思想。

一是放在习近平总书记关于坚持和完善人民代表大会制度的重要思想的恢宏视野内来把握。习近平总书记关于立法工作重要思想，

作为习近平总书记关于坚持和完善人民代表大会制度的重要思想的有机组成部分，涵盖了立法的全过程和各环节，内在体现着坚持党的领导、人民当家作主、依法治国的有机统一，体现着坚持走中国特色社会主义法治道路的要求，体现着全面贯彻实施宪法的要求，是做好新时代立法工作的理论指引和实践指南，更是推进立法工作发展取之不尽的精神财富和用之不竭的力量源泉。我们要在习近平总书记关于坚持和完善人民代表大会制度重要思想整体视野中，把握落实立法工作重要思想，在坚持和完善人民代表大会制度中与时俱进推进地方立法，以地方立法新实践更好坚持和完善人民代表大会制度。

二是放在全国人大及其常委会关于立法工作的重大理论与实践的创新发展中来把握。2018 年，栗战书委员长亲自出席在杭州召开的第二十四次全国地方立法工作座谈会，今年再次参加天津这次有关地方立法工作的专门性会议，还先后主持召开全国人大常委会立法工作、代表参与立法工作、长江保护立法等多个高规格的专题会议，就立法工作提出许多新要求。在 2018 年 9 月召开的深入学习贯彻习近平总书记重要思想交流会上，栗战书委员长对近年来全国人大工作亮点概括为六个方面，其中五个是立法方面的或者与立法有关的。人大立法理论与实践取得丰硕成果，最根本的是有习近平总书记立法工作重要思想的科学指引。我们要积极主动向全国人大及其常委会学习取经、对标对表，努力以浙江地方立法的新进展新成效，生动诠释习近平总书记立法工作重要思想的强大理论力量。

三是放在省委关于高质量高水平推进浙江地方立法的部署要求的贯彻落实中来把握。省委人大工作会议已经对做好新时代浙江人大工作作出全面部署，其中也明确了我省地方立法的任务要求。2019 年 9 月 24 日，省委常委会会议专门传达学习省级人大立法工作交流会精神，强调要切实把行动统一到交流会精神上来。2019 年 9 月 27 日，省委书记、省人大常委会主任车俊在省人大常委会会议结束时，强调要采取务实管用举措，推动中央和全国人大关于地方立法工作决策部署的落地。昨天，省委理论学习中心组专门学习习近平总书记关于坚持和完善人民代表大会制度的重要思想，再次对做好包括地方立法在内的人大工作提出要求。我们要进一步把省委决策部署落实到人大的法治担当中、落实到全省的立法实践中，以实际行动当好践行习近平总书记立法工作重要思想的排头兵。

二、做好“理念更新”的文章，就是要全面遵循和落实“五个立法”的新理念，纵深推进重点领域立法

栗战书委员长在讲话中，围绕重点立什么法，明确强调要抓好高质量立法、惠民立法、环保立法、弘德立法、协同立法。这是关于立法工作一个十分重要的新提法、新理念。我们要认真理解把握，结合本地实际，及时调整立法调研项目库，精心编制年度立法计划，积极推进重点领域立法。

一是高质量立法方面。这几年，省人大积极履行立法职能，制定修订了保障“最多跑一次”改革、中国（浙江）自由贸易试验区、促进科技成果转化、消费者权益保护等方面的法规；杭州制定会展业促进条例和作出“杭州国际日”“工匠日”等法规性决定，宁波制定科学技术促进条例，湖州制定乡村旅游促进条例，景宁制定促进惠明茶发展条例等，都较好体现立法服务改革开放与经济社会发展的要求。下一步，要紧扣高质量发展立法，抓紧出台民营企业发展促进、数字经济、义乌国际贸易综合改革试验区以及涉及“一带一路”、市场准入、负面清单等方面法规，发挥立法在优化营商环境中的积极作用，更好承担保障和推动高质量发展的重要责任，推动建设现代化经济体系，推动新一轮高水平对外开放。

二是惠民立法方面。我们聚焦民生关切，制定了社会救助、学前教育、精神卫生、养老服务、工伤保险、粮食安全等方面的法规，

着力解决人民群众所需所盼所急；杭州关于流动人口服务管理、宁波关于居家养老服务以及温州、湖州、衢州、台州关于电梯使用安全等方面的法规，舟山制定物业管理条例，也都体现了立法为民的鲜明导向。新起点上深入推进惠民立法，更要深入了解民生民情，科学分析立法需求，及时将人民群众的“心上事”列入立法计划，加快推进教育、医疗卫生、就业促进、住房保障等法规项目，探索开展基因编辑、信息安全、自动驾驶等方面的立法，着眼于把中央重大惠民政策、国家民生领域重要法律，通过地方立法细化、具体化，打通“最后一公里”，努力从法治上增强人民群众的获得感、幸福感、安全感。

三是环保立法方面。省人大2013年以来制定修订的约70件法规中，涉及生态文明建设的就有10件，包括河长制、水土保持、土地整治、绿色建筑等多个方面，还开展了生态环境保护地方性法规专项清理；宁波、金华制定生活垃圾分类管理相关法规，温州享有立法权之后制定的首部法规就是市容和环境卫生管理条例，湖州制定美丽乡村建设条例，舟山制定城市绿化条例，衢州、丽水等地专门对水环境保护开展地方立法等，可以说亮点很多。我们要主动适应美丽浙江建设的新需要，围绕环保重点问题，加快相关法规的立改废释工作，突出“最严谨标准、最严格监管、最严厉处罚、最严肃问责”的鲜明导向，织密环境保护法治之网，推动绿色发展、循环发展、低碳发展。

四是弘德立法方面。近年来我们制定修订宗教事务、家庭教育、实施慈善法、志愿服务、历史文化名城名镇名村保护等方面法规，宁波、温州、湖州、嘉兴、绍兴、金华、舟山等市都制定了文明行为促进条例，杭州、嘉兴、绍兴制定大运河文化遗产保护条例，积极推动法治与德治更好衔接。2018年，中央印发《社会主义核心价值观融入法治建设立法修法规划》。有立法权的人大要认真贯彻中央决策部署，紧密结合实际，认真分析立法需求，把实践中广泛认同、较为成熟、操作性强的道德要求上升为法规规范，丰富和拓展地方性法规的价值观内涵。

五是协同立法方面。省人大注重以法治一体化助力长三角一体化，比如在修订大气污染防治条例时，专门规定“区域大气污染联合防治”的内容。2018 年 7 月，长三角地区三省一市人大常委会还共同签署深化地方立法工作协同的协议，进一步明确立法协同的目标和方向。除省级层面外，设区的市一级人大也可以积极探索。长三角城市群 26 个市中，我省有 9 个，除衢州、丽水外全部纳入，这是一个很好的协同平台。还有跨省临近市之间，也可以考虑聚焦共同关心的问题，以同步立法推动解决，像杭州市与黄山市围绕新安江流域保护，嘉兴、湖州与沪苏相关区、市围绕太湖流域保护，立法协作空间很大。温州、衢州、丽水与闽赣两省一些市接壤，在产业发展、区域协同等方面肯定也有共同的利益关切点，可以作一些思考谋划，努力在协同立法上有所拓展。当然，我省 11 个市之间，就更加需要加强立法协同。对此，省人大要牵头协调，各市也要积极争取。

三、做好“机制完善”的文章，就是要深抓立法工作重点环节和关键步骤，着力提升地方立法质量和效率

栗战书委员长在讲话中围绕怎么立法的问题，强调了五个方面要求，对于完善党委领导、人大主导、政府依托、各方参与的立法格局，推进科学立法、民主立法、依法立法，确保立一件成一件，具有重要指导意义。关于怎么立法，关键是完善体制、机制和程序。

一是始终坚持党对立法工作的领导。要全面落实中央和省委关于加强党领导立法的相关要求，进一步增强党领导立法的思想自觉和行动自觉，把党的领导贯彻落实到地方立法的全过程和各方面，

及时准确将党的政策主张通过法定程序转化为全社会共同遵守的意志。对省委或者同级党委部署、交办的重大立法任务，要全力以赴抓好落实。重大立法项目以及立法中的重大问题、重要事项和重要情况，及时主动向同级党委请示报告。发挥人大常委会党组的作用，及时研究讨论重要法规草案和重大立法事项，切实发挥好把方向、管大局、保落实的作用，坚决维护党中央的权威，坚决贯彻落实地方党委的决策部署。

二是有效发挥人大主导作用。要抓住立法选题、起草、审议等关键环节，建立一系列科学的制度机制，实现精准立法、精细立法、精干立法。强化人大对法规立项工作的主导，明确立法标准，严格研究论证，统筹项目安排，主导选题选项，引导立法重心，完善立法计划。发挥人大在组织法案起草中的主导作用，涉及综合性、基础性、全局性的法规，原则上由人大有关方面直接组织起草；进一步落实法规起草小组制度，实施好重要法规草案起草小组双组长制，完善沟通协调机制，切实加强人大对起草工作的组织和主导，充分调动双方的积极性。加强对法规涉及重大问题的研究论证，做好立法过程中的利益分析、整合和平衡工作，完善审议安排，健全审议机制，发挥最后把关作用，对于存在争议和分歧的，要对照党中央和同级党委的决策精神，尊重和把握立法规律，善于在矛盾焦点上“划杠杠”，适时作出政治决断、法律决断，避免久议不决。

三是持续扩大各方面对立法工作参与。要贯彻以人民为中心的理念，坚持人民主体地位，充分发扬民主，将开门立法精神贯穿到立法全过程，保证人民通过多种途径有序参与立法。进一步发挥人大代表在立法中的主体作用，选择若干有关本行政区域特别重大事项的法规，提交人民代表大会审议通过。省人大初步考虑在明年年初省十三届人大三次会议上审议通过地方性法规，各设区市也可以积极主动推进这项工作。健全代表分专业有重点参与立法、带着立法题目进代表联络站征求意见等制度，丰富代表参与立法途径。健全专家参与立法治度，落实好省人大常委会立法专家信息库、立法专家咨询委员会和项目专家制度，充分发挥好专家参与立法的专业优势。拓展公众有序参与立法的途径，完善立法基层联系点制度，健全法规草案公开征求意见和公众意见的收集、整理、分析、运用和反馈机制。

四是不断强化备案审查的衔接联动。进一步严格落实备案相关要求，明确备案范围和标准，切实做到应备尽备。加大主动审查力度，围绕中心，突出重点，贴近民生，精准发力，结合监督工作计划和代表议案建议，每年有重点地开展主动审查。增强备案审查监督刚性，严格对标上位法，对发现存在相抵触或者不适当问题的规范性文件，坚决予以督促纠正。完善备案审查工作程序，健全人大内部分工协作机制，与党委、政府的衔接联动机制，听取和审议备案审查工作报告制度，以及审查建议的办理机制。加强备案审查能力建设，健全专家参与制度，推进实务和理论研究，充分利用现代信息技术助力提升工作质量和效率。

五是更好做到立法和改革决策有机高效衔接。要努力提高立法决策与改革决策衔接的速度、准度和精度，建立健全改革和立法决策的有效衔接机制。人大要加强调查研究，提高前瞻性和洞察力，在党委谋划重大决策时，积极提出立法方面的意见建议；加强与党委有关工作机构的沟通联系，编制立法计划和项目库时，主动征求意见，了解深化改革对立法的需求，作出相关立法安排。立法涉及改革事项的，及时征求相关部门意见，保障改革在法治轨道上稳步推进。综合运用立改废释、授权决定等立法形式，助推改革任务的落实。

四、做好“队伍建设”的文章，就是要采取超常规手段加强立法工作队伍，为新时代我省立法工作提供人才支撑

这次交流会对加强立法工作队伍建设提出明确具体的要求。省委车俊书记强调，要采取超常规举措加强立法人才队伍建设，不断

完善选拔、任用、培养机制，为新时代我省立法工作提供强有力的人才保障。要以贯彻落实领导讲话精神为契机，以超常规思路、采取超常规举措，推进我省立法工作队伍建设再上新台阶。

一是突出正规化、专业化、职业化的发展方向。党的十八届四中全会决定强调，要推进法治专门队伍正规化、专业化、职业化，提高职业素养和专业水平。地方立法工作队伍是一支十分重要的法治专业队伍，但与执法、司法相比，还存在需要持续加强的地方。这次交流会提出，鼓励有条件的地方探索人才职务序列改革、立法津贴职业保障机制等，系统规划立法队伍建设。省人大常委会正在研究拟定相关工作意见，着力推进立法工作队伍向“三化”方向发展。有条件的设区市也可以根据中央和全国人大相关要求，积极进行创新探索，为全省乃至全国的立法队伍建设提供经验。

二是突出政治过硬、业务过硬、作风过硬的人才导向。更加把党的政治建设摆在首位，以政治建设为统领加强地方立法队伍建设，增强“四个意识”，坚定“四个自信”，做到“两个维护”，努力培养造就一支坚定理想信念不动摇、明辨大是大非不糊涂的立法工作队伍。重视业务能力建设，推动提高常委会和专委会组成人员中具有法治工作经验的人员比例，更加注重从立法工作机构中考虑常委会组成人员人选。充实法制委和法工委组成人员数量，完善组成人员结构。及时研究制定全省高层次立法人才培养计划，建立健全立法工作队伍的选拔、任用和培养机制，加大立法工作干部的交流力度，重点选拔培养中青年立法干部，增强立法队伍的生机和活力。以永远在路上的高度自觉，加强立法工作队伍作风建设，始终保持立法工作者务实为民、担当尽责、清正廉洁的良好形象。

三是突出构建整体合力、提升整体水平、打造整体格局的目标取向。全省立法工作是有机整体，立法工作队伍同样是有机整体。省人大不仅在立法工作上，也要在立法工作队伍建设上，不断密切与各设区市和景宁畲族自治县的联系指导，建立健全顺畅高效的协同机制。积极通过提前参与共同研究、立法资源共享、加强业务培训、组织学习研讨、开展工作交流等形式，发挥好省人大承上启下的重要作用，引导设区市和景宁畲族自治县加强立法工作队伍建设，推动提升立法能力，增强立法工作实效，着力打造全省统筹推进地方立法的整体格局。

梁黎明同志在2022年全省人大立法工作座谈会上的讲话（摘要）

（2022年11月1日）

在深入学习贯彻党的二十大精神的重要时间节点，我们召开全省人大立法工作座谈会，总结五年来我省地方立法的成效经验，贯彻落实全国人大常委会法工委有关文件精神，谋划今后一个时期立法工作的思路举措，迭代推进现代化新征程地方立法工作，为共同富裕先行和省域现代化先行提供有力法治保障。我讲四个方面意见。

一、以党的二十大精神为指导，笃学践行习近平总书记关于立法工作的重要论述

党的二十大全面贯彻习近平新时代中国特色社会主义思想，回顾总结过去五年的工作和新时代十年的伟大变革，阐述了开辟马克思主义中国化时代化新境界、中国式现代化的中国特色和本质要求等重大问题，对全面建设社会主义现代化国家、以中国式现代化全面推进中华民族伟大复兴进行了战略谋划和全面部署。二十大报告首次以专章的形式，对坚持全面依法治国、推进法治中国建设作出重要部署，彰显了以习近平同志为核心的党中央重视法治、厉行法治的坚定决心，发出了新时代深入推进全面依法治国的时代强音。报告强调：“全面依法治国是国家治理的一场深刻革命，必须更好发

挥法治固根本、稳预期、利长远的保障作用，在法治轨道上全面建设社会主义现代化国家”。我们要认真学习领会党的二十大精神，进一步笃学践行习近平法治思想和习近平总书记关于立法工作的重要论述精神，牢牢把握新时代立法工作的使命任务、原则要求、方法路径。

一是深刻领会“坚持党的全面领导”的政治原则。二十大报告强调，坚持依法治国首先要坚持依宪治国，坚持依法执政首先要坚持依宪执政，坚持宪法确定的中国共产党领导地位不动摇，坚持宪法确定的人民民主专政的国体和人民代表大会制度的政体不动摇。总书记深刻指出，党的领导是社会主义法治之魂；要运用法治思维和法治手段巩固执政地位、改善执政方式、提高执政能力；加强党对立法工作的集中统一领导，健全党领导立法的制度机制，确保党的主张通过法定程序成为国家意志。

二是深刻领会“坚持以人民为中心”的立法宗旨。二十大报告强调，维护人民根本利益，增进民生福祉，不断实现发展为了人民、发展依靠人民、发展成果由人民共享，让现代化建设成果更多更公平惠及全体人民。总书记深刻指出，努力使每一项立法都符合宪法精神、反映人民意愿、得到人民拥护；积极回应人民群众新要求新期待，系统研究谋划和解决法治领域人民群众反映强烈的突出问题；地方立法要解决好法治通达群众、通达基层的“最后一公里”问题。

三是深刻领会“把改革发展决策同立法决策更好结合起来”的功效作用。二十大报告强调，深入推进改革创新，着力破解深层次体制机制障碍，不断彰显中国特色社会主义制度优势，把我国制度优势更好转化为国家治理效能。总书记深刻指出，围绕地方党委贯彻落实党中央大政方针的决策部署，更好助力经济社会发展和改革攻坚任务；发挥立法的引领和推动作用，确保国家发展、重大改革于法有据。

四是深刻领会“以良法促进发展、保障善治”的目标任务。二十大报告强调，加强重点领域、新兴领域、涉外领域立法，统筹推进国内法治和涉外法治。总书记深刻指出，加强国家安全、科技创新、公共卫生、生物安全、生态文明、防范风险等重要领域立法，努力健全国家治理急需、满足人民日益增长的美好生活需要必备的法律制度。

五是深刻领会“坚持科学立法、民主立法、依法立法”的路径指引。二十大报告强调，统筹立改废释纂，增强立法系统性、整体性、协同性、时效性；健全吸纳民意、汇集民智工作机制，建设好基层立法联系点。总书记深刻指出，要遵循立法程序、严守立法权限，切实避免越权立法、重复立法、盲目立法，有效防止部门利益和地方保护主义影响；抓住提高立法质量这个关键，在确保质量的前提下加快立法工作步伐。

六是深刻领会“发挥人大在立法工作中主导作用”的责任要求。二十大报告强调，坚持和完善我国根本政治制度，支持和保证人大及其常委会依法行使立法权。总书记深刻指出，完善党委领导、人大主导、政府依托、各方参与的立法工作格局；健全立法起草、论证、协调、审议机制；推进法治专门队伍革命化、正规化、专业化、职业化。

二、深刻总结五年工作成效，不断深化对地方立法的规律性认识

五年来，我们紧扣党中央重大决策部署和省委工作安排，充分发挥立法职能作用，不断提高立法质量效率，基本形成与国家法律体系相配套、与我省经济社会相适应的地方性法规体系。截至目前，省十三届人大及其常委会共制定法规 51 件、修订 12 件、修改 88 件、废止 23 件，立法总数比上一届增长 18%，其中新制定法规数量增长 31%，出台了 10 多部在全国范围内具有创制性、辨识度的重要法规，交出了地方立法的高分答卷。我省立法的经验做法连续四年在全国地方立法工作座谈会上作大会交流发言，得到全国人大常委

会主要领导的高度肯定。五年来的立法工作成效，主要体现在以下六个方面：

一是强化共同富裕示范区建设法治支撑。落实中央和省委关于示范区建设的决策部署，统筹构建“1+N”法规制度体系，审议《浙江省高质量发展建设共同富裕示范区促进条例（草案）》，作出促进和保障示范区建设的决定，出台《浙江省乡村振兴促进条例》等先行示范领域的专门法规。积极争取共富法治支持，全国人大常委会法工委、全国人大财经委分别出台意见，明确支持我省示范区建设。

二是强化数字化改革法治供给。围绕省委数字化改革体系，将数字化思维、理念和认知融入立法工作，加强数字领域立法。制定全国首部以促进数字经济发展为主题的地方性法规《浙江省数字经济促进条例》、首部公共数据地方性法规《浙江省公共数据条例》，以及电子商务条例、网络虚假信息治理的决定等；在制定修改的30多部法规中，设置专章或者专门条款对运用数字技术、保障和推动相关领域数字化改革提出明确要求，努力构建与数字化改革相适应的法规制度体系。

三是强化统筹发展与安全法治引领。完整准确全面贯彻新发展理念，率先制定民营企业发展促进条例、快递业促进条例，制定中国（浙江）自由贸易试验区、义乌国际贸易综合改革试验区、知识产权保护和促进、标准化、反不正当竞争等条例，引领推动我省更高水平改革、更深层次开放。统筹发展和安全，率先制定海塘建设管理条例、无人驾驶航空器公共安全管理规定，出台公路、电力、地方金融、动物防疫、粮食安全保障、防汛防台抗旱等条例，运用法治手段防范化解风险，营造经济社会发展良好环境。

四是强化群众切身利益法治保障。围绕医疗、教育、文化、卫生等领域开展惠民立法，编制实施公共卫生领域立法修法专项计划，制定民生实事项目代表票决制规定、医疗保障条例、哲学社会科学工作促进条例、大运河世界文化遗产保护条例，出台工伤保险、中医药、家庭教育促进等条例，满足人民群众对优质公共服务的需要。加强生态环境立法，制定生态环境保护、生活垃圾管理、固废污染防治等条例，满足人民群众对美好生活的期待。

五是强化社会治理现代化法治助推。制定全国首部“大综合一体化”行政执法改革地方性法规《浙江省综合行政执法条例》，首部全面规范街道人大的地方性法规《浙江省街道人大工作条例》，首部“放管服”改革综合性地方性法规《浙江省保障“最多跑一次”改革规定》，出台促进和保障龙港市新型城镇化综合改革的决定，依法推动国家相关试点任务落实落地。制定禁毒、宗教事务、广告管理、电动自行车管理、公安机关警务辅助人员等条例和反走私综合治理规定，构建舒心安心放心的社会环境。

六是强化区域发展法治协同。落实长三角一体化发展国家战略，全面推进区域协同立法，联合沪苏皖人大共同出台促进和保障长三角生态绿色一体化发展示范区建设、长江流域禁捕等决定，同步制定铁路安全管理、社会保障卡居民服务一卡通等相关法规，在10多部法规中明确区域协作工作机制，服务长三角一体化高质量推进。加强对设区市和景宁畲族自治县立法的审查指导，强化法规立项统筹，鼓励和引导立法创新，将有限的立法资源用在刀刃上。共审查批准185件法规，比上一届增长81%，涌现出不少导向清晰、特色鲜明、回应关切的法规。比如：《杭州市城市大脑赋能城市治理促进条例》《宁波市公共资源交易管理条例》《温州市“两个健康”先行区建设促进条例》《湖州市法治乡村建设条例》《嘉兴市餐饮业油烟管理办法》《绍兴黄酒保护和发展条例》《金华市无偿施救规定》《衢州市围棋发展振兴条例》《舟山市港口船舶污染物管理条例》《台州市企业信用促进条例》《丽水市大窑龙泉窑遗址保护条例》《景宁畲族自治县促进惠明茶产业发展条例》等，为地方经济社会高质量发展提供了有力保障。

回望五年的立法实践，我们深化了对地方立法工作的规律性认识。

一是必须始终坚持党对立法工作的全面领导。党的领导是中国特色社会主义最本质的特征，是推进全面依法治国的根本保证。我们从坚决拥护“两个确立”、坚决做到“两个维护”的政治高度，把坚持党的领导具体地、现实地落实到立法工作全过程，确保立法工作正确政治方向。坚持立法重大事项、重要法规、重要问题向省委请示报告，29件法规草案提请省委常委会会议研究。在相关地方性法规中明确写入党的领导，促进党的领导制度化、法治化。

二是必须不断深化地方立法创新创制。地方立法不是照抄照搬、直接套用，需要在领会党的政策、吃透中央精神基础上，结合经济社会发展实际，创造性予以推进。我们聚焦浙江发展的阶段性特征和关键性问题，在地方权限范围内加强立法制度创新，出台在全国有辨识度的地方法规或者创制性的条款规定。比如《浙江省公路条例》在全国首创高速公路故障车辆免费拖曳的规定，《浙江省精神卫生条例》率先将心理健康体检纳入体检常规项目，等等，不少经验在全国推广或者被国家立法吸收，有效发挥了地方立法的实施性、补充性、试验性作用。

三是必须突出强化地方立法急用先行。立法来源于实践、服务于实践，需要强化问题导向，突出“一事一法”，推进“小切口”“小快灵”精准有效立法。我们聚焦实际问题“对症下药”，制定各类法规性决定11件。特别是在2020年2月新冠肺炎疫情防控最吃劲的时候，在全国第一批作出关于依法全力做好疫情防控工作的决定，及时回应法治急需。统筹运用立改废释手段，持续开展法规全面清理和专项清理，审议通过25个打包修改或者废止的决定，修改和废止不适应发展要求的法规111件，占现行有效地方性法规总数的49%，确保地方性法规制度体系与时俱进、完善发展。

四是必须深入践行全过程人民民主。立法过程就是代表人民意志、表达人民意愿、实现人民利益的过程。我们创新工作载体，完善具体举措，畅通参与渠道，建立完善全链条、全方位、全覆盖的立法全过程人民民主机制。我们迭代升级22家基层立法联系点，

2021年以来依托联系点开展立法调研、组织立法座谈会570次，就27件省法规草案提出意见建议4200多条，带动设区市人大设立240家联系点，形成覆盖全省的基层立法联系点工作体系。依托全过程人民民主基层单元，今年6月份开始将省法规草案发送征求意见，8.6万余人次参加。充分激活代表大会立法职能，连续3年开展省人民代表大会立法，首创人大代表分专业有重点参与立法机制，组建立法咨询委员会、专家信息库，设立立法研究院，建立多渠道多层次的专家参与机制。这些举措有效拓宽了各方参与立法的广度深度，使每一部法规都装满民意。

五是必须迭代完善立法工作制度机制。科学高效的制度机制是提高立法质效的重要保证。我们围绕法规立项、起草、调研、审议、表决、实施的全生命周期，制定修改20多项立法工作制度，实现立法全链条、智能化、数字化闭环管理。完善法规立项选项机制，拓展项目来源渠道，创新法规草案起草小组和重要法规“双组长”制度。开发地方立法综合应用，利用数字化手段推进立法工作多跨协同。完善法规配套规范性文件制定督促、实施情况报告、常态化清理、备案审查等制度机制，切实维护法治统一。

五年来地方立法取得的成绩，凝聚着全省各级人大及其常委会、常委会组成人员和人大代表的努力拼搏和辛勤付出，也离不开各级党委、“一府一委两院”和社会各界的关心重视和大力支持。在此，我代表省人大常委会，表示衷心的感谢。期待各级各方面一如既往、关心支持立法工作，合力推动我省地方立法再上新台阶、取得新成效。

三、充分利用全国人大法治支持的契机，以高质量地方立法护航中国式现代化浙江实践

习近平总书记、党中央赋予浙江高质量发展建设共同富裕示范区的光荣使命，要求浙江在推进以人为核心的现代化、实现全体人

民全面发展和社会全面进步的伟大变革中发挥先行和示范作用。共同富裕先行和省域现代化先行是中国式现代化的浙江实践，要求我们不仅在高质量发展中实现“两个先行”，还要通过改革探索，形成可复制推广的体制机制和经验做法，为中国式现代化提供样本和经验，这就对地方立法工作赋予了新的重大课题。在省委领导和省人大常委会推动下，全国人大常委会法工委印发支持我省示范区建设的意见，这是全国人大专门委员会、常委会工作委员会历史上第一个支持地方省份改革的文件。文件指向明确、举措实在，含金量高、操作空间大，可以说既有从国家层面对我省正在推进工作的肯定，又有创新性、突破性的举措安排，对于新时代新征程加强和改进我省地方立法工作，更好地服务保障“两个先行”，具有十分重要的意义。我们要深入学习贯彻习近平法治思想，全面落实党的二十大精神，对照全国人大常委会法工委《若干意见》的要求，强化顶层设计，找准立法切口，突出浙江特色，提高立法质效，加快构建系统完备、科学规范、运行有效的法规制度体系，以高质量地方立法引领、推动、保障中国式现代化浙江实践。

一要加强统筹设计，推进前瞻性谋划。立足高质量发展高品质生活先行区、城乡区域协调发展引领区、收入分配制度改革试验区、文明和谐美丽家园展示区的战略定位，充分研究论证，梳理立法需求，及时将发展所需、基层所盼、民心所向的立法项目列入立法计划，抓紧提出近期地方性法规立法清单，报全国人大常委会法工委联合研究论证，确保我省立法计划项目既符合浙江实际，又能够与国家立法相衔接。要进一步加大统筹力度，发挥人大主导作用，结合改革实际需要和国家立法情况，确定好立法计划规划的备选项目。围绕示范区建设“七个先行”的总体架构，省委确定了“1+7+N”54项重点工作。各有关方面特别是承担改革任务的牵头部门，要进一步强化法治思维，践行法治方式，在谋划推进“浙里健康”、“浙有善育”、“浙里康养”、共富现代化基本单元、山区26县高质量发展、强村富民、就业创业、“扩中提低”等重大改革任务时，同步梳理分析立法需求，提出相关法规立改废的建议，推动立法决策与改革决策相统一，确保在法治轨道上实施改革任务。各设区市要围绕示范区建设目标任务，着眼急需、突出特色、立足实际，增强立法选题精准度，更好发挥地方立法的功能效用。

二要加快工作步伐，推进整体性实施。围绕“1 + N”共同富裕法规规章制度体系的总体要求，认真做好《浙江省高质量发展建设共同富裕示范区促进条例》的审议工作。这部条例是示范区建设的基础性法规，是“1 + N”法规规章制度框架中的核心内容，是具有标志意义的创制性立法项目。条例覆盖面广、内容丰富，立法要求高、时间紧，社会各界广泛关注，要加强调研论证，并及时征求全国人大常委会法工委的意见，认真研究修改，不断提高文本质量，确保尽快出台。同时，加快《浙江省促进中小企业发展条例》《浙江省安全生产条例》《浙江省平安建设条例》等先行示范领域具体法规的立法工作。承担法规起草、审核、审议任务的政府有关部门、省司法厅和省人大有关专委、法工委，要通力协作、紧密配合、各司其职，确保相关法规草案按期提请省人大常委会审议并顺利出台。

三要加大先行力度，推进创制性集成。改革创新需要在先行先试中破题。我省共同富裕示范区建设的重要意义就在于通过先行先试、探索创新并形成制度成果，为全国推进共同富裕提供示范。省市人大常委会和相关部门要深入研究国家法律、行政法规的地方实践空间，聚焦科技创新、数字化改革、分配制度改革、城乡区域协调发展、公共服务、生态产品价值实现等重点领域，积极争取国家改革试点，通过地方性法规、人大决定决议、政府规章等形式，强化制度创设与系统集成，出台一批有辨识度、有影响力的法规制度成果，打开法治护航“两个先行”的新局面。

四要加深沟通联系，推进机制性协作。全国人大常委会法工委在《若干意见》中明确提出成立专项工作小组。要充分依托这一专项小组，开展常态化沟通，建立浙江地方立法与全国人大常委会法工委的全方位对接机制。各单位在相关工作中遇到法律问题，要及时和省人大常委会法工委联系。省人大有关方面要定期召开工作沟通会，汇报交流示范区建设情况和下一步打算，视工作需要，第一时间向全国人大常委会法工委沟通汇报，邀请相关立法专家共同研究，请求给予帮助支持，切实提高我省地方立法工作的质量和水平。

四、加强组织领导和实施保障，构建整体智治高效协同的立法工作格局

高质量推进地方立法工作，需要强化制度机制保障。各方面要切实扛起立法工作责任，坚持党委领导、人大主导、政府依托、各方参与，着力形成以立法先行保障“两个先行”的浓厚氛围。

一要坚持党对立法工作的全面领导。落实党领导立法工作机制，积极争取党委支持，定期召开立法工作会议，研究立法工作重大问题，讨论重要法规草案。发挥政府部门重要依托作用，根据经济社会发展需要及时提出立法建议，按照立法计划组织起草法规草案，依法履行职责并报告法规实施情况。人大常委会党组要严格执行请示报告制度，重要法规、重大事项、重要问题，都要按程序向党委请示报告，在党的领导下推进立法工作。

二要发挥数字化改革引领撬动作用。我们开发了地方立法综合应用，为立法工作多跨协同、综合集成提供动力和支撑。要迭代完善地方立法综合应用，实现与人大内部场景以及政府、司法部门有关应用的互联互通，实现相关数据贯通共享，构建法规全生命周期管理闭环链条。建立代表、专家、公众等多方主体参与立法的“数字绿道”，加强立法过程中数据的自动生成、全量归集、精准比对、智能决策，推动立法工作流程重塑、机制创新。

三要加快构建全闭环立法工作机制。迭代运用重要法规起草“双组长”制度，协调解决法规草案重要制度设计和重大问题。完善代表分专业有重点参与立法机制，注重从代表议案建议中选择立法项目，深化专家列席法制委员会会议制度。加强法规宣传、实施和

监督，加强立法后评估，统筹推进法规的立改废和备案审查、法规解释、规范性文件配套工作，构建完整的立法工作体系。目前全省各级人大正在纵深推进全过程人民民主基层单元建设。要依托这一平台，推动重点立法项目、重大立法问题进基层单元听取代表和群众意见，使立法更好吸纳民意、汇聚民智，更好践行全过程人民民主。

四要着力打造变革型立法工作队伍。立法是政治性、专业性、理论性、实践性很强的工作，需要高素质的专业人才保障。要对标习近平总书记关于“建设德才兼备的高素质法治工作队伍”的重要指示要求，深入贯彻省委组织部相关文件精神，以政治建设为统领，进一步加强立法队伍建设，激活立法队伍存量，善于借助“外脑”用活变量，完善立法队伍选拔、任用、培养、交流、激励机制，培养更多具有坚定理想信念、深厚为民情怀、扎实法学根底的立法专业人才，为高质量立法提供有力保障。

李卫宁同志在2019年全省人大立法工作座谈会暨纪念浙江地方立法四十年座谈会上的讲话（摘要）

（2019年12月17日）

这次纪念浙江地方立法四十年座谈会目的是纪念省人大及其常委会行使地方立法权四十周年，深入学习习近平总书记关于坚持和完善人民代表大会制度的重要思想，深入学习贯彻党的十九届四中全会和省委十四届六次全会作出的重要决策部署，在新的历史起点上推动我省地方立法工作开创新局面、实现新发展。

一、地方立法是具有中国特色、特征鲜明的制度安排

赋予地方立法权是我国立法体制的重大变化，是国家治理方式上的重大制度设计。新中国成立以来，我国地方立法经历了一个从无到有、主体从少到多的发展变化过程，与改革开放和现代化建设同步，体现出了党和国家在治理方式上的重大变化。

改革开放前，我国一直实行高度集中统一的立法体制，全国人民代表大会是行使立法权的唯一机关，地方各级人大不设常委会，没有立法权。改革开放对民主法治建设提出了强烈需求。贯彻党的十一届三中全会精神，1979年全国人大制定地方组织法，对我国立

法体制作出重要改革，首次赋予省级人大及其常委会地方性法规制定权，1982年通过的新宪法正式确认了地方立法治度。其后，随着改革开放的持续深入和市场经济的不断发展，又先后赋予省会城市和较大的市，以及经济特区地方立法权。党的十八大以来，党中央高度重视全面依法治国，作出一系列重大决策部署，其中在完善立法体制方面提出赋予所有设区的市地方立法权，可以对城乡建设与管理、环境保护、历史文化保护等方面的事项制定地方性法规。这是立法体制的重大发展。全国人大制定的法律，国务院制定的行政法规，以及地方人大制定的地方性法规三个规范层次构成了中国特色社会主义法律体系，形成了具有中国特色的统一而多层次的立法体制。

完备的法律规范体系是中国特色社会主义法治体系的基础。地方性法规是中国特色社会主义法律体系的重要组成部分。地方立法通过三个方面，不断健全和完善中国特色社会主义法治体系：一是保证法律、行政法规在本行政区域有效执行。地方人大围绕国家改革开放大局，结合本地实际情况，积极开展实施性立法，使国家确定的改革举措更具可执行性和可操作性。二是引领地方改革开放。地方人大根据经济社会发展需要，对国家立法难以调整的地方事务，积极开展创制性立法，充分发挥立法对地方改革发展的引领推动保障作用。三是为国家立法积累经验。地方立法依照法定权限，对国家尚未立法的事项，积极开展先行性立法，充分发挥地方立法“试验田”的作用。实践证明，我国地方立法权的扩大和地方立法体制的完善，是民主法治建设不断发展的结果，其实质是反映了国家治理方式的变化，体现了对依法治国和国家治理认识的不断深化，有利于充分发挥地方主动性、积极性，为推进地方民主法治建设和社会治理提供了新的方式和动力。

二、地方立法为我省改革开放和经济社会发展提供了有力的法治保障

1979 年 12 月 19 日，浙江省五届人大常委会第一次会议首次行使地方立法权，通过了我省历史上第一部地方性法规《浙江省县级以下各级人民代表大会代表选举试行细则》，正式开启了浙江地方立法的征程。四十年来，浙江省人大及其常委会紧紧围绕中央和省委决策部署，紧密结合地方经济社会发展实际需要，坚持与时代同步伐，与改革同频率，与实践同发展，认真履行立法职能，不断完善立法工作机制，提高立法质量和效率，基本形成了比较完备的与国家法律体系相配套、与浙江经济社会发展需要相适应、体现浙江特色的地方性法规体系。截至 2019 年 12 月，省人大及其常委会共制定（修订）省地方性法规 364 件（现行有效 212 件），修改 241 件次，批准设区的市法规及景宁畲族自治县自治条例和单行条例 497 件次（现行有效 259 件），为统筹推进我省经济、政治、文化、社会、生态文明建设提供了坚实的法治保障，为提高省域治理现代化提供了稳固的法治支撑。

立法有力推动了经济发展。以促进经济社会持续健康发展为目标，省人大将引领和保障地方经济建设作为立法重点，围绕保障创新发展、推动城乡一体化、健全市场经济法治、实现乡村振兴、扩大对外开放等经济发展领域，出台高新技术促进、信息化促进、科学技术进步、专利、城乡规划、农民专业合作社、农村集体资产管理、农业机械化促进、开发区、台湾同胞投资等方面，以及个体工商户、经纪人、中小企业等市场主体和商品交易、财产拍卖、招标投标等市场行为方面的法规共计 103 件，占所有地方性法规总数的 27%，经济立法居于核心地位，为健全社会主义市场经济体制，推动我省经济社会持续快速发展作出了重要贡献。

立法有力强化了民主政治。以促进民主政治建设为目标，省人

大围绕坚持和完善人民代表大会制度，出台人大常委会监督、任免国家机关工作人员、代表选举实施细则、讨论决定重大事项、乡镇人大和街道人大工作等方面的法规，围绕保障和实现公民的正当政治权利，出台村委会组织、村委会选举、工会、企业民主管理等方面的法规，不断强化各级人大及其常委会的法定职权，夯实民主法治的制度基础。

立法有力保障了民生福祉。恪守立法为民宗旨，省人大始终坚持把人民对美好生活的向往作为立法工作的目标，围绕保障教育公平、构建和谐劳动关系、保护人民群众生命财产安全、健全社会保障制度、保护特殊群体权益等方面，出台义务教育、职业技术教育、学前教育、劳动保障监察、劳动人事争议调解仲裁、农产品质量安全、消防、防震减灾、失业保险、养老保险、工伤保险、社会救助、社会养老服务、消费者权益保护等法规，以及军人军属、老年人、妇女、未成年人、残疾人等权益保障法规，确保各类群体共享改革发展成果，不断增强人民群众的获得感、幸福感、安全感。

立法有力维护了社会稳定。坚持用法治思维破解社会治理难题，用法治举措提升社会建设活力，省人大深入推进社会领域立法，出台国有土地上房屋征收补偿、公共信用信息管理、社会治安综合治理、石油天然气管道建设和保护、计量监督管理等法规，并多次修改计划生育条例，为加强和创新社会治理提供坚实的制度保障。立法中坚持以人为本，把保障权利作为立法调整和规范的核心，制定城市管理相对集中行政处罚权条例、违法建筑处置条例、反恐怖主义法实施办法等管理类法规时，正确处理公权与私权、权利与义务、权力与责任、管理与服务的关系，推动社会治理的制度和实践不断创新发展。

立法有力促进了生态文明。深入贯彻“绿水青山就是金山银山”重要理念，省人大将保障和推进绿色发展作为立法重点，围绕水资源、土地资源、大气、贯彻绿色发展理念等生态文明建设领域，先后出台河长制、饮用水水源保护、基本农田保护、湿地保护、大气污染防治、机动车排气污染防治、水土保持、土地整治、绿色建筑、资源综合利用、可再生能源开发利用等法规，通过立法守护好浙江的“绿水青山”，促进资源保护、生态人居环境的全面持续改善和绿色经济的发展。

特别需要提及的是，省人大常委会在立法中注重改革创新，加强创制性、引领性立法，农民专业合作社条例、温州市民间融资管理条例、保障“最多跑一次”改革规定等二十多部法规开创了全国第一，具体法规中的制度创新更是不胜枚举。同时，在科学立法、民主立法、依法立法工作机制上，也不断加强探索创新，立项论证、法规草案征求意见、代表参与立法、专家参与立法等许多工作都走在前列，形成了制度建设上独具特色的浙江探索和浙江实践。

回顾改革开放四十年我省地方立法历程，我们深刻体会到，立法工作必须加强党的领导，把党的领导、依法治国、保障人民当家作主有机统一于具体的立法实践中，才能确保立法沿着正确的方向不断前进；必须坚持紧跟改革，自觉把立法工作放在党和国家事业发展大局上来谋划推进，才能确保改革在法治轨道上稳步前行；必须坚持体现特色，提高立法的针对性、实效性和可操作性，才能确保立出来的法规站得住、行得通、真管用；必须坚持立法为民，把为了人民、依靠人民、造福人民、保护人民作为立法工作的出发点和落脚点，才能更好发挥好立法的功能作用；必须坚持开拓创新，加强创制性立法，健全科学有效的立法体制机制，才能确保我省地方立法不断立在前头、走在前列。

三、强化使命担当、做好新时代地方立法工作

四十年风雨兼程，四十年春华秋实，改革发展从未止步，探索创新从未停止。当前，全面深化改革进入深水区，法治建设和地方立法面临新形势、新情况、新要求，特别是党的十九届四中全会对坚持和完善中国特色社会主义制度、推进国家治理体系和治理能力

现代化作出重大决策部署，省委十四届六次全会进一步对推进我省省域治理现代化提出明确要求。省域治理现代化首先应当是省域治理的法治化。这就对立法工作提出了新的要求。地方立法面临的任务越来越重、节奏越来越快、难度越来越大、要求越来越高。站在新的历史起点上，我们要继续不忘初心、牢记使命，以强烈的使命感和责任感，认真践行习近平总书记对浙江提出的“干在实处永无止境，走在前列要谋新篇，勇立潮头方显担当”新要求，矢志不渝、奋发有为，不断加强和改进地方立法工作，确保立法始终保持正确的政治方向，反映鲜明的时代特征，体现坚实的民意基础，不断发挥立法对经济社会的引领、推动、规范、保障作用，为争当省域治理现代化排头兵、推进“两个高水平”建设提供更加有力的法治保障。

一是坚持以习近平新时代中国特色社会主义思想为指导。习近平新时代中国特色社会主义思想是党和国家的指导思想，是做好一切工作的基本遵循和根本保证。我们要以“三个地”的政治自觉和排头兵姿态，把学习贯彻习近平新时代中国特色社会主义思想作为首要政治任务，作为贯穿立法工作的主线，切实在学懂弄通做实上下功夫，准确把握习近平总书记关于法治建设和立法工作重要论述的精神实质，深刻认识其时代意义、理论意义、实践意义，提高运用党的创新理论指导立法实践、破解立法难题、推动立法工作的能力，努力开创新时代地方立法工作新局面，更好助力经济社会发展和改革攻坚任务。

二是切实把党的领导贯彻到地方立法全过程和各方面。我们要全面落实中央和省委关于加强党的领导、加强党领导立法的要求，把坚持党的领导放到立法工作首位，不断增强党领导立法的思想自觉和行动自觉，及时准确将“党言党语”转化为“法言法语”。严格执行请示报告制度，重大立法项目以及立法中的重大问题、重要事项和重要情况，及时主动向党委请示报告，确保一切重要立法活动都在党的领导下进行。发挥人大常委会党组把方向、管大局、保落实的作用，善于向党委提出科学立法决策的建议，为地方经济社会发展提供法治方案。同时，加强法规对党的领导制度体系的支撑和完善作用，通过法规的制度设计把党的领导落实到省域治理各领域各方面各环节，确保党中央重大决策部署和习近平总书记重要指示精神在浙江一贯到底、落地生根，以实际行动践行“两个维护”。

三是围绕推进省域治理现代化，不断加强重要领域立法。党的十九届四中全会提出十三个需要坚持和完善的制度，省委十四届六次全会提出健全六个体系的要求，进一步指明了立法工作在推进国家治理和省域治理现代化中的方向任务。我们要在立法权限范围内，紧扣党中央和省委决策部署，不断提高立法和改革决策相衔接的速度、准度和精度，重点围绕促进经济高质量发展、完善为民办事长效机制、健全社会治理体系和基层治理体系、推进社会主义核心价值观融入地方立法、构建全域美丽绿色发展体制机制、落实长三角一体化发展国家战略等方面，不断加强高质量发展立法、惠民立法、环保立法、弘德立法和协同立法，实现以良法促进发展、保障善治。

四是紧扣提高立法质量，不断完善立法工作机制。我们要根据中央和全国人大有关立法工作机制建设的新要求，不断完善党委领导、人大主导、政府依托、各方参与的立法工作格局，完善法规立项、起草、调研、审议、宣传等立法工作机制，强化互联网、大数据等信息技术对立法工作的支撑，不断推进科学立法、民主立法、依法立法，实现立法的精准选题、精良设计、精炼表达，确保地方性法规“立一件、成一件、行一件”。加强省人大对设区的市立法工作的审查指导，提高立法水平和能力，提升我省立法工作的整体质量。健全规范性文件备案审查机制，更高质量、更高水平地实现规范性文件“有件必备、有备必审、有错必纠”。

五是立足正规化专业化职业化，不断加强立法人才队伍建设。我们要落实好中央和全国人大有关立法队伍建设的新要求，把建设高素质、专业化的立法人才队伍作为加强和改进地方立法的基础性、战略性任务，以政治建设为统领，坚持用习近平新时代中国特色社会主义思想武装头脑，增强“四个意识”，坚定“四个自信”，做到“两个维护”，不断完善选拔、任用、培养机制，提高立法工作人员的政治素质、业务能力和专业水平，打造一支政治坚定、业务精通、务实高效、作风过硬、勤政廉洁的立法人才队伍，为我省地方立法继续走在前列提供坚实的人才保障。

赵光君同志在2020年全省人大立法工作座谈会暨设区的市行使立法权五周年座谈会上的讲话（摘要）

（2020年12月11日）

这次座谈会的主要任务是认真学习贯彻习近平法治思想，总结实践经验，谋划下步工作，推动我省高质量立法继续走在全国前列。党的十九届五中全会对“十四五”时期我国发展作出系统谋划和战略部署，提出了到二〇三五年基本实现社会主义现代化远景目标。省委十四届八次全会提出了深刻把握浙江在新发展阶段的“五大历史使命”，努力打造“四高地两区一家园”，争创社会主义现代化先行省的目标任务。贯彻落实这些决策部署，都离不开地方立法的保障、引领和推动。

处在百年未有之大变局中，站在“两个一百年”的历史交汇点，面对新阶段赋予的使命任务，做好我省地方立法必须坚持以习近平法治思想为指导，围绕忠实践行“八八战略”、奋力打造“重要窗口”的主题主线，准确把握新阶段新特征、新部署新要求、新理念新思路，主动顺应时代需要，强化责任担当，进一步更新思维、完善机制、提升能力，以更高站位、更高水平、更大力度推动地方立法工作高质量发展，为建设法治中国示范区、争创社会主义现代化先行省贡献力量。具体来说，需要妥善把握和处理好以下九个关系：

一、政策和立法的关系

政策是立法的依据，立法是政策的定型化。把握好立法和政策的关系，实质上就是更好地体现和加强党对立法工作的领导。习近平总书记指出，要进一步推进党的领导入法入规，善于使党的主张通过法定程序成为国家意志、转化为法律法规。这就确立了立法和政策的基本原则，就是要求立法必须紧紧围绕中心、服务大局，必须紧贴党中央大政方针和地方党委贯彻落实党中央大政方针的决策部署开展立法工作，确保党的路线方针政策通过立法得到有效落实。把握好立法和政策的关系，还需要从三个方面着手：

一是准确认识立法和政策的功能，防止“立法万能论”。政策具有纲领性、前瞻性、变动性，法律具有规范性、普遍性、稳定性。政策和法律是两种互有联系、又有区别的制度形态。法律并不能解决所有的社会问题，也不是所有的政策都能够转化为法律。政策转化为法律的前提，应该是政策具有良好的实践基础，而尚处在摸索阶段的政策，立法时机则还不成熟，即使勉强入法，也难以得到有效执行，浪费立法资源。

二是努力提高立法和改革决策相衔接的力度、准度和精度。法治和改革的关系，曾经是一道难题，要么就是改革突破法律，所谓良性违法，要么就是法律固守不前，成为改革的“绊马索”。党的十八大以来，这一难题得到了破解。习近平总书记强调改革和法治犹如鸟之两翼、车之两轮，要在法治的轨道上推进改革，在改革的进程中完善法治。具体到操作层面上，就是要实现立法和改革决策相衔接、相统一。中央提出要在法治轨道上推动国家治理体系和治理能力现代化，作为地方立法机关，更要有主动意识和政治担当，加强与党委有关部门的沟通联系，在谋划推进重大决策时，积极提出立法方面的意见建议，着力增强立法的前瞻性，要综合运用立改废释授等形式，及时制定出台改革发展急需的法规，修改废止与形势任务不相适应的法规，为推进治理能力现代化提供立法保障。

三是善于将“党言党语”转化为“法言法语”。需要强调的是，法规不能照抄照搬政策语言，更不能让法规成为政策规定。这就要求在立法中善于运用规范的法律用语，在将政策语言转化为法律规范时，更多使用设定权利义务的表达方式，即使是倡导性条款，也要采取具体明确切实可行的正向激励、定期评估等措施予以解决，尽量减少提倡、引导、积极、反对等政策性词语。全国人大常委会法工委正在全面修订立法技术规范，比较有针对性，省人大常委会也正在研究修改立法技术规范，大家都要认真执行，也可以开展进一步研究，有效解决“党言党语”转化为“法言法语”的问题。

二、质量和效率的关系

对于这几年的立法工作，相信大家都有一个共同感受，就是立法的任务越来越重、节奏越来越快。从国家层面看，全国人大的立法步伐明显加速，不仅是数量增多，并且有的法律立法周期短、进度快。从省里看，省人大的立法数量也是大幅增加，前些年我们控制立法计划一类项目 8 件左右，现在已是远远不够。栗战书委员长在第二十六次全国地方立法工作座谈会上也脱稿讲到，他自己感觉，近年来中央对立法工作总体的要求就是快，能快则快，要又好又快地满足社会发展和人民群众的立法需求。加快立法步伐，提高立法效率，成了当前立法工作的一个新要求。处理好质量和效率的关系，也成了需要迫切解决的一个课题。我理解，不能把立法质量和效率割裂开来，而是要有机统一地看待。新时代背景下的立法质量是富有效率的质量，立法效率是保证质量前提下的效率。

一是坚持追求质量的主基调。地方立法对于质量和数量的把握，经历了一个从追求数量到质量优先，再到质量效率并重的阶段。习近平总书记多次强调立法质量的重要性。近些年来，在中央和全国人大的高度重视和大力推动下，地方立法的质量已经有了显著提高，在这种情况下，再来提倡效率，必然是确保质量前提下的效率。现在我们讲经济社会发展要高质量，立法也要高质量。高质量要求本身，从立法工作整体上来说，就包含了对效率的要求。如果没有一定的效率，没有一定的数量，也就不能称之为高质量的立法。因此，质量是地方立法的生命线。这是我们从事立法工作必须牢牢坚持的总基调。

二是把握加快步伐的新要求。立法的“快”体现在三个方面：第一，要有量。这不是片面追求数量，而是说不要人为地限定数量，要做到数量服从需求，凡是群众有期待、改革有需要，都要及时跟进立法。第二，要有速度。对于因部分事项意见分歧较大而导致久拖不决的立法项目，人大要加大主导力度，善于在矛盾焦点上砍一刀，及时制定出台。对于急用急需的立法，不能是“多少年磨一剑”“千呼万唤始出来”，而是要加快进程，跑出立法“加速度”。第三，要“小快灵”。栗战书委员长指出，地方立法可以搞一些“大块头”，也要搞一些“小快灵”。什么是“小快灵”，我理解，就是切口要“小”，善于通过“小切口”解决实际问题；速度要“快”，适应社会发展需要；立法形式要“灵活”，可以采取决定、规定等形式，法规体量小了，速度自然也就快了。

三是找准提质增效的着力点。党的十九届五中全会提出，要加强重点领域、新兴领域、涉外领域立法。这是我们兼顾质量和效率，开展新时代立法工作的着力点。加强重点领域立法，就是要立足于解决发展不平衡不充分的问题，聚焦市场经济、民生保障、生态环境、国家安全、公共卫生等领域，抓紧制定基础性、骨干性法律法规，加快完善相关领域的法律制度体系。加强新兴领域立法，就是要聚焦共享经济、互联网金融、生物科技、人工智能、区块链等新兴领域，尽快出台相关法律法规，引导新模式、新业态、新科技在法治轨道上创新发展。加强涉外领域立法，对地方立法而言，更多的是要通过立法的制度设计，营造更加市场化法治化国际化的营商环境，将习近平总书记提出的“深入推进高水平制度型开放，增创国际合作和竞争新优势”要求落到实处。

三、管理和促进的关系

地方立法传统上都是行政管理类法规为主，但随着经济社会的发展，特别是强调发挥立法引领推动作用的背景下，促进型立法日益增多，已成为地方立法服务保障改革发展的重要方式。行政管理类立法和促进型立法在条文结构、逻辑表达、规制内容上都有不同之处，这给我们地方立法带来了新的挑战。

一是强化管理促规范。习近平总书记强调，法治政府建设是全面依法治国的重点任务和主体工程，要率先突破，用法治给行政权力定规矩、划界限。因此，地方立法在开展管理类立法过程中，要注重规制公权力的行使，合理设定权力和责任，科学界定权利和义务，在保障政府依法行使国家权力的同时，充分保护公民合法权益，将地方治理纳入法治化轨道。

二是软法也有硬措施。促进型立法在学术上也称为软法，在调整手段上，宣誓性、引导性、号召性规范比较多，法律责任的强制性相对较少。开展促进型立法时要紧密结合地方实际，突出地方特色，目标任务措施能具体的应当尽量具体，能明确的应当尽量明确，能够量化的尽量予以量化，做到可执行可操作，不能只是鼓励和倡导，要有具体可执行的办法。

三是问题导向要坚持。无论立什么法，都要强化问题意识，坚持问题导向，把问题作为研究制定法规的起点，把工作的着力点放在解决最突出的矛盾和问题上。立法工作越到基层越要具体，设区的市开展立法更要坚持问题导向，从解决具体问题入手，推出具体的立法规定，切实收到效果。

四、创新和统一的关系

改革创新是经济社会发展的根本动力。随着全面深化改革的深入推进，中央层面提出地方先行先试的要求越来越多，制度创新的必要性和重要性日益凸显，加强创制性立法已成为各地的迫切要求。与此同时，地方立法必须遵守依法立法原则，特别是近年来全国人大不断加强对地方性法规的备案审查力度，使得各地在探索制度创新与维护法治统一之间产生一种张力。准确理解创新和统一的关系，已成为创造性、高质量开展地方立法的重要课题。

一是把握创制性立法的边界。习近平总书记提出，要创造性地做好立法工作。栗战书委员长强调，属于地方事权范围内的，只要有利于深化改革、激发社会活力、促进民生改善，地方人大在立法权限内都可以积极探索，发挥补充、先行、创制的作用。这就明确了开展创制性立法的基本要求，我们要认真学习领会和贯彻执行。

二是严格遵守法治统一原则。习近平总书记在全面依法治国委员会上对法治统一问题作了专门强调。栗战书委员长进一步指出，维护国家法治统一，是一个严肃的政治问题。地方立法必须严守“合法性”底线，不得与上位法相抵触、相违背，不得随意减损公民权利或者增加义务，杜绝“立法放水”。同时，要积极跟进国家立法进程，该修改的及时修改，该废止的及时废止，确保地方性法规与国家立法修法进程相协调，更好发挥法律体系的整体功效。

三是继续加强审查指导工作。规范性文件备案审查是维护法治统一的重要手段，要落实中央和全国人大有关精神，树立“不抓备案审查工作是渎职、抓得不紧是失职”的理念，更加严格地执行“有件必备、有备必审、有错必纠”的工作要求。省人大常委会要进一步加强对设区市立法的审查指导，统筹立法资源，鼓励立法创新，不断提高立法能力和水平，使有限的立法资源发挥最大效用。

五、主导和依托的关系

立法工作是一项系统性工程，做好立法工作必须完善党委领导、人大主导、政府依托、各方参与的立法工作格局。这也是系统观念和系统方法在立法工作中的具体体现。党的领导是立法工作必须把握的重大政治原则，各方参与是推进立法科学化、民主化的重要途径。这两方面比较容易把握，我们也取得了许多经验，需要处理好的是人大主导与政府依托的关系。

一是准确理解人大主导的内涵。人大主导立法的核心要义是要让人大成为立法过程的组织者，法规内容的决定者。发挥人大主导作用并不是由人大“单打独斗”，组织起草的法规越多越好，而主要体现在立法项目的统筹谋划、起草阶段的提前介入，以及法规重大问题的研究论证等方面，做好立法过程中的利益分析、整合和平衡，发挥最后把关作用。

二是充分发挥政府依托作用。政府部门业务性、专业性较强，并且最清楚本行业本领域的立法需求，大部分法规草案由政府起草并提请审议，是符合立法工作规律的。要充分发挥政府在立法中的依托作用，根据经济社会发展需要，及时提出立法建议，认真做好法规草案起草（包括政府提请法规的起草和人大提请法规起草的配合），依法履行法定职责并及时报告法规实施情况，促进法规的有效执行和不断完善。

三是加强立法工作沟通协调。要充分发挥省（市）委依法治省（市）委员会立法协调小组、法规草案起草小组“双组长”制的作用，做好立法过程中的沟通、协调和配合，共同推动法规起草过程中重要制度设计和重大问题的及时协调解决，保证立法工作有序、协调、高效运转。

六、制定和实施的关系

“天下之事，不难于立法，而难于法之必行。”法律的生命力在于实施，法律的权威也在于实施。法律制度再完备、规范再严格，如果不实施、不落实、不执行，都是一纸空文，直接损害法律权威和法治信仰。开展地方立法时，一定要考虑法规的执行问题，处理好制定和实施的关系。

一是立法中突出可操作性。要实现立法的精准选题、精良设计和精炼表达，确保立法能够精确对准当前改革发展中真正需要立法解决的重大疑难问题，能够科学细致地设计解决问题的措施制度，能够实现立法框架轻型化、简约化，做到“立一件、成一件、行一件”。

二是实施中注重完善。要构建法规实施和完善机制，将法规实施作为立法工作的重要环节，推行法规实施单位定期报告制度，深化立法后评估制度，建立常态化的法规清理机制，并不断加强执法检查和执法监督工作，着力打造法规制定、实施、完善的闭环链条，健全“1+X”的立法工作制度体系。

三是讲好立法故事。法律的权威源自于人民的内心拥护和真诚信仰。地方立法要真正发挥作用，就要让群众周知、为人民所用。新出台的法规要加强宣传和阐释，要有通俗易懂的解读和案例分析，引导广大群众自觉守法、遇事找法、解决问题靠法，特别是要加强对各级领导干部的法治宣传教育，不断提高运用法治思维和法治方式深化改革、推动发展、化解矛盾、维护稳定、应对风险的能力。

七、传统和现代的关系

当今世界已进入数字时代，大数据、互联网、人工智能等现代技术对人类生产生活和社会治理模式产生了深远影响。立法工作也要顺应潮流、主动求变、走上“云端”，积极拥抱数字经济时代，让立法工作插上互联网、信息化的翅膀，推动传统立法模式的现代化转型。

一是转变思维。袁家军书记强调，要坚持“利民为本、法治为基、整体智治、高效协同”理念，以数字化牵引法治，并对立法工作明确提出“探索推进大数据辅助立法和决策”的要求。我们要认真学习领会，主动转变已经不适应数字时代发展的旧思维、旧观念、旧方法，认真研究强化互联网、大数据、人工智能等信息技术支撑立法的思路举措，深入推动科学立法、民主立法、依法立法。

二是积极推进。省人大常委会高度重视立法信息化工作，早在几年前就已经在研究开发立法信息化系统，目前已经建设完成“省人大常委会立法智能辅助平台”2.0版，并还在不断迭代升级，相关工作方案将列入省法治领域数字化建设整体工程，力争实现法规制定、实施、完善等全流程的无纸化、智能化，实现公众征求意见征集的自动化、多样化。各地也要积极探索数字赋能立法的方法路径，为高质量立法提供信息化保障。

三是加强应用。立法工作的数字化转型既需要理念更新和技术支持，更需要全体立法人的共同参与。立法信息系统投入使用后，要切实转变工作模式，及时准确地录入相关立法工作信息，并充分依托系统开展立法项目征集、疑难问题研判、民意收集等工作，逐步养成线上处理立法事项的习惯，推动实现“云上立法”“智慧立法”，打造我省立法工作的又一张“金名片”。

八、素质和数量的关系

建设德才兼备的高素质法治工作队伍是习近平法治思想的重要内容。立法工作队伍是法治工作队伍的重要组成部分。近年来，在省委高度重视下，我省持续加大立法队伍建设步伐，特别是2020年8月省委组织部出台《中共浙江省委组织部关于加强新时代我省立法队伍建设的若干意见》（以下简称《若干意见》），推动立法队伍建设取得长足进步，得到了栗战书委员长的充分肯定。但与日益繁重的地方立法任务相比，与执法、司法队伍建设情况相比，立法队伍建设仍然存在差距。要站在贯彻习近平法治思想的高度，继续把立法队伍建设作为一项基础性、战略性任务来抓，重点是以贯彻省委组织部《若干意见》为核心，正确处理好数量和质量的关系，在人员机构一时难以增加的情况下，着力加强队伍素质建设，提高整体能力，打造一支政治坚定、业务精通、务实高效、作风过硬、勤政廉洁的高素质立法队伍。

一是严格对照落实相关要求。要全面贯彻中央、全国人大有关立法队伍建设的指示要求，特别是省委组织部《若干意见》明确的一些具体要求，比如有法治实践经验尤其是有立法经验的委员人数比例一般不低于15%，法制委员会组成人员可以增加到11名左右等，逐项对照落实，不断充实队伍力量。

二是加快推进各项举措。要围绕革命化、正规化、专业化、职业化的要求，不断加强教育培训、提高队伍“含金量”，注重引进优秀人才、建设立法“硬核”力量，立足长远发展、打造人才“蓄水池”，加大对优秀立法干部的选拔任用力度，并积极探索立法人员职务序列改革、立法津贴等，完善激励保障机制，确保立法人才“进得来、用得上、留得住”。

三是营造优秀团队文化。要建立重大立法事项、重要立法项目的工作专班制度，打造唯实惟先、善作善成的团队文化，传承敢于担当、无私奉献的“立法挑夫”精神，对党忠诚、一心为民、务实担当、勇于争先，始终保持奋进者姿态、激发创造性张力，切实提高“七种能力”，干在实处、走在前列、勇立潮头，奋力开创我省地方立法工作新局面。

九、理论和实务的关系

理论是实践的先导。全国人大高度重视立法理论研究工作，王晨副委员长亲自联系中国法学会立法学研究会，全国人大常委会法工委许安标副主任担任立法学研究会会长，领导之关注、规格之高，是中国法学会下属55个二级研究会中独一无二的。在全国人大的积极推动下，近年来我国立法学研究呈现欣欣向荣的局面。我省地方立法一直走在全国前列，但相比之下，立法理论研究还是比较滞后，研究力量薄弱，研究成果偏少，研究氛围不浓，还需不断加大力度。

一是关注理论研究。人大常委会法工委的同志大都是法学科班毕业，并且研究生占了很大比重，可以说是人大里平均学历最高的一个团队。大家要发挥自身优势，坚持生成性学习，善于从实践中发现问题、总结经验、查找规律，多积累、常思考、勤动笔，把自己的所思所得分享给大家。我们省里也有立法学研究会，希望大家踊跃参与相关活动。

二是加强交流互动。从人大常委会法工委层面来说，要加强与高等院校、科研院所的沟通联系，建立常态化的合作机制，提出理论研究需求，引导研究方向，服务立法实践。这一点，省人大和各地都有一些硬招实招，也取得了一些成果，要继续坚持、不断强化，让理论和实践的深入交融迸发出更多智慧的火花。

三是培养立法智库。加强中国特色新型智库建设是党中央作出的一项重要决策。从国外看，各种智库机构在立法过程中都发挥了积极作用。我们继续保持高质量立法走在全国前列，也要着力培养属于自己的地方立法智库，充分借助社会力量，问道于贤、凝聚共识、汇集智慧，合力推动我省立法工作与时俱进、完善发展。

赵光君同志在2021年全省人大立法工作座谈会上的讲话（摘要）

（2021年12月14日）

这次座谈会的主要任务是认真学习贯彻党的十九届六中全会、中央人大工作会议、第二十七次全国地方立法工作座谈会和省委十四届十次全会精神，总结实践经验，交流工作体会，谋划下步工作。2022年是“十四五”规划全面展开之年，也是共同富裕示范区建设深入推进之年，各项改革攻坚的任务繁重，法治保障的要求也越来越高、越来越紧迫，地方立法面临更多压力、更大责任。

一、把握形势任务，主动顺应时代新发展

习近平总书记指出：“时代是出卷人，我们是答卷人，人民是阅卷人。”地方立法要答好时代之问，必须站在社会发展的整体视野中，深刻把握当前面临的形势任务，不断顺应时代发展的趋势和要求。

（一）立足新发展阶段，强化法治保障的必然要求。经过全党全国各族人民持续奋斗，我们实现了第一个百年奋斗目标，全面建成小康社会，正向着全面建成社会主义现代化强国的第二个百年奋斗目标迈进。随着我国社会主要矛盾变化，人民美好生活需要日益广

泛，对民主、法治、公平、正义、民生、安全、环境等方面的要求日益增长，需要更加健全的法律制度保障。完整正确全面贯彻新发展理念、构建新发展格局、推动高质量发展，也需要立法更加紧密地协调和配套，既通过深化改革完善法治，又通过更完善的法治保障各领域改革创新。这些都对新时代立法工作提出了新的更高要求。

（二）立足以人民为中心，推进共同富裕示范区建设的内在需求。习近平总书记强调："共同富裕是社会主义的本质要求，是中国式现代化的重要特征，要坚持以人民为中心的发展思想，在高质量发展中促进共同富裕。"浙江作为高质量发展建设共同富裕示范区，是习近平总书记亲自谋划、亲自定题、亲自部署、亲自推动的重大战略决策，承担着为全国实现共同富裕先行探路，提供体制机制和制度示范的重大政治责任。立法是最重要的制度建设，在示范区体制机制创新和形成制度成果方面承担着重要使命，发挥着举足轻重的作用。省委袁家军书记明确提出，要率先构建促进共同富裕的地方性法规规章政策体系，为全国推动共同富裕提供省域示范。这就要求地方立法聚焦示范区建设重大使命，突出立法引领，强化法治保障，筑牢共同富裕的法治根基。

（三）立足人大职能，推进"四个机关"建设的目标追求。习近平总书记在中央人大工作会议上对人大及其常委会提出"四个机关"定位，从不同维度揭示了人大及其常委会的本质属性和职责使命，深刻回答了新时代"建设什么样的人大、怎样建设人大"的重大理论和实践课题，这也为进一步加强和改进立法工作指明了方向。政治机关的定位要求立法工作旗帜鲜明讲政治。国家权力机关的定位要求立法工作坚持国家一切权力属于人民，支持和保证人民当家作主。工作机关的定位要求人大全面担负宪法法律赋予的各项职责，通过立法推动全面依法治国，实现国家各项工作法治化。代表机关的定位要求立法工作始终同人民群众保持密切联系，为人民用权、为人民履职、为人民服务。我们要系统学习、准确领会、全面把握

“四个机关”定位的深刻内涵，自觉用以指导和推动地方立法工作，把党的领导、人民当家作主、依法治国更好地有机贯通起来。

二、找准功能定位，全面展现立法新担当

党的十八大以来，习近平总书记在许多重要会议和场合，都对立法工作作出许多重要指示、提出许多明确要求。在第二十七次全国地方立法工作座谈会上，栗战书委员长将习近平总书记关于立法工作的指示要求概括为七个方面，包括立法的政治原则、目标、功效作用、指导原则、着力点和主体责任，将习近平总书记关于地方立法的指示要求概括为四个方面，即紧扣大局、着眼急需、着力解决实际问题、维护国家法治统一。这些都是做好立法工作的根本遵循。省委袁家军书记在听取省人大常委会党组有关第二十七次全国地方立法工作座谈会精神汇报后也强调，要深入学习习近平总书记关于立法工作的重要论述精神和关于地方立法工作的指示要求，持续提升我省地方立法质量，不断放大高质量地方立法的引领推动作用，并对如何做好我省地方立法工作提出了具体要求。这就更加需要我们在深入学习领会中央和省委精神基础上，始终紧跟核心、紧扣中心、紧贴民心，更好地服务改革发展、满足群众期待、展现作为担当。

（一）紧跟核心，始终坚持党的全面领导。习近平总书记强调，要“加强党对立法工作的集中统一领导”。栗战书委员长进一步指出：“全国人大和地方各级人大要旗帜鲜明、坚定不移把坚持党的全面领导这一最高政治原则贯彻好、落实好，确保人大各项工作在党的领导下进行。”我们要从争做“两个确立”忠诚拥护者、“两个维护”示范引领者的高度，切实增强党领导立法的思想自觉和行动自觉，将党的领导落实到立法的每一个环节、每一方面、每一个领域，确保一切立法活动始终在党的领导下进行。要严格执行立法重大问题请示报告制度，重要法规、重大立法事项、立法重要问题，都要

按程序报常委会党组研究后向党委请示报告，对省委或者同级党委交办的立法任务，全力以赴抓好贯彻落实。特别是在进行重要法规制度设计、破解立法难题时，要吃透中央和省委精神、找准政策取向，时时刻刻想一想、问一问，这个问题习近平总书记是如何指示的，中央文件是怎么规定的，省委是怎么部署的，保证立法工作与中央、省委的要求步调一致、行动一致，保证党的路线方针政策在立法工作中得到全面贯彻和有效执行。要发挥好省（市）委全面依法治省（市）委员会立法协调小组的作用，加强对立法工作的统筹协调和督促落实，定期召开协调小组会议，认真研究立法中的重要问题，确保立法正确政治方向。

（二）紧扣中心，全面服务改革发展大局。习近平总书记在中央人大工作会议上强调，有立法权的地方人大要严格遵循立法权限，围绕贯彻落实中央大政方针和决策部署，做好地方立法工作。地方立法最主要的职能就是要通过法定程序使党的政策、中央精神、国家法律落地生根。这就要求我们紧扣中心大局，把立法决策同改革发展决策更好结合起来，切实做到党和国家工作重心在哪里，立法工作就跟进到哪里，力量就汇聚到哪里，作用就发挥到哪里。近年来，围绕中央和省委有关决策部署，省人大相继制定出台了《浙江省保障“最多跑一次”改革规定》《浙江省民营企业发展促进条例》《浙江省数字经济促进条例》《浙江省综合行政执法条例》等创制性法规，有效解决了法治通达群众、通达基层的“最后一公里”问题。各设区市人大也都能够围绕中心、立足实际，加强“小快灵”立法，出台特色法规，如杭州城市大脑赋能城市治理促进条例、宁波市医疗纠纷预防与处置条例、温州市两个健康先行区建设促进条例、湖州市绿色金融促进条例、嘉兴市户外广告和招牌设置条例、绍兴黄酒保护和发展条例、金华市无偿施救规定、衢州市围棋发展振兴条例、舟山市国家级海洋特别保护区管理条例、台州府城墙保护条例、丽水市大窑龙泉窑遗址保护条例等，充分发挥了立法对地方改革发展的引领和推动作用。

2021年年初，省委部署开展数字化改革，6月，《中共中央 国务院关于支持浙江高质量发展建设共同富裕示范区的意见》，赋予浙江建设共同富裕示范区的光荣使命和重大政治任务。袁家军书记指出，共同富裕示范区建设“最有含金量的是改革授权，最鲜明的要求是改革示范”。立法是改革授权和改革示范的有力抓手和重要保障，要紧扣共同富裕示范区建设的中心任务，做好今后一段时期立法工作。一方面，要谋划“立什么”的问题。紧紧围绕“四大战略定位”“七个方面先行示范”，梳理示范区建设的立法需求，在共同富裕的“大场景”中找到立法的切入口、着力点，紧紧围绕高质量发展、数字化改革、科技创新、民生保障、生态环保、社会治理、重大风险防范等重点领域、新兴领域进行选项，将经济社会发展急需、人民群众急盼的项目及时纳入立法计划，着力打造共同富裕方面若干具有浙江辨识度的标志性立法成果。另一方面，要研究“怎么立”的问题。强化共同富裕法规制度创设与系统集成，丰富立法形式，统筹运用立改废释等手段，对示范区建设急需落地，需要先行先试的，及时制定法规或者法规性决定；对不适应改革发展需要的，及时予以修改或者废止；对改革探索中形成的好经验好做法，及时上升为法规制度；对涉及到国家法律法规的，及时梳理相关清单，积极向全国人大常委会争取授权支持，以法治手段为示范区体制机制创新释放更大空间。

（三）紧贴民心，着力解决群众急难愁盼。习近平总书记强调，“人民对美好生活的向往就是我们的奋斗目标，增进民生福祉是我们坚持立党为公、执政为民的本质要求，让老百姓过上好日子是我们一切工作的出发点和落脚点”，并提出努力让人民群众在每一项法律制度中都感受到公平正义。这是我们做好立法工作的初心使命。省人大一直高度重视惠民立法，今年就出台了全国首部医疗保障领域的综合性法规《浙江省医疗保障条例》、全国首部以促进快递业发展为主题的省级地方性法规《浙江省快递业促进条例》，以及《浙江省防汛防台抗旱条例》《浙江省中医药条例》《浙江省动物防疫条例》，并及时修改《浙江省人口与计划生育条例》等。设区市人大也都将民生领域立法作为重点，紧贴社会关切，回应群众呼声，如温州市制定家政服务条例，绍兴、衢州、舟山等市制定居家养老服务条例，杭州、湖州、台州等市制定物业管理条例，宁波、金华等市制定电梯安全条例，嘉兴、丽水等市制定养犬管理条例等，着力解决人民群众急难愁盼的现实问题。下一步，要继续坚持以人民为中心的发展思想，把人民群众满意不满意作为立法工作的根本标尺，围绕人民群众所思所盼所愿，对照打造民生“七优享”金名片的要求，在幼有所育、学有所教、劳有所得、病有所医、老有所养、住有所居、弱有所扶等方面持续发力，切实解决不平衡不充分问题，使人民获得感、幸福感、安全感更加充实、更有保障、更可持续。要充分发挥立法平衡、调整、规范各种利益关系的重要作用，合理规定公民的权利与义务，公平分配各种资源和利益，科学配置各类权力与责任，使每一项立法都符合宪法精神、反映人民意志、得到人民拥护，使人民群众切实感受到公平正义。

三、聚焦提高质量，全力开创工作新局面

习近平总书记多次强调，要抓住立法质量这个关键，发挥好人大及其常委会的主导作用，深入推进科学立法、民主立法、依法立法。省委袁家军书记也明确提出要将全过程人民民主贯穿立法始终，不断完善立法工作机制，数字赋能提升立法质量，进一步指明了立法工作完善发展的路径要求。结合我省实际，持续加强立法工作，提升立法质量和效率，需要从三个方面下功夫。

（一）以立法一件事为主线，推进立法全周期管理。习近平总书记在湖北考察时提出，要树立“全周期管理”意识，努力探索超大城市现代化治理新路子。“全周期管理”是现代管理学的重要理念和方法，是系统观念、系统思维的重要体现，不仅应用于社会治理，也适用于立法领域。我们要把立法工作视为一个有机整体，从结构

功能、系统要素、过程结果等层面进行全周期统筹和全过程整合，形成一个环环相扣、协同配合、责任清晰、运转高效的有机闭环。近年来，省人大常委会围绕系统构建“1+X”立法工作制度体系，制定修订了20多项立法工作制度，在立项、起草、调研、评估、审议、宣传、实施等立法各环节建立了较为完善的制度机制，各设区市人大也先后出台了130余项立法工作制度，形成了许多具有特色的工作亮点，如湖州实行地方性法规案成案标准，嘉兴推出法规草案审议修改“四同步”机制，衢州实行创制性立法项目培育机制，舟山试水地方立法网络听证会，台州建立全国首个地方立法市民库，丽水探索将辩论机制引入地方立法工作等，特别是宁波出台了《宁波市地方性法规“全生命周期”管理工作办法》，构建了全覆盖、长效化的立法质量和效益管理的工作制度体系，值得肯定。下一步，要继续贯彻全周期管理理念，以立法一件事为主线，实现立法前、立法中、立法后的全链条质量把关、流程把控。一是立法前把好选项关。立法选项是立法工作的基础。要不断拓展立法项目征集的广度和宽度，创新方式方法，建立立法需求库，及时将中央和省委决策要求、各方的立法建议以及群众立法需求进行汇总，并不断强化研究论证，提高立法选项的精准性、科学性。要加强省人大与设区市立法选项的协调，对于全省统一立法更为合适的或者全国人大、省人大正在或者将要制定的项目，设区市应等国家和省里法律法规出台后，再结合本地实际予以细化，确保有限的立法资源发挥最大效用。二是立法中要抓好起草环节。法规草案起草是立法工作的关键，很大程度上决定着立法质量的高低。要进一步落实法规草案起草专班运作和“双组长”制度，有效整合各方面专业人才和实践人才，加强协同配合，形成工作合力，将立法的重点难点问题解决在前端，不断提高法规草案起草质量。三是立法后做好“后半篇”文章。做好立法实施监督工作是立法工作的必要延伸，也是打造闭环流程的重要节点。要不断深化法规配套规范性文件制定督促机制和法规实施情况主动报告制度，强化法规立法后评估，建立常态化清理机制，推动法规有效实施，确保法规落地落细。

（二）以发展全过程民主为核心，拓宽公民有序参与。习近平总书记在中央人大工作会议上第一次对全过程人民民主作了全面阐述。他指出：人民代表大会制度是实现全过程人民民主的重要制度载体。在党的十九届六中全会上再次强调，要发展全过程人民民主，保证人民当家作主。立法是发展全过程人民民主的重要途径，立法的过程就是代表人民意志、表达人民意愿、实现人民利益的过程。栗战书委员长进一步强调，地方立法最有条件、最应该更好发挥民主、发挥人民群众参与立法的积极性。要不断健全民主立法治度，丰富民主立法形式，畅通各方参与渠道，使立法全过程能够广泛倾听人民呼声，反映各方利益诉求，使每一部法规都能够装满民意，凝聚人民智慧力量。一是充分发挥基层立法联系点“直通车”作用。习近平总书记关于全过程人民民主的重要论述始于基层立法联系点。要从发展全过程人民民主的高度，充分重视并做好基层立法联系点工作。从目前情况看，省人大常委会今年 3 月召开全省基层立法联系点工作座谈会并授牌后，各联系点都能找准职能定位，完善工作机制，畅通民意沟通渠道，截至目前已经对省人大 13 部法规草案提出 1000 多条意见建议，许多都被省人大立法所采纳。刚才，已经有两家基层立法联系点作了经验介绍。除此之外，萧山人大、嘉善人大、海宁市海昌街道人大、吴兴区织里镇人大、婺城区白龙桥镇人大、温岭温峤镇人大以及浙江省企业权益保护协会、浙江天册律师事务所、浙江大公律师事务所等基层立法联系点的工作做得也很好，提出意见的数量和质量都比较高。实际上，全省 22 个基层立法联系点的工作都非常积极主动，也都各有特色，有效发挥了接地气、察民情、聚民智的“直通车”作用。省人大常委会法工委编印了各个基层立法联系点的工作经验介绍，大家可以互相交流学习。希望各个基层立法联系点进一步深刻学习领会习近平总书记关于全过程人民民主的重要论述精神，不断加强和改进工作，真正把联系点打造成问需于民、问计于民、问政于民的有效平台，成为践行全过程人民民主的重要窗口。二是更好发挥代表主体作用。人大代表是党和政府联系人民的桥梁纽带。要不断深化代表分专业有重点参与立法机制，切实增强代表参与立法的实效。进一步落实人民代表大会审议法规制度，选择关系地方经济发展大局和人民群众切身利益的法规草案，提交人民代表大会审议。认真研究办理代表议案、建议，及时回应代表的立法要求。三是不断拓宽各方参与途径。深化开门立法，健全公众意见的收集、整理、分析、运用和反馈机制，提升公众参与的广泛性、代表性和实效性。在今年快递业条例立法中，省人大常委会法工委创新开展“体验式”立法，倾听基层声音，掌握第一手资料，推进科学决策、民主决策，取得非常好的效果，得到了社会各界的充分肯定。

（三）以数字化改革为牵引，打通立法高效路径。省人大常委会深入贯彻省委数字化改革的总体要求，按照省委袁家军书记“加快地方立法综合应用场景建设，促进立法流程再造、大成集智”的指示要求，对准主跑道，围绕立法“一件事”，运用大数据、云计算、人工智能等现代科技手段，对立法工作机制、业务流程、方式方法进行改革创新，已经初步建成全省人大立法工作一体使用的“浙江人大立法综合应用”，并已在“浙政钉”上线试运行，目前正在对接设区市的用户体系，即将开放使用。立法综合应用建设突出改革突破、科技赋能、多跨协同、闭环管理的理念，在实现立法工作全流程数字化管理的基础上，集成立项需求库、立法协同、全过程民主立法、备案审查等多跨场景，并积极探索智能立法新举措，谋划开发智能起草、智能检索、智能比对、智能清理等应用，推动立法工作的流程重塑和机制创新，不断提高立法质量和效率，完善党委领导、人大主导、政府依托、各方参与的立法工作格局。省人大常委会立法数字化改革工作在刚刚召开的第二十七次全国地方立法工作座谈会上得到栗战书委员长充分肯定，并作了大会经验介绍。下一步，要继续把立法数字化改革作为一项重要工作抓紧抓好并不断深化：一是加强系统应用。立法综合应用上线后，最重要的是要用起来，只有大家都使用了，才能达到数字化改革的目的，才能更好地发现问题、改进系统。省人大常委会法工委要举办专题培训，对所有立法工作人员进行培训说明，各设区市也要在系统正式上线后，要求立法工作人员都在综合应用平台上开展立法工作。二是推进系统贯通。要从人大立法向两端扩展，进一步贯通立法综合应用和执法、司法、普法有关应用的互联互通，实现立法相关数据的共连共享。同时，要推进上下级人大的贯通，将各地人大已经探索取得成效的立法应用模块，如金华人大的法规实施情况实时监督应用、台州人大的调查问卷应用等，整合到省人大的综合应用平台上，做到一地创新、全省共享。三是迭代系统功能。目前综合应用只是初步建成，许多功能还比较初步，设计也比较简单，还存在不少的空白点、薄弱点，需要不断加大研究开发力度，优化使用功能，改进用户体验，提升系统的灵敏度、精细度、准确度。各设区市人大常委会也要积极参与这项工作，既可以根据本地实际，对综合应用进行个性化改造，打好“补丁”，也欢迎大家发挥主观能动性和聪明才智，与省人大常委会法工委一起共同研究开发，群策群力、集思广益，推进系统持续迭代完善，推动立法数字化改革取得更多更大的成效。

同志们，这些年来我们取得的每一个成绩都离不开一支高素质的立法工作队伍。多年来，他们兢兢业业，勤奋工作，发挥重要的立法参谋助手作用。我们要充分肯定这支队伍，热情关心这支队伍，努力稳定这支队伍，发展壮大这支队伍，不断提高这支队伍。去年，省委组织部印发《中共浙江省委组织部关于加强新时代我省立法队伍建设的若干意见》。各地围绕文件确立的目标任务、工作要求狠抓贯彻落实，取得积极成效。杭州市人大增加常委会法工委领导职数，并增设处室、增加人员编制，湖州、绍兴、舟山等市都设立立法研究中心，配备事业编制工作人员，立法人才队伍不断壮大。在中央人大工作会议上，习近平总书记强调，要加强人大常委会和人大工作队伍建设。《中共中央关于新时代坚持和完善人民代表大会制度加强和改进人大工作的意见》也明确提出，“根据工作需要，适当增加人大机关编制，配强专门委员会、工作委员会工作力量”，并特别指出了要“加强立法队伍和立法能力建设，培养使用立法专业人才”。省人大常委会正在积极向省委汇报争取支持。我们要认真贯彻党中央和全国人大有关立法队伍建设的要求，进一步加强立法人才的培养、使用，打造政治坚定、服务人民、尊崇法治、发扬民主、勤勉尽责的立法工作队伍，为我省高质量立法继续走在全国前列提供有力的人才保障。

（二）经验交流发言

以高质量地方立法
引领和推动浙江高质量发展

——赵光君同志在第二十四次
全国地方立法工作座谈会上的发言

（2018 年 9 月 16 日）

习近平总书记在浙江工作期间，高度重视民主法治建设和地方立法工作，作出了建设“法治浙江”的重大决策，并就加强和改进地方立法、提高立法质量提出了一系列指示和论述。多年来，浙江省人大常委会认真贯彻习近平总书记关于法治建设的重要论述，不断推进科学立法、民主立法、依法立法，以高质量地方立法引领和推动浙江高质量发展，取得显著成效。我们的主要做法和体会是：

一、实现高质量地方立法必须坚持党的领导

中国共产党的领导是中国特色社会主义最本质的特征，是中国特色社会主义制度的最大优势。坚持党的领导，是立法工作必须遵循的重大政治原则和不断取得新成绩的基本经验。习近平总书

记高度重视党对立法工作的领导，在浙江工作期间就指出：立法是国家重要的政治活动，人大是政治机关，坚持党对立法工作的领导是立法工作的一个政治原则，也是做好立法工作的根本保证；党委要善于把党的重大决策与地方立法结合起来，适时提出立法建议，及时研究立法中重大问题，发挥党委总揽全局、协调各方的核心领导作用。

浙江省人大常委会在省委领导下，认真贯彻习近平总书记关于加强党领导立法的重要论述，坚决贯彻落实党中央和省委有关加强党领导立法工作的文件要求，自觉把党的领导贯穿到立法工作的全过程、各方面。坚持重大立法问题和重要法规报请省委决定，积极落实省委提出的立法建议；注重发挥好常委会党组的作用，建立健全常委会党组讨论协调立法工作重大事项制度。今年7月份，浙江省委转发了省十三届人大常委会立法工作意见和立法调研项目库，首次以省委名义召开全省立法工作会议，对做好今后五年立法工作作出全面部署，确保党对立法工作的领导。

二、实现高质量地方立法必须围绕中心服务大局

实现良法善治，关键在于围绕中心工作和改革发展实际需要开展立法，发挥好立法的引领和推动作用。习近平总书记在浙江工作期间明确指出：地方立法担负着双重职能，既要保障宪法和国家法律、法规在本行政区域内有效实施，又要推进本地区的经济社会发展。2003年7月，中共浙江省委提出了面向未来发展的“八八战略”，即进一步发挥八个方面的优势、推进八个方面的举措。这是引领浙江发展的总纲领、推进浙江各项工作的总方略。习近平总书记强调：浙江发挥“八个优势”、推进“八项举措”，需要观念、机制、体制和制度的创新，都离不开法治的推进、引导和保障，都与地方立法工作紧密相关。

十五年来，浙江省人大常委会紧紧围绕“八八战略”的部署要

求，认真做好有关重点领域立法，出台了一大批人民群众关注、经济社会发展需要的地方性法规，为推进浙江改革发展提供了有力的法治保障。比如，围绕经济转型升级，出台促进科技成果转化条例，首次在地方立法中规定职务科技成果权属奖励制度，通过立法加强科技创新保护；围绕推进“放管服”改革，先后18次作出修改或者废止地方性法规的决定，近期正在抓紧审议修改《浙江省保障“最多跑一次”改革规定》，实现立法和改革决策相衔接、相统一；围绕“生态省”建设，出台机动车排气污染防治、大气污染防治、水污染防治、固体废物污染防治条例等一系列法规，以最严格的制度最严密的法治保护生态环境。

三、实现高质量地方立法必须突出地方特色

地方特色是地方立法的灵魂，也是地方立法的生命力。习近平总书记在浙江工作期间就明确指出：地方立法必须紧密结合经济社会发展实际需要，把提高立法质量放在更加突出的位置，加强自主性、先行性立法，提高立法的科学性、严谨性、针对性和可操作性，做到有特色和管用好用。

浙江省人大常委会认真贯彻习近平总书记指示要求，不断推进精细立法、精准立法、精干立法，在立法选项上精准聚焦当前改革发展中真正需要立法解决的重大疑难问题，在制度安排上科学设计解决问题的措施制度，在框架结构上努力追求轻型化、简约化，力求制定的法规有效解决问题，出台了一批地方特色鲜明、针对性和实效性都较强的高质量法规。比如，制定国内第一部规范民间金融的地方性法规《温州市民间融资管理条例》，第一部规范农民专业合作社的地方性法规《浙江省农民专业合作社条例》，第一部综合性的社会救助地方性法规《浙江省社会救助条例》，第一部专门规范河长制的地方性法规《浙江省河长制规定》，等等，努力推动浙江地方立法立在前头、走在前列。

四、实现高质量地方立法必须发挥人大主导作用

发挥人大及其常委会在立法工作中的主导作用是党中央和立法法对完善立法体制提出的明确要求，也是新时代推进立法工作发展的基本着力点。习近平总书记在浙江工作期间就指出：立法要从偏重政府部门力量向注重发挥人大主导作用转变。这是首次明确提出人大主导立法的理念和要求。

浙江省人大常委会一以贯之，把加强人大立法主导作为提高立法质量的基础环节，不断强化主导意识、厘清主导思路、完善主导机制、提升主导能力，推动形成党委领导、人大主导、政府依托、各方参与的立法工作格局。加强立项主导，坚持立法项目的申报论证和立法计划确定前的逐项论证制度，把好选项关。加大提前介入力度，每件法规草案都成立由立法工作者、实务工作者、专家学者和人大代表等组成的起草小组，强化人大对法规起草进度和内容的把控。健全审议机制，建立常委会组成人员沟通会制度，做好常委会组成人员审议意见的沟通和反馈，不断提高审议质量。

五、实现高质量地方立法必须完善立法体制机制

高质量的立法离不开健全的工作机制。习近平总书记在浙江工作期间，明确要求省人大常委会在完善立法工作机制方面进行探索创新，要从“闭门”立法向“开门”立法转变，积极探索和改进完善立法公开制度，通过立法集中各方智慧，凝聚各方共识。

十五年来，浙江省人大常委会以推进科学立法、民主立法、依法立法为主线，不断建立健全法规立项、起草、论证、评估、审议、清理等工作机制，深入推进立法公开，建立基层立法联系点，创新“一库两机制”的专家参与立法工作模式，在全国率先建立人大代表分专业有重点参与立法机制。同时，不断加强对设区的市立法工作

的指导，通过提前参与共同研究、立法资源共享等形式，推动设区的市提高立法能力和质量，引导设区的市在立法权限范围内有重点、有针对性地开展立法，使有限的立法资源发挥最大作用。做好规范性文件备案审查工作，加强审查制度和审查能力建设，2016 年率先在全国实现备案审查系统省、市、县三级联网，做到“有件必备、有备必审、有错必纠”，坚决维护国家法治统一。

下一步，我们将以这次会议为契机，全面落实习近平总书记对浙江提出的“干在实处永无止境，走在前列要谋新篇，勇立潮头方显担当”重要指示精神和本次会议精神，以改革开放四十周年、“八八战略”实施十五周年为新起点，不断改进和加强地方立法工作，切实提高立法质量，在推进经济社会发展和治理体系、治理能力现代化中，更好展现地方立法工作的使命担当。

以高质量立法打造优质营商环境

——赵光君同志在省级人大
立法工作交流会上的发言

（2019 年 9 月 4 日）

“法治是最好的营商环境”。浙江省人大深入贯彻习近平新时代中国特色社会主义思想，充分发挥立法职能，不断建立健全支持和促进市场主体创业创新的法规制度，打造公正、透明、高效的法治化营商环境。

一、坚持以“八八战略”为引领，始终把保障和优化营商环境作为地方立法的重要遵循

习近平总书记在浙江工作期间提出的“八八战略”是引领浙江发展的总纲领，其中第一条就明确要求“进一步发挥浙江的体制机制优势，大力推动以公有制为主体的多种所有制经济共同发展，不断完善社会主义市场经济体制”。多年来，浙江省人大坚持以“八八战略”为指引，深入贯彻落实习近平总书记关于加强立法工作的一系列重要论述，将优化营商环境作为地方立法的重要任务和价值追求加以推进。一是牢固树立“公平秤”的理念，营造权利平等、机会平等、规则平等的竞争环境，保障各类市场主体平等使用各种要

素资源，充分激发市场活力。二是牢固树立“边界线”的理念，合理划分政府和市场边界，对市场竞争机制能够有效调节、市场主体能够自主决定的事项，坚决不设行政许可，减少政府干预。三是牢固树立“防火墙”的理念，重视发挥“有为政府”与“有效市场”的协同作用，强化市场失灵领域的监管措施，确保良性竞争。

二、坚持以问题为导向，着力构建符合浙江实际的营商环境制度体系

优化营商环境是一项系统工程。浙江省人大紧扣市场经济发展中的新情况新问题，从推动政府职能转变、优化市场要素配置、维护公平竞争秩序等方面，加强顶层设计，加快立法步伐。截至目前，已经出台与营商环境直接相关的法规41部，基本形成了符合浙江改革发展需要、体现地方特色的营商环境制度体系。

一是优质高效的政务环境。出台全国“放管服”领域首部综合性地方法规《浙江省保障“最多跑一次”改革规定》，将区域评估、标准地、企业投资承诺制、施工图联合审查等改革举措上升为法规制度，有效破解行政审批中申请材料繁琐、审批时限过长、信息共享壁垒等难题。目前，全省已实现“最多跑一次”事项100%全覆盖，群众满意率达96.5%。

二是公平开放的竞争环境。在推进中小企业发展条例有效实施的基础上，加快制定民营企业发展促进条例，通过立法手段破解民营企业遇到的政策待遇不平等、要素保障不充分等问题，推动民营经济持续健康发展。出台《中国（浙江）自由贸易试验区条例》，积极推进投资和贸易的便利化。修订台湾同胞投资保障条例，为台胞投资创业提供更加稳定的制度保障。出台华侨权益保护条例，鼓励和引导华侨回乡创业创新。

三是良性互动的金融环境。出台全国首部金融领域的地方性法规《温州市民间融资管理条例》，畅通民间资本投向实体经济的渠

道。研究制定地方金融条例，强化地方政府属地金融监管和风险防范处置的职责，将地方金融组织的管理纳入法治轨道，提升金融服务实体经济的能力。

四是规范有序的市场环境。出台公共信用信息管理条例，完善激励守信、惩戒失信的社会信用体系，推动“信用浙江”建设。修订消费者权益保护法实施办法，聚焦群众关注的预付卡、快递、家用汽车等消费热点，规范交易秩序。修订专利条例，完善产权保护的法规制度，有效发挥知识产权的创新激励作用。

五是转型发展的空间环境。出台违法建筑处置规定、国有土地上房屋征收与补偿条例，以法治手段推动“三改一拆”工作。法规出台以来，全省已累计拆除违法建筑 11.7 亿平方米，改造旧住宅区、城中村、旧厂区 17.15 亿平方米，有效盘活了土地资源，为加快新旧动能转换腾出了发展空间。

三、坚持在探索中完善，不断创新营商环境立法的工作机制

浙江省人大不断适应新时代对地方立法的新要求，建立健全科学有效的立法工作机制，确保营商环境立法的针对性和实效性。一是坚持党对立法工作的领导。自觉把党的领导落实到立法工作的全过程和各方面，坚持重大立法项目、立法中的重大问题和立法工作中的重要事项，及时主动向省委报告，确保立法正确政治方向。二是实现立法与改革决策相衔接。紧扣中央和省委关于优化营商环境的决策部署，及时跟进相关立法，着力通过法规制度固化改革成果、破解改革难题、预留改革空间。三是发挥人大立法主导作用。加强主动谋划，深入调研论证，准确把握优化营商环境的立法需求，科学编制年度立法计划。加强统筹协调，法规起草提前介入，重要法规实行起草小组“双组长”制度，由省人大常委会联系相关工作的副主任和省政府分管的副省长共同担任起草小组组长，研究解决立

法中的重大问题。四是保障立法过程公众参与。充分运用座谈会、论证会、网络征求意见等方式，发挥代表专业小组、基层立法联系点的作用，确保立法汇集民意、反映民情、集中民智。出台《地方性法规草案征求企业和行业协会商会意见若干规定》，进一步拓宽市场主体参与立法的渠道。五是打好立法监督组合拳。在保障“最多跑一次”改革规定和民营企业发展促进条例立法过程中，同步开展专项督察和专题询问，围绕改革发展中的重大问题作出科学的制度安排，使法规更加精准管用。

固本培元　多措并举
着力加强新时代立法队伍建设

——赵光君同志在第二十六次
全国地方立法工作座谈会上的发言

（2020 年 11 月 19 日）

做好新时代地方立法工作，需要一支高素质人才队伍。浙江省人大常委会深入贯彻党中央和全国人大指示精神，把加强立法队伍建设作为一项基础性、战略性任务来抓，不断强化党的领导，坚持统筹谋划，内壮“筋骨”，外接“活水”，努力打造高素质立法队伍，为高质量开展地方立法，高水平推进法治建设提供强有力的人才支撑。

一、强化党的领导，厚植立法队伍建设的组织保障

加强立法队伍建设，党的领导和支持是根本保证。习近平同志在浙江工作期间就提出，要培养一支政治坚定、作风过硬、有立法工作理论素养和实践工作经验的立法队伍，全面提高地方立法工作水平。浙江省委高度重视立法队伍建设，多次听取省人大常委会有关工作汇报，并将立法队伍作为党管干部、党管人才的重要内容。

一是明确工作要求。2019年9月，浙江省委常委会专题学习栗战书委员长在天津会议上的重要讲话精神，明确提出要采取“超常规”举措加强立法人才队伍建设，不断完善选拔、任用、培养机制。2020年10月，省委袁家军书记强调，要大力加强立法专业人才队伍建设，着力打造与“重要窗口”相匹配的立法人才队伍，进一步明确了新时代浙江立法队伍建设的目标要求。二是加强组织实施。2016年，浙江省委出台《关于加强党领导立法工作的实施意见》，部署加强立法机构和人员队伍建设，推进立法队伍正规化、专业化、职业化。2019年8月，省委又出台《关于高水平推进新时代人大工作和建设的意见》，对加强立法队伍建设提出进一步要求。2020年年初，省委首次将加强立法队伍建设列入年度工作要点和法治浙江建设工作要点，要求省委组织部会同省人大常委会抓好落实。三是强化监督考核。省委依法治省委员会将立法工作力量建设情况纳入设区市法治浙江建设考核评价指标，由省人大常委会法工委负责评分。去年考核中有两个设区市因为没有根据核定编制配备立法工作人员而被扣分，当地党委高度重视，作出整改。

二、坚持统筹谋划，夯实立法队伍建设的制度基础

加强立法队伍建设，统筹规划是基础。浙江省人大常委会党组书记、副主任梁黎明同志牵头成立课题组，就加强新时代立法队伍建设进行系统谋划和深入调研，梳理出一揽子问题清单报告省委。省委组织部于2020年8月出台《中共浙江省委组织部关于加强新时代我省立法队伍建设的若干意见》，从坚决扛起建设“重要窗口”政治责任的高度，对立法队伍建设作出顶层设计，并明确了13项具体工作任务和相应责任部门。一是强调规划引领。要求把立法人才队伍纳入党管人才总体规划，将立法队伍建设的发展目标、重点举措等纳入浙江省人才发展五年规划，研究制定立法人才队伍建设专

项规划，统筹推进立法人才队伍建设。二是加强力量配备。要求增加有法治实践经验尤其是有立法经验的常委会委员，比例不低于15%。探索从高校院所、执法司法部门选配年轻业务骨干担任常委会专职委员。加强人大常委会法工委工作机构建设，配强配齐工作力量。三是完善激励保障。要求重视发现掌握优秀年轻立法干部，采取有效措施加大培养、选拔和使用力度。对表现优秀、实绩突出的立法工作人员，职级晋升时在同等条件下优先考虑。为推动意见有效实施，省人大常委会会同省委组织部专门召开工作推进会，对加强立法队伍建设作出部署。杭州、宁波、丽水等市已经增设了立法研究所等机构，充实人大常委会法工委力量。

三、注重内挖潜力，把握立法队伍建设的关键环节

加强立法队伍建设，内涵式发展是关键。在机构编制难以增加的情况下，我们拓展工作思路，加强机制创新，采取有力措施，探索内部挖潜、优化结构、提高能力的队伍建设路子。一是强培训，提高队伍“含金量”。将立法工作领导干部纳入党委组织部门培训总体规划，研究制定立法队伍培养规划和年度培养计划，建设初级、中级、高级立法能力发展培训课程，形成一套科学规范系统的立法培训体系。二是重引进，建设立法“硬核”力量。优化专门委员会组成人员知识结构，2020 年 3 月，省人大常委会一次任命 15 名相关领域专家和律师为专门委员会成员。探索以聘任制公务员形式公开招聘高级立法专员。多渠道选拔优秀人才，注重从执法和司法队伍中选调立法工作人员，探索从律师和法学专家中公开招聘立法工作人员，近五年来省人大常委会共引进 10 名优秀年轻干部充实到人大常委会法工委。三是育长远，打造立法人才“蓄水池”。用才之基在储才，储才之要在育才。重视立法人才培育工作，探索委托高校培养立法学方向硕士、博士研究生。支持浙江大学设立立法学专业，

常委会法工委联合浙江大学法学院开设《立法理论与实务》课程，由人大常委会法工委领导与法学院教授合作授课。力争到 2025 年，形成 15 名立法领军人才、50 名立法骨干人才、100 名立法专业人才的浙江地方人才队伍梯队，确保立法事业可持续发展。

四、善于借助外力，拓宽立法队伍建设的方法路径

善于借用“外脑”，是新时代立法工作的必然要求。我们按照完善党委领导、人大主导、政府依托、各方参与立法工作格局的要求，积极发挥社会力量在立法中的作用。一是搭建平台。组建立法专家信息库、专家咨询委员会，出台立法项目专家制度，建立起了多层次、多维度、全方面的专家参与的立法机制。二是建设智库。联合浙江大学联合成立实体化运作的浙江立法研究院，立足打造高端立法智库，充分整合省内外研究力量，开展立法决策咨询、学术交流、课题研究等工作，已成为辅助立法的重要力量。三是数字赋能。积极推进立法信息化建设，探索利用互联网、大数据、人工智能等手段赋能立法工作，迭代升级“浙江省人大智能立法辅助平台”系统，加快草案起草、文稿审查、项目管理、法规清理等工作的数字化转型，推动立法工作科学、精准、高效。

立法是为国家定规矩、为社会定方圆的神圣工作。我们将认真学习贯彻本次会议特别是栗战书委员长重要讲话精神，围绕新发展阶段对立法工作提出的新要求新任务，唯实唯先，善作善成，以德才兼备的高素质立法队伍保障高质量地方立法。

推进数字化改革　促进高质量立法

——赵光君同志在第二十七次
全国地方立法工作座谈会上的发言

（2021 年 12 月 3 日）

以习近平同志为核心的党中央高度重视发展数字经济，实施网络强国战略和大数据战略。浙江省委作出数字化改革重大部署，以此作为全面深化改革的总牵引，打造数字变革高地。浙江省人大常委会紧跟省委决策部署，主动融入党政机关整体智治体系，积极开展立法数字化改革的实践探索，初步建成“浙江人大立法综合应用系统”，实现省市人大“一体使用”、立法情况“一屏掌控”、起草审议“一网协同”、流程进度“一览无余”、工作任务“一键智达”。现将有关情况报告如下：

第一，明确改革目标和重点任务。省委明确提出“加快地方立法综合应用场景建设，促进立法流程再造、大成集智”。省人大常委会成立工作专班，加强统筹协调和研究论证，明确立法数字化改革的总体目标，就是围绕立法这“一件事”，充分运用数字化手段，创新立法工作机制、业务流程、方式方法，实现全过程网络化智能化管理，推动立法工作的质量变革、效率变革、动力变革。重点聚焦三个方面：一是提高立法质量效率。加快数字赋能科学立法，完善法规立项、起草、审议、实施等机制，畅通立法任务链和执行链，不断推进立法的精准选题、精良设计和精炼表达。二是发展全过程人民民主。运用信息化手段，建立起各方参与立法的“数字绿道”，不断拓宽人民有序参与立法的途径，推进立法协商。三是完善立法工作格局。通过构建全流程数据互通、数字化全面协同、跨部门流程再造的机制，不断完善党委领导、人大主导、政府依托、各方参与的工作格局。

第二，把握改革理念要求。一是创新突破。运用数字思维、数字认知和数字技术，把立法业务与数字技术紧密结合起来，催生立法工作和数字技术的化学融合，针对立法中的难点堵点，进行场景化技术重构，为立法插上“数字引擎”，使立法更快更精确回应社会需求，推进科学决策、民主决策。二是多跨协同。建设法规全流程应用场景，打通立法与监督、代表等工作的数据流，架起人大与政府、公众的业务流，实现跨部门、跨业务、跨系统的工作协同和数据互通。三是闭环管理。通过构建立法数字孪生场景，打造从法规制定实施到修改完善的闭环链条，并不断迭代升级。

第三，全力打造典型场景。遵循数字化改革的理念要求，运用V字模型分析方法，全面梳理立法核心业务，细化事项“颗粒度”，强化系统集成，建成了规范统一、功能全面的数字化平台，将省和设区市法规制定、报批法规审查、立法计划编制、法规清理等工作流程从线下搬到线上，实现立法全生命周期数字化管理。在此基础上，集成立项需求库、立法协同、全过程民主立法、法规实施监督和备案审查等五个多跨场景，旨在实现民意反映高频词动态抓取，立法需求分析预测，起草专班线上协同，立法意见征集精准投放、自动汇总和及时反馈，法规实施情况报告和配套规范性文件制定等任务实时推送和逾期提醒，以及备案审查工作的可量化可监测可评价，达到业务协同、责任明晰、节点可控，推动立法工作的流程重塑和机制创新。

第四，增量开发智能应用。在实现立法工作从传统模式到信息化和数字化改革跨越的同时，我们积极开展智能立法的探索，针对立法工作者需要查询海量数据资源、进行大量文本操作、处理繁复文字资料导致工作效率不高，存在重复劳动的现状，运用文字识别、数字建模、数据分析等技术，谋划开发智能起草、智能检索、智能比对、智能文本、智能清理、智能统计等六大智能应用，努力实现立法资料收集分享、文本在线辅助生成、关联法规自动匹配、草案自动查错纠正、修改记录全程留痕和法规清理智能提醒等功能，帮助立法工作者摆脱简单重复的机械劳动，把更多的时间精力投入到研究思考上，更好地分析、研判和发现客观规律，不断提高立法质效。

高质量立法助推共同富裕示范区建设

——赵光君同志在第二十八次
全国地方立法工作座谈会上的发言

（2022 年 12 月 8 日）

高质量发展建设共同富裕示范区是习近平总书记和党中央赋予浙江的重大政治任务，承担着探索破解新时代社会主要矛盾的有效途径，为全国推动共同富裕先行探路、提供省域范例的重要历史使命。我们深入学习贯彻习近平总书记关于共同富裕的重要论述精神，紧跟中央决策部署，紧扣改革目标要求，主动融入、积极作为、系统推进，以高质量立法为示范区建设提供有力的法治保障。

一、省委高度重视，强化组织领导

共同富裕示范区立法是一项事关长远的战略任务，必须加强党的领导，充分发挥党委总揽全局、协调各方的领导核心作用。一是省委决策明确方向。2021 年 6 月，中央《关于支持浙江高质量发展建设共同富裕示范区的意见》下发后，浙江省委第一时间召开全会专题研究，省委袁家军书记直接谋划推动，提出一系列制度机制建设任务，并明确率先构建促进共同富裕的地方法规规章政策体系的要求。二是强化组织落实责任。浙江省委全面依法治省委员会成立由人大常委会法工委为第一牵头单位、30 多家省有关部门为成员的共富制度体系建设专项小组，并印发实施方案，明确任务书、时间表、路线图。三是专班推进抓好实施。省人大成立由常委会党组书记为组长的工作专班，围绕“八个方面”具体任务，实行清单化管理、项目式推进，推动中央和省委决策有效落地。

二、加强统筹谋划，确定思路重点

共同富裕示范区立法是一项具有开创意义的创新工程，需要加强研究谋划，构建系统完备、科学规范、运行高效的制度体系。一是明确总体思路。落实中央要求的体制机制建设任务，我们强化系统思维，提出构建以一部综合性基础性共同富裕地方性法规为主体、若干部相关领域具体法规为内容的“1＋N”共同富裕法规制度体系的工作思路。二是积极开展研究。立足示范区建设的目标要求，会同省委改革办等部门，组织开展相关改革措施涉及现行法律行政法规的研究工作，为国家层面强化相关立法提供参考。三是全面梳理需求。对照国家和省委提出的改革举措，对现行有效228件省地方性法规开展系统梳理，提出各领域需要立改废的项目清单，为全面推进示范区立法提供指引。

三、加快推进立法，引领改革发展

共同富裕示范区立法是一项紧迫艰巨的历史使命，需要在确保质量前提下不断加快进度，推动共同富裕改革创新取得突破性进展。一是出台综合性决定。中央意见下发后，我们及时出台专门决定，强调要凝聚全社会力量，加快建立适应示范区建设的体制机制。二是制定基础性法规。围绕“1＋N”制度体系，将《浙江省高质量发展建设共同富裕示范区促进条例》作为年度立法重点，不断强化人大主导，提高草案质量，打好制度框架的基础。三是加快各领域立法。聚焦中央明确的“四大战略定位”，加强重点领域立法，2021

年以来共制定修订修改公共数据条例、乡村振兴促进条例、失业保险条例等 50 余件法规，形成一批创制性立法成果，有效促进示范区建设改革实践。

四、创新工作机制，提升立法质效

共同富裕示范区立法是新形势下立法工作理念方式的转型升级，需要创新完善机制，探索地方自主性先行性立法的高效路径。一是加强数字赋能立法。建设省市人大一体使用的立法综合应用，集成五大多跨场景、六大智能辅助，实现法规全流程高效协同和数字化管理。二是深入践行全过程人民民主。建成覆盖全省域的基层立法联系点工作体系，运用数字化手段将立法征求意见范围扩展至全省 112 家代表联络站，确保立法充分反映民情、汇集民智。三是打造闭环管理链条。以一件事为主线，建立法规立项、起草、审议、实施的全周期闭环管理机制，实现全过程质量把关、流程把控、高效管理。

全国人大常委会法工委高度重视浙江示范区建设，多次研究讨论并赴浙江开展调研、听取意见，出台《关于加强同浙江人大工作联系支持浙江高质量发展建设共同富裕示范区的若干意见》，明确了在法治轨道上支持和鼓励浙江先行先试、探索创新、完善提升的总体要求和具体举措。下一步，我们将认真贯彻党的二十大和本次会议精神，落实好全国人大常委会法工委文件要求，以更高质量更高水平的地方立法行稳致远推进共同富裕示范区建设。

理论研究篇

（一）省人大常委会开展的立法理论研究

贯彻二十大精神进一步做好地方立法的几点思考①

过去五年，在省委和省人大常委会党组的有力领导下，我们紧扣中心、紧跟改革、紧贴民意，守正创新、奋力拼搏，推动立法工作不断开创新局面、取得新成绩。截至目前，本届省人大及其常委会共制定法规51件、修订法规13件、修改法规88件、废止法规24件，法规项目总数相比上一届增长20%，其中新制定法规数增长31%，立法数量创了新高，特别是出台了十多部在全国处于领先地位的首创性法规，打造了许多标志性成果，形成了一张张浙江立法的金名片，相关经验做法连续五年在全国人大地方立法工作会议上作大会交流发言，得到全国人大常委会领导的充分肯定。可以说，我们的地方立法服务大局更有力度、引领改革更加及时、立法创新更显特色、保障民生更富成效、工作机制更为健全，交出了五年履职的高分答卷。

今后五年是全面建设社会主义现代化国家、深入推进“两个先行”的关键时期，地方立法面临的任务依然繁重、要求更加严格。

① 此文为省人大常委会副主任赵光君同志在2022年省人大常委会工作务虚会上的发言。

如何在新的历史起点上进一步提高立法质量，推动立法工作与时俱进、完善发展，是当前需要深入思考的重要课题。党的二十大明确提出，要“增强立法系统性、整体性、协同性、时效性”，这对高质量立法提出了具体要求。下面，我就如何贯彻好这四个方面要求谈一些体会：

一、增强立法系统性

系统性是马克思主义哲学重要的认识论和方法论，强调要从事物的总体与全局、要素的联系与结合上研究事物的运动与变化，找出规律、建立秩序、优化发展。地方立法贯彻系统性要求，就是要充分运用系统论的方法和观点，厘清组成要素，完善结构功能，系统化地把握、构建和推进立法工作。

一是强化系统性思维。要把地方立法放在中国特色社会主义法治体系、中国式现代化建设的大系统中来谋划，放在党和国家事业发展的全局上来推进，心怀“国之大者”，紧扣党的二十大和省第十五次党代会作出的决策部署，紧扣“两个先行”提出的改革举措，找到立法工作的着力点和切入口，确保在法治轨道上系统推进改革发展。

二是开展系统性研究。要坚持问题导向，立足当前的新形势新任务，对照国家和人民群众的新要求新期盼，对立法工作开展系统研究，查漏补缺，形成完备的法治体系。今年，法工委组织力量对共同富裕法规制度体系开展专门研究，课题组对标对表中央和省委的改革要求，对我省现行有效地方性法规进行全面梳理，查找立法薄弱点和空白点，研究提出了今后需要立改废的一揽子清单，形成一个完整的调研报告。这就是系统思维和方法的具体应用，很有意义，为我们制定明年立法计划和下一届立法调研项目库提供了有益参考。这一调研报告也得到全国人大常委会领导的充分肯定。

三是加强体系化推进。要运用系统方法，将立法工作事项划分为一个个子系统，形成以综合性、基础性的规定为统领，各部分具体化、精细化的规定为内容的架构体系，实现以统带分、以分促统、系统有机一体推进。实际上，目前国家和地方的立法，都已经在运用这一方法。比如，全国人大常委会加强生态环保领域立法，基本形成了1+N+4的生态环保领域法律体系。还比如，我们正在推进的1+N共同富裕法规制度体系建设，以及1+X地方立法制度体系建设等等，都是这一方法论的有效运用。

二、增强立法整体性

整体性和系统性密切相关，但整体性更加强调处理好系统内部各组成部分的关系，形成有机整体，发挥更大效应。就我省人大立法而言，贯彻整体性的要求，需要把握和处理好三对关系，推动形成法治引领保障改革发展的强大合力。

一是地方立法与中央立法的关系。地方性法规是中国特色社会主义法律体系的重要组成部分。地方立法是对国家立法的贯彻落实，处于补充性、实施性的地位，一方面要遵循依法立法的原则，在法定权限内开展立法，另一方面也要紧盯国家立法步伐，及时跟进完善。全国人大常委会法工委印发的《若干意见》对此也提出了明确要求。要善于抓住机会，加强与全国人大常委会法工委的沟通联系和请示汇报，请求他们多给予帮助指导，更好地精准选题、精细立法，确保我省地方立法和国家立法有效衔接、共同推进。

二是人大立法与政府立法的关系。地方性法规和政府规章定位不同，各有侧重。要充分统筹立法资源，在制定立法计划时，加强与司法厅的沟通联系和研究论证，对于能够通过政府规章解决的事项，可以由政府制定规章，更好地发挥政府立法的优势和作用，避免人大统包统揽，将有限的资源用到刀刃上，产生最佳效能。

三是省级立法和市级立法的关系。要加强对设区市立法的审查指导，既要把好关，严格“合法性”审查，又要强化帮助支持，引导设区市更好地围绕中心开展立法、体现特色，推动我省地方立法能力水平的整体提升和全面推进。

三、增强立法协同性

增强协同性是指各个相关主体之间充分交流、高效协作、同向而行，实现相互促进、共同发展。地方立法增强协同性，就是要处理好人大立法机构和党委、政府有关部门以及社会公众的关系，充分发挥各方主体在立法中的积极作用，进一步完善“党委领导、人大主导、政府依托、各方参与”的立法工作格局。结合工作实际，下一步要重点做好以下三方面：

一是进一步加强专班协同。本届以来，我们建立了法规草案起草专班和“双组长”制度，有利于强化立法沟通协调，统一思想认识，研究解决重大问题。要不断完善这一制度，不仅是起草阶段，在审议阶段也要发挥起草专班的作用，避免人大“单打独斗”。对审议环节出现的重大问题或者作出的重大修改，要在法规通过前召开专班会议进行协调论证，更好地凝聚共识、提高草案质量。

二是进一步加强基层群众协同。习近平总书记关于全过程人民民主的重要论述始于基层立法联系点，二十大报告对建设好基层立法联系点提出明确要求。要进一步健全省人大常委会基层立法联系点制度，优化设置、提升功能，同时，要充分依托人大全过程人民民主基层单元，不断拓展人民群众有序参与立法的途径，提高参与的广度和深度，使得立法更好地汇集民意、反映民生、凝聚民心。

三是进一步加强专家协同。经过努力，省人大常委会已经形成了以专家咨询委员会、专家信息库、项目专家制度以及立法研究院等为主要内容的多层次、多平台专家参与立法工作体制机制。下一步要在提升专家参与的针对性、有效性上做文章，进一步研究思考专家参与立法的切入点和主攻方向，充分发挥其学术优势，促进立法实践和理论的有效互动，推动提高立法质量。同时，继续做好高校教师到法工委挂职工作，形成常态化的机制，培育一批既精通立法理论、又了解立法实务的人才队伍，打造人大立法的最佳智库和最强“外脑”。

四、增强立法时效性

立法时效性是二十大报告首次提出，主要是指立法工作要因时而变，及时根据经济社会发展形势作出调整，不能静止僵化、停滞不前，更不能成为阻碍改革发展的桎梏和绊马索。就地方立法而言，增强立法时效性要做到：

一是更好地实现立法和改革决策相衔接。这是一个每次提到立法工作都绕不开的话题。习近平总书记对此有一系列全面深刻的论述，提出了明确要求，但实践中还是存在差距。要进一步加强人大主导，主动加强同党委决策部门的沟通联系，了解改革动态，提出立法建议；同时，要不断强化政府部门的法治意识特别是立法意识，在谋划相关改革举措时，同步考虑立法问题，确保在法治下推进改革，在改革中完善法治。

二是更好地统筹立法形式。省人大常委会行使地方立法权 40 多年，立法数量已经不少（现行有效 228 件），基本形成了具有浙江特色的地方性法规体系，连同国家法律法规和政府规章等，总体上解决了有法可依的问题。但随着经济社会的持续变化发展特别是共同富裕示范区等重大决策的相继推出，地方立法面临许多新需求。在加快立法进度，继续制定好新法的同时，还要统筹修订、修改、废止等立法手段，及时完善法规制度，确保我们的立法能够与时俱进、适应发展。

三是加快“小快灵”立法。“小快灵”立法是对立法工作的新要求，具有立法切口小、速度快、形式灵活的特点，是面对社会形势迅速变化，提供及时有效法治供给的重要方式。在这一方面，省人大常委会近年来也作了一些探索，比如出台疫情防控决定、禁食野生动物决定、亚运会决定等，取得了非常好的法律效果和社会效果。要继续强化，既要有宏观性、综合性的法规，也要有小切口的规定，关键是要立足改革、结合实际、研究问题，更好地切小题目、切准特色、切细内容、切实措施，有几条就规定几条，确保让法规立得住、行得通、真管用。

新时代合宪性审查视角下加强地方人大备案审查工作研究[①]

规范性文件备案审查，是宪法、法律赋予各级地方人大常委会的重要监督职责，是符合中国国情、具有中国特色的重要宪法监督制度。党的十八大以来，党中央把实施宪法摆在全面依法治国的突出位置，对备案审查工作作出许多重要决策部署，赋予了备案审查工作新的历史使命，提出了新的更高要求。在新时代全面推进依法治国的新形势新任务新要求下，迫切需要加强地方人大备案审查的制度建设和能力建设，迫切需要探索地方人大行使备案审查职权的新路径、新方法。

一、浙江省备案审查工作的主要做法和成效

浙江省的备案审查工作起步较早。早在1985年，省人大常委会根据宪法、地方组织法的规定，作出了要求某设区的市人大常委会依法撤销同级人民政府不适当的规范性文件的决定，开启了我省规范性文件备案审查工作的先河。2000年立法法实施后，建立了省和设区的市人民政府规章备案审查制度。2007年监督法实施后，组织推动全省各级人大常委会建立了同级人民政府发布的决定、命令和

① 本文系2018年省人大常委会主任会议成员重点调研课题。课题主持人：赵光君，课题组成员：丁祖年、任亦秋、尹林、田梦海、刘永华。

下一级人大及其常委会作出的决议、决定（以下简称“命令、决定”“决议、决定”）等规范性文件备案审查制度。

党的十八大以来，浙江省人大常委会坚持以习近平新时代中国特色社会主义思想为指导，认真贯彻落实党中央关于备案审查工作的重要决策部署，秉持“干在实处、走在前列、勇立潮头”的浙江精神，坚持把备案审查工作作为常委会的重要监督工作来抓，不断完善工作制度，健全工作机制，创新工作方法，提高工作能力，强化监督实效，扎实推进备案审查工作的制度化、规范化、信息化和常态化，较早实现党中央和全国人大常委会提出的规范性文件“有件必备、有备必审、有错必纠”工作目标，推动备案审查工作走在全国前列，得到全国人大常委会的肯定。

（一）加强督促报备工作，做到有件必备

备案是备案审查工作的首道环节。省人大常委会坚持把所有的规范性文件纳入备案审查范围，加强日常督促报备工作，做到规范性文件有件必备。

一是实现备案文件全覆盖。根据立法法、监督法等法律法规规定，省政府规章，省政府及其办公厅的规范性文件，设区的市人大及其常委会的决议、决定，设区的市政府规章，应当自发布之日起30日内报省人大常委会备案。2013年以来（截至2018年6月30日，下同），省人大常委会共接收各个制定机关报送备案的规范性文件668件，其中省政府规章56件，省政府及其办公厅的规范性文件457件，设区的市人大及其常委会的决议、决定70件，设区的市政府规章85件，做到了备案文件全覆盖。

二是加强督促报备工作。针对有的制定机关规范性文件报备不全面、不及时等情况，省人大常委会加强对制定机关的日常工作督促，做好每年年初的备案规范性文件目录核对工作，督促制定机关及时补报漏报、未报的规范性文件，实现规范性文件有件必备。

三是做好报送备案工作。根据立法法等法律法规规定，省人大

常委会还需要将我省和设区市的地方性法规、自治条例和单行条例，在公布后30日内向全国人大常委会和国务院报送备案。2013年以来，共向全国人大常委会、国务院报送备案的地方性法规205件，其中省地方性法规91件，设区的市地方性法规113件，景宁畲族自治县单行条例1件。报送备案的纸质文本、电子文本、公报文本、扫描文本等法规文件，全部通过全国人大常委会、国务院审核接收。

（二）健全工作机制，做到有备必审

审查是备案审查工作的中心环节。省人大常委会从健全备案审查工作机制入手，积极加强有重点的主动审查工作，探索专项审查新形式，做到规范性文件有备必审，并对收到的4件公民规范性文件审查建议，依法进行了审查处理。

一是健全备案审查工作机制。2013年9月，省人大常委会主任会议研究通过了《浙江省人大常委会规范性文件备案审查工作程序》，建立了法制（工作）委员会形式审查、有关专门（工作）委员会初步审查、法制（工作）委员会综合审查的工作机制，对所有备案的规范性文件实施全面的主动审查，其中属于政府规章的，由法制工作委员会同有关专门（工作）委员会进行同步审查，形成工作合力。同时，在省委办公厅牵头组织下，建立法规、规章和规范性文件备案审查衔接联动机制，确保实现有备必审。

二是主动审查全覆盖。2013年以来，法制（工作）委员会共主动审查政府规章及其他规范性文件75件，内务司法（工作）委员会主动审查63件，财经委员会、预算审查工作委员会主动审查311件，教育科技文化卫生（工作）委员会主动审查102件，农业与农村（工作）委员会主动审查88件，环境与资源保护（工作）委员会主动审查94件，民族与华侨委员会、外事工作委员会主动审查3件，代表与选举任免工作委员会主动审查3件，做到了规范性文件有备必审。

三是加强重点审查。在全面审查基础上，省人大常委会每年结

合监督工作计划，抓住关系改革发展稳定大局、广大人民群众切身利益、社会普遍关注的热点问题等，选择6件左右规范性文件进行重点审查。近年来，先后对扩大中心镇行政执法权限、开发园区预算监督、高层建筑消防、残疾人机动车管理、推进综合行政执法改革、餐桌安全治理行动三年计划、居住房屋租赁管理、行政复议体制改革试点工作方案等规范性文件进行重点审查，取得很好效果。

四是探索专项审查新形式。2014年，根据党的十八届三中全会提出的“税收法定”要求，法工委会同财经委员会、预算审查工作委员会进行了以税收优惠规定为主题的专项审查，共审查涉及税收优惠规定的省政府规章7件、省政府规范性文件22件、相关条款55处，没有发现合法性问题。2017年，对设区的市政府制定的网约出租车管理和电梯安全管理方面的规章或者规范性文件进行重点审查。审查中发现不适当问题的，督促有关设区的市进行纠正并转送省政府法制办和各设区的市人大常委会，起到很好警示作用。

五是审慎办理审查建议。2013年以来，省人大常委会共收到公民提出的审查建议4件。法制工作委员会逐一进行审查研究，区别情况，审慎处理，做到件件有办理、有结果、有答复。例如，关于“申请人申请房屋所有权转移登记时提交的赠与合同、分家析产协议、受遗赠证明和继承证明应当办理公证”的审查建议，经过审查研究，确认该规定与物权法、《不动产登记条例》抵触，违法增加房产登记条件，增加公民负担，依法督促制定机关予以纠正并函告建议人。又如，在办理“禁止摩托车上高速公路行驶”的审查建议时，召开有政府相关部门和建议人、摩托车爱好者代表参加的座谈会，对该规定的合法性、合理性和必要性进行说明和沟通，取得了良好效果。

（三）注重监督实效，做到有错必纠

纠正是备案审查工作的必然要求。省人大常委会坚持问题导向，突出监督重点，增强监督刚性，注重监督实效，努力实现法律效果

与社会效果、政治效果相统一，做到规范性文件有错必纠。

一是实现审查对象全覆盖。2013 年以来，共审查发现并督促纠正存在与法律法规相抵触或者其他不适当情形的规范性文件 8 件，包括省政府规章 1 件、设区市人大常委会决议决定 1 件、设区市政府规章 6 件，覆盖了省人大常委会备案审查工作的三类监督对象，做到审查对象全覆盖。

二是突出监督重点。牢牢锁定审查工作的三个重点，即是否符合中央和省委的重大改革决策和改革方向，保证中央令行禁止；是否存在没有法定依据减损公民、法人和其他组织的权利或者增加其义务，维护好人民群众的合法权益；是否存在违法增设行政许可、行政强制、行政处罚或者扩大范围、增加条件等，维护法治统一。依法审查纠正了要求民用建筑所有人制定节能建筑改造方案、负担节能建筑改造费用、报告建筑能耗等规定，关于禁止电梯所有人自行拆除报废电梯、禁止电梯维修保养人员兼职等规定，以备案形式变相增加建筑节能产品销售许可、增加电梯维修保养单位开业许可，扩大核发选址意见书的建设项目范围等规定。

三是增加监督刚性。对所有要求制定机关纠正的规范性文件，都发出监督函，明确纠正方式和纠正期限。制定机关承诺自行纠正的，要求其在承诺的时间内纠正办结。对推诿拖延情形的，由法制工作委员会负责人约谈制定机关负责人。审查纠正的 8 件规范性文件，制定机关都在承诺期限内完成纠正工作。

四是注重监督实效。加强审查意见沟通，对审查中认为规范性文件可能有问题的，都与制定机关进行充分沟通，督促制定机关自行纠正，做到既有效履行法定职责、回应群众关切，又兼顾社会效果、维护政府公信力，实现法律效果与社会效果相统一。

（四）加强制度能力建设，提升工作水平

制度和能力建设是深化备案审查工作的重要保障。省人大常委

会于2013年单设备案审查处，并通过引入互联网技术、邀请专家参与、开展工作研究等方式，不断加强备案审查制度和能力建设，提高备案审查工作水平。一是推进信息化建设。2014年建设开发了集备案、审查功能于一体的规范性文件备案审查系统，2016年推广到全省市、县、区人大常委会，建立了覆盖全省的备案审查信息化系统，从而进一步规范全省备案审查工作程序，提升了备案审查工作质量和效率，推动备案审查工作的制度化。二是健全专家参与工作机制。制定《专家参与规范性文件备案审查工作规则》组建规范性文件备案审查专家组，进一步强化专家参与备案审查工作，弥补备案审查工作力量和审查能力的不足。三是审议备案审查工作报告。2018年1月，省十二届人大常委会第四十七次会议首次审议《浙江省人民代表大会常务委员会法制工作委员会关于十二届备案审查工作情况的报告》，并将报告作为参阅文件印发浙江省第十三届人民代表大会第一次会议，接受代表监督。四是加强备案审查工作研究。采取组织课题研究、委托高校研究、开展案例研究、召开研讨会等方式，对备案审查工作中的实务及理论问题展开研究，为备案审查工作提供指导。五是加强备案审查工作的指导。每年召开一次设区的市参加的备案审查工作座谈会，交流工作经验，总结部署工作。对全省备案审查工作情况进行统计和通报。将备案审查工作纳入"法治政府"评价考核内容。此外，还通过举办培训班、召开研讨会、编发法制工作简报、派员参加工作会议、指导制定备案审查工作程序、指导具体规范性文件审查工作、回答询问等方式，加强对市、县、区备案审查工作的指导，推动全省备案审查工作发展。

二、浙江省备案审查工作的主要问题和不足

我省备案审查工作虽然取得了显著成绩，但与全面依法治国的新要求、改革发展的新需求、人民群众的新期盼相比，还面临一些

困难和不足，亟待研究解决。

一是备案审查工作思想认识有待提高。一些地方人大常委会没能真正从维护中央权威、保障宪法法律实施的政治高度来看待备案审查工作，政治站位不够高，政治敏感性不够强，重视程度不够，组织领导不力，没能真正把备案审查工作作为监督法规定的经常性监督工作来履职。从人大常委会内部工作角度看，法制（工作）委员会单打独斗、唱独角戏的现象仍然存在，备案审查工作没能真正形成合力。

二是备案审查范围标准有待规范。行政规范性文件的备案范围已得到明确和较好执行，但有关下一级人大及其常委会“决议、决定”的备案范围，在制度和理论层面尚无统一的标准，实践中较难把握。同时，有关规范性文件备案审查的适当性标准，法律法规还没有具体、明确的规定。在工作实践中如何把握，尺度如何衡量，需要进一步细化和量化。

三是备案审查能力素质有待加强。审查规范性文件是一项政策性、法律性、专业性很强的工作，没有一个专门的审查机构和一定数量的高素质人员，很难承担起备案审查工作职责。我省各设区的市虽然都设立了专门工作机构，但配备的工作人员偏少，普遍只有2名，存在“小马拉大车”的状况，不少县级人大常委会还没有专门工作机构，很难统筹协调繁重的规范性文件备案审查任务，并且现有工作人员素质、能力参差不齐，流动频繁，队伍稳定性不够。

四是备案审查方式方法有待创新。不论是主动审查还是被动审查，都停留在传统的“关门审查”“字面审查”上，走下去调查研究、联系实际解决具体问题还不够，专家参与、公众参与程度也不够深，备案审查与常委会重点监督工作和其他监督工作的结合还不够紧密，理论研究开展不够。信息化工作虽然走在全国前列，但信息化应用的广度、深度、力度仍需进一步加强。

三、进一步加强和改进我省地方人大备案审查工作的对策建议

党的十九大报告提出，“加强宪法实施和监督，推进合宪性审查工作，维护宪法权威。”这是党中央首次明确提出“推进合宪性审查工作”这一新任务新要求，是推进全面依法治国、实现国家治理体系和治理能力现代化的重大举措。全国人大及其常委会根据党中央的建议，在2018年3月的十三届全国人大一次会议上修改宪法，将全国人大“法律委员会”更名为“宪法和法律委员会”，在2018年6月的全国人大常委会第三次会议上作出决定，宪法和法律委员会在继续承担统一审议法律草案等工作的基础上，增加推动宪法实施、开展宪法解释、推进合宪性审查、加强宪法监督、配合宪法宣传等工作职责，积极响应部署推进合宪性审查工作。地方人大及其常委会作为地方国家权力机关，负有保证本行政区域内宪法、法律得到遵守和执行的法定职责。

推进合宪性审查工作，规范性文件备案审查是主要手段。地方各级人大常委会必须深刻认识备案审查在保障宪法法律实施、维护国家法治统一中的重要作用，坚决贯彻党中央对备案审查工作提出的新任务新要求，不断加强和改进新时代备案审查工作，努力开创地方人大备案审查工作的新局面。

（一）进一步深化思想认识，增强责任意识

规范性文件备案审查，是宪法、立法法、监督法等法律赋予地方人大及其常委会的重要监督职权，是保证中央令行禁止、保障宪法法律实施、维护国家法治统一的重要制度设计，是完善中国特色宪法监督制度的重要基础和着力点。人大常委会应当进一步提高思想认识，强化责任担当，切实履行好宪法法律赋予的监督职责。

一是强化政治责任。习近平总书记反复强调，宪法是党和人民

意志的集中体现。坚持依法治国首先要坚持依宪治国，坚持依法执政首先要坚持依宪执政。任何组织和个人都不得有超越宪法法律的特权，一切违反宪法法律的行为都必须予以追究。各级人大常委会要提高政治站位，强化政治责任，牢固树立“四个意识”，自觉把维护党中央权威和集中统一领导贯穿到备案审查工作的全过程和各个方面。主动向同级党委汇报人大常委会备案审查工作情况，争取党委支持。坚持把规范性文件备案审查纳入人大常委会工作总体布局，摆上重要议事日程，定期研究讨论备案审查工作中的重大事项。通过召开党组会议、理论中心组学习等形式，及时传达学习党中央、全国人大常委会关于备案审查工作重要指示精神，统一思想认识，增强行动自觉。加强与党委政府工作对接，始终围绕中心，服务大局，切实通过备案审查确保中央和省委重大决策在规范性文件层面得到有效贯彻落实。

二是强化工作责任。规范性文件备案审查是监督法规定的四种经常性监督形式之一，是人大常委会必须履行的法定职责。全省各级人大常委会都要把规范性文件备案审查作为重要行权手段，在思想上加强重视，在宣传上加强引导，在工作上加大力度。建立常委会听取和审议备案审查工作报告制度，向人代会书面报告备案审查工作制度，真正把备案审查工作提到常委会层面抓好抓实。主任会议每年听取备案审查工作的专项汇报，秘书长办公会议定期研究备案审查工作，协调落实加强备案审查工作的具体举措。各专门委员会主动加强备案审查工作的耦合度，不断提高备案审查工作的整体性、协调性和针对性。加强与监督对象之间工作联系，通过召开推进会、座谈会、协调会、研讨会等方式，进一步增强监督对象的责任意识和使命意识，及时交流沟通备案审查工作中的重要情况，研究解决备案审查工作中存在的重大问题，为深入有序推进备案审查工作创造条件。

三是强化社会责任。规范性文件涉及公民、法人和其他组织的权利和义务，具有可反复适用性、强制性和约束力等特征，备受社会关注。备案审查工作如何开展，结论如何定性，结果如何公开，都是社会关注的焦点，可能会引起很大的社会反响。人大常委会要切实从保障公民、法人和其他组织合法权利不受侵犯的角度出发，深化对备案审查工作社会性的认识，充分利用新闻媒体、人大网站、微信公众号等平台，进一步加强备案审查制度和工作的宣传，提高全社会对备案审查工作重要性的认识。认真对待公民、法人和其他组织提出的审查建议，充分听取各方面意见建议，仔细审查研究，区别情况，审慎处理，做到件件有办理、有结果、有答复。积极探索备案审查工作情况向社会公开的有效方式和途径，积极回应社会关切，兼顾社会效果与法律效果。

（二）进一步加强工作研究，科学指导实践

规范性文件备案审查工作起步晚，相关制度规范不尽完善，尤其是在备案范围、审查标准、工作程序等一些基础问题、重点问题上，法律规定尚不够具体明确，给备案审查实务工作带来影响和困惑，必须进一步在明确范围、细化标准、规范程序上探索理论和制度支撑。

一是明确备案范围。明确备案范围是做好规范性文件备案审查的前提和基础。经过多年实践，政府规范性文件的界定和报备已从理论、制度和工作层面得到较好解决，当务之急是要明确各级人大及其常委会的决议、决定，特别是就重大事项作出的决议、决定的备案范围。中办发（2017）10号文件对各级人大讨论决定重大事项制度作出了部署，《浙江省各级人民代表大会常务委员会讨论决定重大事项的规定》已经作出相应修改。要结合中央文件的要求和省条例的修改，对重大事项的内涵、外延进行针对性的研究和分类，科学编制人大讨论、决定重大事项目录库，准确界定重大事项决议、决定的报备范围，并通过制定规范性文件或者工作指引等形式予以明确，指导各级人大常委会依法、及时报送备案，切实做到规范性文件应备尽备。

二是细化审查标准。审查标准是衡量规范性文件合法性、合理性、适当性的尺度和准绳，是确保审查质量的核心和关键。全国人大常委会法工委正在制定《全国人民代表大会常务委员会备案审查工作规范（试行)》，列出了规范性文件备案审查合法性与适当性的九项标准。我省人大常委会法工委也在开展备案审查标准体系的研究和制定工作。下一步，我们将通过深入市、县、区调查研究，召开论证会、研讨会、座谈会等形式，广泛听取各方意见，科学研究论证，做好研究成果的转化工作，尽快形成符合我省备案审查工作实际，有针对性、可操作的指导意见。

三是规范工作程序。工作程序是对现有工作机制的固化和实体化，是开展备案审查工作的重要保障。《浙江省各级人民代表大会常务委员会规范性文件备案审查规定》和《浙江省人大常委会规范性文件备案审查工作程序》制定以来，为规范我省备案审查工作程序，推进备案审查工作发挥了积极作用，但已不太适应当前备案审查工作新情况、新要求，需要及时予以修改完善。认真吸纳我省备案审查工作的有益经验，按照问题导向和效果导向，对备案、审查、处理、反馈、公开等全过程的工作流程和制度规范进行全面梳理，着力构建与备案审查新形势新任务相适应、与法律相衔接、与实务工作相匹配的地方性法规和制度规范。

（三）进一步加强能力建设，提高实务水平

规范性文件备案审查工作政策性强、涉及面广、专业要求高，要有较强的能力素质与之相适应。加强备案审查能力建设，既是应对当前任务的紧迫需要，也是实现长远发展的战略任务。

一是加强备案审查机构建设和队伍建设。切实加强备案审查工作的组织领导，在机构设置、人员落实和资金投入上予以倾斜保障，特别是要健全县级人大常委会的审查机构，配备专职工作人员，承担规范性文件备案审查的综合、协调、督查等具体工作。严把备案审查工作人员入口关，选配政治素质硬、专业基础强、工作作风好

的人员充实备案审查队伍，切实解决备案审查工作人员能力、素质偏弱的问题，保持队伍相对稳定。明确备案审查工作机构和各专门（工作）委员会之间的职责分工，协调做好工作衔接与配合。

二是加强备案审查业务培训和工作指导。通过举办专题培训班、以会带训、挂职锻炼等多种形式，有计划地对备案审查工作人员进行系统培训，加强政治素质、业务素质和实践能力的培养、锤炼。通过召开工作会议、下发指导文件、组织业务交流、开展现场调研、编写典型案例、编发工作简报等形式，进一步加强备案审查工作指导，总结推广各地好的做法和经验，推动全省备案审查工作均衡发展。

三是加强备案审查力量有效整合和优化利用。随着全面依法治国的不断推进，备案审查工作任务越来越多、要求越来越高、责任越来越重，与审查力量不足的矛盾将长期存在，必须充分整合利用各种资源和力量，借力借智推动工作。要充分整合人大常委会内部资源，加强专门（工作）委员会的协作，必要时可以开展联合审查，形成工作合力。进一步加强与党委、政府备案审查工作衔接联动，通过备案审查工作通报、征求审查意见、审查意见研讨等形式，充分借用党委、政府的审查力量，提高审查质量。充分利用社会资源，在审查涉及重大事项或者专业性强的规范性文件时，通过组织论证、委托审查、聘请顾问、专家咨询等形式，引入第三方参与审查，出具专业意见，弥补人大审查力量不足的问题。

（四）进一步创新方式方法，推动长远发展

创新是引领发展的第一动力。地方人大规范性文件备案审查工作要在新时代新起点上谋求新突破，实现新目标，必须秉持创新理念，主动创新作为。

一是以人大履职为纽带，拓宽备案审查工作思路。将备案审查与人大常委会的视察、调研相结合，对人大常委会在视察、调研和执法检查中发现涉及规范性文件的问题，及时启动审查程序，使备案审查工作有新的着力点。将备案审查与听取专项工作评议相结合，

对规范性文件的制定质量、报备情况进行审议，使备案审查工作有新的着眼点。将备案审查与信访工作相结合，对群众信访的合理诉求涉及行政机关的规范性文件，依法启动审查程序，使备案审查工作有新的切入点。将备案审查与人大代表履职相结合，充分发挥人大代表在监督工作中的主体作用，通过征求意见、邀请参与论证等方式，吸收人大代表参加规范性文件备案审查工作，使备案审查工作有新的借力点。

二是以备案审查系统为载体，促进备案审查信息化建设。备案审查信息化建设，是加强备案审查制度和能力建设的重要举措，是推动备案审查工作向规范化、实体化发展的重要抓手。我省人大常委会的规范性文件备案审查信息系统建设走在全国前列。2018 年 9 月，进一步实现了省备案审查系统与全国人大备案审查平台之间的互联互通、业务协同和信息共享工作。下一步，还要继续加强备案审查系统应用的深度、广度和力度，重点拓展有关工作信息动态发布、审查个案在线讨论等方面的运用，把我省备案审查信息系统建成集工作、学习、信息交流为一体的多功能平台。

三是以理论创新为铺垫，推动备案审查工作创新发展。理论创新是实践创新的先导。要紧紧围绕“决议、决定”备案范围、审查标准、审查程序、纠正机制等备案审查工作中的重大现实问题，组织开展理论研究。充分利用高等院校、科研机构等各方面力量，通过委托研究、合作研究等方式，吸引专家学者参与备案审查理论研究，形成既有理论厚度又符合备案审查工作实际，实用、管用的研究成果，为加强和改进备案审查实务工作提供理论支撑，推动备案审查工作再上新台阶。

（执笔人：浙江省人大常委会法制工作委员会　刘永华）

浙江地方立法四十周年回顾与展望[①]

民主法治，国之基石。依法治国，立法先行。地方立法是中国特色社会主义法治体系的重要组成部分，是社会主义民主政治建设的重要内容。我国地方立法与改革开放相伴相生。回顾立法历程，展示工作成就，总结成功经验，对于进一步加强和改进新时代地方立法工作，不断完善中国特色社会主义法律体系，推进社会治理体系和治理能力现代化，保障和引领全面深化改革，推动实现“两个一百年”奋斗目标具有重要意义。

一、地方立法发展阶段

地方立法是省级人大及其常委会的重要职权，但地方立法权并不是与省级人民代表大会同时产生。1954 年 8 月，根据中国人民政治协商会议通过的《中央人民政府委员会关于召开全国人民代表大会及地方各级人民代表大会的决议》，浙江省第一届人民代表大会第一次会议在杭州召开，正式开启了我省人民代表大会的历史进程。1958 年 10 月和 1964 年 9 月，分别召开了浙江省第二届人民代表大会第一次会议和浙江省第三届人民代表大会第一次会议。“文化大革命”开始后，省人大工作进入非正常状态。直到 1977 年 12 月，浙江省第五届人民代表大会第一次会议召开，省人大重新履行职权。

① 本文系 2019 年浙江省人大常委会主任会议成员重点调研课题。课题主持人：赵光君，课题组成员：丁祖年、任亦秋、尹林、田梦海、何晓明、吴江。

这一期间，省人大的职能主要是审议政府工作报告、审查批准国民经济和社会发展计划等，并无地方立法权，也没有设置省人民代表大会常务委员会。1979 年 7 月 1 日，五届全国人大二次会议通过《中华人民共和国地方各级人民代表大会和地方各级人民政府组织法》，首次赋予省级人大及其常委会地方立法权。1979 年 12 月，浙江省五届人大二次会议首次选举产生省人民代表大会常务委员会，并开始行使地方立法权。

我省地方立法与改革开放相伴相生，从 1979 年至今，正好走过四十个春秋。回顾这四十年的经历，根据不同时期的工作特点，我省人大地方立法大致可以分为以下四个历史阶段：

（一）探索起步阶段（1979 年至 1986 年）

新中国成立后，《中国人民政治协商会议共同纲领》和“五四宪法”确立了中央集中行使立法权的国家立法体制，规定全国人民代表大会是行使国家立法权的唯一机关，同时规定自治区、自治州、自治县的自治机关可以依照当地民族的政治、经济和文化的特点，制定自治条例和单行条例，报请全国人大常委会批准。这一立法体制有利于巩固中央统一领导，但没有赋予地方更多的独立性和主动性。毛泽东同志曾指出，“我们国家这样大，人口这样多，情况这样复杂，有中央和地方两个积极性，比只有一个积极性好得多”。“我们的宪法规定，立法权集中在中央。但是在不违背中央方针的条件下，按照情况和工作需要，地方可以搞章程、条例、办法”。应该说，毛主席这一指示是符合我国国情和社会发展需要的，但由于“文化大革命”等历史原因，没有得到有效贯彻执行。

改革开放对民主法治建设提出了迫切需求。邓小平同志强调，“为了保障人民民主，必须加强法制。必须使民主制度化、法律化，使这种制度和法律不因领导人的改变而改变，不因领导人的看法和注意力的改变而改变”，并强调，“有的法规地方可以先试搞，然后经过总结提高，制定全国通行的法律”。1979 年 7 月，五届全国人大二次会议通过《中华人民共和国地方各级人民代表大会和地方各级人民政府组织法》，首次规定省、自治区、直辖市人大及其常委会根据本行政区域的具体情况和实际需要，在和国家宪法、法律、政策、法令、政令不抵触的前提下，可以制定和颁布地方性法规，并报全国人大常委会和国务院备案。地方组织法的规定启动了地方立法的历史征程。1982 年通过的宪法对此予以了确认。1979 年 12 月 19 日，浙江省五届人大常委会第一次会议首次行使地方立法权，通过了浙江历史上第一件地方性法规《浙江省县以下各级人民代表大会代表选举试行细则》，迈出了浙江地方立法的第一步。

针对“法律很不完备，很多法律还没有制定出来”的现实，邓小平同志强调：“现在立法的工作量很大，人力很不够，因此法律条文开始可以粗一点，逐步完善”，“总之，有比没有好，快搞比慢搞好。”在上述立法方针指导下，浙江省人大及其常委会“摸着石头过河”，在探索中推进地方立法，这一时期共制定省地方性法规 35 件，修改 2 件，对改革开放初期的浙江经济社会发展起到了重要作用。这一时期的浙江地方立法具有以下特点：一是立法数量比较少，年份之间的变动比较大。二是立法调整范围比较窄，基本集中在代表选举、计划生育、公共卫生管理和维护社会秩序等方面，主要是针对浙江改革开放初期出现的新情况、新问题进行立法探索。三是立法技术不规范，立法程序比较简单，法规质量也不够高，处于探索状态。四是立法工作队伍开始组建，1980 年 2 月成立了五届人大常委会法制委员会，下设办公室，其后更名为常委会法制工作委员会。1984 年 10 月，党的十二届三中全会通过《中共中央关于经济体制改革的决定》，以城市为重点的经济体制改革全面展开，为地方立法拓展了更为广阔的领域。

（二）快速发展阶段（1987 年至 1996 年）

1987 年党的十三大确定了我国经济建设分三步走的战略部署，并提出“必须一手抓建设和改革，一手抓法制。法制建设必须贯穿于改革的全过程，必须保障建设和改革的秩序，使改革的成果得以巩固。应兴应革的事情，要尽可能用法律或制度的形式加以明确”。1992 年邓小平同志南方谈话以后，党的十四大确立了建立社会主义市场经济体制的改革目标，要求“加强立法工作，特别是抓紧制定与完善保障改革开放、加强宏观经济管理、规范微观经济行为的法律和法规，这是建立社会主义市场经济体制的迫切要求”。1993 年党的十四届三中全会进一步强调“社会主义市场经济体制的建立和完善，必须有完备的法制来规范和保障。要高度重视法制建设，做到改革开放与法制建设的统一，学会运用法律手段管理经济”，并提出“加快经济立法，本世纪末初步建立适应社会主义市场经济的法律体系”的法治建设目标，要求抓紧制定与完善保障改革开放、加强宏观经济管理、规范微观经济行为的法律法规。改革开放和社会主义现代化建设进入新的发展阶段。大力加强经济领域立法，是这一阶段地方立法的显著特点。

浙江省人大及其常委会坚决贯彻中央的决策部署，把经济立法摆在立法工作的中心位置，大力加强立法尤其是经济立法，制定了一大批浙江经济社会发展急需的法规，立法步伐明显加快，这一时期共制定省地方性法规 95 件，修改 13 件，废止 2 件，批准杭州市、宁波市地方性法规以及景宁畲族自治县自治条例和单行条例 55 件。这一时期的浙江地方立法具有以下特点：一是随着对社会主义市场经济的理解和认识不断加深，逐步明确符合建立社会主义市场经济要求的立法工作指导思想，立法工作基本上以经济立法为主，重点是制定规范市场经济主体和市场经济秩序、加强宏观调控和社会保障方面的法规。二是立法数量明显增加。其中，1987 年至 1992 年共制定和修改省地方性法规 38 件，1993 年至 1996 年共制定和修改省地方性法规 96 件。三是立法质量逐步提高，法规调整社会关系的层次逐渐深化，自主性立法明显增多，并积极开展先行性立法，制定了农业技术推广、技术市场管理等一批先行性法规。四是法规的修改和废止工作被提上省人大常委会议事日程，1988 年第一次作出废止地方性法规的决定，根据行政处罚法的要求组织开展了浙江历史上第一次全面的法规清理工作。五是立法体制机制不断完善，从1993年省八届人大开始，省人大常委会法制工作委员会改为省人大法制委员会，作为人民代表大会的专门委员会，杭州市、宁波市分别于1987年和1989年开始行使地方立法权，1987年省六届人大常委会第二十六次会议首次批准杭州市人大常委会的报批法规《杭州市环境噪声管理条例》。

（三）协调推进阶段（1997年至2011年）

1997年党的十五大提出“依法治国，建设社会主义法治国家”的治国方略，并提出“加强立法工作，提高立法质量，到2010年形成中国特色社会主义法律体系”的立法工作目标和任务。2002年党的十六大把发展社会主义民主政治、建设社会主义政治文明确立为全面建设小康社会的重要目标。2000年九届全国人大三次会议通过了立法法这部专门规范立法活动的法律。十届全国人大及其常委会确定了以形成中国特色社会主义法律体系为目标、以提高立法质量为重点的立法工作思路，抓紧制定在中国特色社会主义法律体系中起支架作用、现实生活迫切需要、立法条件比较成熟的法律。2007年党的十七大全面系统阐述了科学发展观的基本内涵，提出“全面落实依法治国基本方略，加快建设社会主义法治国家”和“坚持科学立法、民主立法，完善中国特色社会主义法律体系”的法治建设总要求。中央的一系列重大决策对地方立法既提出了新的要求，又提供了新的机遇。

浙江省人大及其常委会深入贯彻落实依法治国方略和科学发展观要求，以提高立法质量为重点，坚持科学立法、民主立法，在注重经济领域立法的同时，协调推进社会、文化、生态保护等各领域立法，这一时期共制定省地方性法规159件，修改130件，废止30件，批准杭州、宁波两市地方性法规以及景宁畲族自治县自治条例和单行条例共151件。这一时期的浙江地方立法具有以下特点：一是不断深化对立法质量的认识，地方立法实现了由重数量到重质量的重要转变。二是坚持经济立法与社会立法并重，在加强经济立法的同时，更加重视发展民主政治、保障公民权利、推进社会事业、健全社会保障、加强社会管理方面的立法，促进经济社会全面协调可持续发展，为浙江经济社会发展提供全面的立法支持。三是坚持立、改、废相结合。正确处理法规的稳定和发展关系，根据形势变化，及时修改、废止与经济社会发展不相适应的法规，组织开展了两次全面的法规清理工作，并第一次开展了打包修改废止地方性法规。四是坚持立法公开和立法民主，立法工作体制机制不断完善，立法工作机构和立法工作力量得到加强，2004 年成立省人大常委会法制工作委员会，与法制委员会合署办公，下设办公室、社会行政法规处、经济法规处，2008 年增设备案审查处。2010 年年底，中国特色社会主义法律体系如期形成。地方性法规作为中国特色社会主义法律体系的重要组成部分，在社会主义法治建设中发挥着实施性、补充性、探索性的重要作用，为地方经济社会发展提供了坚实的法治保障。

（四）全面提升阶段（2012 年至现在）

2012 年党的十八大报告指出，法治是治国理政的基本方式。党的十八届四中全会作出关于全面推进依法治国若干重大问题的决定，强调要实现立法和改革决策相衔接、相统一，做到重大改革于法有据、立法主动适应改革和经济社会发展需要。2017 年党的十九大确立了以习近平新时代中国特色社会主义思想为新时代改革发展的指导思想，并提出要推进科学立法、民主立法、依法立法，以良法促进发展、保障善治。这就要求地方立法准确把握做好新时代立法工作的基本要求，坚持党的领导、人民当家作主、依法治国有机统一，紧紧扣住贯彻落实党中央重大决策部署，紧紧扣住回应人民群众重大关切，紧紧扣住厉行法治、推进全面依法治国，不断迈出新步伐，取得新成就。

浙江省人大及其常委会深入学习贯彻习近平新时代中国特色社会主义思想，坚持党对立法工作的领导，围绕贯彻落实党中央和省委决策部署，坚持立法先行、立法为民，发挥立法的引领和推动作用，发挥人大及其常委会在立法工作中的主导作用，深入推进科学立法、民主立法、依法立法，不断提高立法质量，加快立法步伐，这一时期共制定省地方性法规 88 件，修改 98 件，废止 11 件，批准设区的市地方性法规和景宁畲族自治县自治条例和单行条例 145 件，为浙江经济社会持续发展和两个“高水平”建设提供了有力的法治保障。这一时期的浙江地方立法具有以下特点：一是坚持党对立法工作的领导，强调立法工作的政治属性，建立起较为完善的加强党领导立法工作的体制机制，确保地方立法沿着正确的政治方向前进。二是坚持立法围绕中心、服务大局，紧扣省委决策部署和全省工作大局，认真分析把握我省经济社会发展的趋势和特点，抓住重点，突破难点，找准切入点，做到立法决策与改革决策紧密结合，精心选择立法项目，始终以立法引领改革、推动改革，服务和保障浙江经济社会发展。三是加强促进经济转型升级、保障民生和生态环境保护等重点领域立法，以实现好维护好发展好最广大人民群众的根本利益作为立法工作的核心价值取向，更好发挥法治固根本、稳预期、利长远的保障作用。四是以提高立法质量为核心，贯彻落实中央和全国人大对地方立法的新要求新指示，坚持在实践中探索，在探索中提高，在不断总结经验基础上，注重立法工作机制的创新，形成了一整套适应浙江立法发展需要的科学立法、民主立法、依法立法工作机制，推动形成党委领导、人大主导、政府依托、各方参与的立法工作格局。五是健全立法体制，2015 年所有设区的市开始行使地方立法权，省人大常委会法工委增设法规审查与指导处，进一步强化对设区的市法规的指导，推动我省地方立法开创新局面。

纵观浙江四十年地方立法，经历了一个由起步探索到快速发展，再到协调推进、全面提升的过程。这个发展历程，是一个立法体制机制不断完善，立法质量不断提高，立法能力不断增强的过程，也是一个与时代同步伐，与改革同频率，与实践同发展，与浙江民主政治建设相适应，与浙江经济社会发展相促进的过程。

二、地方立法主要成绩

四十年来，浙江省人大及其常委会在中共浙江省委的领导下，以马克思列宁主义、毛泽东思想、邓小平理论、“三个代表”重要思想、科学发展观和习近平新时代中国特色社会主义思想为指导，紧紧围绕中央和省委决策部署，紧密结合地方经济社会发展实际需要，积极履行立法职能，持续推进科学立法、民主立法、依法立法，不断完善立法工作机制，提高立法质量，取得了历史性的伟大成就。截至2019年9月底，浙江省人大及其常委会共制定（修订）省地方性法规384件（现行有效210件），修改241件次，废止116件，批准设区的市地方性法规346件、景宁畲族自治县自治条例5件，基本形成了比较完备的与国家法律体系相配套、与浙江经济社会发展需要相适应、体现浙江特色的地方性法规体系。

（一）围绕推动改革发展，高质量制定地方性法规

一是立法围绕中心大局，保障改革和重大决策顺利推进。省人大常委会始终围绕中央和省委中心工作开展立法，从改革开放初期加快法治建设，到以经济建设为中心加强经济领域立法，再到围绕科学发展观推动各领域立法，出台了一系列引领和保障发展的重要法规。立法围绕改革、服务改革、引领改革，已成为我省人大开展立法工作的根本遵循。特别是2003年7月，时任浙江省委书记的习近平同志谋划提出了引领浙江发展的总纲领“八八战略”，并明确提出：“发挥‘八个优势’、推进‘八项举措’，都需要观念、机制、体制和制度的创新，都离不开法治的推进、引导和保障，都与地方立法工作紧密相关，都要求地方立法工作在已有的基础上进一步加

强和提高。”这就更加明确了地方立法必须围绕中心大局开展工作的思路和要求。进入新时代，省人大常委会进一步深入落实习近平总书记关于处理好改革和法治的关系、确保重大改革于法有据的指示精神，紧扣中央决策部署和全省工作大局，及时将关系我省改革发展和民生保障急需的法规项目列入立法计划并制定出台，发挥好立法对经济社会发展的引领和推动作用。比如，围绕重大国家战略，出台温州市民间融资管理条例、保障和促进义乌市国际贸易综合改革试点决定、中国（浙江）自由贸易试验区条例。围绕保障 G20 峰会顺利召开，出台关于授权省及相关设区的市人民政府为保障 G20 筹备和举办工作规定临时性行政措施的决定。围绕“三改一拆”，出台违法建筑处置规定、国有土地上房屋征收与补偿条例。围绕“最多跑一次”改革，出台保障“最多跑一次”改革规定。围绕审批制度改革，根据国务院行政审批制度改革的决定，2013 年以来先后 22 次作出关于修改地方性法规的决定，共修改 64 件、废止 8 件，将 48 项行政审批事项和涉及资质的事项予以取消或者改为备案。到目前为止，省地方性法规设定的行政许可事项全部不超过 10 项，地方立法推进行政许可审批制度改革取得明显成效。

二是立法服务经济转型升级，推动高质量发展。省人大常委会以促进经济社会持续健康发展为目标，将引领和保障地方经济建设作为立法重点。四十年来，共开展经济类立法 101 件，占省地方性法规总数的 28.6%，其中现行有效 56 件，占比 27.9%，经济立法居于核心地位。围绕保障和推进创新发展，出台高新技术促进条例、技术市场条例、信息化促进条例、促进科技成果转化条例、政府非税收入管理条例、科学技术进步条例、企业商号管理和保护规定、专利条例等法规。围绕城乡协调发展，出台城乡规划条例、土地利用总体规划条例、农村土地承包法实施办法、历史文化名城名镇名村保护条例、海域使用管理条例等法规。围绕健全市场经济法治，出台个体工商户、经纪人、中小企业等市场主体法规，以及商品交易、反不正当竞争、财产拍卖、招标投标等法规。围绕乡村振兴，出台农民专业合作社条例、农村集体资产管理条例、农作物病虫害防治条例、农业机械化促进条例等法规。围绕扩大开放，连续制定宁波、温州、杭州、萧山等经济技术开发区条例，并出台保障台湾同胞投资的法规。围绕有关专门经济领域，开展房地产和建筑业、盐业、统计、标准化、价格、交通、合同管理等方面立法。这些法规的制定和实施，对于加快转变经济发展方式，完善社会主义市场经济体制，发展各类生产要素市场，协调促进城乡一体发展，缩小区域差距，促进社会和谐发展发挥了积极作用，有力地保障和促进了浙江的改革开放和经济建设。

三是立法注重民生保障，让人民群众有更多获得感。省人大常委会坚持立法为民，把人民对美好生活的向往作为立法工作的奋斗目标，统筹开展教育、就业、收入分配、社会保障、医疗卫生等民生领域立法。围绕保障公民平等享有受教育的权利，促进教育公平，出台实行九年制义务教育条例、中等职业技术教育条例、职工教育条例等法规，有效提升了广大人民群众文化教育权益保障水平。围绕构建和谐劳动关系，出台劳动保护条例、劳动保障监察条例、集体合同条例、劳动人事争议调解仲裁条例等法规，加强对劳动者合法权益的保护。围绕文化浙江建设，出台公共文化服务保障条例、非物质文化遗产保护条例、历史文化名城保护条例、文物保护管理条例、文化市场管理条例、广播电视管理条例等法规，推动社会主义文化繁荣和发展。围绕保护人民群众生命财产安全，出台道路交通安全法实施办法、食品安全法实施办法、农产品质量安全规定、食品小作坊小餐饮店小食杂店和食品摊贩管理规定、消防条例、燃气管理条例、安全生产条例、防震减灾条例、气象灾害防御条例、水上交通安全管理条例、房屋使用安全管理条例等，全面落实安全管理措施，防范各类事故发生。围绕健全社会保障制度，出台职工失业保险条例、职工基本养老保险条例、失业保险条例、工伤保险条例、社会救助条例、社会养老服务促进条例以及妇幼保健、医疗卫生等方面法规，维护社会公平正义，促进社会稳定发展。围绕特殊群体权益保护，出台并两次修订消费者权益保护法实施办法，制定军人军属、华侨、老年人、少数民族、妇女、未成年人、残疾人等权益保障条例，让各类群体共享改革发展成果。

四是立法聚焦社会建设，推进社会治理体系和治理能力现代化。省人大常委会坚持用法治思维破解社会发展难题，用法治举措提升社会建设活力，深入推进社会领域立法。发挥好立法作为社会利益“平衡器”的功能，先后出台国有土地上房屋征收补偿条例、公共信用信息管理条例、社会治安综合治理条例、电网设施建设保护和供用电秩序维护条例、石油天然气管道建设和保护条例、计量监督管理条例、旅游条例等，并多次修改计划生育条例，为加强和创新社会治理提供坚实的制度基础。立法中始终坚持以人为本，把保障权利作为立法调整和规范的核心，以实现好维护好发展好最广大人民群众的根本利益作为立法工作的核心价值取向，正确处理公权与私权、权利与义务、权力与责任、管理与服务的关系，制定城市管理相对集中行政处罚权条例、房屋租赁管理条例、殡葬管理条例、无线电管理条例、违法建筑处置条例、实施反恐怖主义法办法等管理类法规时，为权力设定“规矩”，重点对执法行为规范和执法监督等作了规定，突出强调执法与教育、疏导、服务相结合，推动社会管理不断创新发展。

五是立法加强民主政治建设，完善社会主义法治。省人大常委会将民主政治建设作为立法工作的重点，加强相关地方立法，推动社会主义民主法治在浙江积极稳妥发展。围绕完善人民代表大会制度，相继出台各级人大常委会监督条例、人民代表大会议事规则、人大常委会议事规则、代表法实施办法、任免国家机关工作人员条例、县乡两级人民代表大会代表选举实施细则、讨论决定重大事项的规定、乡镇人大工作条例等法规，强化各级人大及其常委会立法权、监督权、人事任免权和重大事项决定权。围绕保障和实现公民的正当政治权利，出台实施村委会组织法办法、村委会选举办法、集会游行示威法实施办法、工会法实施办法、企业民主管理条例等法规，夯实民主法治建设的基础。制定村委会选举办法时，根据近年来农村基层民主发展实际，将具有我省农村基层民主特色的自荐直选制度纳入选举办法，上升为法定选举方式，更加有力地保障村民的选举权利，推进农村基层民主政治发展。

六是立法推进生态文明建设，护航绿水青山。省人大常委会深入贯彻“绿水青山就是金山银山”重要思想，以加快生态文明建设为目标，将保障和推进绿色发展作为立法重点，加快出台相关法规，通过完善环境保护制度机制，不断加大环境保护和污染治理的力度，推动“美丽浙江”建设。围绕治理水污染，出台钱塘江管理条例，保护浙江的母亲河，发挥钱塘江水资源综合效益；出台鉴湖水域保护条例，保护绍兴黄酒唯一水源鉴湖水域不受污染；在全国率先出台专门规范河长制的地方性法规，让浙江6万余名河长履职有章可循、有法可依；加强水资源保护，还出台了水文管理条例、饮用水水源保护条例、河道管理条例等法规。围绕治理大气污染，出台大气污染防治条例，对大气污染监督管理和防治措施、区域大气污染联合防治、重污染天气应对等作出规定；出台机动车排气污染防治条例，对合理控制机动车保有量、鼓励使用清洁能源汽车、加强对黄标车和摩托车等车辆管理等作出规定。围绕贯彻绿色发展理念，出台绿色建筑条例，建立分类递进和分区递进的绿色建筑实施机制，明确绿色建筑激励政策，并规定全装修商品房交付制度。围绕土地资源保护，出台水土保持条例、土地整治条例，强化各方的水土保持责任，规范农用地整理、建设用地复垦活动，着力优化土地利用空间，提高耕地质量。围绕加强生态文明建设，还出台固体废物污染环境防治条例、资源综合利用促进条例、可再生能源开发利用促进条例、湿地保护条例、公益林和森林公园条例，通过立法守护浙江的“绿水青山”，促进资源保护和生态人居环境的全面持续改善。

（二）围绕提高立法质量，不断建立健全工作机制

科学立法、民主立法、依法立法是立法工作机制建设的目标和

方向，也是中央和全国人大对立法工作的总要求。浙江省人大立法工作取得的成果，不仅仅体现在立法项目上，还体现在人大立法工作制度机制的完善发展上。四十年来，省人大及其常委会认真贯彻落实党中央和全国人大有关立法工作体制机制建设的要求，坚持在实践中探索，在探索中提高，注重总结经验，注重创新发展，逐渐形成了一整套适应浙江立法工作实际的制度机制，有力推动了立法质量的持续提高。

一是建立了完善的立法工作程序机制。健全法规立项工作机制，坚持法规立项公开征集制度、立法项目申报论证制度、法规建议项目逐项评估论证制度等，严格立项标准，确保选准、选好立法项目，把好选项关。建立法规草案提前介入工作机制，实行法规草案起草小组制度，构建“立法工作者、实务工作者、专家学者”三结合的起草模式，强化人大对法规起草进度和内容的把控力度，并逐步增加专门委员会组织起草法规的比重，提高法规草案起草工作质量和效率。丰富立法调研方式方法，综合运用实地调研、召开座谈会、开展专题研讨、实施问卷调查等多种形式，不断强化调研深度，提高调研实效。强化人大常委会法工委讨论法规草案的深度，建立人大常委会法工委全体逐条讨论法规机制。探索常委会组成人员法规审议事先调研制度，建立常委会组成人员沟通会制度，对存在较大意见分歧的重要法规，在审议通过前向组成人员汇报法规修改情况并进一步听取常委会组成人员意见。健全常委会会议审议机制，增加隔次审议和“三审制”的运用，做好常委会组成人员审议意见的沟通和反馈。制定并多次修订《浙江省地方立法技术规范》，实现法规体例结构、条款表述、语言文字使用等方面的规范化、科学化，做到有几条规定几条，避免“大而全”“小而全”，促进地方立法的转型发展。

二是深入推进立法公开机制。坚持开门立法，通过网络、报纸等媒体将所有法规草案向社会公开征求意见，编制年度立法计划时向社会公开征集立法建议项目，邀请公民旁听常委会会议审议法规草案，保证社会公众对立法工作的知情权、参与权、表达权和监督权。拓宽公众参与立法途径，省人大常委会于2000年立法法颁布后率先在全国举行立法听证会，就实施消费者权益保护法办法中重大问题听取相关利害关系人及社会各方面的意见，研究出台《浙江省地方立法听证会规则》，实现立法听证的制度化。2002年，为深入推进立法公开，建立全国第一家立法公开的专门网站“地方立法网”，通过网站平台公开发布法规草案并征集公众意见，被媒体称为“永不落幕的立法听证会”。2006年制定企业商号管理和保护规定和2008年制定城市市容和环境卫生管理条例时，联合浙江在线等网站与网友进行在线交流，探索立法机关与社会公众的互动交流新机制。2011年制定实施食品安全法办法时，首次举行立法公听会，将立法听证会议题公开、程序规范的特点和座谈会程序简便的特点相结合，使立法更有效地集中民意、汇聚民智。2014年出台《浙江省立法基层联系点工作制度》，突出基层性的要求，从县级以下国家机关、基层自治组织以及其他符合条件的社会机构中选择确定若干立法基层联系点，依托联系点开展立法调研、征集群众意见，不断扩大人民群众对立法活动的有序参与。

三是创新代表参与机制。人大代表是联系群众的桥梁和纽带，发挥代表在立法中的积极作用，是提高立法科学化民主化的重要举措。省人大常委会认真做好所有法规草案印发代表征求意见、邀请代表参加立法起草小组、列席常委会会议等工作，并不断创新机制，于2014年在全国率先出台《浙江省人大常委会关于省人大代表分专业有重点参与立法工作的若干规定》，代表可以根据自身关注点、职业专长等因素，主动选择重点参与的立法项目，并全程深度参与相关立法活动。这一制度有利于调动代表参与立法的主动性和积极性，更好地发挥代表的优势和作用，使代表更加深入、全面、有效地参与立法，取得非常好的效果，得到全国人大充分肯定并予以推广。同时，激活人民代表大会的立法职能，四十年来先后有《浙江省第六届人民代表大会关于处理议案和代表意见的暂行办法》（1983年4

月省六届人大一次会议）、《浙江省实行九年制义务教育条例》（1985 年 6 月省六届人大三次会议）、《浙江省人民代表大会议事规则》（1989 年 5 月省七届人大二次会议通过，1994 年 3 月省八届人大二次会议修改）、《浙江省地方立法条例》（2001 年 2 月省九届人大四次会议通过，2016 年 1 月省十二届人大四次会议修改）、《浙江省社会养老服务促进条例》（2015 年 1 月省十二届人大三次会议）等五件地方性法规由人民代表大会审议通过或者进行修改。

四是不断健全专家参与立法机制。省人大常委会注重发挥专家学者的优势，不断创新专家参与立法体制机制。1995 年，在全国率先建立与高等院校合作机制，联合浙江大学成立浙江法制研究所。2005 年，又在全国率先组建由法学、经济、政治、社会等领域 80 余名专家组成的地方立法专家库。2013 年开始，与浙江工业大学法学院、浙江财经大学法学院进行合作，委托开展设区的市报批地方性法规的合法性审查。2014 年，组建由法学编辑、法律语言专家等组成的语言文字专家名录，实行法规草案审校工作机制，促进立法用语规范化。2018 年初，联合浙江大学共同推动设立全国首家实体化运行的浙江立法研究院，打造立法研究的高地和高端智库。2018 年 5 月，组建省人大常委会立法专家信息库、常委会立法专家咨询委员会，建立立法项目专家制度，构建了多层次、多渠道、多维度的立法专家参与机制。近年来，还实现了法规草案普遍实行专家论证，以及专家列席法制委员会会议的常态化，进一步提升专家参与立法的实效性和针对性。

五是加强立法沟通协调。做好立法过程中的沟通、协调和配合，发挥立法工作整体合力。建立重要法规草案起草小组双组长制度，由省人大常委会联系相关专门委员会的副主任和省政府分管相关部门的副省长共同担任立法起草小组组长，共同推动法规起草过程中重要制度设计和重大问题的及时协调解决，保证法规草案按时提请常委会会议审议。出台《浙江省人大常委会关于进一步加强省人大专门委员会和工作委员会立法沟通协调配合的若干意见》，就省人大常委会内部进一步完善立法计划编制、加强立法计划实施工作安排的沟通协商等提出要求。此外，常委会法工委与省政府立法工作机构联合制定《关于进一步加强立法沟通协调改进立法工作的若干意见》，就建立立法工作联席会议制度、法规重要问题修改协商制度等作出规定，保证立法工作有序、协调、高效运转。

六是建立法规清理工作机制。法规清理是立法工作的重要组成部分，是维护法规内在和谐和国家法治统一的重要举措。省人大常委会先后开展行政处罚（1996—1997）、WTO 规则（2001—2002）、行政许可（2003—2004）、行政强制（2009—2011）、全面深化改革涉及立法问题（2015）、“最多跑一次改革”涉及法规（2018）、生态环保地方性法规（2018）等专项清理或全面清理工作，及时清理不符合新时代改革发展需求的法规，推动相关法律法规立、改、废，并在总结经验基础上，研究出台《浙江省地方性法规清理工作若干规定》，实现法规清理工作的制度化、规范化。同时，积极做好法规配套规范性文件督促制定工作，出台《关于地方性法规配套规范性文件制定的工作程序》，对法规配套规范性文件的起草、修改、制定完成时间、报送备案和督促检查等作出明确规定，确保地方性法规的有效实施。

（三）围绕健全立法体制，稳步推进设区的市立法

加强对设区的市地方立法的审查和工作指导，是省人大常委会的重要工作任务，也是提高我省地方立法质量、深入推进法治浙江建设的重要方面。自从我省杭州、宁波两市获得“较大的市”立法权后，省人大常委会高度重视对市级人大立法工作的指导，首创较大市法规报批前征求省人大常委会法规意见制度，并不断完善较大市报批法规的审查程序，强化合法性审查，维护社会主义法律体系的和谐统一。

立法法赋予所有设区的市地方立法权后，省人大常委会积极谋划、全力推进，及时向省委请示汇报，明确温州等九个设区的市开

始行使地方立法权的基本条件等要求，并于2015年7月和9月分别作出决定确定温州等九个市可以行使地方立法权，在全国较早实现所有设区的市开始行使地方立法权。由于温州等九个新获得立法权的设区的市立法刚起步，立法经验和能力不足，省人大常委会通过制定指导意见、组织上挂职锻炼、举办培训班、提前介入法规草案研究等方式加强工作指导。先后出台《关于推进设区的市完善立法工作机制提高依法立法水平的指导意见》《设区的市地方性法规审查指导工作流程》《设区的市地方性法规合法性审查参考标准》，不断规范和加强对设区的市立法工作的指导，推动设区的市立法工作稳步发展。经过各方共同努力，我省设区的市立法质量和能力有了较大提升，立出了许多问题导向清晰、地方特色鲜明、回应关切及时的高质量法规，走在了全国前列。比如，《杭州市智慧经济促进条例》是国内首部促进智慧经济发展的地方性法规，《宁波市医疗纠纷预防与处置条例》是国内首部规范医疗纠纷预防处置工作的地方性法规，《温州市危险住宅处置规定》是国内最精短的市级层面地方性法规，《湖州市生态文明先行示范区建设条例》是全国首部关于生态文明示范区建设的地方性法规，《金华市农村生活垃圾分类管理条例》是全国首部专门规范农村生活垃圾分类管理的地方性法规，《舟山市国家级海洋特别保护区管理条例》是全国首部关于国家级海洋特别保护区管理的地方性法规等，较好地发挥了地方立法对经济社会发展的引领和推动作用。

（四）围绕维护法治统一，认真做好备案审查工作

规范性文件备案审查是立法工作的重要组成部分和延伸，是维护国家法治统一的重要手段。加强规范性文件备案审查工作，对于推动立法工作发展，坚持和完善人民代表大会制度具有重要意义。浙江省人大常委会的备案审查工作，紧紧跟随中国特色社会主义法律体系建立完善的步伐，经历了依照宪法、地方组织法开展监督，依照立法法开展监督和依照监督法开展监督的三个阶段，实现了备

案审查工作从起步到全面发展。特别是党的十八大以来，省人大常委会认真贯彻落实中央和全国人大对备案审查工作的新要求，从“加强宪法实施和监督，推进合宪性审查工作，维护宪法权威”的高度，进一步认识备案审查工作的重要性，坚持全面审查与有重点的主动审查相结合，探索专项审查新形式，建立备案审查专家组，坚决纠正不适当的规范性文件，实现了“有件必备、有备必审、有错必纠”。截至 2018 年底，省人大常委会共备案规范性文件 847 件，审查 847 件，要求制定机关说明情况 10 件，督促纠正 10 件。

浙江省人大常委会不断创新备案审查工作机制，先后出台《浙江省各级人民代表大会常务委员会规范性文件备案审查规定》《浙江省人民代表大会常务委员会关于加强规范性文件备案审查工作的意见》《浙江省人大常委会规范性文件备案审查工作程序》等，进一步明确了备案审查的法规依据、基本原则、方法步骤、工作流程等。着力推进备案审查工作信息化，2014 年开发建设集备案、审查功能于一体的规范性文件备案审查系统，2016 年率先在全国实现省、市、县三级人大备案审查系统全覆盖和联网，得到全国人大常委会充分肯定并推广。制定《专家参与规范性文件备案审查工作规则》，组建规范性文件备案审查专家组，进一步强化专家参与备案审查工作的力度。与省委、省政府建立法规、规章和规范性文件备案审查衔接联动机制。2018 年 1 月，省十二届人大常委会第四十七次会议审议备案审查工作情况报告，并首次将报告印发浙江省第十三届人民代表大会，接受人大代表监督。

（五）围绕提升立法能力，加强立法工作队伍建设

立法是政治性、专业性、理论性、实践性都很强的工作，需要相应素质的立法专业人才作保障。多年来，省人大常委会认真贯彻落实党中央和全国人大有关立法队伍建设的指示和要求，适应立法形势任务发展需要，大力加强立法队伍的正规化、专业化、职业化建设，努力打造一支门类齐全、结构合理、专业素质高的立法工作

队伍。强化思想政治建设，采取多种形式学习党的历次中央全会精神，增强贯彻实施党的路线方针政策的自觉性，恪守以民为本、立法为民理念，确保立法工作正确的政治方向。加强组织建设，增加有法治工作经验的委员，不断优化常委会组成人员的知识结构和年龄结构。重视法制委员会和立法工作机构的能力建设，增加和完善内设机构设置，充实人员配备，提高组成人员及工作人员的业务素质和立法工作水平，培养了一支政治素质较高、法律素养较好、业务能力较强的立法工作队伍，为加强立法工作、提高立法质量提供了有力的组织保障。

三、地方立法基本经验

习近平总书记指出："改革开放以来我国法治建设的成功实践雄辩地证明，我们已经找到了一条符合中国国情、顺应时代潮流的具有中国特色的社会主义法治道路。"回顾改革开放四十年来的浙江人大地方立法历程，我们深切感到，改革开放四十年是以宪法为核心的中国特色社会主义法律体系形成、发展和完善的四十年；是立法决策与改革决策更加紧密衔接，持续为改革开放提供法治动力的四十年；是立法体制机制不断完善，科学立法、民主立法、依法立法深入推进的四十年；是立法机关立法能力稳步提升，立法工作队伍不断发展壮大的四十年。特别是习近平总书记在浙江工作期间，高度重视民主法治建设和地方立法工作，作出了建设"法治浙江"的重大决策，并就加强和改进地方立法、提高立法质量提出了一系列指示和论述。这些指示和论述为浙江地方立法的发展提供了根本遵循，经过几十年的实践，已经深深融入了浙江的实践土壤，形成了一些具有重要的浙江特色和浙江经验，也进一步指引着浙江地方立法的发展。

（一）必须坚持党的领导，确保正确政治方向。中国共产党的领导是中国特色社会主义最本质的特征，是中国特色社会主义制度的最大优势。习近平总书记高度重视党对立法工作的领导，在浙江工作期间就指出：立法是国家重要的政治活动，人大是政治机关，坚持党对立法工作的领导是立法工作的一个政治原则，也是做好立法工作的根本保证。省人大常委会认真贯彻习近平总书记指示精神，坚持党对立法工作的领导，把党的领导、依法治国、保障人民当家作主有机统一于具体的立法实践中，把党的领导贯穿到立法工作的全过程、各方面。坚持重大立法问题报请省委决定，不断改进和加强党对立法工作的领导。积极提出建议，在省委重要会议或者全会决定决议中，明确完善立法工作体制机制的要求，确立未来较长时期立法工作目标任务。编制立法调研项目库后报送省委，并提出改进立法工作的意见，以省委文件形式转发。认真贯彻省委有关立法工作的意见建议，每年立法计划通过后，提出建议列入省委常委会工作要点的重点立法项目并报送省委，由省委常委会会议讨论同意，从2013年至2018年，已经有28件重要法规报送省委常委会讨论。2003年、2013年，省人大常委会和省政府联合召开全省立法工作会议，时任省委书记、省人大常委会主任习近平同志和夏宝龙同志均到会讲话。2018年，浙江省委首次召开全省立法工作会议，省委书记、省人大常委会主任车俊同志到会讲话，确保党对立法工作的领导。加强党委对立法工作的领导，有利于发挥党委总揽全局、协调各方的作用，为立法工作指明方向、提供保障，是实现立法工作长远发展的基本经验。

（二）必须坚持紧跟改革，围绕中心服务大局。改革意味着要打破束缚发展的各种陈规陋习，必然涉及到对原来法律制度的调整以及对新出现的各种社会问题进行法律规制。可以说，改革就是对旧法的扬弃、对新法的孕育。我国的社会主义现代化建设从某种程度上说，正是在改革与立法的互动中不断发展、推向深入。省人大常委会深刻认识新时代的大趋势大背景、新变化新要求，自觉把立法工作放在党和国家事业发展大局上来谋划、来推进，处理好稳定性与变动性、前瞻性与阶段性的关系，做到立法主动适应改革和经济社会发展需要，确保重大改革于法有据，增强改革的法治穿透力。比如，为推动社会主义市场经济发展，省人大常委会加大经济领域立法，制定了一大批经济类法规；为推动实施“八八战略”等省委重大部署，认真做好有关重点领域立法，出台了一大批人民群众关注、经济社会发展需要的地方性法规。同时，通过立、改、废、释相结合进一步打开改革空间，需要修改的及时修改，需要废止的抓紧废止，需要作出立法解释的及时作出解释，需要进行法规授权的及时作出授权决定，使我省改革在法治轨道上蹄疾步稳、阔步前进。

（三）必须坚持体现特色，实现立法管用实用。地方特色是地方立法的灵魂，也是地方立法的生命所在。习近平总书记在浙江工作期间明确指出：地方立法担负着双重职能，既要保障宪法和国家法律、法规在本行政区域内有效实施，又要推进本地区的经济社会发展。地方立法必须紧密结合经济社会发展实际需要，把提高立法质量放在更加突出的位置，加强自主性、先行性立法，提高立法的科学性、严谨性、针对性和可操作性，做到有特色和管用好用。省人大常委会认真贯彻习近平总书记指示要求，从实际出发、体现地方需求、突出地方特色，无论是立法选项还是具体制度设计，都要始终立足本地实际，深入了解本地实际情况，科学分析立法需求，因地制宜确定立法项目、设定法规内容，提高立法的针对性和可操作性，增强立法的系统性和配套性，统筹立法的前瞻性和实践性，并把握好立法节奏，区分轻重缓急，坚持立法进度服从立法质量，不急于求成，不搞攀比，不相互照抄照搬，确保立出来的法规站得住、行得通、真管用。

（四）必须坚持立法为民，努力增进人民福祉。地方立法作为中国特色社会主义法治体系的重要组成部分，必须以良法善治为基本方向，立良善之法、管用之法。习近平总书记在浙江工作期间就强调，立法要牢固树立维护人民根本利益，体现人民共同意志的思想。地方性法规只有真正反映了人民群众的根本利益，体现了人民群众的基本要求，才能为广大人民群众所拥护、所接受、所依赖。多年来，省人大常委会将立法为了人民、依靠人民、造福人民、保护人民作为立法工作的出发点和落脚点，把体现人民利益、反映人民愿望、维护人民权益、增进人民福祉落实到立法全过程和各方面，深入了解客观实际，科学分析立法需求，重点处理好权力与权利、权力与责任的关系，注意对行政权力的规范、制约和监督，确保行政机关依照法定的权限和程序正确行使权力，确保自然人、法人和其他组织的合法权利免受不当侵害，发挥好立法作为社会利益“平衡器”的功能，让人民群众有更多的获得感和幸福感。

（五）必须坚持开拓创新，推动立法走在前列。创新是民族进步的灵魂，是国家兴旺发达的不竭源泉，也是立法工作不断发展的动力所在。省人大常委会在立法中注重把握新情况新问题，加强创制性立法，开创了许多全国第一，比如，全国第一部规范村集体经济组织的地方性法规《浙江省村经济合作社组织条例》（1992 年制定，2007 年修订），第一部规范商品交易市场的地方性法规《浙江省商品交易市场管理条例》（1994），全国第一部商标知识产权保护的地方性法规《浙江省著名商标认定和保护条例》（1997 年制定，2017 年被废止），第一部规范农民专业合作社的地方性法规《浙江省农民专业合作社条例》（2004），第一部专门保护企业商号的地方性法规《浙江省企业商号管理和保护规定》（2006），第一部规范和推进城市管理相对集中行政处罚权的地方性法规《浙江省城市管理相对集中行政处罚权条例》（2008），第一部综合性食品安全地方性法规《浙江省实施〈中华人民共和国食品安全法〉办法》（2011），第一部规范民间金融的地方性法规《温州市民间融资管理条例》（2013），第一部综合性社会救助地方性法规《浙江省社会救助条例》（2014），第一部保障军人军属权益的地方性法规《浙江省军人军属权益保障条例》（2015），第一部由省人代会通过的综合性社会养老服务地方性法规《浙江省社会养老服务促进条例》（2015），第一部专门规范河长制的地方性法规《浙江省河长制规定》（2017），

第一部专门规范城市景观风貌的地方性法规《浙江省城市景观风貌条例》（2017），第一部专门规范房屋使用安全的省地方性法规《浙江省房屋使用安全管理条例》（2017），第一部“放管服”改革领域综合性地方法规《浙江省保障“最多跑一次”改革规定》（2018），第一部专门规范无人驾驶航空器公共安全的地方性法规《浙江省无人驾驶航空器公共安全管理规定》（2019），等等。浙江立法工作的开拓创新，不仅体现在具体立法项目上，还体现在立法体制机制上，比如，在全国率先实现所有地方性法规草案网上公开征求社会意见，全国率先构建代表分专业有重点参与立法工作机制，全国第一家开发建成地方人大规范性文件备案审查系统并实现省、市、县三级人大备案审查系统全覆盖和联网，以及前文介绍过的在专家参与立法等许多方面的全国首创。这些立法创新和机制创新，确保了浙江地方立法不断与时俱进、走在前列，也为中国特色社会主义法律体系的建成并不断完善，为浙江经济社会的持续发展作出了积极贡献。

四、做好新时代地方立法的思路举措

进入新时代，法治建设和地方立法面临新形势、新情况、新要求，特别是全面深化改革进入深水区后，需要立法保障的任务越来越艰巨，需要立法调整的社会关系越来越复杂，立法的节奏必将越来越快、难度越来越大、要求越来越高。新的历史起点上，做好我省地方立法工作，必须围绕新要求新期待，认真践行习近平总书记对浙江作出的“干在实处永无止境，走在前列要谋新篇，勇立潮头方显担当”重要指示，进一步坚定指导思想、明确目标任务、强化工作格局、健全工作机制、提升立法能力，确保立法始终保持正确的政治方向，反映鲜明的时代特征，体现坚实的民意基础，不断发挥立法对经济社会的引领、推动、规范、保障作用，为推进“两个高水平”建设提供更加有力的法治保障。

（一）坚持以习近平新时代中国特色社会主义思想为指导，明确立法工作理念

新时代中国特色社会主义的一个显著特征就是有了引领党和国家事业发展的新思想。这就是习近平新时代中国特色社会主义思想。党的十九大和宪法修正案将这一新思想确立为必须长期坚持的党和国家的指导思想。习近平总书记在中央全面依法治国委员会第一次会议上，对党的十八大以来中央提出的一系列全面依法治国新理念新思想新战略作了十个方面的概括。栗战书委员长在深入学习贯彻习近平总书记关于坚持和完善人民代表大会制度的重要思想交流会上，列举了习近平总书记关于坚持和完善人民代表大会制度的重要思想十个方面的主要内容。这两个十个方面的内容都涉及到了对立法工作的要求。同时，习近平总书记在浙江工作期间，十分关心、积极推动地方人大工作和地方立法工作，对立法工作进行了全面思考，就加强地方立法工作提出了许多在今天看来仍然具有重要指导意义的论述和要求。栗战书委员长在第二十四次全国地方立法工作座谈会上将这些论述和要求概括为六个方面。这一系列的精神、指示和要求，构成了新时期推进地方立法与时俱进、完善发展的指导方针和总体要求。

浙江作为中国革命红船的起航地、改革开放的先行地、习近平新时代中国特色社会主义思想的重要萌发地，我们有基础、有条件，更有责任，在学深悟透习近平新时代中国特色社会主义思想上下功夫，在立法工作上全面贯彻落实习近平总书记有关民主法治的重要论述，准确把握习近平总书记关于人大工作和立法工作重要论述和指示的精神实质，深刻认识其时代意义、理论意义、实践意义，自觉用以指导和推进地方立法工作，努力开创新时代地方立法工作新局面。这是我们立法者和立法工作者的首要任务，也是做好新时代地方立法的根本保证。具体工作中，要坚持把握好以下几点理念：

一是以发挥引领推动作用为地方立法的功能导向。习近平总书

记和中央多次强调，在整个改革过程中，都要高度重视运用法治思维和法治方式，发挥法治的引领和推动作用，在法治轨道上推进改革。做好新时代地方立法工作，首要的是要更好地实现立法与改革决策相衔接，通过立法凝聚社会共识，从制度上、法律上解决改革发展中带有根本性、全局性和长期性的问题。要做到在改革中完善法治，及时将改革实践中的成熟经验上升为先行先试的制度规范，形成更多创制性立法成果，不断通过立法凝聚社会共识，从制度上、法律上解决改革发展中带有根本性、全局性和长期性的问题，实现地方立法与改革开放相互促进、与时俱进。

二是以人民根本利益为地方立法的价值取向。不忘初心，方得始终。中国共产党人的初心和使命，就是为中国人民谋幸福，为中华民族谋复兴。做好新时代立法工作，必须把践行初心使命作为基本责任，坚持人民主体地位，贯彻以人民为中心的发展思想，以实现好维护好发展好最广大人民群众根本利益为基本价值取向，不断满足人民群众对民主、法治、公平、正义、安全、环境等方面的需要，用法治保障人民权益，增进人民福祉，让人民群众有更多的获得感和幸福感。

三是以实现良法善治为地方立法的基本目标。良法是善治之前提，善治是法治之目标。实现“两个一百年”奋斗目标、实现中华民族伟大复兴的中国梦，必须依靠良法善治来保障和推动。立法要立良好的法。如果立法先天不足，存在质量问题，执法、司法、守法就不可避免地会出问题，甚至引起不良后果。地方立法是中国特色社会主义法治体系的重要组成部分，必须以良法善治为基本方向，在立法中注重贯彻社会主义核心价值观，立良善之法、管用之法，确保立法符合宪法精神、体现人民意志、反映公平正义等价值追求、符合社会发展规律、解决具体问题。

四是以提高质量效率为地方立法的工作重心。进入新时代，我国社会主要矛盾已经转化为人民日益增长的美好生活需要和不平衡不充分的发展之间的矛盾。人民群众对立法的期盼，已经主要不是有没有，而是好不好、管用不管用的问题。对法治的要求，已经不仅是“有法可依”，更要求法律法规不仅体现价值理念，还能够合理有效地解决现实生活中实际问题。“观时而制法，因事而制礼”。新时代地方立法工作任务重、要求高、难度大，需要研究的问题越来越多、越来越深，需要提出的解决方案越来越细、越来越专。做好地方立法工作，必须坚持以提高立法质量为重心，不断推进精细立法、精准立法、精干立法，切实提高地方立法的针对性、及时性、可执行性和系统性，确保地方立法能够立得住、行得通、真管用。

（二）注重围绕中心大局，锚定立法目标任务

新时代提出新要求，新要求呼唤新作为。继续做好我省地方立法，必须深刻认识新时代的大趋势大背景、新变化新要求，增强敏锐性，找到结合点，更好地通过法治方式推动中央和省委重大决策的实现，努力在高质量地方立法上继续发挥先行和示范作用。根据中央、全国人大和省委的有关精神和决策部署，当前和今后一个时期我省地方立法工作的目标是：认真贯彻落实党的十九大和省第十四次党代会精神，按照习近平总书记对浙江工作的指示要求，立足我省省情，体现我省特色，突出工作重点，出台一批贯彻省委重大决策部署、推动全面深化改革、保障和改善民生、完善社会治理体系以及实施国家法律的地方性法规，继续引领和推动全面深化法治浙江建设和我省经济社会持续发展。围绕这一工作目标，地方立法中需要着重抓好以下三个方面重点：

一是更加聚焦中心工作，加快立法步伐。进一步紧扣省委作出的“四大建设”“四个强省”“六个浙江”“两个高水平”建设等重大战略决策，主动聚焦当前改革发展的热点难点痛点，既考虑队伍力量和能力水平，又善于调配统筹资源和调配力量，在保证立法质量的前提下加大立法工作力度、加快立法工作步伐，通过立法的顶层设计，来引领和推动实践的发展。

二是开展重点领域立法，发挥立法功能。根据栗战书委员长的

要求，加强三个重点领域的地方立法。生态环境领域方面，要根据中央打好污染防治攻坚战的决策部署，围绕资源环境保护工作中出现的新情况新问题，加强相关法规的立改废释工作，抓紧制定和完善我省相关法规。将社会主义核心价值观融入地方立法方面，要发挥地方立法区域性的特点，注重运用法治手段解决道德领域突出问题，不断丰富和拓展地方性法规的价值观内涵。民生领域方面，要通过完善地方性法规，加强、引导、保障和提高“七有”（幼有所育、学有所教、劳有所得、病有所医、老有所养、住有所居、弱有所扶），促进社会公平正义。

三是着力推动重点项目，体现地方特色。省委常委会讨论同意并以省委文件转发了《浙江省十三届人大及其常委会立法调研项目库》。调研项目库共有法规项目98件，构成了本届省人大常委会的立法任务清单，必须认真予以贯彻执行。省委车俊书记在全省立法工作会议上提出“六个一批”地方性法规，即一批引领经济高质量发展的法规、一批支撑实施乡村振兴战略的法规、一批加强社会主义民主法治的法规、一批回应民生关切的法规、一批加强和创新社会治理的法规、一批保障“两山”理念落地生根的法规，进一步明确了今后一个时期地方立法的重点项目。要围绕上述要求，统筹立法资源与立法需求、立法效率与立法质量，按照“任务、时间、组织、责任”四落实的要求，明确时间表、路线图和责任人，抓紧出台改革发展急需、人民群众关注的法规项目，确保圆满完成立法工作任务。

（三）加强统筹协调，健全立法工作格局

立法工作是一项系统工程，涉及多个部门和领域，需要发动各方力量、发挥各方优势、形成工作合力。特别是进入新时代后，立法工作面临的形势和任务更加复杂和艰巨，更加需要各方协同配合，进一步建立健全党委领导、人大主导、政府依托、各方参与的立法工作格局，共同推动立法工作的长远发展。

一是坚持把加强党的领导作为做好立法工作的根本保证。立法是重要政治活动，集中体现和反映党的大政方针和决策部署，具有鲜明的政治属性。做好地方立法工作，最重要的就是牢固树立“四个意识”，坚定“四个自信”，做到“两个维护”，始终坚持党对立法工作的领导。要全面落实中央和省委有关加强党领导立法工作的文件精神，把党的领导贯彻落实到地方立法工作的全过程和各方面，发挥党委总揽全局、协调各方的核心领导作用。对中央或者同级党委部署、交办的重大立法任务，要全力以赴抓好贯彻落实。重大立法项目、立法中的重大问题和立法工作中的重要事项，要及时主动向同级党委请示报告。要发挥常委会党组的积极作用，在同级党委的领导下，把地方立法工作摆在更加突出位置，研究讨论重要法规草案和重大立法事项，抓紧抓实抓好立法工作。

二是不断强化人大及其常委会在立法工作中的主导作用。发挥人大及其常委会的立法主导作用是党中央和立法法对完善立法体制提出的明确要求，也是推进地方立法工作发展的基本着力点。要进一步认真贯彻落实中央有关精神，不断加强制度创新，把加强人大立法主导作为加强和改进地方立法工作的基础环节，不断强化主导意识、厘清主导思路、完善主导机制、提升主导能力。要加强主动谋划。人大常委会党组和主任会议要从引领和推动本地改革开放和经济社会发展的关键领域和重点工作出发，协调有关方面，制定好立法调研项目库和年度立法计划，增强立法的统筹性、针对性、前瞻性。要抓住主要环节，通过强化法规项目的统筹安排，引导好立法重心，主导好选题立项，统筹好项目安排，牢牢把握法规立项的主动权，确保把具有立法必要性和可行性、人大代表和社会公众关切、经济社会发展迫切需要的立法项目列入立法计划。通过实施法规起草小组制度、强化提前介入调研、完善沟通协调机制等，不断加强人大对起草工作的组织和主导，增强人大立法调研的主动性和实效性。通过加强对法规涉及重大问题的研究论证，做好立法过程中的利益分析、整合和平衡工作，善于在矛盾的焦点上“划杠杠”，作出合法、合理的决策。

三是充分发挥政府及其部门在立法工作中的依托作用。地方性法规大部分是行政管理类的法规，涉及政府及其部门的工作职责。这就决定了地方立法中，政府及其部门具有不可替代的地位。强调发挥人大及其常委会的立法主导作用，不是忽视政府在立法中的重要作用，更不是撇开政府由人大唱“独角戏”，而是要在党委领导下，更好地发挥政府及其部门的优势，更好地起到立法依托作用。要发挥政府部门处在一线、熟悉情况的优势，根据经济社会发展形势和本职工作需要，及时提出立法项目的建议。要发挥政府部门业务性、专业性强的特点，做好法规草案起草工作，为人大审议打下良好基础。要按照“谁执法、谁普法”的要求，加强政府部门对法规的普法宣传，依法履行职责并及时向立法机关反馈执行中发现的问题，促进法规的有效实施和不断完善。

四是不断完善各方参与立法工作机制。做好地方立法不仅要依靠党委、人大、政府的努力，也离不开社会各界的积极参与。要深化专家参与立法体制机制，推进人民代表大会审议通过重要地方性法规，继续落实好代表分专业有重点参与立法、代表联络站、代表履职网站、代表专题活动、代表履职考核等制度，进一步提升代表参与立法的实效，并把审议办理代表议案、建议同立法工作紧密结合起来，认真研究吸纳代表意见建议，做好沟通反馈工作。要不断健全专家参与立法制度，落实好省人大常委会立法专家信息库、立法专家咨询委员会和项目专家制度，充分发挥好专家参与立法的专业优势，创新和扩大专家参与立法的形式和渠道，提高专家参与立法的实效性、针对性。要加强对浙江立法研究院的业务指导和有关研究机构的交流合作，推动立法理论研究，建设立法高端智库。

（四）围绕提高立法质量，完善立法工作机制

立法质量依然是地方立法的生命线。要围绕提高立法质量，落实好中央和全国人大有关立法工作机制建设的新要求，深入推进科

学立法、民主立法、依法立法，以高质量的工作机制保障实现高质量的立法，推动经济社会高质量发展。

一是推进科学立法。推进科学立法就是要坚持科学的立法体制、实行科学的立法机制、运用科学的立法方式，确保立出来的法规准确反映和体现所调整社会关系的客观规律，经得起实践和历史的检验。要不断健全法规的立项、起草、调研、审议等工作机制，全面推进立法的精准化、精细化和精干化，精确对准当前改革发展中真正需要立法解决的重大疑难问题，科学细致地设计解决问题的措施制度，努力实现立法框架轻型化、简约化，使得法规的制度和措施都符合实际、切实可行，能有效解决问题。要加强立法理论研究，重点是深化地方立法工作本身规律的研究，细化对不同类型的地方性法规特征的研究，进一步实现精准立法。要积极探索运用现代信息技术和大数据研究分析立法重要制度方案，提高地方立法质量。

二是推进民主立法。推进民主立法就是要坚持人民主体地位，充分发扬民主，保证人民通过多种途径有序参与立法，使立法更好地体现民主、汇聚民意、集中民智。要进一步拓展公众有序参与立法的途径，健全法规公开征求意见、立法听证会、立法公听会、公民旁听常委会会议、立法基层联系点、网上征求意见等公众参与立法形式和渠道，探索专业力量介入公众参与立法，协助普通民众规范、准确、充分地表达利益诉求，特别是要关注弱势群体的利益和呼声，提高公众参与立法的公正性、全面性。要进一步健全公众意见的收集、整理、分析、运用和反馈机制，尤其是要改进吸收采纳和答复回应工作。要加强新出台地方性法规的宣传，用讲故事方式把法规宣传好、解读好、阐释好，增强各方面立法认同，为贯彻实施法律法规营造良好社会氛围，特别是要注重领导干部以宪法为核心的法治宣传教育，提高广大领导干部运用法治思维和法治方式解决问题的能力和水平。

三是推进依法立法。推进依法立法就是要严格执行立法法的规定，依照法定权限和程序开展地方立法，不违背宪法原则和精神，不违背上位法规定，处理好有所为有所不为的关系，防止越权立法、违反立法程序立法。要加强对设区的市立法工作的协调和审查指导，严格把牢报批法规的合法性“关口”，帮助设区的市健全立法工作机制，为设区的市进一步提高立法能力和立法质量提供优质的服务。要认真贯彻党的十九大关于“加强宪法实施和监督，推进合宪性审查工作，维护宪法权威”的重要精神，充分认识备案审查工作的重要性，加强备案审查制度和能力建设，坚持全面审查与有重点的主动审查相结合，完善备案审查信息系统，进一步加大审查和纠错工作力度，确保“有件必备、有备必审、有错必纠”，推动我省备案审查工作继续走在前列。

（五）注重提高立法能力，加强立法队伍建设

习近平总书记指出：“立法是为国家定规矩、为社会定方圆的神圣工作，立法人员必须具备很高的思想政治素质，具备遵循规律、发扬民主、加强协调、凝聚共识的能力。”做好新时代地方立法工作，需要高素质干部队伍和人才队伍作支撑。要认真贯彻落实党中央和全国人大有关立法队伍建设的要求，把建设高素质的立法工作队伍，作为加强和改进立法工作的基础性、战略性任务来抓，适应立法工作新需要，努力打造一支门类齐全、结构合理、专业素质高的立法工作队伍。

一是以思想政治建设为核心加强队伍作风建设。把党的政治建设摆在首位，以政治建设为统领，坚持用习近平新时代中国特色社会主义思想武装头脑，坚决维护以习近平同志为核心的党中央权威和集中统一领导，始终在政治立场、政治方向、政治原则、政治道路上同党中央保持高度一致，恪守以民为本、立法为民理念，努力培养造就一支坚定理想信念不动摇、明辨大是大非不糊涂的立法人队伍。

二是加强常委会及专门委员会能力建设。进一步完善常委会组成人员和专门委员会组成人员的知识结构和年龄结构，增加有法治

工作经验的委员。明确常委会组成人员和专门委员会组成人员的任职素质标准，保证必要的履职能力。对常委会组成人员和专门委员会组成人员开展定期立法能力培训，不断提升其在立法各个环节中发挥实体作用的能力。

三是加强常委会立法工作机构建设。研究人大立法人才成长发展的规律和特点，探索开展高层次立法工作人才评选工作。建立人大与“一府两院”干部交流机制，探索从符合条件的律师、法学教师、法学研究人员中招录立法人才，推进高等院校法学教师与人大立法工作机构同志双向交流任职机制，并积极探索人大系统法制工作机构上下挂职、交叉任职等方式，培养立法骨干人才，推进立法工作的正规化、专业化和职业化。

潮平两岸阔，风正一帆悬。当前，我们已经进入全面建成小康社会决胜期和“两个一百年”奋斗目标历史交汇期，法治建设和地方立法面临新形势、新情况、新要求，需要立法保障的任务越来越艰巨，需要立法调整的社会关系越来越复杂，立法的节奏必将越来越快、难度越来越大、要求越来越高。新的历史起点上，继续做好浙江地方立法，必须紧紧围绕新要求新期待，认真践行习近平总书记对浙江作出的“干在实处永无止境，走在前列要谋新篇，勇立潮头方显担当”重要指示，进一步坚定指导思想、明确目标任务、强化工作格局、健全工作机制、提升立法能力，确保立法始终保持正确的政治方向，反映鲜明的时代特征，体现坚实的民意基础，不断发挥立法对经济社会的引领、推动、规范、保障作用，为加快浙江“两个高水平”建设和经济社会持续健康发展提供更加有力的法治保障。

（执笔人：浙江省人大常委会法制工作委员会　吴江）

充分发挥地方立法在推进省域治理现代化中的重要作用[①]

党的十九届四中全会对坚持和完善中国特色社会主义制度、推进国家治理体系和治理能力现代化作出重大决策部署。省委十四届六次、七次全会分别就高水平推进省域治理现代化和努力建设新时代全面展示中国特色社会主义制度优越性重要窗口作出决定、决议。法治是国家治理体系和治理能力的重要依托。地方立法是法治建设的重要内容，是开展国家治理的基本方式。在新背景、新要求下，深入研究地方立法在推进省域治理现代化中的重要作用，找准定位、明确方向、健全机制，是当前不断加强和改进我省地方立法工作，更好展示建设重要窗口的新征程中立法担当的重要课题。

一、立足新形势新要求，明确地方立法在省域治理现代化中的地位作用

制度是治理之基，治理是制度之能。国家治理现代化是一个有机整体，包括国家和地方省市县等不同层面的治理现代化。地方立法作为中国特色社会主义法治体系的重要组成部分，作为制度供给的重要形式，在推进省域治理现代化中具有不可或缺的地位和作用。

---

① 本文系 2020 年浙江省人大常委会主任会议成员重点调研课题。课题主持人：赵光君，课题组成员：丁祖年、任亦秋、尹林、田梦海、何晓明、吴江。

（一）地方立法是推进省域治理现代化的重大制度安排。我国幅员辽阔、人口众多，各地经济社会发展不平衡，面临的矛盾和问题不尽相同，需要中央和地方上下协同，合力攻坚，最大程度彰显制度优势。党的十九届四中全会强调，要“健全充分发挥中央和地方两个积极性体制机制”，“赋予地方更多自主权，支持地方创造性开展工作”。这就要求地方更好地发挥主动性、积极性，从区域层面共同推进国家治理现代化。地方立法作为地方治理的重要方式，经历了一个从探索建立到不断发展完善的过程。新中国成立之初，我国一直实行高度集中统一的立法体制，全国人民代表大会是行使立法权的唯一机关，地方各级人大不设常委会，没有立法权。这种高度集中统一的立法体制是同国家领导体制密切联系的，具有很大的局限性。毛泽东同志在《论十大关系》中指出，“应当在巩固中央统一领导的前提下，扩大一点地方的权力，给地方更多的独立性，让地方办更多的事情……在不违背中央方针的条件下，按照情况和工作需要，地方可以搞章程、条例、办法。”邓小平同志在《解放思想，实事求是，团结一致向前看》的讲话中也指出，“为了保障人民民主，必须加强法制。”“现在立法的工作量很大……有的法规地方可以先试搞，然后经过总结提高，制定全国通行的法律。”改革开放对民主法治建设提出了紧迫的现实需求。1979 年地方组织法赋予省级人大及其常委会地方立法权。随着经济社会的不断发展，又先后赋予省会城市和较大的市，以及经济特区地方立法权，确立了具有中国特色的统一而多层次的立法体制。党的十八大以来，党中央高度重视全面依法治国，对立法体制作出重大改革，赋予所有设区的市地方立法权，明确设区的市可以对城乡建设与管理、环境保护、历史文化保护等方面的事项制定地方性法规，报省、自治区的人民代表大会常务委员会批准后施行。这是我国立法体制的重大发展。截至 2020 年 9 月底，我国地方立法主体有 353 个，包括 31 个省级，288 个设区的市，30 个州和 4 个不设区的市；共有国家立法近 280 部，行政法规近 700 部，地方性法规 12000 多部。实践证明，我国地方立法权的确立和地方立法体制的完善，是新时期民主法治建设不断发展的结果，是对国家治理认识不断深化的结果，为推进地方经济社会发展提供了新的方式和动力，有利于贯彻和体现充分发挥地方主动性、积极性的原则，有利于在改革开放条件下不断提升地方治理能力和水平。

（二）地方立法是实现省域治理现代化的必然要求。“经国序民，正其制度”。制度优势是一个国家和区域的最大优势。制度竞争是国家和区域间最根本的竞争。法治具有公正性、稳定性的特征，完备的法律规范体系是中国特色社会主义法治体系的基础，能够为国家治理现代化提供根本性、长期性的制度保障。党的十九届四中全会提出，要“构建系统完备、科学规范、运行有效的制度体系，加强系统治理、依法治理、综合治理、源头治理”，内在蕴含了加强地方立法，完善地方性法规体系的要求。地方立法具有从属性和自主性双重特征。地方人大通过结合本地实际开展实施性立法，使国家各项政策举措更具可执行性和可操作性，确保法律和行政法规在本行政区域有效实施；同时，根据经济社会发展需要，对国家立法难以调整的地方性事务和国家尚未立法的事项，积极开展创制性立法、先行性立法，充分发挥立法对改革发展的引领推动作用，构建既符合国家法律法规要求，又契合地方实际需要的地方性法规体系，夯实省域治理现代化的制度基础。

（三）地方立法为实现省域治理现代化提供法治支撑。治理体系是在党领导下管理国家的制度安排，是一整套各领域体制机制和法律法规紧密相连、互相协调的制度体系。治理能力是运用国家制度管理社会各方面事务的能力。在国家治理体系和治理能力现代化建设中，法律法规的完善及其实施是核心内容。党的十九届四中全会提出“中国之治”“三步走”的时间表，从制度更加定型到制度更加完善，再到制度更加巩固、优越性充分展现，都包含了对地方治理现代化的要求，都需要地方立法及时跟进、积极回应，通过行使好地方立法权，科学界定社会利益关系，合理设定权利义务，规范权力行使，保护合法权益，不断增进推动地方改革发展的制度共识，将地方治理纳入法治化轨道。

二、加强重要领域立法，找准地方立法推进省域治理现代化的着力点

制度稳则国家稳，制度强则国家强。党的十九届四中全会全面回答了在我国国家制度和国家治理体系上应该“坚持和巩固什么、完善和发展什么”这个重大政治问题，提出了十三个需要坚持和完善的制度体系。在省级层面，如何结合本地实际落实中央要求，积极推进省域治理现代化，是一个亟需研究和破解的新课题。省委十四届六次全会作出高水平推进省域治理现代化的决定，提出努力打造中国特色社会主义省域治理的范例，争当省域治理现代化排头兵的目标。省委袁家军书记紧扣“重要窗口”建设，进一步提出了新阶段我们需要认真思考和回答的10大新课题和努力要交出的10张高分报表，强调要树立“法治为基”的理念，努力实现各项事务治理的制度化、规范化、程序化，加快从“事”到“制”和“治”的转变，用制度固化优势，并转化为治理效能。省域治理现代化最根本的是省域治理的法治化。地方立法因其具有的实施性、补充性和先行性的功能，在构建省域治理现代化“四梁八柱”中发挥着基础性作用。地方人大要在立法权限范围内，紧扣中央决策部署，围绕地方改革发展和社会治理的法治需求，以加强重要领域立法为着力点，不断加快立法步伐，提高立法质量，实现以良法促进发展、保障善治。

（一）加强促进经济高质量发展立法。健全社会主义市场经济体制，推进供给侧结构性改革，建立创新驱动发展机制，打造市场化、法治化、国际化的营商环境，都需要立法赋能。近年来，省人大及其常委会积极履行立法职能，制定（修订）了保障“最多跑一次”改革规定、民营企业发展促进条例、中国（浙江）自由贸易试验区条例、促进科技成果转化条例、消费者权益保护实施办法等法规，

通过立法推进供给侧结构性改革，促进经济转型升级。围绕推进省域治理现代化，努力建设展示坚持和完善社会主义市场经济体制、不断推动高质量发展的重要窗口的目标，我省地方立法要进一步紧扣经济高质量发展的立法需求，加快出台有关数字经济、知识产权保护以及涉及“一带一路”、市场准入、负面清单等方面的法规，完善推动“放管服”改革的法治保障，更好地发挥立法在优化营商环境中的积极作用，切实履行立法保障和推动高质量发展的重要职责，推动建设现代化经济体系。

（二）加强民生领域立法。立法无小事，事事关民生。维护人民群众合法权益、满足人民群众对美好生活的向往、健全为民办实事长效机制等民生保障要求，都离不开立法的制度设计。近年来，省人大常委会坚持以人民为中心，聚焦民生关切、加强民生立法，制定（修订）了社会救助、学前教育、精神卫生、养老服务、工伤保险、粮食安全等方面的法规，着力解决人民群众所需所盼所急。围绕推进省域治理现代化，努力建设展示坚持以人民为中心、实现社会全面进步和人的全面发展的重要窗口的目标，我省地方立法要继续始终坚持以民为本、立法为民，及时了解民生民情，科学分析立法需求，将人民群众关注的操心事、烦心事、揪心事的相关法规列入立法计划，加快推进教育、医疗卫生、就业促进、社会保障、安全生产、权益保护等惠民立法，努力从法治上增强人民群众的获得感、幸福感、安全感。

（三）加强生态环保领域立法。践行绿水青山就是金山银山的理念，坚持节约资源和保护环境的基本国策，坚定走生产发展、生活富裕、生态良好的文明发展道路，都需要加强生态环保立法。近年来，省人大常委会将生态环境保护领域作为立法重点，制定（修订）了河长制规定、水土保持条例、土地整治条例、绿色建筑条例等法规，开展生态环境保护地方性法规专项清理，不断完善环境保护制度机制。围绕推进省域治理现代化，努力建设展示人与自然和谐共生、生态文明高度发展的重要窗口的目标，我省地方立法要紧扣美丽浙江建设的总体要求，聚焦水、大气、土壤、固体废物、有害物质、环境噪声等要素，加快相关法规的立改废释工作，突出“最严谨标准、最严格监管、最严厉处罚、最严肃问责”的鲜明导向，不断深化生态文明体制机制改革，织密环境保护法治之网，推动绿色发展、循环发展、低碳发展。

（四）加强社会治理领域立法。社会治理事关社会稳定和国家安全，是省域治理的重大任务。坚持共建共治共享，完善党委领导、政府负责、民主协商、社会协同、公众参与、法治保障、科技支撑的社会治理体系，需要立法引领和保障。近年来，省人大常委会坚持用法治思维破解社会治理难题，用法治举措提升社会建设活力，深入推进社会领域立法，制定（修订）了国有土地上房屋征收补偿、公共信用信息管理、社会治安综合治理等法规，为加强和创新社会治理提供坚实的制度保障。同时，立法中坚持以人为本，把保障权利作为立法调整和规范的核心，制定城市管理相对集中行政处罚权条例等管理类法规时，正确处理公权与私权、权利与义务、权力与责任、管理与服务的关系，推动社会治理的制度和实践不断创新发展。面对新形势、新要求，我省地方立法要进一步围绕提升社会治理法治化、专业化、智能化水平，加快省域统筹协调能力，不断创新基层治理制度机制，加快社会组织、人民调解、信访、慈善、应急管理、信用建设、数据安全等立法，特别是要紧密结合实际，将社会主义核心价值观全面融入地方立法，把实践中广泛认同、较为成熟、操作性强的道德要求上升为法规规范，持续推进自治、法治、德治“三治融合”，充分激发基层活力和创造力。

（五）加强区域协同立法。经济全球化和区域一体化是世界经济发展的大势所趋。一体化发展所形成的集聚效应和协同效应也是推动该地区经济社会持续发展的动力源泉。以习近平同志为核心的党中央高瞻远瞩、科学决策，先后制定京津冀协同发展、粤港澳大湾区建设和长三角一体化发展等推进区域协同发展的国家战略。这是我们国家在治理方式和治理手段上的重大创新，同时也给相关省份的地方立法提出了新的课题和任务。近年来，省人大常委会认真贯彻习近平总书记关于高质量推进长三角区域一体化发展的指示要求，积极会同上海、江苏和安徽两省一市人大常委会，在探索区域立法协同、推动区域社会治理创新上形成了许多好的经验做法。下一步，我省地方立法要认真执行长三角协同立法工作机制的各项要求，围绕区域协同发展的重要环节和重点领域，不断加强与相邻省份的立法沟通协作，完善协同立法决策机制、协调机制、执行机制，认真执行关于促进和保障长三角生态绿色一体化发展示范区建设若干问题的决定，解决示范区发展面临的体制机制难题。科学编制立法计划规划，积极对接一体化发展的立法需求，优先安排推进一体化发展的立法项目，重点抓好大型科学仪器共享协同立法，并就示范区饮用水水源保护法规开展前提调研，加强基础设施、公共服务和环境保护等方面的立法协同，合力构建区域一体化发展的制度体系。

三、完善立法体制机制，适应省域治理现代化对地方立法提出的新要求

多年来，我省地方立法与改革同频率、与时代同步伐、与实践同发展，积累了许多宝贵经验，在立法质量和机制建设上走在全国前列，形成了立法方面的诸多浙江经验、浙江智慧、浙江元素。但与此同时，立法工作还存在法规的精准性和实效性不够，立法成效未能有效满足人民群众新期待，立法能力与立法高质量的要求不相匹配等问题，影响了立法功能的有效发挥。特别是随着全面深化改革进入新的历史时期，地方立法面临的任务越来越重、难度越来越大、要求越来越高。中央和省委都对完善立法体制机制提出了许多明确要求。我们要进一步转变工作理念，加强机制创新，推进能力建设，科学构建适应省域治理现代化和建设重要窗口新任务新要求的立法工作体制机制。

（一）健全和完善党领导地方立法的制度体系。中国共产党的领

导是中国特色社会主义最本质的特征，是中国特色社会主义制度的最大优势。坚持党对立法工作的领导既是立法工作的重大政治原则，也是做好立法工作的根本保证。要全面落实中央有关加强党领导立法的要求，把坚持党的领导放到立法工作首位，不断增强党领导立法的思想自觉和行动自觉，善于将“党言党语”转化为“法言法语”，切实把党的领导贯彻到地方立法全过程和各方面。严格执行请示报告制度，坚持重大立法项目、立法中的重大问题和立法工作中的重要事项，及时主动向党委请示报告，确保一切重要立法活动都在党的领导下进行。发挥人大常委会党组把方向、管大局、保落实的作用，积极向党委提出科学立法决策的建议，为地方经济社会发展提供法治方案。同时，加强法规对党的领导制度体系的支撑和完善作用，通过科学的制度设计把党的领导落实到省域治理各领域各方面各环节，确保党中央重大决策部署和习近平总书记重要指示精神在地方一贯到底、落地生根，以实际行动践行“两个维护”。

（二）建立精准高效的立法与改革决策衔接机制。习近平总书记强调：“改革与法治如鸟之两翼、车之两轮。”地方立法要统筹把握改革之“变”和立法之“定”，在法治下推进改革，在改革中完善法治，更好地发挥在推进省域治理现代化中的重要作用。加强立法工作机构与党委有关工作部门的沟通联系，在党委谋划重大决策时，积极提出立法方面的意见建议，着力增强立法的前瞻性；综合运用立改废释、授权决定等形式，不断提高立法决策与改革决策衔接的速度、准度和精度，切实发挥立法对改革发展的引领推动作用，实现从追求“有法可依”到“良法善治”，切实把制度优势更好地转化为治理效能。

（三）健全协同有效的立法工作新格局。立法工作是一项系统工程，涉及社会生活各领域各方面，需要群策群力、协同推进。党的十九届四中全会明确提出，要“完善党委领导、人大主导、政府依托、各方参与的立法工作格局”，进一步指明了立法工作的发展方向。要强化人大对法规立项、起草、审议等关键环节的主导，加强主动谋划，明确立项标准，统筹项目安排，当好法规立项的“引导员”；落实法规起草小组制度和重要法规草案起草小组双组长制度，强化提前介入调研，推动法规重要问题尽早解决，当好法规起草的“协调员”；加强研究论证，凝聚各方共识，善于在矛盾的焦点上“划杠杠”，当好法规审议的“决策员”。特别是政府机构改革后，法制办并入司法厅，发挥政府在立法中的依托作用更显重要。要充分调动政府业务部门执法一线熟悉情况、了解需求的优势，积极提出立法项目、起草法规草案、制定配套措施、强化法规实施，合力推动立法工作提质增效。

（四）完善科学民主立法工作机制。立法实质上是对各种利益诉求予以制度化，进行价值取舍，求得“最大公约数”的过程。推动省域治理现代化更加要求深入推进科学立法、民主立法、依法立法，提高立法质量和效率，发挥立法功能作用。完善法规立项、起草、调研、审议、宣传等机制，建立法规实施情况报告制度，强化互联网、大数据、人工智能等信息技术对立法工作的支撑，推进“智辅科学决策”，实现立法的精准选题、精良设计、精练表达，确保地方性法规“立一件、成一件、行一件”。特别是要注重不断深化立法公开，完善代表参与、专家参与、基层立法联系点制度，畅通利益表达渠道，健全公众意见分析和反馈机制，确保人民群众通过更有效的政治参与行使当家作主的权力。近年来，省人大常委会认真总结地方立法工作实践经验，结合新时代中央和全国人大对健全立法工作机制提出的新要求，出台《关于进一步完善立法工作机制 做好新时代地方立法工作的若干意见》，并以此为纲，相继出台重要法规草案起草小组“双组长”制度、提高省人大常委会会议审议地方性法规草案质量、法规草案征求企业和行业协会商会意见、人大代表分专业有重点参与立法、立法基层联系点、法规新闻发布以及备案审查等方面一系列的具体规定，努力构建“1 + X”立法工作制度体系。同时，加强省级人大对设区的市立法工作的审查指导，推动设区的市完善立法工作机制，提升立法工作的整体质量。省人大常委会通过统筹立法资源、介入法规起草、强化主体责任、分类处理报批法规、帮助提高立法能力，以及出台法规审查指导工作流程、合法性审查参考标准等方式，加强对设区的市立法工作的指导，推动设区的市立法工作提质增效。

（五）更大力度更高质量推进规范性文件备案审查工作。备案审查是立法工作的重要组成部分和延伸，对于健全保证宪法全面实施体制机制，维护国家法治统一和权威至关重要。党的十九届四中全会明确提出："加强备案审查制度和能力建设，依法撤销和纠正违宪违法的规范性文件"。地方人大要积极履职、创新方法、增强实效，不断提高备案审查能力和水平。要坚持"有件必备、有备必审、有错必纠"，凡属人大监督对象所制定的规范性文件都要纳入人大备案审查范围，以备案全覆盖带动审查全覆盖，以审查全覆盖带动监督全覆盖，确保有关部门制定的规范性文件契合法治精神、符合法治统一原则，不断推进省域治理现代化。

（六）建设德才兼备的高素质立法工作队伍。习近平总书记指出："立法是为国家定规矩、为社会定方圆的神圣工作，立法人员必须具备很高的思想政治素质，具备遵循规律、发扬民主、加强协调、凝聚共识的能力。"做好新时代地方立法工作，需要高素质人才队伍的有力支撑。要从坚决扛起建设"重要窗口"政治责任的高度，认真落实中央和省委有关立法队伍建设的一系列指示，实施好《浙江省委组织部关于加强新时代我省立法队伍建设的若干意见》明确的各项要求，把加强立法队伍建设作为一项基础性、战略性任务来抓，将立法队伍纳入党管干部、党管人才的重要内容，加强人大常委会和专门委员会立法力量配备，充实人大立法工作机构及人员力量，不断提升立法队伍素质能力，完善激励保障机制，积极发挥社会力量在立法中的作用，努力打造一支政治坚定、业务精通、务实高效、作风过硬、勤政廉洁的高素质立法队伍，为地方立法保障省域治理现代化、奋力跑出建设法治浙江新速度提供坚实的人才和智力支持。

（执笔人：浙江省人大常委会法制工作委员会　吴江）

加强数字化改革立法保障的思考与探索[①]

党的十九大以来，党中央高度重视数字化转型，作出实施国家大数据战略，加快建设数字中国的决策部署。浙江是全国数字化发展先行省份，在“最多跑一次”改革、政府数字化转型等方面先行探索，取得了一些标志性改革成果。2021 年年初，省委又部署开展了全方位、全过程、全领域的数字化改革，并确定了改革的总体思路、重点任务、方法路径，强调要以数字化改革牵引全面深化改革，加快高质量发展建设共同富裕示范区。改革与法治是鸟之两翼、车之两轮。在全省深入推进数字化改革的大场景下，充分认识地方立法保障和促进改革的重要作用，进一步明确立法目标任务，完善法规制度体系，是展现共同富裕示范区建设新征程中立法担当的重要方面。

一、加强立法保障的必要性和重要性

数字化改革是统筹运用数字化技术、数字化思维、数字化认知，把数字化、一体化、现代化贯穿党的领导和经济、政治、文化、社会、生态文明建设全过程各方面，对省域治理的体制机制、组织架

① 本文系 2021 年浙江省人大常委会主任会议成员重点调研课题。课题主持人：赵光君，课题组成员：丁祖年、任亦秋、尹林、田梦海、何晓明、吴江、方帅。

构、方式流程、手段工具进行全方位、系统性重塑的过程。地方立法是省域治理的重要方式、治理体系的重要制度安排，在促进、保障数字化改革过程中具有不可或缺的地位和作用。

（一）落实省委决策的重要内容。省委下发的《浙江省数字化改革总体方案》确定了数字化改革的重点任务是加快构建“152”工作体系。地方立法是五大综合应用中党政机关整体智治综合应用和数字法治综合应用的重要内容。省委总体方案中还明确要求构建数字化改革的政策制度规范体系，强调“发挥地方立法作用，把数字化改革实践固化为制度成果，条件成熟时形成法律法规”。加强地方立法工作已成为贯彻落实省委改革决策的必然要求，是责无旁贷的使命任务。

（二）深化数字化改革的基本保障。习近平总书记多次强调，在整个改革过程中，都要高度重视运用法治思维和法治方式，发挥法治的引领和推动作用，实现立法和改革决策相衔接，做到重大改革于法有据。数字化改革是数字浙江建设的新阶段，是浙江立足新发展阶段、贯彻新发展理念、构建新发展格局的重大战略举措，必将深刻改变社会资源配置方式和社会组织运行模式，触及深层次利益和重大体制机制调整。这就迫切需要发挥地方立法的功能作用，从制度上、立法上解决改革中根本性、全局性和长期性的问题，把顶层设计同先行先试、探索创新有机结合起来，为数字化改革提供支持和保障。

（三）完善地方立法的内在要求。习近平总书记指出“数字经济、互联网金融、人工智能、大数据、云计算等新技术新应用快速发展，催生一系列新业态新模式，但相关法律制度还存在时间差、空白区”，强调要“积极推进科技创新等重要领域立法”。这就对加强数字领域立法，完善相关法律法规制度提出新要求。数字化改革是一场关系经济社会发展全局、涵盖生产力到生产关系的全方位变革，同时也对传统的法治规范提出了前所未有的挑战。地方立法作为“上层建筑”，需要积极能动适应数字化改革的新形势和数字时代经济社会发展新变化，不断完善地方性法规制度，确保在法治下推进改革，在改革中完善法治。

二、立法保障的现状和问题

地方法治是中国特色社会主义法治体系的重要组成部分，地方立法具有实施性、补充性和先行性功能。加强对数字化改革的地方立法保障，首先要从国家立法层面着眼，从地方立法权限入手，找到空白点、薄弱点，构建与数字化改革相适应的地方性法规制度体系。

（一）国家立法情况。近年来，全国人大聚焦数字领域，加大立法修法力度，初步构建起了数字治理、数字经济相关的法律制度框架。我国现行有效 288 件法律中与数字化直接相关的有 16 件（见表 1），可分为以下三类：一是数据安全。数据安全立法在数字领域立法中占据着重要位置。2016 年通过的网络安全法对网络运行安全、监测预警与应急处置等进行了全面系统的规定。2021 年通过的数据安全法聚焦数据安全领域的风险隐患，强化国家数据安全工作的统筹协调，确立了数据安全保护管理各项基本制度，是数据领域的基础性法律。全国人大还修改相关部门法，不断完善数据和网络安全保护法律制度。刑法修正案（七）增加了“非法控制计算机信息系统罪”“提供侵入、非法控制计算机信息系统程序、工具罪”，保守国家秘密法、预防未成年人犯罪法、国家安全法等都有涉及数据和网络安全的内容。二是数字经济。适应数字经济发展，全国人大建立健全相关法律框架，为产业健康发展提供保障。出台电子商务法对消费者数据保护、电商平台责任、电商竞争等作出明确规定，助推规范电子商务行为、促进电子商务持续健康发展。修改著作权法、专利法、商标法，探索构建新型网络知识产权保护规则。修改反不正当竞争法，规范数字经济市场秩序，建设统一开放、竞争有序的市场体系。此外，民法典、电子签名法、消费者权益保护法、邮政法分别从数据和网络虚拟财产保护、电子合同、网络侵权责任、消费者权益保护、快递监管等方面对数字经济活动作出了规范。三是个人信息保护。个人信息保护是数字领域立法的重点。2021 年通过的个人信息保护法是我国第一部个人信息保护方面的专门法律，确立了个人信息保护的原则，构建了以“告知—同意”为核心的个人信息处理规则，并对“大数据杀熟”、敏感个人信息保护等作出规定。民法典对个人信息保护建立了“全周期”的保护链条，规定了处理和使用个人信息应遵循的原则和条件。刑法修正案（七）中首次规定了“出售、非法获取和提供个人信息罪”，刑法修正案（九）进一步增强了对个人信息的保护。

表 1：与数字化相关的现行有效法律目录

（截至 2021 年 10 月 23 日十三届全国人大常委会第三十一次会议闭幕）

序号	法律名称
1	网络安全法
2	数据安全法
3	保守国家秘密法
4	预防未成年人犯罪法
5	国家安全法
6	刑法、刑法修正案（七）、刑法修正案（九）
7	电子商务法
8	著作权法
9	专利法
10	商标法
11	反不正当竞争法
12	民法典
13	电子签名法
14	消费者权益保护法
15	邮政法
16	个人信息保护法

（二）浙江省地方立法情况。浙江开展信息化、数字化改革起步较早。2002 年省第十一次党代会作出了建设“数字浙江”，全面推进现代化建设的重大决策。2003 年省委十一届四次全会上，习近平同志提出“八八战略”，强调要“走新型工业化道路”。随后省政府出台《数字浙江建设规划纲要》，进一步提出要以信息化带动工业化，以工业化促进信息化，实施走新型工业化道路的发展战略。紧跟省委中心工作，地方立法聚焦高新技术产业开发区建设和信息化促进，出台了杭州、萧山、宁波、温州四个地区的经济技术开发区条例，以及《浙江省促进科技成果转化条例》《浙江省技术市场条例》《浙江省高新技术促进条例》《浙江省信息化促进条例》等法规。进入新时代，省委又先后作出建设“数据强省”，推进“最多跑一次”改革、数字化改革等一系列决策部署，并将“数字经济”作为一号工程，提出打造“互联网 +”世界科技创新高地，建设高效协同、整体智治的现代政府目标任务。适应新形势新任务，我省地方立法在紧跟国家立法抓好实施细化的同时，加大创制性立法力度，围绕数字政府、数字经济出台了《浙江省保障“最多跑一次”改革规定》《浙江省数字经济促进条例》《浙江省电子商务条例》等专门法规，并在许多法规条款中体现了数字化发展的要求，形成了具有浙江特色的数字领域法规制度，走在了全国前列。

（三）我省地方立法存在的不足。我省率先探索数字领域地方立法取得了一些成果，但相比数字中国建设发展要求和数字化改革推进力度，还存在不足。主要体现在：数字化改革所带来的核心技术创新，以及由此引发的生产生活方式和社会治理模式创新，对传统法治规范提出了前所未有的挑战，立法创新制度供给无任何先例可循，而我省目前的立法往往是被动回应式、事后总结式，主动谋划、前瞻性研究较少，对数字化改革的立法需求掌握也不够及时，人工智能、物联网、云计算以及未来社区、未来工厂等领域还存在立法空白，立法决策与改革决策相结合还不够紧密，立法引领推动作用未充分发挥。这些都需要加以改进完善。

三、加强立法保障的思路举措

习近平总书记指出，数字技术正以新理念、新业态、新模式全面融入人类经济、政治、文化、社会、生态文明建设各领域和全过程，我们已经进入数字文明新时代。一个时代的来临，必然需要与之相匹配的、具有鲜明时代特征的完整制度规范体系。作为迈向数字文明新时代牵引的数字化改革，正在我省上下全面深入快速推进，加强改革的立法保障十分迫切，尤为必要。地方立法必须进一步明确目标，更新理念，创新机制，细化任务，提升能力，加快构建与数字化改革相适应的法规制度体系。

（一）明确目标。加强数字化改革立法保障的总体目标是：全面贯彻中央、省委关于“数字中国”“数字浙江”决策部署，紧扣数字化改革总体要求，坚持党对立法工作的全面领导，坚持以人民为中心，坚持立法与改革决策相衔接、相统一，聚焦改革重点领域，精准掌握立法需求，加快推进立法进程，不断完善配套制度，努力在数字新兴领域形成一批有浙江特色的标志性、引领性法规，形成一套科学规范、系统完备、运行高效的制度规范体系，为我省高质量发展、竞争力提升、现代化先行和共同富裕示范提供有力的法治保障。

（二）更新理念。理念是实践的先导。数字化改革情景下有一套新的思维方式、认知手段和话语体系。与之相适应，地方立法也要不断更新理念，将数字思维、数字认知融入立法工作全过程。主要是树立五种思维。

1. 数字思维。数字时代立法工作者要具备数字思维，力求用数据说话、用数据决策、用数据管理，这是时代对立法者的要求。数字技术的发展和应用为立法工作提供了大量的数据资源，立法者可以通过数据归集、分析，多维度获取立法信息，并运用大数据推进决策量化论证，促进提高立法的精细化水平，增强法规的时效性、针对性。同时，随着数字孪生等技术的发展，越来越多的经济社会活动搬到线上，治理场域也拓展到数字空间，立法的对象和内容也由传统的物理空间转向数字融合空间，这更需要立法者在制度设计中融入数字思维，以全新视角看待以数据要素为核心的新生产关系，更好地创新制度供给。

2. 系统思维。系统思维是数字时代的基本思维方式，要求立法者站在数字化改革的全局，进行完整的战略规划，以更高视角审视整个时代发展，确立基本的价值观。在立法中要运用系统方法把数字政府、数字经济、数字社会、数字法治看成有机整体，重视各领域之间的关系以及相互影响，科学设计和安排法规规范体系，保持新旧法规、同类法规之间的合理性和融贯性。同时，要将系统思维、系统方法运用到立法工作机制中，围绕立法“一件事”，不断细化流程节点，推进跨部门协同，形成闭环链条，增强整体性，提高效率。

3. 前瞻思维。万物互联的数字时代，新兴数字和智能技术快速迭代，不仅改变了生产关系、社会资源的配置模式，也深刻影响着数字时代的治理体系和治理方式。特别是随着技术发展和各领域跨界融合发展，新业态新模式不断催生，很多创新都突破了原有行业和领域，出现了大量已知领域的未知问题和未知领域的未知问题。面对这片“蓝海”，要更加有效发挥立法引领保障作用，就要求地方立法更加准确把握立法规律和数字化改革需求，加强立法预测和前瞻性研究，将改革创新的变化和法规制度的稳定性很好地协调起来，既“量体裁衣”，又“未雨绸缪”，使立法合乎未来的发展趋势，保障改革有序推进。

4. 创新思维。数字化改革的主基调是创新，贯穿于社会形态、制度规则体系全领域各方面。适应数字化改革要求，立法活动中也应积极开拓创新，提高立法的质量效能。主要体现在三个方面：一是立法内容的创新。要敢于在新兴科技前沿领域进行创新性规定，将创新经验予以固化和总结。二是立法形式的创新。要根据社会发展需要来选择恰当的立法形式，既可以“小快灵”立法，也可以“大块头”立法。三是立法手段的创新，积极利用大数据技术手段加快立法综合应用建设，探索立法公开、立法参与的数字化形式。

5. 辩证思维。数字化改革给地方立法提出了新的要求和挑战，但并不代表所有改革领域都需要制定新法，立法者要辩证看待改革与立法的关系，既不能一味强调立法万能论，也不能持消极否定论，而是要一分为二地看待改革对社会发展的影响，准确识别哪些是改革带来的新问题，哪些是改革凸显的老问题。如果改革催生了新的行为方式、改变了社会关系和利益格局，原有法律已无法调整现有利益关系，就需要制定新法；如果改革带来的新的行为方式已经被现行法所包容，并没有引发需要解决的新问题，就不需要制定新法。

（三）推进路径。根据目前法律框架和改革实践要求，加强数字化改革的地方立法保障可从四个方面着手：

1. 建构法治框架。法治框架是制度体系的“梁”和“柱”。发挥地方立法保障作用，构建与数字化改革相适应的法规制度体系，首要的是要搭建基本的制度框架，主要体现在四个方面：一是关于技术伦理。数字化技术的发展主要由海量数据和算法在推动，在给生活带来便利的同时，其独特的运行逻辑也导致制度规范赖以生成的社会结构性场景发生重大变化，加剧了决策者与相对人之间的“数字鸿沟”，造成个人权利与算法权力之间的失衡，从而诱发了一系列技术伦理问题。这些问题在一定程度上颠覆了传统的规则认知，增加了治理的难度。为此，加强对技术伦理问题的调适尤为必要。具体来讲，应当强调对从事科技活动的元规制治理，突出数据控制者的自我控制义务，完善算法责任分担机制，建立算法安全风险的保险制度等。同时，还应构建政府、平台和社会三方的合作治理机制，通过第三方参与实现协同治理。二是关于法律关系。数字时代互联网平台、数据公司等新兴商业组织塑造了全新的经济业态、商业模式和交易规则，并成为日益重要的新型法律关系主体，同时数字技术把所有交易模式都逐渐融入一个巨大的系统之中，数据、代码、算法、虚拟财产等新型法律关系客体以及财产类型不断出现，传统法律主客体范畴、权利义务关系正面临根本性的重塑。这都需要规则秩序的转型升级，围绕新兴权利和法益诉求，探索构建物理与虚拟空间一元融合规范的法律关系制度，促进数字时代各方权益的平衡共享发展。三是关于数据使用。数据共享使用是实现数据价值的有效方式，应围绕如何提高开放数据的利用效率，完善数据的采集和归集制度，规范个人数据保护制度，建立覆盖数据全生命周期的质量管理机制，探索数据市场化配置机制，推动数据的有序利用。还应建立激励和反馈机制，吸引更多社会主体利用数据，对数据使用的实施效果进行评估及针对性改进。四是关于数据监管。数据安全是底线，加强数据监管尤为必要。在制度设计上应探索构建监管责任体系，建立健全数据分类分级、安全审查、风险评估、监测预警、应急演练、安全审计等方面法规制度。还应加强数据日常管理，落实主体责任，建立数据安全常态化运行管理机制，并健全技术规范和操作规程等。

2. 推进立法进程。加强数字化改革的法治保障最终需要落实到具体的立法项目上。结合当前的改革形势和立法工作实际，需从以下三个方面推进数字化改革的立法进程：一是制定数字领域的基础性法规。地方立法具有实施性、补充性和先行性功能，在数字化改革制度规范体系建设中发挥着基础性作用。要围绕数字化改革的主领域，聚焦数据标准化、数据产权保护机制、深化数据开放共享、培育数据要素市场、保障数据安全等内容，完善制度架构，健全制度规范，制定出台相关的基础性法规，构建数字化改革法治保障的“四梁八柱”。近年来，省人大及其常委会加快推进数字化改革基础性、综合性立法，制定并实施全国第一部以促进数字经济发展为主题的创制性地方性法规《浙江省数字经济促进条例》，并在抓紧审议全国首部省域公共数据开放立法《浙江省公共数据条例》，对完善一体化智能化公共数据平台建设作出重要制度设计。下一步，还应结合数字化改革的目标任务，加强数字政府、数据标准、数据交易等方面的立法，推进综合性基础性法规制度建设。二是完善数字化改革重点任务的法规。要围绕“152”体系的构建，梳理党政机关整体智治、数字政府、数字经济、数字社会、数字法治等重点任务的立法需求，在已经制定《浙江省保障“最多跑一次”改革规定》《浙江省电子商务条例》《浙江省人民代表大会常务委员会关于网络虚假信息治理的决定》等法规的基础上，探索制定人工智能发展、智能网联汽车产业促进、区块链产业发展促进等立法，进一步夯实数字化改革的法治基石。三是全方位保障推动各领域数字化改革工作。数字化改革涉及经济社会发展全局，是涵盖生产力到生产关系的全方位变革。地方立法要聚焦数字化改革领域的具体举措，制定相应的法规制度。2021 年以来，省人大常委会所有制定修订的法规中，都融入了数字化改革要求，设置专章或者专门条款对相关领域的数字化改革作出制度规定，为有关部门推进数字化改革提供法治保障。比如，新制定的《浙江省乡村振兴促进条例》《浙江省快递业促进条例》都专设“数字乡村”“数字快递”一章，对支持发展智慧农业、加强数字快递基础设施建设等作出规定。《浙江省食品小作坊小餐饮店小食杂店和食品摊贩管理规定》专门规定从事网络餐饮的小餐饮店，应当逐步实现以视频形式在网络订餐第三方平台实时公开食品加工制作过程，为省市场监管局“浙江外卖在线”应用的建设使用提供了制度支持。下一步，还要继续深入贯彻数字化改革的理念要求，把数字理念、数字认知和改革要求体现到每一部地方性法规的制定修改中，为数字化改革提供全方位、全覆盖的立法保障。

3. 完善工作机制。立法不仅要为数字化改革提供立法保障，立法工作本身也应适应数字化改革要求，强化互联网、大数据、人工智能等现代科技对立法工作的支撑，把数字化改革要求贯彻到立法工作全过程，对立法工作机制、方式流程、手段工具进行系统重塑，提高立法工作的质量与效率。一是创新立法与改革相衔接机制，建设法规立项管理场景。打通立法机构和改革决策部门的数据流，在推进改革的同时，同步考虑立法需求，并实时反馈给立法机构，推进改革发展决策与立法决策的相衔接、相统一。二是创新多跨协同专班工作机制，建设协同立法场景。突出人大立法主导作用，加强对法规草案起草的提前参与，实行立法专班线下运作与在线协同相结合，并嵌入立法技术规范标准和立法智能辅助技术，设定公开征求意见、集体研究等必经程序，推动部门协同起草的流程重塑。三是健全全过程人民民主立法机制，建设全过程参与立法场景。建立与市县人大、基层立法联系点、人大代表、专家学者和社会公众的数字化联系平台，实现法规草案精准投放，立法意见在线征集、智能分析和及时反馈，提高社会各方参与立法的广度和精度，推进科学决策、民主决策。四是健全法规实施机制，建设法规实施监测评估场景。实现配套规范性文件、法规实施情况报告、宣传、执法等数据互通，及时了解法规执行情况，发现存在问题，打造法规全周期闭环管理链条。五是完善规范性文件备案审查机制，建设备案审查场景。优化网上报送、分流、审查、归档和管理等工作流程，实时展示超时件、不规范件，解决报备总量不清，不报漏报等问题，实现备案审查工作的可量化、可监测、可评价。

4. 加强队伍建设。数字化改革是提升适应、引领现代化能力的大舞台，数字能力已成为新时代必备关键本领和能力属性。这对加强立法队伍建设提出新的更高的要求。要全面贯彻中央人大工作会议精神，认真落实中央和省委有关立法队伍建设的一系列指示，把加强立法队伍建设作为一项基础性、战略性任务来抓，进一步推动《浙江省委组织部关于加强新时代我省立法队伍建设的若干意见》全面贯彻实施，将立法队伍纳入党管干部、党管人才的重要内容，加强人大常委会和专门委员会立法力量配备，充实人大立法工作机构及人员力量，以数字手段重塑立法队伍能力结构，强化前瞻性思考、战略性谋划、生成性学习，深化数字化思维、数字化认识，更好地熟练运用数字化工具方法，不断提高立法队伍对现代化的把握能力、引领能力、驾驭能力，努力打造一支与数字时代立法工作相匹配的高素质立法队伍，为地方立法保障数字化改革提供坚实的人才和智力支持。

（执笔人：浙江省人大常委会法制工作委员会　吴江　方帅）

地方立法数字化改革的思考与实践[①]

2021年年初，浙江省委系统部署开展全方位、全过程、全领域的数字化改革，正式拉开了省域层面数字化发展的帷幕，也开启了地方立法数字化改革的实践探索。立法数字化改革是立法工作的一次重大创新，是创造性开展地方立法工作，推动地方立法开创新局面的重要举措。加强立法数字化改革理论研究，找准目标定位，理顺思路方法，明确实践路径，完善场景设计，是确保改革不断推进、取得成效的前提和基础。

一、地方立法数字化改革的基本概念和现实意义

科学哲学家托马斯·库恩用“范式革命”来解释科学的演进历程。“范式”实际上是一种世界观，是人们认识世界的坐标、参照系与基本方式。立法数字化改革就是数字时代的立法工作新范式，通过强化互联网、大数据、人工智能等现代科技对立法工作的支撑，把数字化改革要求贯彻到立法工作全过程，对立法工作机制、方式流程、手段工具进行系统性重塑，从而形成全流程数据互通、数字化全面协同、跨部门流程再造的立法工作运行、管理新模式，推动立法工作的质量变革、效率变革、动力变革。在当前法治浙江建设

① 本文系2021年浙江省人大常委会秘办成员调研课题。课题组成员：任亦秋、田梦海、何晓明、吴江、方帅。

与数字浙江建设同频共振的背景下，加快推进地方立法数字化改革具有重要现实意义。

（一）适应数字文明时代发展趋势的必然要求。人类文明的演化进程中，科技革新始终发挥着关键的驱动作用。伴随着第四次工业革命走向纵深，大数据、人工智能、区块链等新兴技术深刻影响着国家治理的方方面面，新兴数字与智能技术的快速迭代，正在加速全社会数字化进程，一个前所未有的“数字文明时代”已然来临。数字科技的革新不仅引起生产力、生产方式的跃迁，由此也驱动着治理体系的转型。地方立法作为省域治理体系的重要制度安排，在促进和保障数字文明健康发展的同时，其自身也需要适应数字文明时代的发展趋势和要求，推动数字技术与立法工作的全面融合，以数字变革引领立法体制机制创新，提升立法工作现代化水平。

（二）落实全面依法治国战略的具体举措。党的十九大以来，党中央高度重视数字化转型，提出实施国家大数据战略，加快建设数字中国。法治是数字中国建设的重要领域，在科技创新进程中不断完善法治，成为数字时代一体推进数字中国、法治中国建设的特色和要求。2021 年 1 月，中共中央印发《法治中国建设规划（2020—2025 年)》，提出“充分运用大数据、云计算、人工智能等现代科技手段，全面建设‘智慧法治’，推进法治中国建设的数据化、网络化、智能化”，为数字时代推进全面依法治国战略提供了行动指南。全国人大充分认识数字化对于法治建设的重要性，专门召开信息化建设经验交流会，就加强人大信息化规划和建设作出部署。全国人大宪法和法律委员会也提出“立法决策要充分运用大数据”。这也需要地方立法先行先试，进行实践探索，提供有益经验。因此，开展立法数字化改革已成为落实全面依法治国战略，推进新时代立法工作与时俱进、完善发展的重要途径。

（三）打造法治中国示范区的题中之义。打造法治中国示范区是笃学践行习近平法治思想、深化法治浙江建设的重要举措。数字化改革是驱动法治中国示范区建设的创新手段。省委明确要求要在以数字化牵引法治化上率先突破，推进大数据、云计算、人工智能、数据链等现代信息技术与法治建设的深度融合。立法是法治的基础。立法数字化改革已列入全省数字化改革“152”体系中党政机关整体智治系统的建设内容。省委袁家军书记明确指示要“加快地方立法综合应用场景建设，促进立法流程再造、大成集智”。推进立法数字化改革，不仅有利于促进提升立法工作智能化水平，还能在推动科学立法、严格执法、公正司法、全民守法等法治要素综合集成，构建一体化法治浙江体系上发挥积极作用，助推法治中国示范区建设。

（四）提高立法质量和效率的有效路径。现代社会对制度产品的生产质量和效率要求正逐渐超出传统立法活动的供给能力。进入新时代，“人民群众对立法的期盼已经不是有没有，而是好不好、管用不管用、能不能解决问题”，立法的任务越来越重、难度越来越大、节奏越来越快。满足人民群众对法治的期盼，实现以人民为中心的立法宗旨，就必须不断提高立法质量和效率。立法数字化改革通过优化立法方式和业务流程，搭建社会各方主体参与立法的“数字化渠道”，打通立法工作数据流、业务流，从而促进立法需求的双向触达和良性互动，实现立法工作中全过程人民民主，并通过业务协同和智能辅助提高法规起草、审议质量，为打造自主性先行性立法的高效路径装置了“数字引擎”。

二、地方立法数字化改革的目标要求和理念思路

立法数字化改革是一道集成创新的改革课题，只有厘清理念思路，才能更好地推动改革迭代升级。

（一）总体目标。立法数字化改革就是要按照省委关于数字化改革的决策部署要求，以完善“党委领导、人大主导、政府依托、各方参与”立法工作格局、提高立法质量和效率为主线，围绕立法“一件事”，充分运用大数据、云计算、人工智能等现代科技手段，

打造综合集成、协同高效、闭环管理的全省一体化综合应用，实现立法工作全流程网络化和智能化，为我省高质量立法继续走在全国前列提供有力的数字化保障。

（二）基本理念。立法数字化改革是全新的探索，没有先例可循。正确的理念是指引改革取得实效的保障。根据数字化改革的总体要求，结合立法工作自身的规律特点，立法数字化改革需要牢牢把握五项基本理念。

1. 改革。立法数字化改革的核心是改革，就是针对立法工作中遇到的难点、需求，运用数字化的思维、认知和技术，找到解决问题、满足需求、增量优化的方法，并进行场景化技术重构和制度流程重塑，以数字化驱动建立和健全多跨高效协同的立法工作机制，推动完善科学立法、民主立法、依法立法机制和程序，实现从技术理性向制度理性的跨越。

2. 赋能。数字技术之于立法数字化改革，不是孤立的技术应用，而是着眼于整个立法工作的赋能，是数字技术与立法技术的化学融合。立法数字化改革就是要发挥现代科技的赋能作用，通过大数据、云计算等手段，实现与社会更广泛、更直接的数字化联系，使立法活动能够更快、更精确地响应社会对制度产品的需求，推进立法科学决策、民主决策。需要明确的是，立法数字化改革并不是要在主观层面以数字智能技术代替“立法人”的决策，而是要在客观层面发挥现代技术优势，突破单纯人力的限制，充分发掘和揭示客观规律，为“立法人”立法决策精细化提供可靠的信息基础和量化的论证依据。

3. 协同。立法工作是一项系统工程，立法的流程涉及各部门，立法的内容关系社会生活各方面。立法数字化改革就是要通过建立数字化流程和协同平台，打通立法与监督、代表工作等场景的数据流，并有效架接起人大与政府、公众等立法参与主体间的业务流，实现跨部门、跨业务、跨系统、跨层级的信息数据共享共联，加速推进相互贯通、系统融合、综合集成的人大数字化改革体系以及立法场景中“人大—政府—公众”的协同演化。

4. 闭环。数字化改革是系统化闭环管理的核心工具。立法数字化改革从重大需求分析出发，运用系统观念、系统方法，聚焦法规立项、起草、论证、协调、审议等全流程各环节，通过把场景应用开发与流程再造、制度变革、机制完善协同起来，着力打造从法规制定、实施到修改完善的闭环链条，通过立法工作全流程一体化、数字化，构建立法质量全生命周期的管理体系。

5. 规范。数字化改革是一个螺旋式迭代过程，构建这样一个复杂的巨系统，需要在业务、数据、技术、安全、研发、运维等各个维度形成一系列统一标准规范，构建共同的目标任务体系。立法数字化改革就是要在省委“152”框架内，对准承接的跑道、场景，定好规则规矩，确定工作界面，体系化规范化推进。同时，作为省统建项目，立法数字化改革也要更加注重省级统筹指导、统一开发，上下联动一体推进，避免出现低效、重复、过度开发现象。

（三）改革思路。“改革是由问题倒逼而产生，又在不断解决问题中而深化。”推进立法数字化改革首要的是将重大需求、多跨场景应用、重大改革“三张清单”的思路贯穿始终，作为构建重大应用、推动制度重塑的逻辑主线，进而从重大需求出发谋划多跨场景，找到改革突破口。

1. 需求清单。需求是导向，也是改革的切入点。要坚持“小切口、大场景”理念，瞄准立法工作中的难点堵点问题，从最需要的高频事项入手，充分挖掘需求，将改革与立法核心业务、重大任务结合起来，体现体制机制创新、业务流程重塑。一是立什么法的问题，也就是精准选题。法规立项作为地方立法决策的前提，是发挥地方人大立法主导作用的基础环节，直接决定地方立法的方向和实际效果。从实践看，法规立项工作仍存在改进提升空间，比如社会各界反映法规立项建议的渠道比较单一，立法工作机构对各方立项建议的了解掌握还不够及时全面，立法决策与改革发展决策衔接还不够紧密等。二是怎么样立法的问题，也就是制度产品的制造过程。

在识别利益分布格局并掌握立法需求的基础上，立法的具体过程就是对规则进行构思和设计。目前存在比较普遍的问题是起草阶段人大各专门委员会、省司法厅提前介入不够深入，督导指导主导作用发挥不明显，审议阶段人大常委会组成人员了解立法过程信息不够完整；立法工作流程中省有关部门、司法厅、人大专门委员会各管一段，信息共享不充分，没有形成多跨协同的工作格局；立法工作中文本校对、比对、审查的环节多、任务重，全部依靠人工进行，效率比较低；法规草案意见征集渠道不够丰富，社会参与的便捷度、积极性和针对性不够高，意见汇总整理不够及时高效等。三是立法之后如何实施的问题，也就是法规落地跟踪问效。法规制度的生命力在于执行。实践中重立法轻实施，实施评估重定性轻定量的问题比较突出，法规出台后没有建立长效的跟踪评估机制，动态维护机制不健全，尚未形成立法工作闭环管理。此外，规范性文件备案审查不够规范，审查不够及时，纠正不够有力等。

2. 场景清单。根据《数字化改革术语定义》（DB33/T 2350—2021），场景应用是“以数字技术的深度运用呈现业务对象、功能、流程等要素特性的数字化环境”。场景应用的谋划与建设是数字化改革的重要抓手，正是有了场景，数字化改革才可落地、聚焦和体验。立法数字化改革应当聚焦提高地方立法质量和效率的重大需求，立足法规全生命周期管理，针对当前立法中存在的问题，谋划法规立项、起草、意见征集、审议、公告、实施、备案审查等场景应用，开发智能起草、文本比对、法规清理、统计分析等智能辅助，建立数字化的法规闭环管理链条，形成集成化多跨综合应用平台。

3. 改革清单。改革是数字化改革的“源代码”，也是重大应用的“根目录”。立法数字化改革就是要在场景应用构建中推进改革，实现机制创新和流程重塑。机制创新主要体现在：创新多跨协同起草工作机制，加强对法规草案起草的前置参与；健全法规草案公开征求意见和反馈机制，拓宽社会各方有序参与立法途径；完善审议机制，为常委会组成人员审议法规草案提供更加全面的信息资料；

创新立法全生命周期闭环管理机制，实现立法工作精细化、数字化管理；建立备案审查工作评价体系和备案审查实时监测处理机制。业务流程重塑主要体现在：立项环节改变征集意见频次，拓宽立法需求来源，推动法规立项征集机制和立法计划编制工作的流程重塑；法规起草环节实行由省人大常委会相关工作机构、省司法厅、省有关单位，以及受邀的省人大代表、专家学者、实务工作者等方面组成“立法专班”，通过线下运作与在线协同相结合方式，推动法规草案起草的流程重塑；备案审查中实现与省市相关单位跨部门跨层级协同，实时提取规范性文件制定数量，集成分析、横向对比，实现更高水平的有件必备、有备必审、有错必纠。

三、地方立法数字化改革的实践推进和系统架构

目标要求和理念思路的明确，为立法数字化改革画好了蓝图、指明了方向。实际上早在2014年，省人大常委会法工委就开始了立法信息化的探索，经过多年努力，在立法智能辅助系统建设上取得了一些成果，走在了全国前列，得到了全国人大常委会法工委的充分肯定，并受到了一线立法工作者的普遍欢迎。但立法工作具有较强的政治属性，更多的是要对所调整的社会关系和各方利益进行政治判断和价值取舍，核心就是围绕法律法规文本，在如何优化条款表述、确保逻辑周延并充分反映民意上下功夫，并且立法工作有着严格的程序要求，需遵守立法法、地方立法条例等法律法规的规定。因此，立法有着自身的规律和特点，不同于一般行政机关的社会管理工作，其在工作体制机制上实现制度重塑的创新空间相对较小。同时，相比较其他领域，立法数字化刚起步，迄今都采取传统的纸质工作方式，在信息化阶段尚未实现的情况下，要完成数字化转型再到数字化改革的跨越，三步并做一步走，是一次非常大的考验。此外，立法数字化所需的语义识别、法律图谱等技术尚不成熟，对

改革的支撑能力仍待提升。面对困难和挑战，省人大常委会立法数字化改革工作组坚决贯彻省委和省人大常委会党组的统一部署，充分吃透数字化改革的理念要求，坚持以“三张清单”为抓手，以“小切口、大场景”为改革突破，努力以体系化、规范化稳步推进立法数字化改革场景建设和系统集成。

（一）工作方法。推进立法数字化改革实践的核心方法，就是以V字模型为基础，V字下行阶段，全面梳理立法核心业务，实现核心业务数字化，V字上行阶段，再造业务流程，将原有的业务协同和年度重大任务结合起来，从微观到宏观，设计标志性场景应用，找到“破点—连线—成面—立体”的最优方案，推动立法数字化改革落地见效。

1. 逐级拆解任务，梳理业务事项。核心业务梳理和重大任务拆解是数字化改革最基础的一步，既要做好核心业务落实重大任务，又要根据重大任务对做好核心业务提出需求。要按照业务协同和数据共享的开发模型，梳理立法全流程核心业务，确定各立法参与主体业务模块，并对核心业务进行业务单元的拆解，逐一明确支持事项及业务流程的数据指标，实现事项的标准化、数字化。

2. 建立指标体系，汇总数据需求。围绕核心业务梳理，形成结构化任务清单，建立具体任务的指标体系、工作体系、政策体系和评价体系，明确牵头单位和协同单位，形成可量化、可执行、可监测、可评估的事项、数据以及清晰的协同关系，进而产生便于技术实现的明确需求。基于数据需求的分解，建立全省地方性法规规章和规范性文件、立法调研项目库等4个数据库，编制立法工作数据目录，确定72个数据项，对接省人大数据仓、省人大整体智治综合应用等系统，实现数据归集。

3. 业务数据集成，形成任务画像。坚持顶层设计与基层探索、部门协同相结合，加强与人大各专（工）委、省司法厅、各设区的市人大的联动对接，打通业务流程和数据壁垒，设定用户权限体系，转化数字化需求。梳理形成系统集成清单、数据资源清单、业务协同流程图、数据集成流程图，完善技术方案，在数据共享的基础上，逐步对接数据服务，将设定的所有业务指标进行协同，集成业务事项，并合成业务模块、业务单元，最终将基于底层数据基础的综合应用调试上线。

（二）系统架构。立法数字化改革的成果就是要建设浙江人大立法综合应用。这是统筹立法重点工作进行立法核心任务综合集成的创新载体，是立法相关主体开展多跨协同、推进数字赋能、实施闭环管理的数字化应用集成平台。目前，地方立法综合应用平台已经初步上线，其系统架构可以用“1166”来形容，具体是：

第一个“1”，是对准一条跑道。党政机关整体智治系统确立了“抓大事、促改革、定政策、管队伍、创氛围”5条跑道，地方立法是“定政策”跑道下的重要场景。立法综合应用需要与党政机关整体智治系统精准对接，落实“五大历史使命·八八战略”任务树的具体要求，推进原有业务协同叠加“构建适应高质量发展的地方法规体系”“数字赋能科学立法”等重大任务，实现“重大任务”承接、“重要窗口”成果展示等功能，在满足立法业务需求的同时，更好地突出服务党政机关整体智治大场景的治理需求。

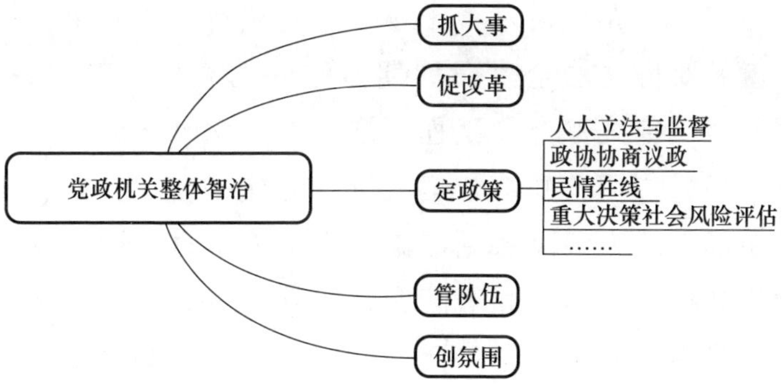

第二个“1”，是打造一个平台。围绕立足全生命周期，构建全省一体化的立法综合应用平台，实现部门起草、司法厅审核、人大有关专门委员会初审和法制委统一审议等立法工作全流程的信息化、现代化、数字化。基本内容为“重点工作＋执行组＋数字化看板”。

“重点工作”为年度立法项目、设区市法规审查指导、规范性文件备案审查等工作任务。“执行组”是打造立法全流程的主应用场景，即根据年度立法计划实施方案和立法工作程序，对地方性法规从准备到起草，再从审议到通过，最后到实施和完善的整个流程进行动态管理，实现业务协同、责任明晰、节点可控。“数字化看板”是按照法规总览、立法制度、立法进度、社会参与立法、立法队伍、备案审查等维度，集成分析立法工作数据，实现全省立法工作全局的“一屏掌控”。

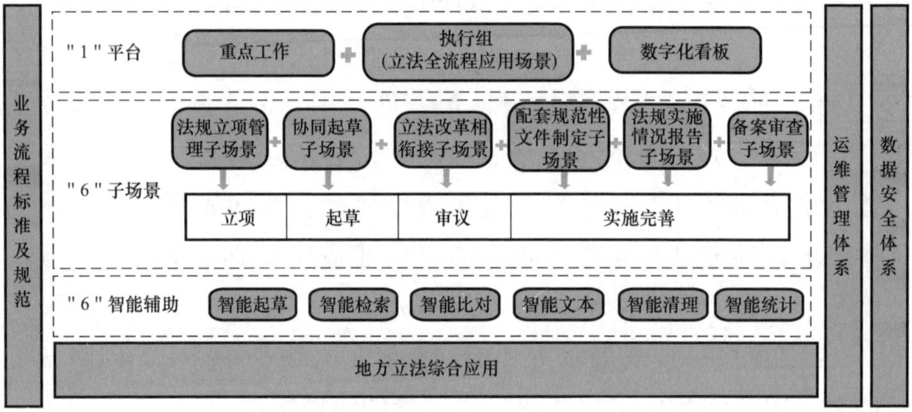

第一个“6”，是建设六个子场景。立法数字化改革在场景层面的延展，就是要将立法全生命周期流程中的立项管理、协同起草、配套文件制定、备案审查等流程，按照数字化改革的要求，开发形成具体的子场景应用，并综合集成于一体化平台。主要有六项：一是意见征集场景。为解决意见征集渠道不够丰富，社会参与的便捷度、积极性和针对性不够高等问题，建立与市县人大、基层立法联系点、人大代表、专家学者和社会公众的数字化联系平台，实现法规草案精准投放，立法意见在线征集、智能分析和及时反馈，提高社会各方参与立法的广度和精度，为提高人大常委会审议法规草案质量提供有效支撑。二是协同起草场景。为解决法规草案起草质量不高，人大前置参与不够等问题，建设协同起草场景。通过创新多跨协同专班起草工作机制，实行“立法专班”线下运作与在线协同相结合，并嵌入立法技术规范标准和立法智能辅助技术，设定公开征求意见、集体研究等必经程序，推动部门协同起草的流程重塑。为此，省人大常委会主任会议还通过了《浙江省重要地方性法规草案起草专班运作规定（试行）》，对运用数字化手段建立起草协同机制作出明确规定。三是立法改革相衔接场景。为推进立法决策与改革发展决策相衔接、相统一，建设立法改革相衔接场景。通过建设地方立法需求库，改变征求立法建议的频次和方式，将立法项目来源细化为国家立法要求、省委决策部署等渠道，分别与监督、代表议案建议、民情民意征集等场景关联，从中提取地方立法需求清单，评估论证立法建议，为制定完善年度立法计划和五年立法调研项目库提供支撑。四是配套规范性文件制定场景。为推动法规有效实施，建设配套规范性文件制定场景。通过系统自动抓取地方性法规相关条款，对需要制定配套规范性文件的，向有关部门精准发送通知，明确制定的依据条款、完成期限等要求，督促有关部门及时制定并向人大常委会备案，实现实时精准监督。五是法规实施情况报告场景。为及时掌握法规实施情况，发现存在问题，建设法规实施情况报告场景。通过关联监督工作场景应用，在法规施行后自动发送通知，要求报告法规实施情况，并对未按照要求在规定期限内报告的，给予自动提醒督促，强化法规实施情况的监测评估。六是规范性文件备案审查场景。为解决报备总量不清、不报漏报等问题，建设备案审查场景。通过优化网上报送、分流、审查、归档和管理等工作流程，选取备案审查关键性指标，实时展示超时件、不规范件，及时督促处理，实现备案审查工作的可量化、可监测、可评价。

第二个“6”，是开发六大智能辅助工具。立法工作大部分是案头工作，立法的成果呈现最终是文本形式，立法过程需要查询海量的数据资源，进行大量的文本操作，处理繁复的文字资料，迫切需要通过信息化、数字化等科技手段为立法工作提供准确高效的智能辅助，帮助提高立法工作质量和效率。主要有六项：一是智能起草。

这是以法律法规、司法案例、学术期刊等数据为基础，通过导入立法技术规范并利用语言处理技术，实现立法资料收集分享、在线起草文本辅助生成、协同起草修改记录留痕等功能。二是智能检索。这是通过法规草案关键词、短文本的输入，自动匹配相关法律法规、法学期刊等，并按照效力级别、时效性、发布日期等条件对检索到的立法资料进行自动筛选。三是智能比对。这是通过法律大数据分析技术，对法规个别条文甚至整个文本与国家法律行政法规和其他相关地方性法规进行比对分析，快速匹配关联的上位法和同位法具体规定，分析重复率情况，并结合随时调阅法规草案意见征集等资料，实现文本的比对和分析，为完善法规的条文设计提供参考。四是智能文本。这是在系统根据立法相关文件的格式规范要求，设置标准化模板，填写要素信息后，系统自动生成规范文本。五是智能清理。这是通过数据关联计算等技术，实现地方性法规上位法变化自动提醒、到达清理年限自动提醒和清理目录的辅助生成。六是智能统计。这是通过大数据研判技术，对立法形式、领域类别、立法需求、征集意见等进行可视化分析，为立法决策提供数据支撑，促进良法善治。

目前，地方立法综合应用平台已在浙政钉上架，将立法工作从线下拓展到了线上，推动了部分智能辅助功能的应用，并出台了两项配套制度成果，取得初步成效。在省统建项目框架下，市县人大也积极创新，比如台州市人大以法规草案调查问卷为切口，建设民意调查场景，拓宽了公众有序参与立法渠道；金华市人大立足法规实施监督，打造全过程监督链条，推动法规有效施行等，都作了有益探索，为立法数字化改革的深化推进提供了实践样本。

立法数字化改革工作推进至今，虽然取得了一些进展，但总体来说还处于起步阶段，系统功能还不够完善和丰富，距离真正运用大数据、云计算、区块链、人工智能等新兴技术实现智能立法的目标还有不少差距。下一步，要继续深入学习领会省委和省人大常委会党组有关指示要求，紧扣立法数字化改革的目标任务，不断适应数字文明新时代的发展趋势，更加熟练运用数字化改革的基本理念和思路，在持续迭代升级立法综合应用平台、完善系统功能、提升用户体验的基础上，深入探索实践，进一步在立法需求精准预测、社会民意动态抓取、法规文本自动化设计和法规实施智能评估等方面取得突破，着力推动平台、功能、体制机制贯通、省市人大应用贯通，真正建成高水平的数字智能立法应用系统，为提高数字时代立法工作质量和效率提供有力支撑。

（执笔人：浙江省人大常委会法制工作委员会　吴江　方帅）

智能社会法律秩序研究[①]

随着新一代网络信息技术的飞速发展，大数据、云计算、人工智能、区块链等新型数字技术正以新理念、新业态、新模式全面融入人类社会各领域和全过程，对人类生产生活产生了广泛而深远的影响，将人类从工业文明时代带入数字文明时代，并将进入智能社会发展新阶段。较之于传统的社会形态，智能社会最突出的特点是以算法为中心、以数据为先导、以区块链和人工智能为集成、以互联网和物联网为链接等技术的广泛应用。智能社会的形成和发展，颠覆并重塑了人类的存在方式、思维方式及社会交往方式，进而改变了政府、企业及个人之间的互动关系，引发了社会治理的全面变革。党的十八届三中全会就推进国家治理体系和治理能力现代化作出专门决策部署。党的十九大报告明确提出，到2035年要基本形成“现代社会治理格局”的战略目标。党的十九届四中全会首次提出“科技支撑”是社会治理体系的重要组成部分，指出要坚持和完善共建共治共享的社会治理制度。党的十九届五中全会进一步提出，要加强数字社会、数字政府建设，提升公共服务、社会治理数字化智能化水平。开展智能社会法律秩序相关问题的前瞻性研究，明确智能社会下法律秩序的价值理念、法律秩序建构的目标方向，并结合浙江数字化改革实践，明确地方立法的重点，具有重要的理论价值和实践意义。

---

① 本文系2021年浙江省人大常委会法工委根据省委数字化改革方案的要求开展的课题研究。课题组成员：任亦秋、何晓明、吴江、粟丹。

一、智能社会面临社会治理新课题

数字技术所带来的不仅是一场技术革命和经济革命，也是一场深刻的社会治理革命，给社会治理带来了新的挑战和机遇。

（一）智能社会对社会治理提出挑战

数字技术的迭代发展，对社会生活产生了方方面面的影响，对社会治理的理念、范围及方式都提出了挑战。

一是治理理念上，要求从传统的政府管理理念转变为多元主体协同治理理念。传统治理以管理为中心，强调政府对社会生活的全方位管理，从观念到制度都排斥社会组织和公民参与社会管理。智能社会是一个以连接、共享、协同为主要特征的新型社会，平台经济和共享经济发展模式要求社会组织运行模式从传统的政府单一供给模式转变为多元主体协同模式。协同治理强调多元主体基于利益共同体需要采取集体行动，互相配合、相互协调、协同进步以达到协同治理优势。

二是治理范围上，不断扩宽治理的广度和深度。一方面，新技术将人类生活从物理空间带入网络空间，人类在网络空间的频繁互动扩大了社会治理的空间范围。另一方面，数字技术发展引发了新的法律问题。传统法律主要是关于自然世界与社会世界的规定，通过物法和人法就可以调整人与人之间的社会关系。但智能社会增加了虚拟世界这一新的维度后，法律将面临三个世界错综复杂的问题，从法理的角度来说，关于法律主体、人格、行为等概念都会受到冲击和挑战。

三是治理方式上，注重从经验决策转变为大数据决策。传统社会治理强调自上而下的治理，注重管治规制而弱化服务职能，追求结果导向而忽视治理过程。进入智能社会后，公众获取和生产的信息量越来越大，从而使传统单向治理过程变成了双向互动的信息交互过程。同时，传统治理模式注重依靠经验决策、小数据决策，而智能社会的治理是基于多维度数据的智能化分析与判断之后得出的大数据决策。

（二）数字技术给社会治理带来机遇

数字技术的网络化、信息化及智能化特点，也为社会治理带来了新的机遇。

一是提升了治理多元化水平。新一代信息技术的广泛应用，使得社会治理过程中的多元主体之间的有效互动成为可能。如区块链技术促使社会治理结构更加透明化、多元化和平等化，有助于构建新型信任机制，破除多元主体之间的信任障碍。人工智能技术可以增强社会互动和可信交流，有助于改变过去政府、社会组织、民众之间的信息不对称情况，从而激发社会组织、民众参与社会治理的积极性，让社会主体更加及时、合理、有效地参与到社会治理当中。

二是提升了治理专业化水平。信息技术的发展为社会力量参与社会事务提供了更宽广的渠道、平台和手段，有助于推动社会治理专业化。一方面，新技术发展可以为专业人员提供社会治理的技术辅助手段。专业人员通过人机融合和科技赋能，可以大大提升其灵活运用智能化技术手段的能力，提高社会治理的专业化水平。另一方面，新技术可以直接参与社会治理。大数据、人工智能等技术手段在社会治理过程中的广泛应用，使技术成为参与治理并提高治理效能的重要手段，形成了类似杭州城市大脑的新型城市治理方式。

三是提升了治理法治化水平。基于留痕、可追溯、不可篡改等技术特点，新一代信息技术可实时记录执法行为，做到执法留痕，事后追溯，对暴力执法、违反法规的执法行为进行及时曝光，进一步规范执法人员的执法行为，促使执法人员严格依法行政，促进政府行政行为的规范化和合法化。

（三）智能社会需要构建新型法律秩序

人工智能的发展使得算法由过去单一的数学分析工具转变为对社会产生重要影响的力量，智能社会某种程度上变成了算法社会。建立在大数据和机器学习基础上的算法，具备越来越强的自主学习和决策功能，对市场、社会、政府以及个人都产生了极大的影响。搜索引擎框定了我们的知识边界，出行软件决定了我们的活动轨迹，社交媒体重塑了我们的电子身份，智能家居革新了我们的生活方式，电商平台左右了我们的消费理念，智慧金融拓展了我们的货币财富。大数据驱动算法打破了既有权利结构并不断改造社会关系，产生新的公平与不公、有权和无权、优先与劣后等社会问题，引发了各种风险和监管困境。各种风险中，最突出的是法律规制失灵；在各种挑战当中，最严峻的是法律秩序失调。规制失灵、秩序失调集中表现为“治理赤字”，即现行的治理体系、治理规则、治理能力、治理技术已不能有效应对现代智能科技的全方位挑战，以致出现失控失序甚至危及公民权利、社会福祉、公共秩序、国家安全、全球和平的态势。

习近平总书记指出，“我们既要鼓励创新，促进数字经济和实体经济的深度融合，也要关注新技术应用带来的新的挑战，加强制度和法律体系建设”。因此，面对风险和挑战，我们不能逃避它、否定它和阻止它，而是应“通过法律化解风险”“通过法律吸纳风险”“将风险社会置于法治社会的背景之中”，构建新型法律秩序，如此才能应对智能社会提出的各种挑战，才能够实现习近平总书记在给2021年世界互联网大会乌镇峰会的贺电中所强调的，让数字文明造福各国人民，推动构建人类命运共同体。

二、智能社会法律秩序的理论基础

（一）智能社会法律秩序的概念

智能社会是一种物理空间、网络空间、社会空间及思维空间四维空间相互渗透的新型社会。在这个新型社会中，数据成为基本生产要素，数据使用行为成为法律规制的主要对象，数据共享和数据保护成为法律规则的核心内容。这就要求决策者构建与智能社会发展相适应的智能社会法律秩序，使得智能社会中的社会主体能够按照数据法律规范的要求实施数据行为、建立数据法律关系，以达到数字化生活法律化的有序状态。

（二）智能社会法律秩序的价值基础

智能社会法律秩序是以法律规则为中心的法律秩序，应体现创新、普惠、协同、和谐及安全价值。其中创新和协同是智能社会的特点，也是法律应该保护和追求的价值目标；安全和和谐是智能社会得以健康发展的重要价值保障；普惠则是智能社会所应该体现的整体价值。

1. 创新价值。创新价值是智能社会的基本特点，创新不仅反映了人与自然的关系，而且反映了人与人、人与社会的关系，是一个具有普遍意义的关系范畴。创新价值应贯穿于智能社会法律秩序构建的全过程，并通过以下三个方面来体现：一是立法理念的创新。立法者应确立智能时代的新型规制理念，重新思考应该保护什么、限制什么、鼓励什么等，从而指引智能社会治理在正确的轨道上行进。二是规制体系的创新。立法者应对现有的规制体系进行改造和升级，建立法律规制、行业规制、伦理规制及代码规制共同组成的多元治理体系。三是规制方式的创新。智能社会将人类带入虚拟和现实相互交织，线上与线下同步的二元世界，立法者应采取法律规制叠加平台规制和技术规制的合作规制方式，来推进规制方式创新。

2. 普惠价值。普惠是智能社会的重要价值目标。普惠的本质含义是普遍惠及，意味着福利的广覆盖和全民共享，即把每个个体都视为人类命运共同体中的一个平等主体、平等成员，共同协商、平等参与、休戚与共、共赢共享，而不是弱肉强食、以邻为壑、丛林法则。在智能社会中，普惠价值要求立法关注以下三个方面：一要在利益分配过程中注重主体公平，促进准入、进入公平，维护公平竞争秩序，让合法经营者都能够平等进入数字经济领域。二要努力缩小数字鸿沟，让各类主体特别是弱势群体能够享受、也享受得起数字社会带来的红利。三要促进线上、线下公平，保持网络空间和物理空间的同步。

3. 协同价值。协同是智能社会的重要特征，也是智能社会得以良性发展的重要保障。协同并非通常所强调的合作与协调，而是更深层次、更大力度、更为正式的集体行动。协同治理的过程就是政府与其他社会主体，基于特定的社会问题，采取相对正式的方式进行协商、互动、决策和共同行动的过程。智能社会中协同价值具有保障性功能，要求立法者在立法过程中兼顾法律、社会规范、市场和架构四种力量，从数据立法、数据伦理和数据组织、数据治理、数据要素、市场治理、数据技术架构等多方面进行综合规制。

4. 和谐价值。和谐是智能社会的终极价值追求，智能世界的最终目标是实现人、计算机和社会的和谐共生。所谓和谐共生，是一种配合适当、协调有序的理想动态，这是一种涵盖周延的目标系统，包括人的和谐、社会的和谐、自然的和谐，以及人与社会、自然的和平共存与进步。在智能社会的发展过程中，和谐价值具有引导性功能，实现和谐价值的状态即是社会的健康发展。为保证这一价值的实现，要求立法者以和谐价值作为指引方向和评价准则，对人工智能等技术产品进行伦理设计、限制人工智能等技术应用范围、控制人工智能的自主程度和智能水平等。

5. 安全价值。安全是智能社会的核心价值，也是影响智能社会发展的关键因素。数据作为一种战略性、基础性资源，具有重要的经济价值，但若不正当或非法使用数据，会给经济社会发展带来严重的问题和难以想象的危害。如侵犯个人隐私、数据造假、数据垄断、数据侵权、数据歧视、数据犯罪等。智能社会中安全价值要求立法者应将安全价值贯彻于立法条文当中，并制定专门的网络安全、数据安全和个人信息安全方面的法律法规，以保障数据使用行为是安全、可控的。

（三）智能社会的主要法律关系

智能社会将人类带到一个超时空结构当中，面对多维空间的多元法律主体引发的多重法律关系，尤其需要立法者拨开云雾，辩证把握以下几对核心法律关系：

1. 网络自由与网络秩序的关系。信息革命将人类带入了信息社会，其主要标志就是互联网的出现及其快速普及使用，形成了网络社会。网络社会要求立法者提供与之相适应的理论和制度。这些制度既要考虑维护公平自由的市场竞争秩序，提供互联网市场经济发展的机制动力，促进互联网经济创新发展，又要强化制度监管，保障市场安全、高效、有序运行；既要保障市场准入机制畅通，充分释放市场多元主体创新活力，又要保护各方主体的正当合法权益；既要推动各类生产要素的流动与使用，特别是新型数据要素的市场化、商业化及产业化发展，最大限度发挥资源生产要素的价值，又要构建公平合理的利益分配机制，使互联网经济发展红利惠及各方主体。可见，智能社会需要立法者处理好网络自由与网络秩序的关系。

2. 数据开放与数据安全的关系。数据是智能社会发展的核心要素，也是数字经济发展的新型生产要素。数据开放共享是数据的价值所在，也是智能社会发展的前提性基础。2015 年国务院《促进大数据发展行动纲要》多次强调开放、共享，充分显示了数据开放共享作为我国大数据发展战略的重要意义，数据开放共享也成为各国各地数据立法的重要内容。数据开放固然对智能社会发展和社会治理水平提升具有实质影响，但随着数据的逐步开放，其所带来的数据安全与隐私保护问题也日益呈现，近几年国内外曝光的数据泄露事件无不说明，数据安全是数据产业发展的重要保证。立法者应基于风险管理理念探索安全与开放的平衡之道，在保证安全可靠的前提下促进数据开放利用。

3. 算法的技术秘密保护与信息公开的关系。算法正在普遍而广泛地影响着我们的生活。2020 年 9 月，《最高人民法院关于审理侵犯商业秘密民事案件适用法律若干问题的规定》首次明确规定算法可以作为商业秘密进行保护。算法作为技术秘密保护是一把“双刃剑”。一方面，算法作为技术秘密保护有利于激励企业投入大量人力、物力、财力获得的智慧成果，保持企业创新的积极性，从而有利于人类社会的智能化水平的进一步提升。另一方面，将算法作为技术秘密保护容易催生企业的算法黑箱、算法偏见、算法杀熟、算法共谋等算法问题，从而损害消费者个人利益和社会公共利益。鉴于算法这一技术性特点，立法者应该辩证对待算法规制问题，既要积极鼓励算法技术的不断创新和应用发展，最大程度发挥算法的积极作用，引导其最大限度服务于智能社会，也要通过加强算法治理规范建设来防范算法滥用的风险，使得算法在可控制的范围内服务于人类。

三、智能社会法律秩序的制度安排

党的十九届五中全会强调，“加强数字社会、数字政府建设，提升公共服务、社会治理等数字化智能化水平”。智能社会的法律规则建立在数据共享和数据保护的基础之上，聚焦于“网络治理、数据治理及算法治理”三个核心内容。应从数字政府、数字经济、数字社会及个人信息保护四个维度来进行制度安排。其中，数字政府转型、数字经济发展及个人信息保护就是立法者对数据开放和数据安全之间的关系的调整，而数字社会则是协同价值在网络治理、数据治理及算法治理中的应用和体现。

（一）建立以公共数据开放共享为中心的数字政府治理制度体系

数字政府就是运用信息技术和大数据，创新行政管理、服务监管方式，实现政府效能优化提升的新型治理模式。政府的数字化转型对数字经济、数字社会起着牵引性、带动性作用，智能社会法律秩序的构建首先就是要构建数字政府建设的法律制度体系。

1. 建立专门的数字政府法律制度。数字政府建设有助于实现政府治理科学化、公共服务精准化、社会监督高效化，有助于贯彻落实“以人民为中心”的发展理念，实现政府从“供给侧”向“需求侧”的转变。有必要通过出台专门的数字政府法来规范和指引数字政府建设行为，明确数据开放共享的原则、程序，打破数据壁垒。其制度建设应包括数字政府运行的基础建设制度、数字政府服务的提供和使用制度以及数字政府的保障措施等方面。

2. 建立公共数据开放共享制度。公共数据开放共享是数字政府建设的基础，只有公共数据高度共享和开放，才能实现数据的快速交互、释放数据价值潜力，实现数字政府的精准化、高效化服务。为此，应当从建立专门的开放数据执行机构、建立公共数据开放清单以及建立首席数据官制等方面完善公共数据开放共享法律制度。

3. 强化公共数据安全管理制度。数据安全是数字政府的生命线。公共数据开放平台面向社会公众提供数据服务，但由于数据具有可复制性、易篡改性等特点，数据开放的安全体系建设也将面临巨大的挑战，这也是各地推行公共数据开放工作面临的阻碍之一。为此，应从建立数据分级分类保护、出台信息安全技术级保护实施细则以及建立数据出境安全评估等方面建立相关法律制度。

（二）建立以数据要素市场为中心的数字经济治理制度体系

数字经济是与农业经济和工业经济完全不同的新的经济形态，数据成为驱动经济运行的关键性生产要素和资源，由此引发市场的产权制度及激励制度、市场的信用关系、市场组织结构和交易规则等方面都发生了根本性变化。应从以下四个方面建立以数据要素市场为中心的数字经济治理制度体系。

1. 加强数据资源确权制度建设。数据确权对于数据的流转交易以及数据价值的挖掘具有举足轻重的意义，但由于数据的非排他性、非竞争性、价值增值性等特征，使得法律上的数据确权十分困难。对此，有学者提出数据资产权的概念，为初始数据的主体配置基于个人数据的人格权和财产权，同时赋予数据从业者具有排他性和绝对性的数据经营权和数据资产权。有学者提出“所有权+用益权”二元权利结构模式，即根据不同主体对数据形成的贡献来源和程度的不同，设定数据原发者拥有数据所有权和数据处理者拥有数据用益权的二元权利结构。还有学者提出应用算法规制的手段来明晰数据利用的边界，通过设置针对算法的数据责任规制、管制规制、禁易规则，即可清晰描绘出数据财产权的轮廓。这些观点说明，智能社会的数据权属是一个立体的、综合的权利或者权益体系，无法从单一角度界定和分配。立法上应充分考虑数据使用过程中的个人信息保护和数据价值释放之间的平衡，根据数据使用场景和目的来确定数据资源的权利。

2. 加强数据交易流通制度建设。数据交易流动是数字经济发展的重要目的，明确数据要素交易流通的价值，探索数据交易流通的可行模式，建构保障各方主体权益的规范性制度，对于加快培育数据要素交易市场具有重要的现实意义。需要从加强数据交易场所及其配套机构制度建设、探索数据经纪人和经纪机构相关制度，强化数据交易监管制度等三个方面来进一步完善数据交易流通制度。

3. 强化平台企业的数据安全制度建设。数字化使得平台经济成为主流的经济模式。我国的平台经济正处于关键的发展时期，要从构筑国家竞争新优势的战略高度出发，明确规则，划清底线，加强监管，更好地统筹发展和安全、国内和国际的关系，强化平台企业数据安全责任。具体可以从细化企业数据分类分级制度，建立数据风险评估制度，以及完善企业内部合规性使用、授权访问管理、数据共享审批等安全职责制度等三个方面来完善平台企业的数据安全制度建设。

4. 加强数据跨境流动制度建设。数据跨境流动是数据治理的重要问题，也是立法过程中的复杂问题，我国数据安全法提出了数据跨境安全、自由流动的原则，并制定了相应规则，但仍然存在不足之处。数据跨境流动需要政府和市场形成良性互动，同时也需要激活社会主体活力，从而形成良好的协同治理效果。应建立重要数据分类分级管理制度，建立针对不同场景设置多样化的数据跨境流动机制，建立数据跨境流动行业自律制度，以及强化国际合作、积极参与制定国际规则等制度来进一步完善数据跨境流动制度。

（三）完善以个人信息保护为中心的数据权益制度体系

在信息化时代，个人信息保护已成为公众最关心最直接最现实的利益问题之一，个人信息保护也是智能社会法律秩序建构中不可或缺的核心内容。近年来，我国高度重视个人信息保护并出台了个人信息保护法，为个人信息保护提供了坚实的制度保障，但仍然需要进一步细化相关内容。

1. 加强个人隐私信息保护。随着数据价值的增值，人们进一步重视个人隐私信息保护，但现有立法规定难以对现实生活中隐私信息侵害提供及时有效的保护，有必要从强化数据处理者遵守个人信息收集的最小化原则，并强制要求企业向公民披露必要的信息，如网约车平台必须如实向乘客披露驾驶员、车辆等基本信息，以便消费者正确判断、理性选择。

2. 细化信息主体的相应信息权利。个人信息保护法明确了个人在个人信息处理活动中的查询、复制、删除等权利，但并没有明确这些权利实现的相应规则，如关于个人信息可携带权的规定，其权利属性究竟是请求权、控制权抑或是选择权均未明确，需要出台相应实施细则。

3. 完善个人隐私评估制度。隐私影响评估不仅仅是一项合规检查，它还旨在识别隐私风险并克服或最小化这种风险。其虽然不具有强制性，但它可以为立法者或政策制定者提供解决问题的思路和方法。个人信息保护法虽然明确规定了个人信息保护影响评估制度，但规定得还是过于粗泛，难以指导实践。应从建立贯穿全数据生命周期的隐私影响评估机制，建立专门负责隐私影响评估的机构，以及制定信息安全标准和隐私保护标准等方面完善个人隐私评估制度。

（四）建立以协同治理为中心的数字社会治理制度体系

数字社会是新一代信息技术同社会转型深度融合的产物，也是推动精细化社会管理的手段和方法创新。数字社会的主导方向是平台经济、共享经济，这种新业态、新模式不仅会引起经济领域的深度变革，也会对社会治理方式产生重要影响，亟需基于数字社会的发展规律和治理诉求来重塑法治机制，建立以协同治理为中心的数字社会治理制度体系。协同治理可以有效弥补政府治理的不足和盲区，发挥多元主体社会治理的活力，实现各主体良性互动和自我调节。构建以协同治理为中心的数字社会治理制度体系需要重点加强以下几个方面的制度建设：

1. 细化多主体协同共治制度。治理是在相互承认法权基础之上的政治认可，数字社会治理的基础也在于对除政府之外的各个治理主体身份和权利的确认和认可。电子商务法规定，国家建立符合电子商务特点的协同管理体系，推动形成有关部门、电子商务行业组织、电子商务经营者、消费者共同参与的电子商务市场治理体系。这是我国立法中首次明确规定协同管理制度，但仅此还不够，需进一步明确政府在协同治理中的职责和权力边界，公民个人参与社会治理的法律地位及参与路径，以及政企合作共赢的协同推进机制等内容。

2. 完善网络交易平台治理规则。平台经济的崛起，加速了商业模式更迭，也引发经济结构、组织方式的深刻变革，其在引领经济增长和推动社会发展的同时，也存在诸多负面问题和潜在的危害。

有必要从以下几个方面完善网络交易平台治理规则。一是治理主体方面，应强调政府、平台、社会的协同合作。二是政府治理行为层面，应深入分析每一种行政治理行为方式的优劣对比，推动单向度的命令控制型手段转向事中事后的、柔性协商的多元规制方式。三是治理的责任层面，必须基于政府和网络平台服务商在平台治理中的角色与功能，划定政府的法律治理责任和平台的技术治理责任。

3. 优化协同治理的权责体系。协同治理是以政府为主体与其他非政府主体的利益相关者，基于特定的社会问题，采用相对正式的机制进行协商、互动、决策和共同行动的过程，尤其需要明确各方职责，不断优化治理的权责体系。必须通过立法手段来协调政府、企业、行业组织和公民之间的关系，以法律形式明确政府、企业、社会组织和公民的权限范围。具体可以从政府间的内部协同和政府与非政府主体的外部协同两个角度进一步明确企业的监管内容、范围、力度，同时还要明确各级政府间、政府各个部门之间的协同。

四、智能社会法律秩序的实现路径

智能社会法律秩序是围绕政府、企业、个人及社会四个主要社会主体，以数据利用和数据保护为主要内容的新型法律秩序。新型法律秩序的构建不可能一蹴而就，而是需要不断实践探索。2020 年，习近平总书记在中央全面依法治国工作会议上深刻指出，“数字经济、互联网金融、人工智能、大数据、云计算等新技术新应用快速发展，催生一系列新业态新模式，但相关法律制度还存在时间差、空白区”。面对新形势新任务，立法机关必须更新立法理念、加快立法进程、完善法律制度、健全体制机制，全面推进智能社会法律秩序构建。

（一）转变立法观念

纵观新中国七十多年来的社会治理历程，由建国初期的“社会管控”，到改革开放的“社会管理”，再到党的十八届三中全会以来的“社会治理”，充分体现了政府治理向全民共治理念的飞跃。在这一过程中，科技逐渐成为内在于法治过程的要素，无论是制定良法还是推行善治，都无法回避或脱离科技要素的导引和功能。换言之，法律需要关注并回应科技革命导致的社会关系的复杂化，同时，法律调整也需要有效地发挥并融合科技手段所带来的治理方式的改变。基于智能社会治理过程中所呈现出来的数据法治化和法治数据化的双重特点，立法者应不断更新观念，创新思维方式，指导立法实践。

1. 培养数字化表达、数字化认知及数字化决策的数字思维。立法决策具有强烈的信息依赖性，但立法者囿于知识、经验和信息的匮乏，导致信息约束成为立法者选择立法政策和开展立法活动过程中的主要约束条件。数字思维是根据数据来进行思考，通过数据+算法+算力的智能化决策机制来应对不确定性的一种新的思维模式，数字化认知和数字化表达可以大大提高立法决策信息的全面性、客观性及准确性，有助于民主立法的实质性推进，从而提高立法质量。这就要求立法者在具体的制度设计中嵌入数字化思维和数字化手段，在法律规范内容方面充分考虑社会关系的信息化、智能化维度，人与人交往的线上线下、虚拟现实的交互性，提出更为科学合理的制度方案；在立法手段方面强调技术赋能，推进立法智能辅助平台建设。

2. 培养顶层设计加系统性部署的系统思维。顶层设计包括基本的价值取向、要达到的主要目的以及先后顺序。立法的顶层设计就是要站在智能社会治理的全局，进行完整的战略规划，以更高视角审视整个时代发展，确立基本的价值观。系统性思维则是利用整体方法把智能社会看成一个系统，重视数字政府、数字经济、数字社会之间的关系以及对智能社会的影响，科学有效地规划系统要素和运行机制，并要求立法者科学设计和安排法律规范体系，保持新旧法规、同类法规之间的合理性和融贯性。同时，立法者在立法过程中要运用系统观念、系统方法，细化立法流程，明确各个部门各个岗位职责，加强立法工作的闭环管理，将需要跨部门协同的事项作为“一件事”来攻坚，以增强立法工作的整体性、系统性，提高工作效率。

3. 培养积极回应和主动引领的前瞻性思维。所谓前瞻性思维，就是要对智能社会的发展趋势走向进行预判，既要看到智能社会在当下的发展生态，也要看到智能社会未来的发展方向；既要看到智能社会给立法提出的挑战，也要看到智能社会给立法带来的机遇。立法者要思考未来 10 年甚至 20 年的发展，并积极为之做好统筹和规划。同时，立法者也要坚守社会的底线公平，高度重视技术所带来的安全风险和挑战，加强对技术伦理法律的前瞻预防与约束引导，防止技术作恶。

4. 培养鼓励创新和总结创新的创新性思维。智能社会的主基调是创新，是连续性和颠覆性创新，是追求原创性而非简单模仿的创新。这种创新要求制度的制定者和推动者富有一定的改革精神，在立法活动中大胆创新，以提高立法的能力和效率。主要体现在三个方面：一是立法内容的创新。立法要敢于在新兴科技前沿领域进行创新性规定，将创新经验予以固化和总结。二是立法形式的创新。立法要根据社会发展需要来选择恰当的立法形式，既可以“小快灵”立法，也可以“大块头”立法。三是立法手段的创新，立法可以积极利用大数据技术手段加快智慧立法平台建设，探索立法公开、立法参与的数字化形式。

5. 培养什么该立什么不该立的辩证思维。智能技术发展给地方立法提出了新的要求和挑战，但并不代表所有新技术都需要制定新法，地方立法者需要辩证看待技术与立法的关系，既不能一味强调立法万能论，也不能持消极否定论，而是要一分为二地看待技术对社会发展的影响，准确识别哪些是新技术带来的新问题，哪些是新技术凸显的老问题。如果新技术催生了新的行为方式、改变了社会关系和利益格局，原有法律已无法调整现有利益关系，就需要制定新法；如果新技术带来的新的行为方式已经被现行法所包容，并没有引发需要解决的新问题，就不需要制定新法。

（二）完善制度体系

党的十八大以来，电子商务法、民法典、电子签名法、网络安全法等法律相继制定出台，对数据开放共享、数字经济发展、个人信息保护和数据安全等内容作出了规定，尤其是数据安全法和个人信息保护法对数据自由流动和安全保护、个人信息保护等关键性问题作了更为全面和细致的规定。与此同时，地方也在开展数据立法的探索。浙江省自2000年以来，先后制定了近三十部与数字经济发展不同阶段密切相关的地方性法规，如《浙江省数字经济促进条例》《浙江省保障“最多跑一次”改革规定》等，在智能社会法律秩序构建方面作出了许多贡献，形成了许多有益的制度经验。2021年2月，浙江省委开启了全领域、全方位的数字化改革，要求全面构建一整套与党政机关整体智治、数字政府、数字经济、数字社会、数字法治综合应用相适应的体制机制和工作规范，给地方立法提出了新的更高的要求和更具体的立法方向。根据浙江省数字化改革总体方案要求并结合浙江省地方立法实践，应该从以下三个方面来完善数字法治的规则体系。

1. 加快综合性基础性法规制度建设。浙江省已出台数字经济促进条例，对数字经济领域的开放和发展作出了较为全面的规定，提供了有力的法治引领和保障。在此基础上，还应加快以下三个方面的法规制度体系建设。

（1）制定数字政府方面的法规。数字化改革的核心就是推动政府的数字化转型，加强数字政府建设的法治保障尤为重要。一是制定数字政府条例。为推进地方数字政府建设，理顺政府层级之间、部门之间职责关系，推进职能配置精准化、业务协同一体化，应制定专门的数字政府条例，明确规定数字政府管理制度、数字政府权力范围、数字政府责任、多跨协同制度等内容，为数字政府建设提供全方位的制度保障。二是制定公共数据条例。公共数据开放共享是数字化改革的基础，浙江省一直重视政务数据开放的制度建设，已经出台了《浙江省保障“最多跑一次”改革规定》。在此基础上，还应制定公共数据条例，探索建立公共数据开放清单制度，建立公共数据开放目录管理机制和标准规范等制度。三是建立首席数据官制度。首席数据官旨在促进数据共享和透明度，是政府信息化建设的重要抓手。首席数据官制度应规定首席数据官的产生规则、职责权限、人才引进及工作绩效评估等内容。

（2）制定数字经济方面的法规。我省已经出台了数字经济促进条例，同时在电子商务、科技成果转化等数字经济领域也进行了立法。未来还应围绕数据要素市场建设探索建立数字经济法规体系。一是完善数据交易场所和数据交易平台制度。基于数据交易的“可用不可见，用途可控可计量”的特点，应对数据交易场所和数据平台的资质、功能、服务等方面进行明确规定。二是建立数据经纪人制度，数据交易需要有完善的流通中介服务，应探索建立数据经纪人资格认证和管理制度。三是建立数据交易制度。明确数据定价、数据安全、数据合规及数据技术规范等规定，推动数据交易的实质性发展。四是建立数据交易监管制度。数据交易涉及多个部门的数据开放共享，应建立数据交易的跨部门协同监管制度。

（3）制定数字社会方面的法规。数字社会体现了数字化、网络化及智能化的深度融合，是高度被感知、高度互联互通、高度被精准计算、高度透明和高度智能化的社会。数字社会主要包括数字民生、数字生活、数字生态、数字服务及数字治理五个方面，地方立法应从以下几个方面来探索数字社会法规体系：一是制定未来社区促进条例。未来社区是以人为核心的城市现代化高质量发展高品质生活，让老百姓幸福生活的新平台。2019 年 3 月，浙江发布《浙江省未来社区建设试点工作方案》，率先在全国正式启动未来社区试点建设，并取得了不少的成绩。应在此基础上探索未来社区发展促进条例，从“社区发展”角度对社区形态改善、业态提升、生态优化、文态塑造进行规范；从“社区治理”角度构建“自治、法治、德治、共治、智治、综治”的社区治理体系；从“社区服务”角度，构建“基本公共服务、便民生活服务、特色项目服务、社区志愿服务”的社区服务体系。二是制定未来乡村建设促进条例。虽然浙江省乡村振兴促进条例当中已经体现了未来乡村建设的内容，但还可以进一步探索建立专门的未来乡村促进条例，围绕乡村信息服务基础设施建设、智慧农业云平台和农业大数据平台，农村电子商务、农村产业融合几方面进行立法。三是制定智慧城市促进条例。智慧城市建设是贯彻党中央、国务院关于创新驱动发展、推动新型城镇化、全面建成小康社会的重要举措。浙江省已经出台了智慧经济促进条例和城市大脑赋能城市治理促进条例，未来还可以探索制定智慧城市促进条例，从政务服务、基础设施建设、专项应用、产业提升及新兴产业发展等方面进行规定。

2. 加强新兴领域的前瞻性立法探索。随着人工智能、大数据等技术的广泛运用，元宇宙、NFT、虚拟现实等新概念、新生产生活模式不断涌现，开展新兴领域的创制性立法，对于构建智能社会法律制度框架，保障新技术、新领域合法合规运行十分必要。一是制定人工智能发展促进条例。浙江省人工智能产业发展的基础理论研究、关键技术攻关、产业化推进、创新型企业培育、示范应用推广等方面都走在全国前列。在此基础上，浙江省应加快制定人工智能发展促进条例，对产业研发和技术开发、产业基础设施建设、应用场景拓展、治理原则和机制等作出前瞻性规定，将产业发展优势转化为制度优势。二是探索制定智能网联汽车产业促进条例。智能网联汽车关联信息通信、互联网、人工智能、汽车等众多领域协同创新，是全球创新热点和未来发展制高点，也是我国汽车产业转型升级、由大变强的重要突破口。浙江省智能网联汽车产业发展水平处于全国领先水平，车联网产业也被视为促进数字经济“一号工程”和汽车产业高质量发展的重要突破口。可以探索制定智能网联汽车产业发展促进立法，从支撑道路测试、规范商业运营、建立产品准入机制、网络安全和数据保护、车路协同基础设施、道路运输、明确事故责任划分规则等方面作出规定。三是探索制定区块链产业发展促进条例。区块链作为一种新兴战略性技术和产业，是数字经济的高速公路，是新基建的基础性工作，更是战略性新兴产业。浙江省在区块链监管政策、理论研究、技术研发、场景应用等方面起步较早，具有丰富的区块链发展经验。地方立法可以进一步探索构建区块链技术的数字通证制度、数字公民身份制度、土地数字银行制度、区块链知识产权通证制度等。

3. 完善专业领域立法。为满足数字化改革需求，浙江不仅需要制定基础性立法和前瞻性立法，还应结合浙江省数字经济发展特色，进一步完善一些专业领域立法。一是制定数据标准化条例。数据标准是保障数据的内外部使用和交换的一致性和准确性的规范性约束，大数据产业健康发展需要发挥数据标准的基础性、引领性作用。虽然已出台《浙江省标准化条例》，并发布了浙江省《数字化改革公共数据分类分级指南》，但关于数据质量标准和数据治理评估标准等内容的规定还是较为原则性的，应制定专门的数据标准化条例来进一步细化相关数据标准规定。二是制定绿色金融促进条例。2021 年 10 月国务院印发《2030 年前碳达峰行动方案》，明确提出要推进工业领域数字化智能化绿色化融合发展。可以聚焦绿色金融产品和服务、碳减排与碳金融、标准与数字化改革等内容，制定专门条例予以规范，实现绿色金融政策与立法的衔接互促，以绿色金融赋能数字化与绿色发展深度融合。

（三）健全工作机制

在健全完善智能社会法治保障的同时，地方立法工作者自身也要积极运用大数据、云计算、人工智能等技术，推动立法工作方式方法、制度机制创新发展，不断提高立法质量和效率，更好地服务智能社会的变化发展。

1. 探索智慧立法模式。数字技术可以大大提高立法者决策信息的全面性、客观性及准确性，有助于科学立法、民主立法、依法立法的实质性推进。立法机关可以从以下几个方面进行探索。一是打造立法智能辅助平台。地方立法机关可以通过丰富立法前评估的数据收集和评估、立法草案表决前的量化论证、立法后评估的数据分析等功能模块，实现法规制定、实施、完善等全流程的无纸化、智能化。二是积极应用数字化手段探索民主立法的数字化参与模式。应通过社交媒体平台等数字手段来提高立法参与的活跃度，拓展立法意见建议在线征集渠道，健全公众意见收集、整理、分析、采纳、反馈机制。三是加强备案审查信息平台建设。地方立法机关要运用大数据技术开发智能辅助审查模块，自动实现与上位法比对、法律法规相似度分析、进行融合搜索，以及审查重点提示、初审意见生成，实现立法全程溯源、全程留痕、全程预警，使审查质量和效率大为提升。

2. 坚持立改废释并举。智能社会的立法往往是新兴领域立法、促进型立法，坚持立改废释等手段并举，维护法治统一尤为必要。一是对新制定的法律法规要贯彻协调性原则，做好与原有法律法规的衔接，实现法律体系的科学性和合理性。二是对不适应经济社会发展的法律法规要及时修改。应定期进行法规清理，对于不适应社会发展的法律要及时进行修改或者废止，以减少立法泛滥。三是加强立法解释工作。立法机关要加强对于法律条文中出现的新概念、新问题的解释工作，强调立法文本的精细化和立法过程中的精细化，以保障法律规范的准确性。

3. 加强人才队伍建设。智能社会的创新发展对立法者的知识能力提出更高要求，但当前地方立法机关在人员配备和立法能力方面都还存在明显不足，需要创新立法人才建设机制，培养一批跨学科复合型综合型人才，才能胜任智能时代的立法需要。一是大力加强立法工作人员的培训。制定科学的培训计划，定期组织法学专业知识和数字化相关技术的知识培训，并实现制度化、常态化。二是优化立法机关人力资源配置。通过完善立法人才的引进、任用制度或其他方式及时扩充立法工作队伍，并增加立法专门工作机构组成人员比例，以提高地方立法的能力和效率。三是加强地方立法智库建设。党中央已经出台文件明确了智库建设的目标方向。地方立法机关应通过建立专家人才库、建立合作研究机构、建立调研联系点等方式来加强地方立法智库建设。

制度优势是一个国家的最大优势，制度竞争是国家间最根本的竞争。加快智能社会法律秩序构建，不仅是发挥中国制度优势、在新一轮全球竞争中抢占有利地位的客观需要，也是衡量一个国家、一个地区、一个城市法治化水平高低、核心竞争力强弱的重要指标。在浙江全省推进数字化改革的背景下，作为制度供给的地方立法，更应该紧扣智能社会发展的本质和核心问题，通过基础性、前瞻性及专门性立法，构建促进智能社会发展的法规规范体系，更好地发挥法治的引领、规范、促进和保障作用。

（执笔人：浙江工业大学法学院　粟丹
浙江省人大常委会法制工作委员会　吴江）

构建共同富裕法规制度体系研究[①]

中央赋予浙江高质量发展建设共同富裕示范区的使命任务，不仅要求浙江率先实现共同富裕，更重要的是通过浙江的改革探索，及时形成可复制推广的体制机制和经验做法，推动发展型制度政策加快向共富型转变，为全国分梯次推进、逐步实现全体人民共同富裕提供经验和样本。省委明确提出，要围绕共同富裕示范区建设完善立法体系，并将共同富裕示范区制度体系建设作为法治浙江建设的重要抓手。这就指明了新时代地方立法的目标任务。在当前和今后相当长一段时期内，浙江地方立法必须主动适应示范区建设的目标要求，聚焦示范区建设重大使命，不断更新立法理念、创新立法方式、明确立法方向，持续提高立法质量和效率，筑牢共同富裕的法治根基，并为全国范围内推进共同富裕提供制度示范。

首先，立法理念要适应共同富裕社会的要求。共同富裕是实现人的全面发展和社会全面进步的一场深刻社会变革，要求地方立法正确处理改革与法治的关系，通过法定程序使党的主张成为国家意志，依法引领、推动共同富裕体制机制创新，保证共同富裕各项改革的合法性、系统性和协同性。共同富裕示范区建设是一项需要紧跟经济社会发展步伐，循序渐进的长期艰巨任务，要求地方立法广泛凝聚社会共识，将成熟的改革举措上升为法律制度，转化为全省人民的共同意志，为高质量发展建设共同富裕示范区提供根本性、

① 本文系2022年浙江省人大常委会主任会议成员重点调研课题。课题主持人：赵光君，课题组成员：任亦秋、尹林、田梦海、何晓明、吴江、黄镇。

长期性的制度保障。具体而言，立法中要更加注重公平性，通过完善制度体系创造更加普惠公平的社会环境，夯实共同富裕夯实价值基础；要更加注重创制性，突破思维定势创新改革举措，有力有效推动共同富裕变革性实践；要更加注重系统性，把握示范区建设全面性、复杂性、阶段性等特征，系统集成协同推进改革发展；要更加注重普适性，站在为全国其他地区推进共同富裕先行探路的高度，提供更多可复制可推广的制度成果。

其次，立法方式要跟上共同富裕立法的步伐。地方立法要紧扣示范区建设的目标要求，主动开展实施性立法，确保国家共同富裕各项决策部署更具针对性和可执行性；要积极开展创制性立法，对国家尚未立法的事项先行先试，为体制机制创新提供立法保障；对重大改革需要调整适用国家法律法规的，要努力争取全国人大常委会或者国务院授权，不断健全保障共同富裕示范区建设的法律法规制度体系；要常态化开展法规清理，修改废止与形势任务发展不相适应的法规制度，确保地方立法能够精准对接改革所需、基层所盼、民心所向。

最后，立法内容上契合共同富裕改革的任务。这也是共同富裕制度体系建设最核心的内容。省委明确提出，要构建“1 + N”的共同富裕示范区法规规章制度体系，其中“1”是指出台一部共同富裕示范区建设的纲领性基础性法规；“N”是指根据示范区建设的改革举措和目标要求，分领域制定具体细化的法规，形成有干、有支、有叶的共同富裕系列法规。目前，“1 + N”法规制度体系中的“1”已经明确，就是要制定《浙江省促进高质量发展建设共同富裕示范区条例》，条例已经列入省人大常委会 2022 年立法计划，于 9 月份提请审议。但“N”还不是很清晰，这需要对准“四大战略定位”“七个方面先行示范”的主跑道，对照国家和省里明确的改革举措，对现行有效省地方性法规进行全面梳理，提出立改废的一揽子方案。这是一项系统性研究课题，是构建“1 + N”的法规制度体系框架的基础性工作。

为此，课题组结合学习贯彻省第十五次党代会精神，以“七个方面先行示范”为主线，分领域系统梳理中央意见明确的改革要求，国家部委提出的支持举措，以及省委实施方案、党代会报告和省有关部门出台的改革措施，并以此为基础，对我省201件（总228件，截至2022年8月）现行法规进行全面对照（见图一）。（注：有些法规涉及面广，很难完全归到某一领域，仅依照其最主要的内容进行归类）

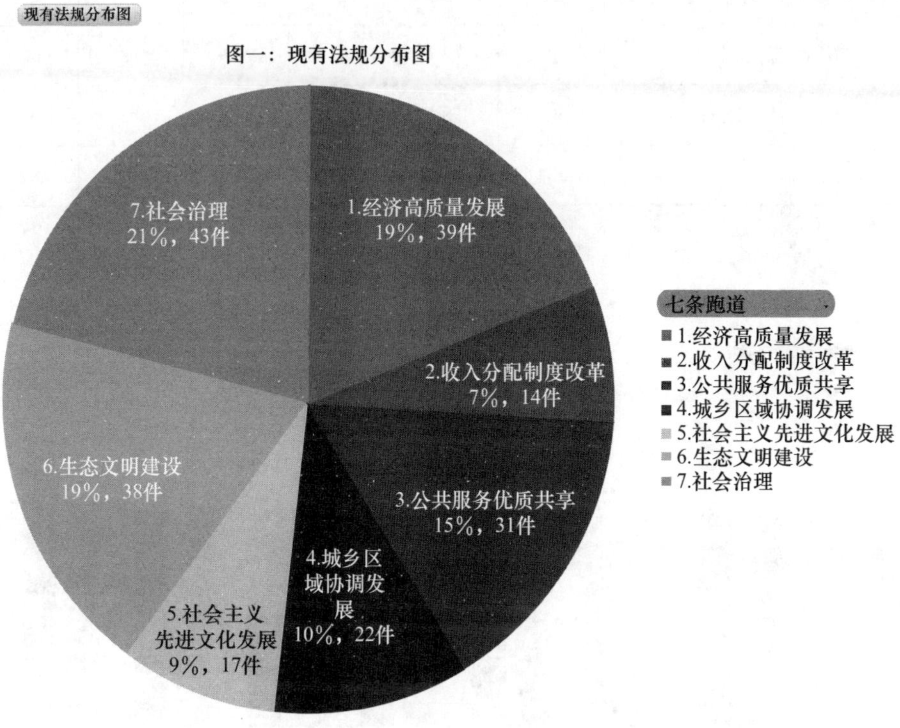

在此基础上，对相关改革举措我省尚未制定地方性法规的，提出具体需要制定的法规项目建议，对我省已经有相关领域法规，但还不够完整或者已不适应共同富裕示范区建设新形势的，提出修订（修改）或者废止的建议，共需制定102项、修订24项、修改23项、废止16项（见表一、图二），从而为下一届省人大常委会立法工作提供参考。

表一：

七条跑道	现有法规	建议修改	建议修订	建议废止	建议制定	建议后
1. 经济高质量发展	39	5	4	-5	18	52
2. 收入分配制度改革	14	0	4	0	16	30
3. 公共服务优质共享	31	0	9	-2	20	49
4. 城乡区域协调发展	22	5	0	-1	18	39
5. 社会主义先进文化发展	17	5	2	-1	7	23
6. 生态文明建设	38	2	2	-6	12	44
7. 社会治理	43	8	2	-1	12	54
汇总（扣除交叉领域重复项）	201	24	23	-16	102	287

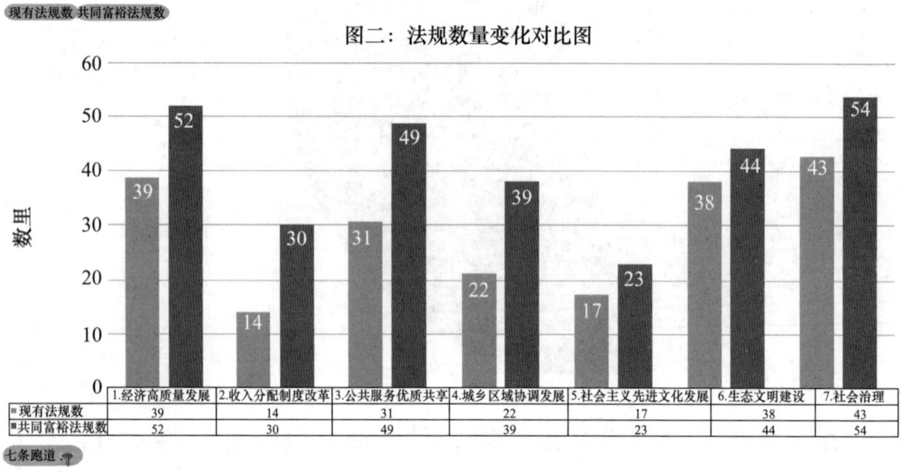

图二：法规数量变化对比图

综合以上立改废的立法建议，再加上现行有效的地方性法规，构成了系统完备、科学规范、运行有效的共同富裕地方法规制度体系（见图三）。

图三：共同富裕法规体系图

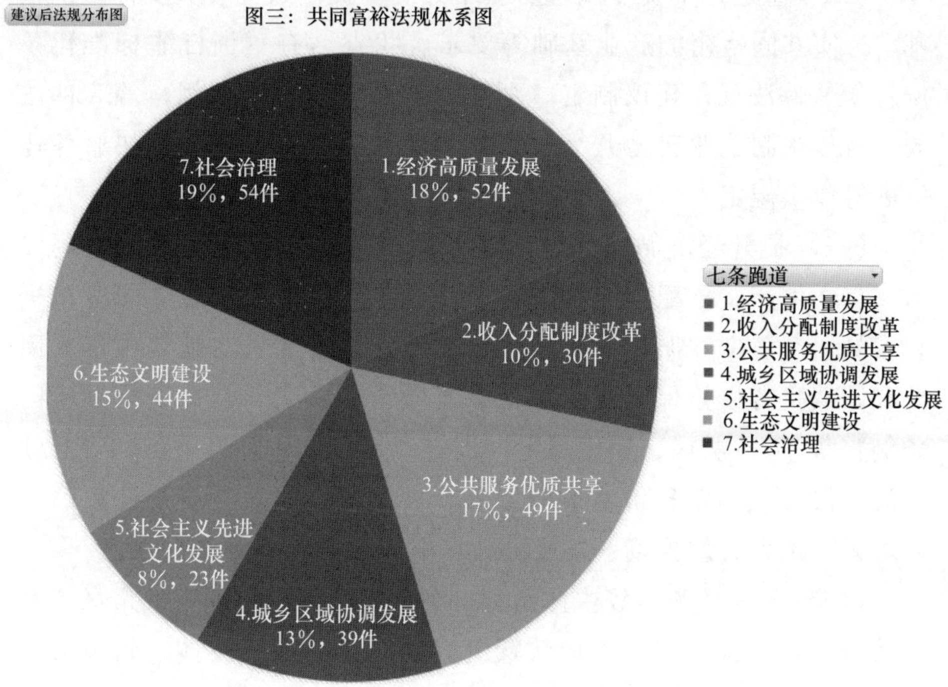

根据课题组研究，七个先行示范领域的法规立改废情况简要阐述如下（详细内容见附表）：

一、打好服务构建新发展格局组合拳，推进经济高质量发展先行示范

这一领域目前共有相关法规 39 件，建议新制定 18 件，修订（修改）9 件，废止 5 件。

（一）大力提升自主创新能力。中央明确提出以创新型省份建设为抓手，把科技自强作为战略支撑，加快探索社会主义市场经济条件下新型举国体制开展科技创新的浙江路径等要求。我省现有《浙江省科学技术进步条例》等 5 件法规，建议制定《浙江省科学技术创新促进条例》等 4 件法规，修订《浙江省技术市场条例》，对加强科技创新、大力建设全球数字变革高地、加大科技成果转化应用等作出规定。

（二）塑造产业竞争新优势。中央明确提出巩固壮大实体经济根基，夯实共同富裕的产业基础等要求。我省已有《浙江省标准化条例》等9件法规，建议制定《浙江省未来工厂建设条例》等5件法规，对传统制造业转型升级、打响“浙江制造”品牌、加快服务业发展等作出规定。

（三）提升经济循环效率。中央明确提出落实构建新发展格局要求，贯通生产、分配、流通、消费各环节，在率先实现共同富裕进程中畅通经济良性循环等要求。我省现有《浙江省实施〈中华人民共和国消费者权益保护法〉办法》《中国（浙江）自由贸易试验区条例》等14件法规，建议制定《浙江省优化人才环境条例》等5件法规，修改《浙江省价格条例》等5件法规，对实行更加开放的人才政策、扩大有效投资、发展更高水平开放型经济等作出规定。

（四）激发各类市场主体活力。中央明确提出推动有效市场和有为政府更好结合，培育更加活跃更有创造力的市场主体，壮大共同富裕根基等要求。我省现有《浙江省电子商务条例》等11件法规，建议制定《浙江省开发区条例》等4件法规，修订《浙江省合同行为管理监督规定》等2件法规，对打造创业创新创造升级版、优化营商环境、建立健全平台经济治理体系等作出规定。

二、实施居民收入和中等收入群体双倍增计划，推进收入分配制度改革先行示范

这一领域目前共有相关法规14件，建议新制定16件，修订（修改）4件。

（一）推动实现更加充分更高质量就业。中央明确提出强化就业优先政策，坚持经济发展就业导向，促进充分就业等要求。我省现有《浙江省劳动保障监察条例》等6件法规。建议制定《浙江省就业促进条例》等4件法规，修订《浙江省集体合同条例》等3件法规，对强化就业优先政策、深化构建和谐劳动关系等作出规定。

（二）不断提高人民收入水平。中央明确提出优化政府、企业、居民之间分配格局，支持企业通过提质增效扩展从业人员增收空间，合理提高劳动报酬及其在初次分配中的比重等要求。我省现有《浙江省集体合同条例》等5件法规。建议制定《浙江省工资支付条例》等6件法规，修订《浙江省实施〈中华人民共和国农村土地承包法〉办法》，对创新要素参与分配机制、拓宽城乡居民财产性收入渠道等作出规定。

（三）扩大中等收入群体。中央明确提出实施扩大中等收入群体行动，激发技能人才、科研人员、小微创业者、高素质农民等重点群体活力等要求。这一方面目前我省暂无法规，建议制定《浙江省低收入人群保障条例》，健全相关的制度举措，推动更多的低收入人群进入中等收入群体。

（四）完善再分配制度。中央明确提出支持浙江在调节收入分配上主动作为，加大省对市县转移支付力度，合理调节过高收入等要求。我省目前仅有《浙江省政府非税收入管理条例》，建议制定《浙江省财政转移支付条例》等3件法规，对完善财政转移支付制度、推动个税改革、加强税收征管力度等作出规定。

（五）建立健全回报社会的激励机制。中央明确提出鼓励引导高收入群体和企业家增强社会责任意识，积极参与和兴办社会公益事业等要求。我省现有《浙江省实施〈中华人民共和国慈善法〉办法》等2件法规，建议制定《浙江省慈善条例》等2件法规，对构建新型慈善体系、创新新型捐赠方式等作出规定。

三、健全为民办实事长效机制，推进公共服务优质共享先行示范

这一领域目前共有相关法规31件，建议新制定20件，修订（修改）9件，废止2件。

（一）率先实现基本公共服务均等化。中央明确提出推进城乡区域基本公共服务更加普惠均等可及，稳步提高保障标准和服务水平

等要求。我省现有《浙江省义务教育条例》《浙江省社会养老服务促进条例》等15件法规，建议制定《浙江省终身教育促进条例》等14件法规，修订《浙江省人口与计划生育条例》等4件法规，对终身职业技能培训制度、实施健康浙江行动、提高优生优育服务水平、应对人口老龄化等作出规定。

（二）持续改善城乡居民居住条件。中央明确提出坚持房子是用来住的、不是用来炒的定位，完善住房市场体系和住房保障体系，确保实现人民群众住有所居等要求。我省现有《浙江省住房公积金条例》等7件法规，建议制定《浙江省住房保障条例》等2件法规，修订《浙江省物业管理条例》等3件法规，对持续改善城乡居住条件作出规定。

（三）织密扎牢社会保障网。中央明确提出完善社会保障制度，加快实现法定人员全覆盖，建立统一的社保公共服务平台等要求。我省现有《浙江省失业保险条例》《浙江省社会救助条例》等9件法规，建议制定《浙江省社会保险基金监督条例》等4件法规，修订《浙江省残疾人保障条例》等2件法规，对健全多层次、多支柱养老保险体系，完善分层分类、城乡统筹的社会救助体系，保障重点人群合法权益等作出规定。

四、拓宽先富带后富先富帮后富有效路径，推进城乡区域协调发展先行示范

这一领域目前共有相关法规22件，建议新制定18件，修订（修改）5件，废止1件。

（一）率先实现城乡一体化发展。中央明确提出推动新型城镇化与乡村振兴全面对接，深入探索破解城乡二元结构、缩小城乡差距、健全城乡融合发展的体制机制等要求。我省现有《浙江省城乡规划条例》等18件法规，建议制定《浙江省国土空间规划条例》等13件法规，修订（修改）《浙江省流动人口居住登记条例》等5件法规，对推进以人为核心的新型城镇化、促进大中小城市与小城镇协

调发展等作出规定。

（二）完善先富带后富的帮扶机制。中央明确提出加快推进省以下财政事权和支出责任划分改革，加大向重点生态功能区的转移支付力度等要求。我省现有《浙江省少数民族权益保障条例》等4件法规，建议制定《浙江省区域协调发展促进条例》等5件法规，对升级山海协作工程、构建推动共同富裕的评价考核体系等作出规定。

五、打造新时代文化高地，推进社会主义先进文化发展先行示范

这一领域目前共有相关法规17件，建议新制定7件，修订（修改）7件，废止1件。

（一）提高社会文明程度。中央明确提出完善覆盖全省的现代公共文化服务体系、弘扬诚信文化、加强家庭家教家风建设，健全志愿服务体系等要求。我省现有《浙江省公共文化服务保障条例》等9件法规，建议制定《浙江省文明行为促进条例》等3件法规，修订（修改）《浙江省预防和制止家庭暴力条例》等3件法规，对推进公民道德建设、弘扬诚信文化、加强家庭家教家风建设等作出规定。

（二）传承弘扬中华优秀传统文化、革命文化、社会主义先进文化。中央明确提出传承弘扬中华优秀传统文化，充分挖掘浙江文化优势等要求。我省现有《浙江省文物保护管理条例》等8件法规。建议制定《浙江省红色文化保护传承条例》等4件法规，修订（修改）《浙江省非物质文化遗产保护条例》等4件法规，对传承弘扬中华优秀传统文化、传承红色基因等作出规定。

六、建设国家生态文明试验区，推进生态文明建设先行示范

这一领域目前共有相关法规38件，建议新制定12件，修订

（修改）4 件，废止 6 件。

（一）高水平建设美丽浙江。中央明确提出强化国土空间规划和用途管控、坚持最严格的耕地保护制度和最严格的节约用地制度、完善生态保护补偿机制等要求。我省现有《浙江省生态环境保护条例》等 30 件法规，建议制定《浙江省生物多样性保护条例》《浙江省生态补偿条例》等 7 件法规，修订（修改）《浙江省海洋环境保护条例》等 2 件法规，对坚持山水林田湖草系统治理、建立健全差异化生态保护补偿机制等作出规定。

（二）全面推进生产生活方式绿色转型。中央明确提出拓宽绿水青山就是金山银山转化通道，建立健全生态产品价值实现机制，探索完善具有浙江特点的生态系统生产总值（GEP）核算应用体系等要求。我省现有《浙江省生活垃圾管理条例》等 8 件法规，建议制定《浙江省绿色能源条例》等 5 件法规，修订（修改）《浙江省固体废物污染环境防治条例》等 2 件法规，对高标准制定实施浙江省碳排放达峰行动方案、全面促进能源资源节约集约利用等作出规定。

七、坚持和发展新时代“枫桥经验”，推进社会治理先行示范

这一领域目前共有相关法规 43 件，建议新制定 12 件，修订（修改）10 件，废止 1 件。

（一）以数字化改革提升治理效能。中央明确提出强化数字赋能，聚焦党政机关整体智治、数字经济、数字社会、数字政府、数字法治等领域，探索智慧治理新平台、新机制、新模式等要求。我省现有《浙江省公共数据条例》等 4 件法规，建议制定《浙江省基层治理条例》等 2 件法规，对强化数字赋能、健全城乡基层治理体系等方面作出规定。

（二）全面建设法治浙江、平安浙江。中央明确提出健全覆盖城乡的公共法律服务体系，加大普法力度，推动尊法学法守法用法等

要求。我省现有《浙江省综合行政执法条例》等6件法规，建议制定《浙江省公共法律服务条例》等3件法规，修订（修改）《浙江省法律援助条例》等3件法规，对全面建设法治社会，加快建成普惠均等、便捷高效、智能精准的公共法律服务体系等作出规定。

（三）高水平建设平安中国示范区。中央明确提出把加强社会治安防控体系建设，全面提高公共安全保障能力，建立健全覆盖各领域各方面的风险监测防控平台等要求。我省现有《浙江省铁路安全管理条例》等33件法规，建议制定《浙江省平安建设条例》等7件法规，修订（修改）《浙江省安全生产条例》等7件法规，对建立完善"遏重大"工作机制，全面加强经济安全，加快构建"大安全、大应急、大减灾"体系等作出规定。

附：七个示范领域法规立改废一览表（略）

（执笔人：浙江省人大常委会法制工作委员会　吴江
浙江大学城市学院法学院副教授、浙江立法研究院
兼职研究员　黄镇）

（二）浙江立法研究院开展的立法理论研究

立法研究院五年来完成的课题评述

为服务浙江乃至国家改革与高质量发展，不断提升立法水平，浙江省人大常委会和浙江大学于2018年1月联合成立浙江立法研究院，浙江大学同步成立浙江大学校内研究机构—浙江大学立法研究院。浙江立法研究院与浙江大学立法研究院（以下简称立法研究院）通力合作，成果共享。成立以来，立法研究院紧跟中央立法与地方立法步伐，发挥丰厚专家资源优势，着力打造“智能立法”特色，为地方立法工作提供全方位支撑与赋能。已开展及完成的立法相关问题研究，成果颇丰。这些立法研究课题不仅符合现实立法需求，服务浙江改革发展实际，也为国内地方立法的共同问题提供了浙江方案，发挥了一定的示范和引领作用。此外，立法研究院致力于推动立法理论与立法实践的深度融合，以立法实践为依托，对立法领域中的基础性问题、重大理论问题进行深入研究，形成法学理论成果，并反哺立法学的学科发展。

特别是多部创制性立法相关问题研究，紧扣数字浙江、共同富裕、省域治理现代化等时代主题，提出治理方案，填补立法空白，引起全国广泛关注。其中，2018年“最多跑一次”改革立法是全国“放管服”改革领域第一部综合性地方法规，为打造最优营商环境注入强劲动力。立法研究院对相关重点难点问题进行针对性研究，提出切实可行的立法方案；并结合改革中出现的新实践、新问题论证行政法基础理论的革新走向，为行政法学基础理论变革提供可能之思考进路。2020年通过并施行的民营企业发展促进条例是全国省域层面第一部促进民营企业发展的地方性法规，为全省民营企业逆势发展，有力应对疫情带来的影响和冲击提供法治保障。立法研究院就该条例的立法架构、立法衔接、立法内容进行全面研究与充分论证，为切实回应民营企业诉求，进一步激发民营经济活力提供立法参考。尤为突出的是，在加快建设数字中国的时代背景下，立法研究院跟进浙江省数字产业发展及数字化改革的地方实践，积极探索数字经济制度构建，引领新兴领域立法创新，已参与论证全国首部公共数据领域地方性法规——公共数据条例及全国首部促进数字经济发展地方法规的制定。

截至2022年7月底，立法研究院已参与十余部重点领域法律法规起草、论证工作，完成立法相关问题研究专项课题20项，浙江省哲学社会科学规划课题（以下简称省哲社课题）23项，开展自主研究课题30项，重点智库课题5项。以下对若干代表性研究课题作简要评述：

一、数字经济立法研究

数字经济是浙江高质量发展的“一号工程”，也是经济增长的主引擎。为进一步推动与保障数字时代创新发展，建立与之相适应的立法规范、法规体系，浙江省率先出台了《浙江省数字经济促进条例》《浙江省公共数据条例》《浙江省快递业促进条例》。立法研究院积极参与相关法规的起草与制定以及相关课题的研究，为促进本省数字经济高质量发展汇聚立法智慧，建言献策，并形成重要的理论与制度成果。

1. 数字经济促进条例草案起草及立法相关问题研究

立法研究院承担了省哲社课题《浙江省数字经济促进条例草案起草及立法相关问题研究》，以数字经济这一新的经济形态为研究对象，探讨数字经济的界定，广泛洞察数字基础设施、数据资源体系、数字产业化构建以及产业数字化发展等领域实践动态，提炼核心问题并进行深入分析与研究。同时，立法研究院成功举办了“数字经济发展立法保障”研讨会，会议邀请了国内知名专家、学者，以及国内知名互联网企业的数字经济产业界代表，围绕数字经济发展的立法保障，对数字经济的立法理念与原则、立法权限与调整范围、政策与立法互动关系等方面进行了深入广泛的交流，为更好地立足于实践情况，形成高质量立法对策建议积累素材与养分。

该课题研究涉及领域宽广，面向新兴问题，结合本省实际，为促进数字经济构建制度环境，提供法律框架。研究论证了先进的数字治理理念，强调突破传统安全理念，将数字安全作为社会安全的新目标。倡导平衡好数字安全与效率的关系，将推动数据交易与流动作为重要政策目标，并为后续政策法规留有空间。同时，该项目探索建立协同高效的监管机制，避免过度监管，政府扮演服务者角色，扩张企业的管理权限，鼓励平台集体化自治、集体联合化管理和行业协会管理。

围绕浙江“三区三中心”的发展经验，从数字产业化引领、产业数字化转型及数字经济体制机制创新三个层面，将好经验、好做法、行之有效的政策上升到地方法规高度。同时针对数字基础设施不匹配、数字要素流通不畅、核心技术不够强、数字化转型融合不够深入等问题，提出破解方案。特别对核心技术研发、市场主体培育、发展载体建设等方面的规定进行分析与优化，并对不同产业的数字化转型路径与要求进行廓清。基于已有的引导、支持、发展数字经济的经验，对激励与保障措施做出系统性完善，具体包括政府基金、财政资金、税收优惠、金融支持、要素保障、数字素养、新业态用工服务保障等方面的规则设计。总之，《浙江省数字经济促进条例》作为全国首部地方性促进数字经济立法，涉及主体与部门多、社会影响面广、关注度高、立法难度大。围绕该立法项目，立法研究院在开局之年圆满完成了研究论证工作，为制度设计，形成开创性立法方案作出了贡献。

2. 公共数据条例相关制度研究

数据是国家基础战略性资源和重要生产要素。当前，浙江省正以数字化改革为引领，聚焦高质量发展建设共同富裕示范区的重要使命，奋力打造数字中国示范区、全球数字变革高地，高水平建设数字浙江。公共数据是支撑党建统领整体智治、数字政府、数字经济、数字社会、数字文化、数字法治的重要基础资源。为实现公共数据统筹管理、有序共享开放和安全利用，浙江省积极探索以地方立法推动公共数据规范管理，激发数据创新活力。立法研究院对公共数据立法领域的重点难点问题进行了深入研究，提出了适应时代需要、稳步推进的立法方案。课题《公共数据条例管理制度研究》的研究报告为地方性法规《浙江省公共数据条例》采纳。

具体而言，该课题综合法学、经济学、管理学、计算机科学等多学科力量，深入总结国家、本省以及各省公共数据立法现状的基础上，提出公共数据立法原则及理念：推动公共数据的内部共享、外部开放以及促进公共数据市场要素化流通的同时，保护个人信息的合法权益与企业数据的应得收益，营造开发利用公共数据的良好制度环境。同时在以下几方面就制度设计、规则制定进行分析与论证。首先，明确了公共数据的内涵界定，拓展了公共数据范围，实现公共数据管理有法可依。其次，基于浙江公共数据制度的先发优势，提出打造一体化智能化公共数据平台，突破数字资源“条块分割”体制障碍，实现公共数据跨层级、跨地域、跨系统、跨部门、跨业务有效流通和共享利用，促进省域整体智治、高效协同。再次，针对公共数据质量参差不齐的特点，设计、建立一个覆盖数据归集、治理、共享和开放利用的全流程质量管控体系。延续并细化了已有的统一目录管理方式，形成全省数据资源“一本账”，在此基础上推进“一数一源一标准”的治理模式，实现数据高质量认证和标准化处理，高标准赋能疫情防控、反电信诈骗等重大场景应用。同时，政府部门协同联动修正机制以及私主体“校改申请”途径可对不准确、不完整或已失效的问题数据作出及时处理。在开放共享与利用方面的创新之处体现为：将实践中形成的“以共享为原则、不共享为例外”原则明确写入条例；首次对公共数据授权运营作出具体规定，实现引进社会力量深化公共数据发掘与利用。最后，与国家层面数据安全法和个人信息保护法相衔接，为数据安全、隐私保护在公共数据共享、开放与利用等环节提供法律之盾。

3. 人工智能应用于地方立法的有关问题研究

课题《多层面多渠道反馈信息的意见/观点采集和评估技术》是数字赋能立法的创新之举，旨在运用人工智能技术提升立法起草和评估过程中立法反馈信息的民主性、代表性，以及意见/观点评估的可信性。与以往地方立法应用人工智能在资料检索、项目论证、草案编纂和备案评估等方面的尝试不同，该课题将人工智能算法与机器学习等前沿技术手段应用于立法意见征集的复杂场景，分析处理主观性强、个体差异大的立法意见/观点。其应用效果将有助于实现开门立法、民主立法，使立法能够最大限度倾听民生、汇聚民智、降低公众参与立法的成本。

该研究提供的技术方案有助于完善立法意见征集的渠道与平台。通过对采集海量信息进行数据化处理，并对意见/观点进行有效提取与分析，有效解决传统内容分类和观点评估方法存在的不可信问题。首先，运用主成分分析对数据特征维度进行语义空间对齐和特征去噪、采用稀疏编码重建学习数据多模态特征的高层次语义表征和增强，以及正则化约束等手段对数据进行去噪，构建立法意见数据湖。其次，创新性地采用深度表征学习算法实现多模态数据的表征学习和语义对齐，实现多模态数据融合。采用数据清洗、抽取、聚类以及类别标注等方法，抽取关键信息，得到高质量的立法意见/观点数据仓库。采用深度学习方法，通过文本分析、因果推理等技术手段，构建立法利益群体真实意图分析和观点提取模型，获取利益群体真实意愿，评估利益群体隐性观点和真实意愿。再次，针对传统内容分类和观点评估方法存在的不可信问题，拟研究基于归因模型的意见/观点评估算法。将立法常识和专家知识形成立法逻辑，并利用自然语言处理模型和知识图谱机制，借助深度学习和表征算法将立法逻辑表示成机器和算法可理解可输入的特征。对采集的意见/观点和信息隐性要素表征，通过数据特征分布矫正和样本加权机制，实现立法利益群体意见的无偏性民主性和代表性。专家知识引导的机器学习方法再对采集意见/观点进行处理与分析，实现立法起草和立法评估过程中意见/观点评估的可信性。

本课题研究取得的模型、算法和关键技术成果可以广泛应用于各层级立法过程中多层面多渠道立法反馈信息的采集和评估，为利益群体间意见权重评估模型等进一步研究提供算法基础，提升立法起草和评估过程中意见/观点评估的可信性，大大提升实际立法实践的效率，并大幅降低立法相关社会风险应对处置的工作强度。本课题成果的推广应用，将有力支持法律大数据与人工智能相关产品和商业软件工作的开发研制，提高中国在法律大数据与人工智能领域的核心竞争力。

综上，立法研究院紧跟省人大立法步伐，对数字经济立法、公共数据立法、立法数字化、数字产业规制，从学理、实践、政策等层面，综合深入地对新领域新问题进行研究与阐释，为数字浙江法规体系的建立作出智慧贡献。课题成果也为我国数字立法研究开拓新的疆域。

二、建设共同富裕示范区立法研究

高质量发展建设共同富裕示范区是党中央赋予浙江的新使命。探索高质量发展中推动共同富裕，完善收入制度、统筹城乡区域发展、发展社会主义先进文化、促进人与自然和谐共生、创新社会治理需要常态化体制机制的推动以及立法体系的保障。立法研究院围绕共同富裕立法体系、农村土地管理、基层治理、绿色低碳转型等议题展开研究与论证，为更好实现改革与立法相衔接、相促进，充分发挥立法对示范区建设的推动和保障作用，建言献策。同时，立法研究院就共同富裕示范区立法的概念范畴、基础理论、顶层设计、逻辑结构、体系框架、基本规范和具体内容，开展了一系列学术研讨会议，发挥平台优势，广泛汇集全国多学科知名学者与专家的智识，为创新政策工具，保障共同富裕示范区建设，提供理论方向与依据。

1. 建设共同富裕示范区立法保障体系研究

省哲社课题《建设共同富裕示范区立法保障体系研究》回顾浙江发展历程，总结浙江经验，明确浙江民营经济的特点，廓清“高质量发展”与“共同富裕”的内涵，为改革举措提供了方向性参考。指出总结固定浙江创新创业的成功经验，构建未来迈向共富之路的长效机制，尤其是构建有效市场、有为政府与有爱社会的三轮驱动，将成为决定立法是否能够体现社会主义制度优越性的关键之所在。特别强调共同富裕法律体系建构的基本原则，需兼顾效率与公平，在经济发展和公平分配之间寻求平衡，在经济发展和财力状况具备的条件下，实现人民生活水平和社会可持续发展。对共同富裕法律体系的内涵与外延进行分析，提示共同富裕须物质富裕与精神富裕一体推进。共同富裕法律体系构建中要包括精神富裕的内容。共同富裕是全体人民的富裕，是人民群众物质生活和精神生活都富裕，人民对美好生活的向往，涵盖了经济、政治、文化、社会、生态环境等各个方面。共同富裕法律体系的建立需要完备的基层配套法律制度，覆盖民生保障方面的法律制度，守住共同富裕的底线；保障低收入人群的普惠性社会基本福利法律制度；保护合法致富，促进各类资本规范加快发展的政策立法；调整社会财富分配，维护社会公平稳定的配套性法律制度。

2. 浙江省农村宅基地管理条例草案起草及立法相关问题研究

破除城乡二元体制，统筹城乡发展，是实现共同富裕亟需着力回应的问题。2018 年中央一号文件首次明确探索宅基地“三权分置”改革的新路径，即农村集体享有所有权，农户享有资格权，社会主体享有使用权。宅基地三权分置从政策层面转化为立法，不但要求理论界提供具体的制度化路径，而且需要回填相应的法理基础。各地对宅基地集体所有制在宪法约束下使用权的专属性与实现宅基地资源市场化流动与配置之间的根本性矛盾尚未形成统一的解决方案。现有国家层面立法也未对三权分置改革带来的使用权流转、资格权取得与退出等问题明确界定，使农村宅基地管理面临无法可依的困境。

浙江省在试点“三权分置”改革中力图探索与之相配套的农村宅基地管理方案。立法研究院有关课题组负责起草了《浙江省农村宅基地管理条例草案建议稿》及相关立法理由说明，针对当前我省宅基地三权分置改革试点存在的不足，提出了以次级使用权为中心，通过“创设性继受取得”的方式来实现宅基地三权分置的规范路径。具体而言，在坚持宅基地资格权和使用权专属于集体经济组织成员不变的基础上，通过在宅基地使用权上再创设出一个具有财产流通性的次级使用权来实现宅基地及地上建筑物的规范流转。该规范路径既确保了农户在流转农宅后，仍有权获得土地收益，管理农村集体经济组织事务，又能促进宅基地入市流转。本成果作为省地方立法专项课题，为未来我省宅基地管理地方条例的立法决策提供参考，为解决我省宅基地管理实践问题提供对策思路。

3. 基层社会治理—新时代“枫桥经验”的理论发展研究

新时代“枫桥经验”是中国基层社会治理的样本，是践行中国特色社会主义重要制度——基层群众自治制度的成功典范。课题《坚持和发展新时代枫桥经验研究》将“枫桥经验”上升成为社会治理的“枫桥理论”，强调实现综合治理、系统治理、源头治理和依法治理，对于加强党的领导，落实自治、法治和德治结合，形成共建、共治、共享社会治理格局，构建社会治理共同性具有重要的理论意义和实践价值。

该课题采用实证研究方法，将新时代枫桥基层社会治理归纳为以下几个方面：第一，基层群众自治制度，包括村规民约的实施、村民代表大会作用的发挥，通过党建引领，发挥社会组织作用。第二，矛盾纠纷多元解决机制。加强前端治理，发挥矛盾纠纷的预防作用，形成“四先四早”工作机制。诉源治理成为最大共识。诉调对接、检调对接、警调对接、三调联动，纠纷化解机制建设，推动了预防性法律制度建设的步伐，调动了各种主体化解矛盾纠纷的积极性，加强了行业治理，强化了矛盾纠纷化解的效果。第三，创新社会治理实践，包括网格化方式限缩治理单元，拓展“枫桥经验”适用领域。整体而言，新时代“枫桥经验”研究对于丰富治理文化、创新治理原理，揭示、遵循社会治理的规律，提高社会治理的效能将产生深远影响。

4. 绿色低碳转型促进条例相关问题研究

推动绿色低碳转型作为实现可持续发展的重要手段，是加强生态文明建设不可或缺的内容，也是影响“双碳”目标实现的重要因素之一。2021 年国务院印发《国务院关于加快建立健全绿色低碳循环发展经济体系的指导意见》，提出建立健全绿色低碳循环发展经济体系，促进经济社会发展全面绿色转型，是解决我国资源生态问题的基础之策。同时，共同富裕示范区的建设也涉及通过绿色低碳可持续发展最终实现人与自然和谐共生的目标。在此背景下，浙江省拟出台绿色低碳促进条例。立法研究院围绕该立法项目进行了专题研究，为法规制度提供设计参考。探讨在绿色低碳产业发展、产业结构优化升级、能源利用、节能减排等领域统筹处理好发展与减排、整体与局部、当前与长远、降碳与群众生活、发展与安全的关系。强调部门和各级政府职责在条例中予以明确，体系化推进全省绿色低碳转型。并将已有的改革举措、政策与法规进行综合分析与提炼，提出条例须明确的主要事项：监督管理制度、能源绿色低碳转型、产业绿色低碳转型、建筑和交通等绿色低碳转型、固碳增汇以及建立合理的奖惩机制等六大板块内容，为立法框架与结构提供思路。特别回顾我国绿色低碳立法发展历程，分析评价已取得的阶段性成果以及存在的局限，指出绿色低碳转型条例出台的必要性，对绿色低碳发展监管体制、温室气体与大气污染物协同控制、绿色低碳数智化转型等问题提供法律依据与保障。

三、智治政府立法研究

推进省域治理体系和治理能力现代化是浙江数字化改革的重要目标之一。地方立法围绕加快建成服务型政府、数字政府，强化公共服务功能，为实现“跨部门、跨区域、跨层级”的大协同改革举措提供制度支撑，进而激发市场活力，释放发展动能，增强人民群众改革获得感。立法研究院积极参与多部相关法规的起草与论证，进行专题研究，为形成切实可行的立法方案建言献策。

1. “最多跑一次”改革立法相关问题研究

浙江省“最多跑一次”改革是一场刀刃向内的政府自我改革，实践中积累了大量行之有效的经验做法，丰富了行政管理和公共服务的内涵。委托课题《“最多跑一次”改革立法相关问题研究》重点探讨了如何将深得民心的举措在立法层面进一步固化和升华，以更好地推动和保障全省改革进程；对改革推进过程中，面临的一些体制机制障碍、堵点难点问题在立法层面如何作出回应、提供依据、“拔钉清障”。课题成果通过报告、决策建议等形式，得到浙江省委领导的重要批示，为《浙江省保障“最多跑一次”改革规定》这一地方性法规的完善作出重要贡献。

该课题以类型化思路建构“最多跑一次”立法框架，对核心概念“一件事情”下定义，定义周延的同时为今后改革的迭代升级预留法律解释空间。梳理改革涉及的多个政府部门职责权限分配问题，厘清以“一个窗口”程序启动中“收件”与“受理”的区别。并基于行政法理论，详细论证行政许可告知承诺制度合法性的可能路径，

“最多跑一次”清单自身合法性的来源，“容缺受理”机制的合法性，以及综合行政服务机构的法律定位。从学理角度，沿着与我国行政法体系相协调的方向，为改革措施制度化提供合法性基础。同时，课题报告补充性提示政府对办事期限之承诺并非“环节越少越好、时限越短越好”，应当以“保障第三人合法权益的情况下”为前提。此外，前瞻性的提出立法明确数据共享保障机制的必要性，为线上申请和内部流转提供保障机制，同时亟需明确线上数据的合法证据地位。课题的理论成果表现为以新视角、新方法探索“放管服”改革背景下的行政法学基础理论问题，具有鲜明的方法特色与重大的学术创新。

2. 民营企业发展促进条例草案起草及立法相关问题研究

该课题梳理提炼我省民营企业发展促进方面的既有经验、探讨如何建立长效机制，以纾解国内外经济形势变化背景下民营企业发展所遭遇的困难。该课题的突出贡献在于从整体建构民营企业发展促进条例的立法思路。指出在立法架构上，应当突出“政府主导—社会共治—企业自律”的工作体制，以确保民营企业促进工作在国家、市场和社会三重维度中实现持续健康发展。强调立法衔接上，应当构造“法律—地方性法规—政策”的衔接结构，一方面确保上位法内容在浙江落地实施；另一方面也为后续政策制定提供法律依据。在立法内容上，勾勒出“民营企业规范经营—民营企业发展促进—民营企业权益保护”的基本脉络，突出市场准入、资金支持、创新发展、营商环境等方面的促进措施。

3. 综合行政执法条例草案起草及立法相关问题研究

浙江省推进的综合行政执法，是通过数字化改革和体制机制创新，实现执法职责、执法资源、执法组织及执法活动的“大综合一体化”改革，以切实履行政府和部门的行政管理职能，提升行政执法效能，优化营商环境，防范重大风险，增强人民群众的获得感幸福感安全感。从改革的发展阶段来看，我省推进的“大综合一体化”行政执法改革，已经超越了按照专业领域开展综合执法的发展阶段，属于对行政执法的整体改革与系统重塑，走在全国前列。

立法研究院有关课题组深入调研浙江“大综合一体化”改革新实践、新做法、新思维，结合“整体政府”相关理念，对综合行政执法立法所涉重点难点问题进行针对性深化研究，提出切实可行的解决方案；同时结合改革中部门协同、权力汇集和整合等新趋向，探索行政组织法基础理论问题，为新时代中国行政组织法范式转型提供思考进路。课题成果通过报告、决策建议等形式，得到了浙江省人大常委会领导重要批示，课题组成员多次被邀请参与省人大与省司法厅举行的专家论证等活动，为《浙江省综合行政执法条例》（以下简称条例）这一地方性法规的完善作出重要贡献。

该研究课题以提出实践对策为导向，首先论证了出台条例的必要性以及需要解决的现实问题，即综合行政执法工作中存在的合法性不足，职权划转关系未能理顺，部门间协调不足，以及综合执法保障机制不足，队伍荣誉感获得感较低等核心问题。梳理了“大综合一体化”改革法律规范体系，指出当前改革的突出问题是综合行政执法机构缺乏高位阶法规对执法主体资格的法定化。针对综合执法实践样态的多维差异，提炼共性逻辑，抽象基本机理，为条例制定提供中观层面的制度参照。

值得注意的是，课题组概括了综合执法规则体系应包括以下要素：综合行政执法主管部门是否有足够的话语权和资源整合能力是工作能否开展的根本因素；是否有高效的动态化的执法事项划转机制保证科学的执法权集中度是综合行政执法工作开展的基本前提；建立有效的集成化工作机制以整合许可、监管和执法是执法工作顺利开展的核心要素；如何借助数字化改革的东风是执法协同能够成功的重要动力；如何提高执法人员的荣誉感是改革稳定的压舱石。在此基础上，进行了创设性、突破性制度设计：构建全省统一的数字化行政执法平台、建立行政执法事项清单化管理制度、明确乡镇（街道）综合行政执法方式与途径，为实现综合执法规范化、标准化、数字化，统筹行政执法提供规范依据，以及建立多层次监督体系。

该课题的理论价值体现为：一方面，研究方法以行政法基础理论为基奠，辅以社会学、管理学等外部学科视角，深化分析、查究改革中的重点难点问题，为条例合法性和合理性提供有益思路，更为“大综合一体化”改革中的地方创新寻找合法性空间。另一方面，通过立法视角观察我国综合行政执法改革，对组织法、行为法和救济法等传统行政法基础理论核心内容的新型适用进行分析，尤其为行政组织法相关理论提供新的实践素材及新的研究视角，为完善贴合于我国综合行政执法改革的理论和制度提供新的思路。

四、立法理论研究

立法研究院长期追踪我国地方立法实践，深耕立法学理论阵地，致力于推进立法学学科发展。一系列专项理论研究积极响应中央最新决策部署，针对立法实践问题，进行理论性探索，为立法实践指引方向。

1. 地方立法推进省域治理现代化研究

省域治理现代化，是以法治为内核的国家治理体系和治理能力在省域层面的落实和体现。面对推进省域治理现代化的新形势和新要求，专项课题《地方立法推进省域治理现代化研究》对浙江省地方立法体制进行深入研究，总结立法与改革同频共振的浙江经验，提出并论述地方立法工作纲领“一个目标，三项原则，五大措施”，为实现站位高、真管用、有特色、技术好的高质量立法提供体系性、理论性指导。

具体而言，明确了浙江省地方立法的目标，即坚持“八八战略”为统领，以数字化改革为牵引，实行科学立法、民主立法、依法立法，为高水平全面实现省域治理现代化提供强有力的法治保障。阐释了以人民为中心、改革牵引、数字赋能的具有浙江特色的地方立法原则。具体措施广泛涵盖省域治理现代化立法的政治站位，党领导立法工作的落实机制，地方立法权限、程序、备案审查与监督机制，政府规章与地方人大立法的分工，长三角区域协同立法，人大在立法工作中的主导作用及机制改进方向。该研究提出了促进省域治理现代化对地方立法提出新要求，着重指出地方立法服务数字经济发展及实现社会治理现代化大局亟需转变和发展的工作机制，具有重要的引领意义。

2. 省级人大常委会审批、指导设区的市人大及其常委会法规的实践经验、主要问题及对策分析

2015 年修订的立法法赋予设区的市立法权后，省人大常委会对设区的市法规须进行审查批准和指导，以提高和保证地方立法质量。如何开展指导工作，如何把握审批标准，批准决定种类有哪些等问题，实践中各地具体认识和操作并不统一。委托课题《省级人大常委会审批、指导设区的市人大及其常委会法规的实践经验、主要问题及对策分析》，总结审查批准和指导实际做法与相关经验，梳理相关问题，凝练审批指导原理体系，形成审批指导工作规范，具有广泛借鉴意义。

针对设区的市立法起步时间不长，立法能力有待提升，法规案中存在合理性及立法技术等问题的现状，该课题强调了省人大常委会审查批准与指导机制的重要作用。并明确及阐述审批指导工作应贯彻的维护国家法治统一原则，以及指导工作需要特别遵循的协助提高立法质量原则及尊重和促进设区的市地方立法自主性原则。该课题对“合法性审查标准”的内涵进行了阐发和丰富，为实践中如何把握该标准提供实用性参考。此外，立法指导工作与审批不同，方式更为灵活。省人大常委会有关工作结构可以在法规立项、起草、审议通过前、提请审批前等各阶段提前介入，加强沟通和指导，从合法性、合理性、适当性、协调性和立法技术规范等各方面提出意见建议。为更好发挥指导工作的功能，同时与审批程序相衔接，该课题提出了分阶段对指导内容重点、指导方式、指导后处理方式进行细化规范的重要思路。简言之，该课题研究针对性地探讨了省人大常委会审批时如何把握合法性标准，系统性开展指导工作的要点，

对于提升一个省（区）的地方立法整体质量和效率，提升地方治理能力和水平具有重要意义。

3. 社会主义核心价值观融入地方立法研究

为深入贯彻落实习近平总书记关于把社会主义核心价值观融入法治建设重要指示精神，切实推动社会主义核心价值观入法入规，自主课题《社会主义核心价值观融入地方立法研究》综合运用法学理论，结合浙江省建设共同富裕示范区的现实之需，探索地方性法规为践行社会主义核心价值观提供制度保障的可行路径，为社会主义核心价值观融入法律法规的立改废释全过程，进一步实现良法善治提供可行路径和有效方法。

该课题论述了共同富裕的内涵与社会主义核心价值观具有内在关联性，强调社会主义核心价值观的实现程度体现了浙江人民美好生活实现的精神维度，从而有必要以地方立法的形式彰显浙江省域社会主义核心价值观导向。具体方法从核心价值观的道德伦理属性出发，将十六个核心价值观进行分类，区分不同价值观的道德要求强度。指出把自由、平等、公正等基本道德要求及时上升为法律义务并加以确认。在法律制度层面，浙江省地方立法应加快完善体现权利公平、机会公平、规则公平的法律制度，依法保障公民权利，维护公平正义。

对于高阶敬业、友善等自我伦理要求，应以间接的方式渗透入法律制度的方方面面。一方面，社会主义核心价值观可与区域性公共政策目标有机统一，在涉及到民生及有关资源配置的事项，充分体现公平正义和社会责任，注重经济效益与社会效益有机统一，形成有利于培育和弘扬社会主义核心价值观的良好政策导向和引导机制。具体到法律规范的表达，可尝试以授权性规范与倡导性规范结合进行正面激励，以权威法律的形式推动文明行为、社会诚信、见义勇为、尊崇英雄、志愿服务、勤劳节俭、孝亲敬老。此外，地方立法可以以间接的方式促成鼓励体现社会主义价值观的高尚道德举动。依托本省推进的“浙江有礼”省域文明新实践，以地方立法的方式完善公共文化阵地，让“浙江有礼、从我做起”成为我省人民的普遍共识和行动自觉。

4. 浙江哲学社会科学工作促进条例立法相关问题研究

《浙江省哲学社会科学工作促进条例》于2022年7月29日省十三届人大常委会第三十七次会议审议通过，填补了全国哲学社会科学领域综合立法的空白。该条例为哲学社会科学发展提供法律依据和保障，为推进建设文化强省提供法治赋能，为构建中国特色哲学社会科学学科体系、学术体系、话语体系作出浙江贡献。立法研究院接受委托，攻克社会科学工作涉面广、组织方式地方差异大、上位立法空白等困难，针对新形势下哲学社会科学发展所面临的突出现实问题，组织专家深入分析、反复论证，设计了组织管理、整体促进、评价激励和投入保障等制度模块，并对具体条文提供立法建议。

具体而言，该课题组立足浙江哲学社会科学工作发展实际，检视学科体系发展、研究队伍构成，挖掘亟待解决的问题。以社科工作构成为框架、社科发展规律为线索，论述了哲学社会科学发展的指导思想、哲社工作的使命任务，明确了重点领域的权益保障，探索引导哲学社会科学发展的体制机制完善。在组织管理方面，该课题组提出将哲学社会科学工作机构设在同级社科联，进而完善统筹推进哲学社会科学工作体系。并强调从学术研究、决策咨询、社会组织、社科普及等多个角度确立哲学社会科学研究有机整体的促进制度。同时，在科学成果与优秀人才评价激励方面，对学术成果分类评价、代表作评价、第三方评估等制度的建立健全提供对策参考。在投入保障方面，课题组建议建立符合哲学社会科学研究特点的项目管理体系，制定扩大科研项目经费管理自主权和体现以增加知识价值为导向的间接经费比例的具体办法。综上，立法研究院以社科工作涉及的队伍建设、经费投入、科学管理、制度保障为研究论证对象，为浙江哲社条例的起草与出台提供了智力支撑。

短短几年间，立法研究院在省人大常委会和浙江大学的领导下，聚合研究资源，传播立法理念，构建学术交流平台，打造智库品牌活动，广泛参与浙江省域立法实践，在重点领域、新兴领域立法活动中不断攻克疑难问题，形成了一批具有全国影响力的立法智慧成果，为绘制数字浙江、高质量发展建设共同富裕示范区的蓝图描绘重要一笔。

（执笔人：浙江大学立法研究院、
浙江立法研究院助理研究员　荀潇）

立法研究院若干课题摘编

一、省哲社课题

1. 范良聪:《建设共同富裕示范区立法保障体系研究》

“建设共同富裕示范区立法保障体系研究”课题以建设共同富裕示范区立法保障体系为研究内容，旨在总结浙江经验，构建共同富裕高质量发展的长效机制。习近平总书记指出:“发展仍然是我们党执政兴国的第一要务，仍然是带有基础性、根本性的工作。”没有扎扎实实的发展成果，共同富裕就无从谈起。尽管在党的领导下，经过多年奋斗，我国经济社会建设取得极大成绩，但是在这个过程中，由于一些地方和部门存在片面追求速度规模、发展方式粗放等问题，加上国际形势低迷的影响，经济结构性体制性矛盾不断积累，发展不平衡、不协调、不可持续问题十分突出。对此，党中央提出，我国经济发展进入新常态，已由高速增长阶段转向高质量发展阶段。因此，新时代新阶段的发展，必须是高质量发展。共同富裕是发达生产力基础上的均衡富裕的状态，而高质量发展是解决新时代我国发展不平衡不充分问题的基础和关键，也是实现我国共同富裕的前提和条件。这也是为何《关于推动高质量发展的意见》要加上高质量发展以及浙江被选为共同富裕示范区的缘故所在——浙江发展的高质量是有目共睹的。

高质量发展意味着发展的成长性、平衡性、协调性、包容性、共享性，这也就意味着，需要破除一系列结构性难题：发展动力结构、城乡结构、区域结构、产业结构、所有制结构、要素投入结构、消费结构、收入分配结构……浙江在这些方面的表现是令人惊艳的。也正是在这一点上，能够理解为何浙江被选为共同富裕示范区建设的试点省份。作为一个缺少陆域自然资源、缺少国家资金投入、缺少国家区域指向性特殊政策的省份，浙江人民抓住改革开放的大机遇，依靠脱贫致富的内生动力，以“不等不靠不要”的精神，创造弘扬“四千精神”“干在实处、走在前列、勇立潮头”等浙江精神，硬生生闯出一条富有生机活力的特色发展道路，实现了追赶型、跨越式发展，不仅在经济总量上实现了由陆域资源小省到经济大省再到经济强省的发展变化，而且是经济结构上实现了由地域局限到对内对外开放再到深度融入全球化的发展变化，并且在经济质量上实现了人民生活由温饱到基本小康再到高水平全面小康的发展变化，创造了中国区域发展的浙江经验。

浙江经验的核心就在于处理好政府和市场关系，真正让市场在资源配置中起决定性作用，同时更好地发挥政府作用。发展就是要提高稀缺资源的配置效率，以尽可能少的资源投入生产尽可能多的产品、获得尽可能大的效益。理论和实践都已证明，市场配置资源是最有效率的形式，市场经济本质上就是市场决定资源配置的经济，完善社会主义市场经济体制必须遵循这条规律。浙江经验最重要的一个面向就是形成以民营企业为主体的市场主体结构，以百万人创业带动千万人就业。改革开放以来，浙江创造了以民营经济为主的发展模式。这一模式不同于以外资经济为主的深圳模式，也不同于以集体经济为主的苏南模式。2020 年，浙江民营经济创造了 66% 的生产总值、74% 的税收、82% 的外贸出口、60% 的投资、88% 的就业岗位和拥有 92% 的企业。各类市场主体 816 万个，每 8 个人中就有 1 个老板，连续 22 年位居中国民营企业 500 强总量第一。民营经济的发展，使浙江的就业和居民收入多元化，在历次经济调整中保持弹性活力。

基于民营经济的牵引，浙江很好地实现了市场化、工业化、城市化、信息化、国际化“五化”联动，成为浙江发展和走向共同富裕的重要途径。从市场化看，浙江人以敢闯市场著称，通过市场发现商机，配置资源，增强动能。研究表明，浙江市场化程度连续多年保持全国领先。从工业化看，浙江企业与时俱进，从早期的“小散乱差”成功转型先进制造，成为制造大省。从城市化看，浙江以“兴一个市场、带一方产业、活一方经济、富一方百姓、建一个城镇”为特点，快速推进城市化，目前全省城市化率已经接近发达国家水平。从信息化看，浙江是最早实施“数字浙江”建设的省份之一，近年来又深入实施数字经济“一号工程”和数字化改革，成为浙江发展的全新动力源。从国际化看，浙江较早形成“引进来”和“走出去”双向互动格局，尤其是“走出去”方面，已经扮演领头雁的角色，深度融入全球经济。

在有效发挥市场作用的基础上，浙江模式的隐藏经验在于有效发挥政府的作用。浙江改革创新意识一直较为浓烈，各地普遍具有比较强烈的改革创新意识，致力于打造以人民为中心、为人民办实事、“审批事项最少、办事效率最高、投资环境最优”的政商环境，着力解决市场体系不完善、政府干预过多和监管不到位问题，不断推动省域治理体系和治理能力现代化。尤其是实施“八八战略”以来，浙江在市场经济、现代法治、富民惠民、绿色发展等多个领域取得了一些显著的改革成果，形成了多项先进改革经验。以为民办实事为例，2004 年 10 月，浙江省委、省政府就在全国率先出台《中共浙江省委、浙江省人民政府关于建立健全为民办实事长效机制的若干意见》，每年聚焦解决群众提出的 10 件实事，强调为民办实事旨在为民、重在办事，成于务实，这一坚守至今已 17 年。目前，浙江人的幸福感、获得感、安全感全国领先。在企业服务方面，浙江推出优化营商环境“10 + N”便利化行动方案，展开各种简政放权、打造亲亲政商关系，成效显著。可以说，政府服务下沉，能线上不线下，能一次不两次，企业少跑路，群众不跑路，良好的政商环境，是吸引外来人口、人才来浙江创业就业的重要原因，也是浙江发展充满生机活力和共同富裕的重要原因。

因此，在这次立法过程中，如何通过制度设计，总结固定浙江创新创业的成功经验，构建未来迈向共富之路的长效机制，尤其是构建有效市场＋有为政府的三轮驱动，最终实现社会有爱、人民有感，将成为决定本次立法是否能够体现社会主义制度优越性重要窗口的关键之所在。

2. 郑春燕：《多层面多渠道反馈信息的意见/观点采集和评估技术》

“多层面多渠道反馈信息的意见/观点采集和评估技术”课题以多层面、多渠道立法反馈信息的意见/观点采集和评估技术为研究内容，对多层面、多渠道立法反馈数据进行高效收集，有效提取其中包含的意见/观点信息，并进行准确评估。主要研究内容可分为以下几个部分：①搭建多层面、多渠道立法反馈信息采集系统，获取海量多模态意见/观点数据以及相对应的立法信息，确定受立法影响的利益群体；②多模态数据驱动的观点隐性要素理解和观点提取框架，构建立法利益群体真实意图分析和观点提取模型，评估利益群体隐性观点和真实意愿；③基于知识引导的意见/观点评估方法与模型，基于立法常识和专家知识指导利益群体真实意愿的代表性，实现立法起草和评估过程中意见/观点评估的可信性。

在立法起草和立法评估过程中，为了提升立法反馈信息的意见/观点的民主性，需要从多层面、多渠道进行信息采集和处理。本研究拟搭建立法反馈信息采集系统，研究面向文本等多模态数据鲁棒采集方法，从政府、媒体、学术界、社交网络等不少于四种公共渠道，获取海量的、多模态的立法反馈信息的意见/观点数据以及相对应的立法信息。对收集到的多模态数据和信息进行数据清洗，提高收集数据和信息的准确性。考虑到从多渠道采集信息的多模态性质，拟通过主成分分析对数据特征维度进行语义空间对齐和特征去噪、采用稀疏编码重建学习数据多模态特征的高层次语义表征和增强，以及正则化约束等手段对数据进行去噪，构建立法意见数据湖。

针对不同模态的立法反馈信息的意见数据在关键信息抽取和舆情评估过程中所起的作用不同，研究数据驱动的多模态融合、多任务学习的特征表示学习机制与方法。拟采用深度表征学习算法实现多模态数据的表征学习和语义对齐，实现多模态数据融合。采用数据清洗、抽取、聚类以及类别标注等方法，抽取关键信息，得到高质量的立法意见/观点数据仓库。采用深度学习方法，通过文本分析、因果推理等技术手段，构建立法利益群体真实意图分析和观点提取模型，获取利益群体真实意愿。

针对传统内容分类和观点评估方法存在的不可信问题，拟研究基于归因模型的意见/观点评估算法。具体而言，基于立法常识和专家知识，形成立法逻辑，并利用自然语言处理模型和知识图谱机制，借助深度学习和表征算法将立法逻辑表示成机器和算法可理解可输入的特征。基于立法反馈信息采集系统采集的意见/观点和信息隐性要素表征，通过数据特征分布矫正和样本加权机制，基于立法常识和专家知识，利用假设检验和因果去偏机制，对已收集的所有立法意见和观点进行加权，使其分布与整体利益群体的意见和观点分布一致，实现立法利益群体意见的无偏性民主性和代表性，研究专家知识引导的机器学习方法，实现立法起草和立法评估过程中意见/观点评估的可信性。

本课题研究取得的模型、算法和关键技术成果可以广泛应用于各层级立法过程中多层面、多渠道立法反馈信息的采集和评估，为利益群体间意见权重评估模型等进一步研究提供算法基础，提升立法起草和评估过程中意见/观点评估的可信性，大大提升实际立法实践的效率，并大幅降低立法相关社会风险应对处置的工作强度。本课题成果的推广应用，将有力支持法律大数据与人工智能相关产品和商业软件工作的开发研制，提高中国在法律大数据与人工智能领域的核心竞争力，形成瞪羚企业群，培育独角兽企业；相关技术进步将带来立法反馈信息收集和立法意见评估的全新模式，进而产生新的业务需求，促进形成新的产业链，推动产业规模扩张。

3. 胡若溟：《浙江省综合行政执法条例草案起草及立法相关问题研究》

“浙江省综合行政执法条例草案起草及立法相关问题研究”课题以我省“大综合一体化”改革中的相关立法问题为研究对象，以巩固改革成果、落实党和国家政策方针、解决改革面临的现实问题，促进“大综合一体化”改革长远发展为目标。在深入调研浙江“大综合一体化”改革新实践、新做法、新思维的基础上，结合“整体政府”相关理念，对立法所涉重点难点问题进行针对性深化研究，提出切实可行的解决方案；同时结合改革中部门协同、权力汇集和整合等新趋向，探索行政组织法基础理论问题，为新时代中国行政组织法范式转型提供之思考进路。课题成果通过报告、决策建议等形式，得到了浙江省人大常委会副主任、党组书记梁黎明同志重要批示，课题组成员多次被邀请参与省人大与省司法厅举行的专家论证等活动，为《浙江省综合行政执法条例》这一地方性法规的完善作出重要贡献。

作为实践对策为导向的研究课题，研究重点分为四个部分：一是论证条例必要性，指出条例制定是落实党和国家的政策方针的必然需要；是解决现实问题的切实需要，即需要解决综合行政执法工作中存在的合法性不足，职权划转关系未能理顺，部门间协调不足，以及综合执法保障机制不足，队伍荣誉、获得感较低等核心问题；同时也是吸收既有经验，建立长效机制，为未来改革预留空间的必由之路。二是梳理“大综合一体化”改革的法规范体系，当前改革的突出问题是，综合行政执法机构缺乏位阶较高法规范对其主体资格的法定化，虽有行政处罚法以及其他法律法规的授权，但目前尚无专门高阶规范对综合行政执法范围予以明确规定，基本上是“借法执法”，其法规范体系亟待梳理和构建。三是对还原综合行政执法改革现实样态与基本机理。“大综合一体化”改革存在空间与时间上的延展性，更存在实践样态上的多维差异性，需要抽象改革背后的共通机理，提炼行为背后的共性逻辑，为条例制定提供中观层面的制度参照。四是对立法提出建议。本课题研究是实践对策类课题，而条例制度文本课题研究的归宿，也是最终目的，需要在前三项研究重点的基础上，将研究内容法定化为制度文本，为立法机关提供参考。

课题的实践成果重点表现为对《浙江省综合行政执法条例》的重点难点问题进行了回应：（1）提出了立法需要回应的五大问题，即综合行政执法主管部门是否有足够的话语权和资源整合能力是工作能否开展的根本因素；是否有有效的动态化的执法事项划转机制保证科学的执法权集中度是综合行政执法工作开展的基本前提；建立有效的集成化工作机制以整合许可、监管和执法是执法工作顺利开展的核心要素；如何借助数字化改革的东风是执法协同能够成功的重要动力；如何提高执法人员的荣誉感是改革稳定的压舱石。(2）对条例的基本定位和立法重心进行了明确，即行政处罚法为条例制定提供了合法性支撑，但其本身应当定位于弥补综合执法机构权能不足，确保综合行政执法机构的组织合法性，应定位为组织法规范，相关执法行为规范应当由专门的地方程序性规范加以规制。(3）作为执法基础的综合行政执法事项基本目录和扩展目录要体现不同的制度功能。前者设定划转的一般规则和基本范畴，因此应当由省综合行政执法指导机构会同省级有关部门直接提出；后者体现治理的需要和灵活性，因此应当由最直接面对一线执法、最熟悉综合执法需要的综合行政执法机关作为初始提出主体。(4）乡镇（街道）承接执法权的授权标准由立法机关确定，更具权威性。地域管辖权会直接产生行政授权的效果，会直接决定一个行政机关有没有行政处罚权。因此，根据法律保留原则，部门规章包括行政法规在内的行政机关规制意图实际上是不具有设定权限，应当由立法机关决定哪个行政机关享有处罚权，而由立法机关决定乡镇处罚权也更有权威性。(5）综合执法协调机制的日常工作机构应当设在市府办或者县府办，由一级政府进行统筹。实践中综合执法机关执法困境的根本原因在于设在综合执法局或者设在综合执法办的协调机构缺乏资源调动能力。北京“吹哨报到”机制能够顺利运转的核心也在于其背后区政府强力推动。

课题的理论成果重点表现为以基层视角和新方法探索“大综合一体化改革”背景下的行政法基础理论问题，具有鲜明的方法特色与重大的学术创新。一方面，以行政法基础理论为基奠，辅以社会学、管理学等外部学科视角，深化分析、查究改革中的重点难点问题，为条例合法性和合理性提供思路，更为“大综合一体化”改革中的地方创新寻找合法性空间。另一方面，通过立法视角观察我国综合行政执法改革，研究内容所包含的理论囊括对组织法、行为法和救济法等传统行政法基础理论核心内容的新型适用分析，尤其为行政组织法相关理论提供新的实践素材及新的研究视角，为完善贴合于我国综合行政执法改革的理论和制度提供新的思路。

4. 高艳东：《浙江省数字经济促进条例草案起草及立法相关问题研究》

“浙江省数字经济促进条例草案起草及立法相关问题研究”课题旨在探索促进数字经济发展的“妙药良方”，为数字经济发展保驾护航。随着互联网技术的发展，数字技术被广泛使用并带来了全球经济环境和经济活动的根本变化，数字经济已经成为推动变革、实现高质量发展的新引擎。为促进数字经济发展、实现经济水平的提高，拥有一个良好的法治保障十分必要。作为数字经济大省，我省对于保障数字经济发展，也作出了先驱性尝试。

近年来，浙江省在大数据、云计算、人工智能等领域的创新发展领先全国，阿里巴巴、网易等互联网巨头纷纷落户杭州。目前，浙江省正着力实施数字经济“一号工程”，打造数字产业化引领区、产业数字化转型示范区和全国数字经济体制机制创新示范区，建设数字科技创新中心、新兴贸易中心和新型金融中心。围绕“三区三中心”的目标定位，浙江省进一步提出了八大重要任务：突破核心技术，建设数字科技创新中心；推动数字产业，打造世界级数字产业集群；推动产业数字化，促进实体经济高质量发展；建设新型贸易中心和新兴金融中心，打造数字经济名片；提升数字基础设施能级，强化网络安全保障；构建数据驱动发展新方式，全力打造数据强省；推动开放协同发展，再创区域竞争新优势；推动体制机制创新，营造一流营商环境。目前，浙江省已经出台《浙江省国家数字经济示范省建设方案》《浙江省数字经济发展五年倍增计划》等一系列政策措施，将数字经济作为经济工作的重中之重。但是，目前对于数字经济法律保障并没有系统性的法律依据，相关概念也没有统一的范畴，这导致数字经济发展过程中，在数字资源利用、数字产业升级等方面争论不休，一定程度上阻碍了数字经济的发展势头。在这一背景下，《浙江省数字经济促进条例》的出台恰逢其时。

《浙江省数字经济促进条例》围绕数字基础设施建设、数据资源开放共享与开发利用、数字经济发展规划、数字治理与保障等内容，制定推动数字经济发展的配套政策，为把浙江建设成为数字经济示范省保驾护航。该条例的理念先进，具体而言：

第一，平衡了数字安全和效率之间的关系。近年来网络空间乱象丛生，理应治理，但不能过度，应当在不违反法律规定的前提之下，探寻兼顾隐私保护和数据利用的有效路径；承认大数据算法、模型的效力，推动数据交易与流动，为个人数据合法交易提供发展空间，有条件地鼓励数据匿名化流通；突破以实物为核心的传统安全理念，将数字安全流动作为社会安全新目标。

第二，强调发展理念而不是过度监管。一味地强化监管无异于以土掩塞，只会导致水壅而溃。数字经济时代要求立法摒弃“老办法”，探寻“新出路”，对构建大数据法律体系作出有益尝试。政府要扮演服务者的角色，扩张企业的管理权限，鼓励平台集体化自治、集体联合化管理和行业协会管理；政府与企业之间实现数据交互，推动数据开放分享，尤其是不涉及国家安全的政府数据，应当允许向企业开放，为企业所用；建立数据收益机制，推动数据流动。

第三，推动工业经济向数字经济的升级转型。当今，我们正处在百年未有的大变革之中，互联网、大数据、人工智能等新一代信息技术正在引领新一轮科技革命，数字转型成为产业变革的主旋律。我国数字经济规模呈现加速增长态势，网民数量、应用广度、移动互联网领域等多个维度指标已经成为全球领头羊，全球十大平台经济体中，中国占据了三席。我省要抓住机会，在新一轮产业革命中做先驱和领军者。

第四，为数字经济发展创造制度基础。数字经济代表着新的生产力发展方向，对经济发展具有放大、叠加、倍增作用，是当今世界经济发展新的强大引擎。目前，我国数字经济规模已跃居全球第二，我省更是数字经济大省。为加快发展数字经济，抢占新一轮科技革命和产业变革制高点，我省应加紧进行数字经济立法，运用法治手段推动建立符合我国国情的数字经济治理体系，为提升我国数字经济竞争优势提供有利环境和法治保障。

与此同时，《浙江省数字经济促进条例》具有重大社会价值：

第一，为浙江成为数字经济新高地提供法治保障。条例用立法促进浙江省数字经济发展，为浙江省各个机关部门促进浙江省数字经济发展提供有益的指导，更让企业发展有法可依，推动浙江省成为数字经济新高地。

第二，为中央的数字经济立法提供地方样本。条例填补数字经济立法理论与实践方面的空白，为全国数字经济立法的制度安排做出了试点，有力地推动了未来中央立法出台。

第三，为全球数字经济发展提供中国方案。条例有助于中国在数字经济时代实现弯道超车，把数字经济“浙江模式”推向世界，为全球数字经济发展提供中国智慧。

5. 郑曙光、黄锴：《浙江省民营企业发展促进条例草案起草及立法相关问题研究》

“浙江省民营企业发展促进条例草案起草及立法相关问题研究”课题主要针对我省民营企业促进工作的新问题、新特点展开，确保党和国家方针政策的落实和固化。随着经济步入新的发展阶段，在

“三期叠加”的大背景下，我省民营企业由于自身规模小、抗风险能力弱，发展面临着严峻考验，需要政府、社会、企业多方合力，同时，原有的以政策促发展的方式由于法律位阶低，稳定性、连贯性欠缺，已难以有效地应对日益复杂的经济环境。

在立法架构上，应当突出“政府主导—社会共治—企业自律”的工作体制。首先，对政府职能作出精细化、刚性化的规定。这主要体现在：一是在政府职能部分进一步突出和明确民营企业工作部门的具体职能，同时强调其他政府工作部门的协助职能，并相应地建立政府职能部门间的协作机制。二是在涉及政府具体职能的条款上，尽量减少“鼓励”“引导”等不明确用语，而将政府促进的具体手段、方式进行较为详细的规定，以提升立法的可操作性和强制性。其次，强调社会组织尤其是行业协会的共治功能，在民营企业促进工作的各个环节发挥其积极作用。这主要体现在：一是在总则部分增加行业协会、商会的相关规定，要求其“为民营企业提供信息咨询、宣传培训、创业创新、市场拓展等服务，维护会员的合法权益”，将其定位为政府之外促进民营企业发展的一股重要力量。二是在具体条文中，相应地融入对行业协会、商会等社会组织的相关要求，体现其中立性、专业性的优势。再次，强调企业的自律，形成先有自律、再有促进的良性循环。这主要体现在：一是在总则部分专门规定了民营企业的义务，包括守法诚信、自主创新等内容。二是在具体条文中，充分发挥民营企业创新创业、市场开拓的主观能动性。

在立法衔接上，应当构造“法律—地方性法规—政策”的衔接结构。首先，条例是上位法在浙江省的具体规定，需要结合浙江省实际予以地方化、精细化。根据立法法第七十三条第四款的规定：“制定地方性法规，对上位法已经明确规定的内容，一般不作重复性规定。”因此，条例不能简单地重复中小企业促进法、国务院《优化营商环境条例》等上位法的规定，而需在其基础上作出符合浙江实践的崭新规定。举例而言，比如，中小企业促进法、国务院《优化营商环境条例》均有“优化审批流程”的规定，对此条例根据我省行政审批改革、“最多跑一次”改革，结合《浙江省保障“最多跑一次”改革规定》的相关规定，创设或细化了权力事项的清单化、简化行政审批流程、不得创设非许可类行政审批事项三项内容。其次，条例是我省民营企业促进方面政策的根源所在，需要确保其体系性和包容性。民营企业促进工作的落地依赖于地方各级政府的政策措施，这些政策措施作为行政规定需要在地方性法规中找到依凭，就此而言，条例是我省民营企业促进工作的一部“母法”，其体系的全面性是确保各项政策能够在既定体系中各司其职的关键。与此同时，民营企业促进工作与国内外经济环境紧密相关，受国内外经济环境瞬息万变的影响，民营企业促进工作也具有相当的灵活性，需要时刻进行调整，为此条例的规定不能过于固化，应当留有一定的空间，供政策予以调整。

在立法内容上，强调“民营企业规范经营—民营企业发展促进—民营企业权益保护”的基本脉络。民营企业促进工作并不意味着无底线地推动发展，更不意味着民营企业可以突破法律规定，民营企业发展促进是建立在民营企业规范经营基础上的。与此同时，民营企业发展促进的落脚点也并非仅仅是地方经济的发展，更在于民营企业作为主体的权益得到保障。基于此，条例的基本脉络对应了民营企业促进工作的三项主要内容：最基本的督促民营企业规范经营，最核心的民营企业发展促进，最关键的民营企业权益保护。首先是民营企业规范经营。民营企业唯有自身规范经营，才有可能得到发展，条例总则部分明确规定了“民营企业应当遵守法律、法规和规章，遵循诚信原则，承担社会责任，不得损害劳动者合法权益，不得损害社会公共利益”。其次是民营企业发展促进。民营企业发展促进毫无疑问是条例的主体内容，促进的主体主要包括政府部门和社会组织，同时，政府部门在促进工作中可以利用购买公共服务等方式提高服务质量、加大服务力度。再次是民营企业权益保护。民营企业权益保护是民营企业发展促进的基本落脚点，判定民营企业发展促进是否到位很重要的一个指标就是权益保护情况。基于此，条例主要就现实中民营企业权益侵害较多、既有立法未予回应的不守信、拖延欠款等情形进行了规定，同时通过强化法律援助、建立沟通机制和纠纷多元化解机制使得民营企业在权益受损时能够第一时间寻求救济。

6. 郑春燕：《“最多跑一次”改革立法相关问题研究》

“‘最多跑一次’改革立法相关问题研究”课题以浙江省“最多跑一次”改革的立法问题为研究对象，以巩固改革成果、促进改革进一步发展、促进立法的科学性为目标，在深入把握改革现状的基础上，对立法所涉重点难点问题进行针对性深化研究，提出切实可行的立法方案；并结合改革中出现的新实践、新问题探索放管服改革背景下的行政法学基础理论问题，致力于论证行政法基础理论各要素革新取向，为行政法学基础理论变革或行政法未来走向提供可能之思考进路。课题成果通过报告、决策建议等形式，得到了时任浙江省委书记车俊、省长袁家军等多位省部级领导的重要批示，为《浙江省保障“最多跑一次”改革规定》这一地方性法规的完善作出重要贡献。

研究重点内容包含六个部分：一是，以类型化思路建构“最多跑一次”立法框架。在制度设计时，需要充分关照服务与监管、许可与登记、调查与惩戒之间对申请材料、审查程度以及当事人参与程度等事项之间的不同。二是，“最多跑一次”应在合法限度内形塑“弹性化政府”。改革涉及多个政府部门的职责权限分配等问题，如能否以“一个窗口”解决程序启动问题需厘清“收件”与“受理”之区别。三是，“最多跑一次”清单自身合法性保障。在推行“最多跑一次”改革过程中，清单成为办事事项的重要载体。考虑到清单的内容及其对民众权益的影响，有必要在清单制定过程中引入公开、参与、合法性审查等程序，以提升清单在法院审查环节中的合法性地位。四是，“行政许可告知承诺制”的合法性研究。“最多跑一次”改革在当时并无全国人大或全国人大常委会授权决定，若将上位法规定以行政许可形式前置管理的事项，改为“行政许可告知承诺制”，就需要解释基于承诺的行政许可之效力及其与行政许可法相关条款的内在张力问题。五是，“容缺受理”机制的合法性研究。在主要材料齐全，次要材料欠缺的情况下，能否允许先予受理。六是，关注建立全省联网的信息平台，为线上申请和内部流转提供保障机制。改革未来方向是借助浙江信息产业的优势，通过实现政府内部的数据流通与共享机制，有必要通过立法明确数据共享的保障机制，承认线上数据的合法证据地位。

课题的实践成果重点表现为对《浙江省保障“最多跑一次”改革规定》的重点难点问题进行了回应：（1）对“最多跑一次”及其核心概念“一件事情”下定义：定义应用词规范、表述周延，同时要给今后改革的迭代升级预留法律解释的空间。（2）综合行政服务机构的定位：作为程序民营化主体参与到行政许可程序中的非核心环节（区别于传统意义上的行政机关之间的权限委托）。（3）行政许可告知承诺制合法性论证的两条路径：一是申请全国人大常委会对浙江省的许可承诺制作出授权决定；二是无上述授权决定时，通过妥当的法律解释方式论证其合法性。（4）容错免责机制的适用范围：以尊重法律法规为前提，并增加“改革没有增加公民、法人和非法人组织额外负担”为适用前提。（5）第三人权益的考量：政府对办事期限之承诺并非“环节越少越好、时限越短越好”，应当以“保障第三人合法权益的情况下”为前提。

课题的理论成果表现为以新视角、新方法探索放管服改革背景下的行政法学基础理论问题，具有鲜明的方法特色与重大的学术创新。一方面，以行政法基础理论为基奠，辅以新行政法研究视野，借助社会学、经济学、大数据科学等多学科视角，深化分析、查究改革中的重点难点问题，为合法性、合理性存疑的改革方案提出改进思路，推动科学立法，从而巩固已有改革成果、推进改革进一步发展。另一方面，通过立法视角观察我国行政审批改革现状，研究内容所包含的理论囊括对原则、主体、程序、行为、救济等传统行政法基础理论核心内容的新型适用分析。为行政审批理论提供新的实践素材及新的研究视角，为完善贴合于我国行政改革的行政理论和制度提供新的思路。

7. 陆青：《浙江省农村宅基地管理条例草案起草及立法相关问题研究》

在中央提出宅基地三权分置改革目标的背景下，如何针对浙江省的实际情况提供切实可行的农村宅基地管理方案，成为我省未来地方立法工作的一个重要内容。课题组负责起草了《浙江省农村宅基地管理条例草案建议稿》及相关立法理由说明。

课题组通过研究发现，总体来说，当前我省各地进行的宅基地三权分置改革主要采取的是“移转性继受取得”模式。所谓“移转性继受取得”，对应于“创设性继受取得”，是指在宅基地的流转上，仅发生宅基地使用权主体的变更和移转，而宅基地使用权的内容保持不变。在这种模式下，三权分置表现为集体享有宅基地所有权，农户享有宅基地资格权，社会主体（包括非集体经济组织成员、城镇居民等）享有宅基地使用权。宅基地资格权具有专属性，归集体经济组织成员享有。课题组认为，这种规范模式存在以下三点根本不足：一是割裂了宅基地制度演进的内在逻辑，对国家现有的土地制度和管制政策造成了较大冲击；二是弱化了宅基地资格权的财产权能，限制了宅基地福利和社会保障功能的发挥；三是背离了现有农地三权分置的改革方向，造成农村宅基地和承包地在权利配置上的体系冲突。

针对当前我省宅基地三权分置改革试点存在的不足，本课题组提出以次级使用权为中心，通过“创设性继受取得”的方式来实现宅基地三权分置的规范路径。具体来说，应在坚持宅基地资格权和使用权专属于集体经济组织成员不变的基础上，通过在宅基地使用权上再创设出一个具有财产流通性的次级使用权来实现宅基地及地上建筑物的规范流转。在这种模式下，宅基地三权分置政策目标的实现，主要通过规范次级使用权的取得、流转、退出和收回制度予以实现。具体来说，其立法思路包括：

第一，确立集体享有宅基地所有权、集体经济组织成员享有宅基地资格权和宅基地使用权，社会主体享有宅基地次级使用权的三权分置基本规范架构。草案建议稿第四条中规定："村集体享有宅基地所有权，有权依法占有、使用、收益、处分宅基地。农村集体经济组织成员享有宅基地资格权，有权依法申请取得宅基地使用权。宅基地使用权人可以自己使用该宅基地，也可以设立或流转次级使用权的方式由他人使用宅基地。"

第二，明确宅基地资格权的规范含义和人身专属性。草案建议稿第七条规定：符合宅基地取得条件的农村集体经济组织成员具有宅基地资格权，有权以户为单位申请取得宅基地使用权。宅基地资格权具有人身专属性，不得通过流转、继承等方式让与他人。

第三，明确宅基地使用权的规范含义和具体权能。明确除历史原因外，只有享有农户资格权的主体才可以申请取得宅基地使用权（第八条）；针对宅基地使用权的管理，依然需要坚持规划先行、一户一宅、面积法定、依法审批、控制增量的基本原则；在流转上，原则上仅允许宅基地使用权（及地上建筑物）在集体内部流转、互换（第二十条、第二十一条）；允许宅基地使用权人通过设立次级使用权的方式移转宅基地及地上建筑物，并取得宅基地使用费（第十四条、第十五条）；明确宅基地使用权人有权获得征收补偿、有权有偿退出宅基地，有权监管次级使用权人对宅基地的利用（第二十六条、第二十七条等）。

第四，以宅基地次级使用权为中心，建构宅基地次级使用权的取得、流转、收回、退出的整套规范体系。明确宅基地使用权的约定取得、继承取得、抵押取得方式，推进宅基地次级使用权的交易平台建设（第三章）；明确宅基地次级使用权流转的一般规定，以及出卖、出租、抵押房屋时的次级使用权流转规定（第四章）；明确宅基地使用权收回时对次级使用权人的保护，次级使用权收回的法定情形、收回主体、收回程序等（第二十八条到第三十三条）。在次级使用权的取得、流转和收回等环节均明确了房地一体的具体规则（第十六条、第二十二条、第三十一条）。

第五，专章规定宅基地管理的责任规范，保障宅基地取得、流转和收回中相关权利人的合法权益（第六章）。

本成果作为省地方立法专项课题，为未来我省宅基地管理地方条例的立法决策提供参考，为解决我省宅基地管理实践问题提供对策思路。

二、自主课题

1. 赵骏：《涉外法治思想研究》

“涉外法治思想研究”课题通过研究报告的成果形式，旨在回应坚持统筹推进国内法治与涉外法治领域中的理论与实践问题，对于坚持统筹推进国内法治和涉外法治，并积极参与建设国际法治的重要意义、方式路径等进行阐释。

习近平法治思想以其丰富的内涵、严密的逻辑、完备的系统，站在世界历史和全球发展的高度，为全球化时代世界政治文明发展和世界百年未有之大变局下的全球治理体系变革提供了科学理论、务实方案和中国智慧方案。

坚持统筹推进国内法治和涉外法治是习近平法治思想的一个重要维度，从国际和国内相关联、理论和实际相结合上深刻回答了一系列重大问题。当今世界正经历百年未有之大变局，大国博弈加剧，全球治理竞争激烈，但世界多极化、经济全球化、文化多样化深入发展的趋势并没有改变，和平发展潮流不可逆转。同时，在新一轮科技革命和产业变革方兴未艾等因素推动下，全球治理体系和国际秩序变革正加速推进，愈发需要法治在稳定国际秩序、规范国际关系、塑造国际规则方面发挥作用。

在坚持统筹推进国内法治和涉外法治的逻辑语境下，必须注意到我国涉外法治建设目前尚存在一些需要提升的地方。包括：涉外法治人才培养方面的不足，即涉外法治人才的能力不足、经验不足，不能满足涉外实践的需求以及培养涉外法治人才的体系不够健全；涉外法治立法相对滞后，服务于我国企业“出海”的规则体系和条约保障体系尚待健全；在应对国际风险方面，相关应对准备不足；对于企业而言，尽管有较强的“走出去”的热情和意愿，但普遍存在风险意识和防控能力不够等法律风险。

在此基础之上，锚定国际法理论和实践中的前沿、热点问题，聚焦百年未有之大变局下中国如何用好国际法。具体而言：一是要对如何进一步完善涉外法律法规体系，构建开放型经济新体制的法律体系进行研究，着重从如何完善对外贸易和投资领域的法律制度。提升我国的国际话语权，引领制定国际规则、推动建立新型国际关系的努力，将是一个长期的复杂的艰巨的任务，是一个渐进的过程，必然需要以完善的国内法为基础。因此，需要健全外商投资准入前国民待遇加负面清单管理制度，健全外商投资国家安全审查、反垄断审查、国家技术安全清单管理、不可靠实体清单等制度等维度展开；二是要研究如何建立反制裁、反长臂管辖相关立法，加快中国法的域外适用法律体系建设；三是要讨论如何完善对外关系法律体系。

习近平法治思想坚持运用辩证唯物主义和历史唯物主义世界观方法论，观察法治历史、引领法治发展、指导法治建设，提出一系列重大理论范畴。本课题关注到坚持统筹推进国内法治和涉外法治内涵的战略思维和全球视野，将站在两个大局相互联系的高度，统筹考虑和综合运用“两个市场”“两种资源”“两类规则”，坚持国际法的守正与创新系统观，充分利用既有研究条件，辩证、系统分析国际法治、涉外法治、国内法治中的问题，为更好适应和促进新一轮改革开放提供智力支持。为此，一方面需要论证如何不断加强国内法治建设，以期为国内法治与国际法治的良性互动、提升中国的国际法话语权提供基础；另一方面，要聚焦对外交往过程中的理论与实践问题进行分析，为推进国际关系民主化法治化，构建人类命运共同体提供方案。历史和现实相贯通、国内和国际相关联、理论和实践相结合，这是习近平新时代中国特色社会主义思想在法治领域的生动体现，也是本课题旨在秉持的研究思路和逻辑。

2. 汪世荣：《坚持和发展新时代枫桥经验研究》

“坚持和发展新时代枫桥经验研究”课题通过“枫桥经验”实证研究，实现基层社会治理理论的系统化、体系化和学术化表达，并进一步推动基层社会治理制度的完善和实践的创新。新时代“枫桥经验”是中国基层社会治理的样本，是践行中国特色社会主义重要制度——基层群众自治制度的成功典范。将“枫桥经验”上升成为社会治理的“枫桥理论”，实现综合治理、系统治理、源头治理和依法治理，对于加强党的领导，落实自治、法治和德治结合，形成共建、共治、共享社会治理格局，构建社会治理共同性具有重要的理论意义和实践价值。新时代“枫桥经验”的传承创新研究，有助于构建基层社会治理的系统理论。

（1）基层群众自治制度的实践经验

现时代“枫桥经验”通过村规民约的实施、村民代表大会作用的发挥，通过党建引领，发挥社会组织作用，有效践行基层群众自治制度。通过居民议事会、道德评议会、红白理事会、禁毒禁赌会等作用，实现自治、法治和德治“三治融合”。通过道德银行、积分制，充分发挥基层群众自我管理、自我教育、自我监督和自我完善的作用，彰显了基层群众自治制度的优势。坚持和发展新时代“枫桥经验”，对于践行基层群众自治制度，将制度优势转变成为制度效能，具有积极的意义。

（2）矛盾纠纷多元化解机制的建设成效

中共中央、国务院联合发布了《关于完善矛盾纠纷多元化解机制的若干意见》，形成调解、仲裁、行政裁决、行政复议及诉讼等多元化矛盾纠纷解决机制，并建立不同的纠纷解决方式之间相互衔接、相互支撑机制。实践探索中，人民法院的诉讼服务大厅、矛盾调解中心、社会治理中心等不同阶段的载体建设，有效整合了人民调解、行政、仲裁及审判等力量，形成了化解矛盾纠纷的合力。加强前段治理，发挥矛盾纠纷的预防作用，注重纠纷化解的时间、精力、经济等成本支出，最大限度从根本上化解矛盾纠纷，诉源治理成为最大共识。诉调对接、检调对接、警调对接、三调联动，纠纷化解机制建设，推动了预防性法律制度建设的步伐，调动了各种主体化解矛盾纠纷的积极性，加强了行业治理，强化了矛盾纠纷化解的效果。

（3）基层社会治理理论构建

基层社会治理机制建设是基层社会治理理论的有机组成部分。新时代“枫桥经验”行之有效的“四前工作法”“四先四早工作机制”，社会治安综合治理实践，是加强基层社会治理、创新治理体系和提升治理能力的重要方式。基层社会治理中加强顶层设计，通过加强自治规范建设，发挥道德约束作用，增强治理效能。调动社会力量积极参与，构建社会治理共同体。在治理过程中，将从上至下和从下至上有机结合，最大限度调动基层群众的积极性、主动性和创造性，充分发挥群众智慧，构建合作治理的机制，实现社会治理理论的创新。

（4）创新基层社会治理的实践价值

城乡社区是社会治理的基本单元。通过网格化方式限缩治理单元，增强治理的有效性，是强化基层社会治理的重要途径。大力发展社会组织，创新基层群众参与社会治理的途径和方式，有助于强化基层群众自治制度的效能。新时代“枫桥经验”适用领域不仅限于广大农村，在城市社区治理、边疆民族地区社会治理等领域，也有广阔的应用空间。在社会治理的一些难点领域，诸如行业治理、涉外矛盾纠纷化解、网络治理等领域，充分发挥自治作用，发挥“枫桥经验”引领示范作用，对推动社会治理创新，强化治理效能同样具有现实的价值。共建共治共享治理格局的形成，离不开调动多元主体的作用，发挥所有社会成员的作用，以人为本，真正实现人人享有、人人参与、人人尽责。

总之，坚持和发展新时代“枫桥经验”，离不开理论创新。要加强专门领域的探索和研究，拓展“枫桥经验”适用的范围，包括海外“枫桥经验”、边疆治理“枫桥经验”、企业“枫桥经验”、网上“枫桥经验”等。新时代“枫桥经验”研究对于丰富治理文化、创新治理原理，揭示、遵循社会治理的规律，提高社会治理的效能将产生深远意义。

3. 王凌皞：《社会主义核心价值观融入地方立法研究》

“社会主义核心价值观融入地方立法研究”课题以社会主义核心价值观如何融入地方立法为主要研究内容，构建社会主义核心价值观入法的科学立法与评估机制。培育和践行社会主义核心价值观，是我们党立足推进中国特色社会主义伟大事业、实现中华民族伟大复兴中国梦的全局作出的重大决策。习近平总书记强调：“要通过教育引导、舆论宣传、文化熏陶、实践养成、制度保障等，使社会主义核心价值观内化为人们的精神追求，外化为人们的自觉行动”。公民道德品质的塑造需要外在制度环境的保障，而法律法规是法治社会中最为重要的外在制度，以立法形式来建立公民内化社会主义核心价值观的友好制度环境势在必行。各地民情和经济社会发展状况存在一定差异，浙江向来是鱼米之乡，又是浙东学派的起源地，诸贤达圣人道德文章彪炳史册；浙江又是高质量发展建设共同富裕示范区，社会主义核心价值的实现程度体现了浙江人民美好生活实现的精神维度，有必要以地方立法的形式提升浙江省域的社会核心价值观。

要分层次分析社会主义核心价值观的立法需求，把握好核心价值观以何种必要和可行的方式适切转化为法律规范的问题。宽泛意义上的“道德”涵盖人际相关的义务性要求和自我相关的伦理性要求这两类要求，同一类要求内部的核心价值观的要求强度也存在一定的差异。要区分十六个核心价值观分属于哪一类别，同时区分不同价值道德要求的强度。深入分析核心价值观建设的立法需求，加强道德领域突出问题专项立法，把人际基本道德要求及时上升为法律义务并加以确认，把高阶的自我伦理要求以间接的方式渗透入法律制度的方方面面。

一方面，在社会主义核心价值观所涵容的道德要求转化为法律规范时，确保个人与社会最低限度统一的基本道德实现全面入法应是理所当然之事。只有为公众应须共同持守的最低限度的人际基本道德要求拥有法律上的强制力，才能有效保障社会主义核心价值观基本理念的入脑入心。自由、平等、公正的要求更多体现这类最低限度的人际要求，有较强的公共性，需要以立法的形式来保证我国宪法和法律所规定的平等和自由。加快完善我省地方立法相关体现权利公平、机会公平、规则公平的法律制度，依法保障公民权利，维护公平正义。不断完善区域性的经济制度，完善社会主义市场经济法律制度，加快形成保护产权、维护契约、统一市场、平等交换、公平竞争、有效监管的体制机制，促进社会诚信建设。此外，法治也是其中不可偏废的一环。要进一步提升公民法治意识和法治素养，通过立法彰显社会公平正义，充分尊重和保障人民合法权益，将浙江建成法治中国的示范区，并以法治来保障自由、平等与公正这几个公共性的人际核心价值观。

另一方面，要探索自我卓越道德人格相关的伦理性要求间接入法的可能性，立法可以以间接的方式来促成鼓励体现核心价值观的高尚道德举动。可以通过两种方式来实现敬业、友善等高阶伦理要求在公民心中的内化：

首先，当原本属于高阶道德要求的社会规范随社会发展存在渐变为基本道德的趋势，这时可以探讨将其上升为立法的可行性。例如，尽管人和人之间互相救助的义务并不属于最低限度的道德要求，但在涉及生命和身体完整性等重要利益的情况下可以上升为法律，以不那么具有强制力的方式来实施。我省属于经济先发地区，又具有深厚的道德文化积淀，可以先行先试探索民间的传统乡里或宗族内部的互助形式，将其逐步试点推广。也可以依托我省推进的“浙江有礼”省域文明新实践，以地方立法的方式完善公共文化阵地，加快社会主义核心价值观建设制度化，让“浙江有礼、从我做起”

成为我省人民的普遍共识和行动自觉。

其次，探索以正面激励的方式来结合社会实际问题尝试在授权性规范与倡导性规范上探讨入法的可行性。如我国民法中的“好人条款”“报酬请求权条款”“居住权条款”对见义勇为、拾金不昧等高层次道德的法律回应，运用法条规范逻辑中相对软性的“可以”“有权”等道义逻辑算子来建构价值促进型立法，借助法律的力量间接引导、激励并保障公众践履高阶道德的积极性。把实践中行之有效的政策制度及时总结归纳，上升为地方性立法，以权威法律的形式推动文明行为、社会诚信、见义勇为、尊崇英雄、志愿服务、勤劳节俭、孝亲敬老等方面的立法工作。立法在基本人性设定上要从“坏人思维”转化为“常人思维”甚至“好人思维”，富有针对性地疏解“扶不扶”“帮不帮”等社会道德困境，以间接方式促成公民践行美德，免除其事后受损的后顾之忧。我省地方立法可以在基本民事制度之外探索以地方立法建立好人好事公共基金的方式来针对性地解决“扶不扶”“帮不帮”等社会道德困境，在浙江省域范围内让好人做好事无后顾之忧。

在将十六个核心价值观区分为不同层次并以不同方式进入立法之外，也要重视更一般意义上的整体国家的核心价值观友好型的经济、社会环境的建设。尤其是涉及基本民生和资源配置的相关法律制度，如税法、社会保障法和劳动法相关法律部分。要切实加强保障和改善民生、推进社会治理体系创新方面的立法，完善教育、劳动就业、收入分配、社会保障、医疗卫生、扶贫济困、社会救助、婚姻家庭和妇女儿童、老年人、残疾人合法权益保护等方面的法律法规。强化区域性公共政策的价值目标，在涉及民生有关资源配置的事后致力于出台与人们生产生活和现实利益密切相关的具体政策措施，充分体现公平正义和社会责任，注重政策目标和价值导向有机统一，注重经济效益和社会效益有机统一，形成有利于培育和弘扬社会主义核心价值观的良好政策导向和利益引导机制。社会主义核心价值观是广大人民群众的共同行为规范，与共同富裕具备内在关联性，要坚持高质量发展，加快建设我省共同富裕相关立法体系，并将社会主义核心价值观的涵养和内化作为共同富裕的精神性维度来理解。共同富裕的内涵与社会主义核心价值观具有内在关联性。共同富裕是物质存在，社会主义核心价值观是精神存在。在推进共同富裕的过程中，既要满足人民的物质生活需要，又要满足人民的精神生活追求，实现人民对美好生活的向往。对社会主义核心价值观所表达内涵的认识和理解越深刻。

最后，要通过地方立法方式建立健全全局覆盖的经济、政治、文化、社会政策的评估和纠错机制，建立和社会主义核心价值观激励相容的审查。核心价值观进入立法的推进要关涉各项要求的有效落实，各种影响的有力应对，建立健全点位应答体系，保障核心价值观入法入规有序高效发展。

4. 方洁：《地方立法推进省域治理现代化研究》

省域治理现代化，是以法治为内核的国家治理体系和治理能力在省域层面的落实和体现。《中共浙江省委关于认真学习贯彻党的十九届四中全会精神高水平推进省域治理现代化的决定》明确地方立法是省域治理现代化的重要推手。自改革开放以来，我省逐步丰富立法体制、壮大立法队伍、完善立法格局，率先出台《浙江省保障“最多跑一次”改革规定》《浙江省河长制规定》《浙江省大气污染防治条例》等制度，在营商环境、生态保护等诸多方面做出了地方立法的创新之举，通过制定法规真切讲述浙江故事，反映浙江事情，解决浙江问题。

面对推进省域治理现代化的新形势和新要求，本课题提出地方立法要切实通过“一个目标，三项原则，五大措施”，实现站位高、真管用、有特色、技术好的高质量立法。

“一个目标”即坚持“八八战略”为统领，“最多跑一次”深化，数字化改革为牵引，实行科学立法、民主立法、依法立法，为高水平全面实现省域治理现代化、高水平全面建设社会主义现代化提供强有力的法治保障。

“三大原则”即人民中心原则、改革牵引原则、数字赋能原则：其一，更好发挥立法在表达、平衡、调整社会利益方面的重要作用，努力使每一项立法都符合宪法精神，反映人民意志，得到人民拥护；其二，把握好立法授权改革、立法引领改革、通过修改法律消除改革的障碍等要点，以法律形式为改革开放先行先试提供支持和法律保障；其三，加强数字化立法和立法数字化，为浙江占领数字领域高地，早日实现省域治理现代化作出积极的贡献。

“五大措施”包括：第一，坚持党的领导，保证省域治理现代化立法的正确政治方向，牢固树立党的意识，自觉维护党对地方立法的领导核心地位。健全请示报告制度，保证党领导立法工作落到实处。健全人大常委会党组工作制度，发挥党组在人大立法工作中领导核心作用；第二，坚持高水平推进重点领域立法，为省域治理现代化提供制度支持和法治保障。重点推进经济高质量发展、数字浙江、信用浙江、幸福浙江、绿色浙江、平安浙江、文明文化领域的地方立法，为省域治理现代化提供制度支持和法治保障；第三，坚持科学立法、民主立法、依法立法，制定出省域治理现代化亟需的高质量法规和规章。地方立法要在宪法、法律规定的范围内行使立法权，不能超越法定的权限范围；要按照法定立法程序立法；要完善立法备案审查和监督制度，切实开展合宪性审查和合法性审查；要引领数字赋能立法、立法吸纳数字化改革成果与保障需求的立法新范式；第四，坚持协调好上下左右立法工作关系，为省域治理现代化提供活力和资源。要在维护国家法治统一的前提下，主动开展地方立法权限的研究和探索，在重要领域或改革事项积极争取中央授权立法，积极开展创制性、自主性立法。加强对省政府的立法工作监督和指导，对能够通过规章解决的事项都制定规章，充分发挥规章在构建省域治理现代化法治体系建设中的重要作用。推动长三角区域的协同立法，进一步明确规划、环保、产业、营商环境等立法协同重点领域，进一步改进立法协同方式方法，促进长三角区域人大立法工作协同迈上新台阶。加强对设区市人大、景宁畲族自治县人大立法工作的指导，明确设区市立法的重点，尽量避免省市同题立法，充分发挥城市立法的补充作用；第五，坚持发挥人大在立法工作中的主导作用，把握和推进省域治理现代化法治进程。将立项作为发挥人大主导地位的基础环节，建立法规草案提前介入工作机制，实行法规草案起草小组制度，丰富立法调研方式方法，健全人大常委会会议审议机制，保证充分审议，增加隔次审议，探索“两审三通过”，做好人大常委会组成人员审议意见的沟通和反馈。

三、委托课题

1. 郑春燕：《公共数据管理法规制度创新研究》

“公共数据管理法规制度创新研究”课题项目以公共数据立法重点问题为研究对象，以助力实现省域整体智治、高效协同，形成与数字化改革相适应的地方性法规为目标。在综合法学、经济学、管理学、计算机科学等多学科力量，深入总结国家、本省以及各省公共数据立法现状的基础上，认为公共数据立法应当坚持以下原则：一是坚持目标导向、需求导向和问题导向。着力推动解决公共数据领域的重点难点堵点，打造一体化的公共数据多元治理体系，建构全生命周期的公共数据质量体系。二是坚持公共数据开发利用与安全保护相统一。注重责权利相统一，在推动公共数据的内部共享、外部开放以及促进公共数据市场要素化流通的同时，保护个人信息的合法权益与企业数据的应得收益，营造开发利用公共数据的良好制度环境。三是坚持创制性立法与预留改革发展空间相协调。先行先试，注重创新，以地方立法探索出一条实现平台型政府、整体智治的浙江路径。同时也要“有所为、有所不为”，为今后深化改革、促进发展留有充足的制度改进空间。

课题重点对以下问题进行了研究。第一，公共数据的内涵界定。目前关于公共数据的界定存在“行政机关说”“公共机构说”等多种学说，课题认为内涵界定的根本在于数据涉及领域的公共利益，而非数据来源主体，私主体掌握的数据也可能具有公共性。但是，考虑当前政府以外国家机关的数字化治理还处在起步阶段，当下的公共数据立法应当作特别的制度设计，对私主体掌握的具有“公共性”的数据纳入公共数据应当稳步推进。第二，统一的公共数据平台。应当按照集约高效、互联互通、以用促建、经济适用、安全可信、开放兼容的原则，统筹建设公共数据平台，实现电子政务网络、政务云、视联网等基础设施、数据资源、应用支撑、业务应用体系的共建共享。第三，公共数据的质量。应当由主管部门协商制定质量标准，明确技术标准和法律标准，确保数据的完整性、准确性、时效性和可用性，健全疑义校核机制。第四，数据共享。传统信息共享往往是部门与部门之间点对点的方式展开，共享方式存在成本高、监管弱、信息化水平低等弊端。在数字化改革迅猛推进的背景下，有必要通过公共数据主管部门统筹协调，以公共数据平台为依托，实现统一、高效、权威的数据共享新模式，以共享为原则，不共享为例外，加强跨区域共享，实现区域一体化，建设整体性政府。第五，数据开放。数据开放领域数据质量不高导致利用率低，应当遵循依法、规范、优质、公平的原则进行开放。通过开放协议约定政府和使用主体的权利义务，挖掘公共数据的经济价值，探索数据交易制度，发挥数据作为生产要素的功能。第六，加强数据安全保障。构建全链条、全生命周期的安全管理制度，设置专门的数据安全管理岗位，并对委托第三方运维公共数据平台进行严格的事前审查和事中事后监督。第七，公民合法权益保障。保障公民个人信息安全，减轻民众负担。收集公民数据应当遵循合法、正当、必要的原则，不得超出履行法定职责所必需的范围和限度。可以通过共享方式获得公共数据的，不得重复收集。同时保障公民疑义校核的申请权、更正权以及删除权等。

课题立足于加快建设数字中国的时代背景，与浙江省数字化改革的地方实践相结合，对公共数据立法领域的重点难点问题进行了深入研究，提出了适应时代需要、稳步推进的立法方案。研究秉持规范主义立场，平衡公共数据流通利用与公民权益保障之间的关系，探索数据交易制度，引领立法创新。课题研究报告为地方性法规《浙江省公共数据条例》采纳，决策建议获得浙江省委书记袁家军、省人大常委会副主任赵光君等多位省部级领导的批示认可，并为国家立法提供了丰富、有价值的地方探索经验。

2. 何香柏：《绿色低碳转型促进条例》

“绿色低碳转型促进条例”课题以习近平新时代中国特色社会主义思想为指导，全面贯彻党的十九大和十九届历次全会精神，深入贯彻习近平生态文明思想，立足新发展阶段，完整准确全面贯彻新发展理念，构建新发展格局，将绿色低碳转型纳入经济社会发展全局，坚持问题导向，为加快实现生产生活方式绿色变革提供法律保障。改革开放四十多年来，我国经济始终保持着高速增长，2021 年国家统计局数据表明，我国经济总量已超 17 万亿美元，稳居世界第二。但经济快速发展的背后，人与自然的关系却愈发紧张，气候变化、能源危机等系统性危机亦逐步显现，我国转变发展方式已迫在眉睫。在世界范围内，发展绿色低碳经济已逐渐取得世界上越来越多国家的认同，许多发达国家开始寻求向绿色低碳发展模式转变。在可持续发展理念的指导下，我国顺应时代潮流，实现绿色低碳转型，正当其时。推动绿色低碳转型作为我国生态文明建设的重要任务，更是解决我国资源环境生态问题的基础之策。以习近平同志为核心的党中央将生态文明理念和生态文明建设写入《中华人民共和国宪法》，纳入中国特色社会主义总体布局，对贯彻新发展理念、建立绿色低碳循环发展经济体系、推动碳达峰碳中和等作出重大决策部署。

绿色低碳转型涉及领域众多，随着我国社会经济的快速发展和环保要求的不断提升，我国对于绿色低碳的认识逐步深化。在不同的发展时期，我国对于绿色低碳的改革侧重点各有不同。我国绿色低碳转型政策与立法经历了“绿色低碳逐步形成改革共识（1978—2005）”“聚焦节能减排与气候变化（2006—2015）”与“深化绿色低碳发展（2015—至今）”三个阶段。从政策与立法的关系来看，高效灵活的政策居于主导地位，呈现出政策先行，立法跟进保障的局面；从中央与地方的关系来看，地方政策与立法随中央而动，地方政府参与绿色低碳改革的积极性较高，中央与地方形成良性互动模式；从立法内容来看，无论是中央，抑或是地方，立法大多针对绿色低碳某一领域内的事项进行规定，综合性立法数量少。总的来说，目前我国绿色低碳立法经过四十余载的发展，虽已涵盖了产业、能源、交通运输、建筑等多个行业，但仍存在低碳目标模糊、绿色低碳转型缺乏明确且具体的法律依据、绿色低碳发展监管体制不明、温室气体与大气污染物协同控制缺乏法律指导、绿色低碳数智化转型有待进一步加强等问题。

绿色低碳转型促进条例的制定，第一应坚持问题导向，深入分析存在的难点问题，在法规制度设计上体现针对性和可操作性。统筹处理好发展与减排、整体与局部、当前与长远、降碳与群众生活、发展与安全的关系，明确部门和各级政府职责，体系化推进全省绿色低碳转型。第二应依据国家碳达峰碳中和顶层设计文件和节约能源法、循环经济促进法等，衔接我省相关地方性法规，努力做到既用足用好国家政策，严格落实法律要求，又充分结合我省实际，重点聚焦市场主体和人民群众关切，体现法规的引领作用和地方特色。第三应建立完善绿色低碳转型政策和市场体系，通过地方立法将我省经济社会发展各领域、全过程的绿色低碳要求制度化、法治化，以法治的力量推动和保障“双碳”工作任务落实落细。通过政策鼓励与市场激励，完善社会主体参与机制，引导经济社会发展全面绿色低碳转型。

具体而言，绿色低碳转型促进条例明确的主要事项应包括明晰参与方行为标准与规范的监管制度、与清洁能源发电，可再生电力消纳和储能等政策体系相适应的能源绿色低碳转型法律保障制度、推动高碳低效产业和企业的改造提升，淘汰退出的产业绿色低碳转型法律保障制度、提高建筑能效及建成绿色低碳的交通运输体系相适应的建筑和交通等绿色低碳转型法律保障制度、关涉碳汇基础能力、补偿和交易的固碳增汇制度、涉及各主体责任与激励的奖惩制度。

3. 郑磊：《省级人大常委会审批、指导设区的市人大及其常委会法规的实践经验、主要问题及对策分析》

“省级人大常委会审批、指导设区的市人大及其常委会法规的实践经验、主要问题及对策分析”课题旨在总结设区的市法规的审查批准和指导实践做法与相关经验，梳理相关问题，凝练审批指导原理体系，形成审批指导工作规范。

经2015年立法法修改普惠式地赋予设区的市地方立法主体资格、2018年第五次修宪明示确认，形成了“省级—设区的市”的新时代中国地方立法体制结构。五年多来，设区的市地方性法规立法数量的井喷同立法质量的维系并进，在维护国家法治统一、发挥地方立法自主性引领和推动地方各项事业改革发展等方面发挥出重要作用。省、自治区人大常委会对设区的市地方性法规的审查批准和指导，作为其中的枢纽机制，发挥着关键作用。

设区的市法规审批指导原理体系由工作原则、审查基准、审查批准原理、指导原理四个主要部分构成：

首先，工作原则是贯穿审查批准机制和指导机制，对其中各类活动具有把关、调试、权衡的基础性功能要求。审查批准和指导的关联性，是系统把握两类机制、探究其工作原则切入点。省级人大对审查批准设区的市地方性法规是基于宪法第一百条、立法法第七十二条的法定职权，指导则是基于此项职权延生的工作机制。两者的关联性主要体现在四个方面：（1）指导活动的普及，是应对法规数量剧增、批准负荷剧增，而对审查批准程序的关口前移；（2）指导是对审查批准的补充辅助；（3）指导是对合法性审查批准的适度拓展；（4）指导是审查批准刚性监督前的柔性监督。

审批指导工作中发挥着基础性作用的工作原则主要包括如下三项：（1）维护国家法治统一原则，这项原则是统贯审查批准工作和指导工作；为确保该原则的实现，指导工作需要进一步遵循两项原则；（2）协助提高立法质量原则；（3）尊重和促进设区的市地方立法自主性原则。法治统一原则是首要原则，贯穿于审批指导活动和批准活动两个阶段，另两项原则主要体现在指导活动中。质量辅助原则要求省级人大常委会以协助者的定位促进设区的市法规提高立法质量，又非越俎代庖、事必躬亲，是设区的市法规审批指导活动的特色性原则。立法自主原则，应对的是机械理解法治统一对市法规立法自主性带来的不利影响，逐步有序实现释放地方立法空间。

其次，审查基准，是审查批准活动的核心问题，主要适用于审查批准工作中，对指导活动具有原理上的相通性。立法法等对此仅作出抽象笼统的规定，实践中，各地的具体认识和操作并不统一，对此进行统一化、示范性努力，是课题调研中立法工作者明确的共同呼声。

“合法性审查标准是立法法明确规定的省（区）人大常委会对设区的市法规进行审查批准必须坚持的唯一标准。”同时，审查活动实践中，合法性基准并非一项机械的单一基准，而是合法性审查立场上包含了诸项基准的审查基准集合，包含权限合法、内容合法、程序合法三大类，三类审查基准可具体列举为六项：立法权限基准、不抵触基准、不重复基准、明确性基准、符合立法程序、重大合理性基准。前五项，是典型的合法性审查问题，重大合理性则是同合法性问题密切相关的衍生部分。三类中，内容合法这一类最为饱满，不抵触、不重复、明确性、重大合理性等四项均属之。

再次，综合立法法、各省立法条例以及专门规范性文件等相关规定，审查批准程序主要包括报请批准、审查基准、审查期限、送批法案的撤回、审批决定及其效力五个方面。

报请批准，是审查批准程序的起点，也是批准审议的准备阶段，该阶段规定设置，应以保障审批程序的有效展开为宗旨，具体包括材料要求、时间要求和对象范围三个方面。撤回，是审查批准程序中制定主体的主动退出机制，发生审查批准程序终止。退回与建议撤回，是审查批准实践中出现的与之关联的现象。批准决定，是审查批准程序的出口和标志性问题。

汇总各省规定以及实践做法，批准决定包括四种类型：予以批准、修改批准、附加修改意见批准、不予批准。予以批准，是立法法以及各省立法条例中均有明确提及的批准决定类型。对于存在抵触情形的地方性法规，不予批准，逻辑上是一个直观的选项。

在两者之间，在审查批准实践中，对于发现个别条款抵触且通过修改可消除抵触情形的，尚存多种“修改 + 批准”式的中间形态批准决定类型，可凝练推广。对于审查批准中发现的抵触争议情形“可个别修改性”情形的，一种是附修改意见修改后的批准，报批后在省级人大常委会法工委研究阶段附上修改意见，修改意见修改后，进入人大常委会会议审议作出予以批准决定；另一种是对达成共识的修改方案，由省人大常委会修改后批准。两者在客观上发挥了简介予以批准的效果。

最后，各省人大常委会在五年多来审批指导实践中基本摸索形成了一套分阶段分重点的法规指导运作机制。以介入指导的阶段为线索，概括各省人大常委会进行指导的阶段，主要出现在四个阶段：法规立项阶段、法规起草阶段、审议表决阶段、法规报批阶段这四个主要阶段，以此来探讨法规指导的运作机制。各个阶段的指导，因阶段不同而在具体的介入时间、指导的内容重点、指导的方式、指导后的处理方式等方面有所不同，可从四个方面对指导工作进行分阶段分工和规范。

（执笔人：浙江大学立法研究院、
浙江立法研究院助理研究员　阮汨君）

附　录

浙江省十三届人大及其常委会立法目录

（一）制定的省地方性法规目录

1. 浙江省交通建设工程质量和安全生产管理条例
（2018 年 9 月 30 日省十三届人大常委会第五次会议通过）
2. 浙江省华侨权益保护条例
（2018 年 9 月 30 日省十三届人大常委会第五次会议通过）
3. 浙江省实施《中华人民共和国慈善法》办法
（2018 年 11 月 30 日省十三届人大常委会第七次会议通过）
4. 浙江省保障“最多跑一次”改革规定
（2018 年 11 月 30 日省十三届人大常委会第七次会议通过）
5. 浙江省粮食安全保障条例
（2018 年 11 月 30 日省十三届人大常委会第七次会议通过）
6. 浙江省测绘地理信息条例
（2019 年 3 月 28 日省十三届人大常委会第十一次会议通过）
7. 浙江省无人驾驶航空器公共安全管理规定
（2019 年 3 月 28 日省十三届人大常委会第十一次会议通过）
8. 浙江省实施《中华人民共和国反恐怖主义法》办法
（2019 年 3 月 28 日省十三届人大常委会第十一次会议通过）
9. 浙江省教育督导条例
（2019 年 5 月 31 日省十三届人大常委会第十二次会议通过）

10. 浙江省人民代表大会常务委员会关于耕地占用税适用税额的决定

（2019 年 8 月 1 日省十三届人大常委会第十三次会议通过）

11. 浙江省反走私综合治理规定

（2019 年 8 月 1 日省十三届人大常委会第十三次会议通过）

12. 浙江省精神卫生条例

（2019 年 9 月 27 日省十三届人大常委会第十四次会议通过）

13. 浙江省农村生活污水处理设施管理条例

（2019 年 9 月 27 日省十三届人大常委会第十四次会议通过）

14. 浙江省家庭教育促进条例

（2019 年 9 月 27 日省十三届人大常委会第十四次会议通过）

15. 浙江省街道人大工作条例

（2019 年 11 月 29 日省十三届人大常委会第十五次会议通过）

16. 义乌国际贸易综合改革试验区条例

（2019 年 11 月 29 日省十三届人大常委会第十五次会议通过）

17. 浙江省民营企业发展促进条例

（2020 年 1 月 16 日省十三届人民代表大会第三次会议通过）

18. 浙江省人民代表大会常务委员会关于依法全力做好当前新型冠状病毒感染肺炎疫情防控工作的决定

（2020 年 2 月 7 日省十三届人大常委会第十八次会议通过）

19. 浙江省人民代表大会常务委员会关于全面禁止非法交易和滥食野生动物的决定

（2020 年 3 月 26 日省十三届人大常委会第十九次会议通过）

20. 浙江省电动自行车管理条例

（2020 年 5 月 15 日省十三届人大常委会第二十一次会议通过）

21. 浙江省公路条例

（2020 年 5 月 15 日省十三届人大常委会第二十一次会议通过）

22. 浙江省地方金融条例

（2020 年 5 月 15 日省十三届人大常委会第二十一次会议通过）

23. 浙江省人民代表大会常务委员会关于资源税具体适用税率等事项的决定

（2020 年 7 月 31 日省十三届人大常委会第二十二次会议通过）

24. 浙江省水资源条例

（2020 年 9 月 24 日省十三届人大常委会第二十四次会议通过）

25. 浙江省大运河世界文化遗产保护条例

（2020 年 9 月 24 日省十三届人大常委会第二十四次会议通过）

26. 浙江省人民代表大会常务委员会关于促进和保障长三角生态绿色一体化发展示范区建设若干问题的决定

（2020 年 9 月 24 日省十三届人大常委会第二十四次会议通过）

27. 浙江省数字经济促进条例

（2020 年 12 月 24 日省十三届人大常委会第二十六次会议通过）

28. 浙江省生活垃圾管理条例

（2020 年 12 月 24 日省十三届人大常委会第二十六次会议通过）

29. 浙江省医疗保障条例

（2021 年 3 月 26 日省十三届人大常委会第二十八次会议通过）

30. 浙江省人民代表大会常务委员会关于促进和保障长江流域禁捕工作若干问题的决定

（2021 年 3 月 26 日省十三届人大常委会第二十八次会议通过）

31. 浙江省乡村振兴促进条例

（2021 年 7 月 30 日省十三届人大常委会第三十次会议通过）

32. 浙江省标准化条例

（2021 年 7 月 30 日省十三届人大常委会第三十次会议通过）

33. 浙江省人民代表大会常务委员会关于契税具体适用税率等事项的决定

（2021 年 7 月 30 日省十三届人大常委会第三十次会议通过）

34. 浙江省土地管理条例

（2021 年 9 月 29 日省十三届人大常委会第三十一次会议通过）

35. 浙江省电子商务条例

（2021 年 9 月 29 日省十三届人大常委会第三十一次会议通过）

36. 浙江省快递业促进条例

（2021 年 9 月 29 日省十三届人大常委会第三十一次会议通过）

37. 浙江省中医药条例

（2021 年 9 月 29 日省十三届人大常委会第三十一次会议通过）

38. 浙江省人民代表大会常务委员会关于网络虚假信息治理的决定

（2021 年 9 月 29 日省十三届人大常委会第三十一次会议通过）

39. 浙江省综合行政执法条例

（2021 年 11 月 25 日省十三届人大常委会第三十二次会议通过）

40. 浙江省人民代表大会常务委员会关于促进和保障龙港市新型城镇化综合改革的决定

（2021 年 11 月 25 日省十三届人大常委会第三十二次会议通过）

41. 浙江省人民代表大会常务委员会关于授权省人民政府在杭州市暂时调整适用《浙江省建设工程质量管理条例》《浙江省计量监督管理条例》有关规定的决定

（2022 年 1 月 15 日省十三届人大常委会第三十四次会议通过）

42. 浙江省公共数据条例

（2022 年 1 月 21 日省十三届人民代表大会第六次会议通过）

43. 浙江省人民代表大会常务委员会关于授权省和设区的市人民政府为保障亚运会、亚残运会筹备和举办工作规定临时性行政措施的决定

（2022 年 3 月 18 日省十三届人大常委会第三十五次会议通过）

44. 浙江省生态环境保护条例

（2022 年 5 月 27 日省十三届人大常委会第三十六次会议通过）

45. 浙江省铁路安全管理条例

（2022 年 5 月 27 日省十三届人大常委会第三十六次会议通过）

46. 浙江省哲学社会科学工作促进条例

（2022 年 7 月 29 日省十三届人大常委会第三十七次会议通过）

47. 浙江省民生实事项目人大代表票决制规定

（2022 年 9 月 29 日省十三届人大常委会第三十八次会议通过）

48. 浙江省电力条例

（2022 年 9 月 29 日省十三届人大常委会第三十八次会议通过）

49. 浙江省公安机关警务辅助人员条例

（2022 年 9 月 29 日省十三届人大常委会第三十八次会议通过）

50. 浙江省知识产权保护和促进条例

（2022 年 9 月 29 日省十三届人大常委会第三十八次会议通过）

51. 浙江省推进长三角区域社会保障卡居民服务一卡通规定

（2022 年 9 月 29 日省十三届人大常委会第三十八次会议通过）

（二）修改修订的省地方性法规目录

1. 关于修改《浙江省人民代表大会常务委员会任免国家机关工作人员条例》的决定

（2018 年 5 月 31 日省十三届人大常委会第三次会议通过）

2. 浙江省志愿服务条例（修订）

（2018 年 7 月 27 日省十三届人大常委会第四次会议通过）

3. 浙江省各级人民代表大会常务委员会讨论决定重大事项的规定（修订）

（2018 年 7 月 27 日省十三届人大常委会第四次会议通过）

4. 关于修改《浙江省土地利用总体规划条例》等八件地方性法规的决定

（2018 年 11 月 30 日省十三届人大常委会第七次会议通过）

所修改的八件法规分别是：浙江省土地利用总体规划条例、浙江省基本农田保护条例、浙江省土地整治条例、浙江省森林管理条例、浙江省城市市容和环境卫生管理条例、浙江省饮用水水源保护条例、浙江省普陀山风景名胜区条例、浙江省发展新型墙体材料条例

5. 浙江省宗教事务条例（修订）

（2019 年 8 月 1 日省十三届人大常委会第十三次会议通过）

6. 浙江省广告管理条例（修订）

（2020 年 7 月 31 日省十三届人大常委会第二十二次会议通过）

7. 关于修改《浙江省村民委员会选举办法》《浙江省实施〈中华人民共和国村民委员会组织法〉办法》《浙江省村经济合作社组织条例》的决定

（2020 年 7 月 31 日省十三届人大常委会第二十二次会议通过）

8. 浙江省人民代表大会常务委员会关于修改《浙江省农村集体资产管理条例》等七件地方性法规的决定

（2020 年 9 月 24 日省十三届人大常委会第二十四次会议通过）

所修改的七件法规分别是：浙江省农村集体资产管理条例、浙江省农产品质量安全规定、浙江省渔港渔业船舶管理条例、浙江省渔业管理条例、浙江省农业机械化促进条例、浙江省蚕种管理条例、浙江省实施《中华人民共和国农业技术推广法》办法

9. 浙江省人民代表大会常务委员会关于修改《浙江省社会救助条例》等六件地方性法规的决定

（2020 年 9 月 24 日省十三届人大常委会第二十四次会议通过）

所修改的六件法规分别是：浙江省社会救助条例、浙江省劳动人事争议调解仲裁条例、浙江省劳动保障监察条例、浙江省工伤保险条例、浙江省军人军属权益保障条例、浙江省国防教育条例

10. 浙江省人民代表大会常务委员会关于修改《浙江省房屋使用安全管理条例》等七件地方性法规的决定

（2020 年 9 月 24 日省十三届人大常委会第二十四次会议通过）

所修改的七件法规分别是：浙江省房屋使用安全管理条例、浙江省国有土地上房屋征收与补偿条例、浙江省绿色建筑条例、浙江省燃气管理条例、浙江省违法建筑处置规定、浙江省历史文化名城名镇名村保护条例、浙江省城市景观风貌条例

11. 浙江省人民代表大会常务委员会关于修改《浙江省人民代表大会常务委员会议事规则》的决定

（2020 年 11 月 27 日省十三届人大常委会第二十五次会议通过）

12. 浙江省人民代表大会常务委员会关于修改《浙江省见义勇为人员奖励和保障条例》等五件地方性法规的决定

（2020 年 11 月 27 日省十三届人大常委会第二十五次会议通过）

所修改的五件法规分别是：浙江省见义勇为人员奖励和保障条例、浙江省实施《中华人民共和国老年人权益保障法》办法、浙江省实施《中华人民共和国献血法》办法、浙江省艾滋病防治条例、浙江省实施《中华人民共和国人民防空法》办法

13. 浙江省人民代表大会常务委员会关于修改《浙江省港口管理条例》等七件地方性法规的决定

（2020 年 11 月 27 日省十三届人大常委会第二十五次会议通过）

所修改的七件法规分别是：浙江省港口管理条例、浙江省航道管理条例、浙江省交通建设工程质量和安全生产管理条例、浙江省政府非税收入管理条例、浙江省统计工作监督管理条例、浙江省气象条例、浙江省气象灾害防御条例

14. 浙江省人民代表大会常务委员会关于修改《浙江省水文管理条例》等五件地方性法规的决定

（2020 年 11 月 27 日省十三届人大常委会第二十五次会议通过）

所修改的五件法规分别是：浙江省水文管理条例、浙江省水利工程安全管理条例、浙江省钱塘江管理条例、浙江省水土保持条例、浙江省河道管理条例

15. 浙江省人民代表大会常务委员会关于修改《浙江省大气污染防治条例》等六件地方性法规的决定

（2020 年 11 月 27 日省十三届人大常委会第二十五次会议通过）

所修改的六件法规分别是：浙江省大气污染防治条例、浙江省机动车排气污染防治条例、浙江省水污染防治条例、浙江省饮用水水源保护条例、浙江省曹娥江流域水环境保护条例、浙江省温瑞塘河保护管理条例

16. 浙江省人民代表大会议事规则（修订）

（2021 年 1 月 30 日省十三届人民代表大会第五次会议通过）

17. 浙江省人民代表大会常务委员会关于修改《浙江省县、乡两级人民代表大会代表选举实施细则》的决定

（2021 年 3 月 26 日省十三届人大常委会第二十八次会议通过）

18. 浙江省人民代表大会常务委员会关于修改《浙江省发展新型墙体材料条例》等五件地方性法规的决定

（2021 年 3 月 26 日省十三届人大常委会第二十八次会议通过）

所修改的五件法规分别是：浙江省发展新型墙体材料条例、浙江省实施《中华人民共和国节约能源法》办法、浙江省可再生能源开发利用促进条例、浙江省石油天然气管道建设和保护条例、浙江省促进散装水泥发展和应用条例

19. 浙江省人民代表大会常务委员会关于修改《浙江省防震减灾条例》等五件地方性法规的决定

（2021 年 3 月 26 日省十三届人大常委会第二十八次会议通过）

所修改的五件法规分别是：浙江省防震减灾条例、浙江省台湾同胞投资保障条例、浙江省实施《中华人民共和国归侨侨眷权益保护法》办法、浙江省实施《中华人民共和国教师法》办法、浙江省广播电视管理条例

20. 浙江省防汛防台抗旱条例（修订）

（2021 年 5 月 28 日省十三届人大常委会第二十九次会议通过）

21. 浙江省动物防疫条例（修订）

（2021 年 7 月 30 日省十三届人大常委会第三十次会议通过）

22. 浙江省人民代表大会常务委员会关于修改《浙江省计量监督管理条例》等八件地方性法规的决定

（2021 年 7 月 30 日省十三届人大常委会第三十次会议通过）

所修改的八件法规分别是：浙江省计量监督管理条例、浙江省特种设备安全管理条例、浙江省检验机构管理条例、浙江省食品小作坊小餐饮店小食杂店和食品摊贩管理规定、浙江省企业商号管理和保护规定、浙江省商品交易市场管理条例、浙江省合同行为管理监督规定、浙江省华侨捐赠条例

23. 浙江省人民代表大会常务委员会关于修改《浙江省促进科技成果转化条例》等七件地方性法规的决定

（2021 年 9 月 29 日省十三届人大常委会第三十一次会议通过）

所修改的七件法规分别是：浙江省促进科技成果转化条例、浙江省高新技术促进条例、浙江省技术市场条例、浙江省社会养老服务促进条例、浙江省义务教育条例、浙江省城市市容和环境卫生管理条例、浙江省人民代表大会常务委员会关于政府规章设定罚款限额的规定

24. 浙江省人民代表大会常务委员会关于修改《浙江省人口与计划生育条例》的决定

（2021 年 11 月 25 日省十三届人大常委会第三十二次会议通过）

25. 浙江省人民代表大会常务委员会关于修改《浙江省消防条例》的决定

（2021 年 11 月 25 日省十三届人大常委会第三十二次会议通过）

26. 浙江省人民代表大会常务委员会关于修改《浙江省水上交通安全管理条例》的决定

（2021 年 11 月 25 日省十三届人大常委会第三十二次会议通过）

27. 中国（浙江）自由贸易试验区条例（修订）

（2022 年 3 月 18 日省十三届人大常委会第三十五次会议通过）

28. 浙江省禁毒条例（修订）

（2022 年 3 月 18 日省十三届人大常委会第三十五次会议通过）

29. 浙江省海塘建设管理条例（修订）

（2022 年 7 月 29 日省十三届人大常委会第三十七次会议通过）

30. 浙江省反不正当竞争条例（修订）

（2022 年 7 月 29 日省十三届人大常委会第三十七次会议通过）

31. 浙江省人民代表大会常务委员会关于修改《浙江省道路运输条例》的决定

（2022 年 7 月 29 日省十三届人大常委会第三十七次会议通过）

32. 浙江省人民代表大会常务委员会关于修改《浙江省失业保

险条例》的决定

（2022 年 7 月 29 日省十三届人大常委会第三十七次会议通过）

33. 浙江省固体废物污染环境防治条例（修订）

（2022 年 9 月 29 日省十三届人大常委会第三十八次会议通过）

34. 浙江省人民代表大会常务委员会关于修改《浙江省县级以上人民政府行政执法监督条例》的决定

（2022 年 9 月 29 日省十三届人大常委会第三十八次会议通过）

35. 浙江省安全生产条例（修订）

（2022 年 11 月 24 日省十三届人大常委会第三十九次会议通过）

（三）废止的省地方性法规目录

1. 浙江省测绘管理条例

（被 2019 年 3 月 28 日省十三届人大常委会第十一次会议通过，2019 年 5 月 1 日起施行的《浙江省测绘地理信息条例》废止）

2. 浙江省公路路政管理条例

（被 2020 年 5 月 15 日省十三届人大常委会第二十一次会议通过，2020 年 9 月 1 日起施行的《浙江省公路条例》废止）

3. 浙江省水资源管理条例

（被 2020 年 9 月 24 日省十三届人大常委会第二十四会议通过，2021 年 1 月 1 日起施行的《浙江省水资源条例》废止）

4. 浙江省人民代表大会常务委员会关于废止《浙江省取缔无照经营条例》等七件地方性法规和法规性决定的决定

（2020 年 9 月 24 日省十三届人大常委会第二十四次会议通过）

所废止的七件法规和法规性决定是：浙江省取缔无照经营条例、浙江省军事设施保护实施办法、浙江省民兵工作实施办法、浙江省职工教育条例、浙江省人民代表大会常务委员会关于保障和促进义乌市国际贸易综合改革试点工作的决定、浙江省人民代表大会常务委员会关于加强畜禽养殖污染防治促进畜牧业转型升级的决定、浙江省人民代表大会常务委员会关于推进和保障桐庐县深化“最多跑

一次”改革的决定

5. 浙江省人民代表大会常务委员会关于废止《浙江省滩涂围垦管理条例》等六件地方性法规的决定

（2020 年 11 月 27 日省十三届人大常委会第二十五次会议通过）

所废止的六件法规是：浙江省滩涂围垦管理条例、浙江省实施《中华人民共和国集会游行示威法》办法、浙江省房地产开发管理条例、浙江省盐业管理条例、浙江省预防职务犯罪条例、浙江省资源综合利用促进条例

6. 浙江省信息化促进条例

（被 2020 年 12 月 24 日省十三届人大常委会第二十六次会议通过，2021 年 3 月 1 日起施行的《浙江省数字经济促进条例》废止）

7. 浙江省标准化管理条例

（被 2021 年 7 月 30 日省十三届人大常委会第三十次会议通过，2021 年 10 月 1 日起施行的《浙江省标准化条例》废止）

8. 浙江省实施《中华人民共和国土地管理法》办法

（被 2021 年 9 月 29 日省十三届人大常委会第三十一次会议通过，2021 年 11 月 1 日起施行的《浙江省土地管理条例》废止）

9. 浙江省发展中医条例

（被 2021 年 9 月 29 日省十三届人大常委会第三十一次会议通过，2022 年 1 月 1 日起施行的《浙江省中医药条例》废止）

10. 浙江省城市管理相对集中行政处罚权条例

（被 2021 年 11 月 25 日省十三届人大常委会第三十二次会议通过，2022 年 1 月 1 日起施行的《浙江省综合行政执法条例》废止）

11. 浙江省人民代表大会常务委员会关于废止《浙江省信访条例》的决定

（2022 年 9 月 29 日省十三届人大常委会第三十八次会议通过）

12. 浙江省电网设施建设保护和供用电秩序维护条例

（被 2022 年 9 月 29 日省十三届人大常委会第三十八次会议通过，2023 年 1 月 1 日起施行的《浙江省电力条例》废止）

13. 浙江省人民代表大会常务委员会关于废止《浙江省普陀山风景名胜区条例》的决定

（2022 年 11 月 24 日省十三届人大常委会第三十九次会议通过）

（四）有关法规问题和重大问题的决定目录

1. 浙江省组织实施宪法宣誓制度办法（修订）

（2018 年 3 月 31 日省十三届人大常委会第二次会议通过）

2. 关于省人民政府机构改革涉及省的地方性法规规定的行政机关职责调整问题的决定

（2018 年 10 月 23 日省十三届人大常委会第六次会议通过）

3. 浙江省人民代表大会常务委员会关于支持和保障长三角地区更高质量一体化发展的决定

（2018 年 11 月 30 日省十三届人大常委会第七次会议通过）

4. 浙江省人民代表大会常务委员会关于促进和保障高质量发展建设共同富裕示范区的决定

（2021 年 7 月 30 日省十三届人大常委会第三十次会议通过）

5. 浙江省人民代表大会常务委员会关于深入践行习近平法治思想 促进和保障法治中国示范区建设的决定

（2022 年 3 月 18 日省十三届人大常委会第三十五次会议通过）

浙江省十三届人大及其常委会立法调研项目库

（2018年7月发布）

第一类项目：具有较强的立法必要性和可行性，需要抓紧调研，争取在条件成熟时提请审议的法规项目

一、促进经济转型升级、推动浙江经济高质量发展方面的立法

1. 浙江省保障“最多跑一次”改革规定
2. 义乌国际贸易综合改革试验区条例
3. 浙江省经济开发区条例
4. 浙江省军民融合促进条例
5. 浙江省大数据发展应用促进条例
6. 浙江省地方金融管理条例
7. 浙江省优化人才环境条例
8. 浙江省公路条例
9. 浙江省促进中小企业发展条例（修订）
10. 浙江省反不正当竞争条例（修订）
11. 浙江省广告管理条例（修订）
12. 浙江省标准化管理条例（修订）

二、实施乡村振兴战略、推进农业农村现代化建设方面的立法

13. 浙江省乡村振兴促进条例
14. 浙江省绿色农业促进条例

15. 浙江省农村宅基地管理条例
16. 浙江省农用地流转管理条例
17. 浙江省基本农田保护条例（修改）
18. 浙江省农村生活污水处理设施运行维护条例
19. 浙江省传统村落保护利用条例
20. 浙江省农民专业合作社条例（修改）

三、加强社会主义民主法治、推进法治浙江建设方面的立法

21. 浙江省民生实事项目代表票决制规定
22. 浙江省政府信息公开条例
23. 浙江省综合执法条例
24. 浙江省街道人大工作条例
25. 浙江省各级人民代表大会常务委员会监督条例（修订）
26. 浙江省国有资产监督条例
27. 浙江省各级人民代表大会常务委员会规范性文件备案审查规定（修订）
28. 浙江省人民代表大会常务委员会任免国家机关工作人员条例（修订）
29. 浙江省预防职务犯罪条例（修订）

四、发展教科文卫事业、改善和保障民生方面的立法

30. 浙江省高等教育促进条例
31. 浙江省职业教育促进条例
32. 浙江省民办教育促进条例
33. 浙江省教育督导条例
34. 浙江省技术市场条例（修订）
35. 浙江省社会科学促进条例
36. 浙江省精神卫生条例
37. 浙江省院前医疗急救管理条例
38. 浙江省发展中医条例（修改）
39. 浙江省实施《中华人民共和国红十字会法》办法（修订）

40. 浙江省职工基本养老保险条例（修改）
41. 浙江省就业促进条例
42. 浙江省城镇住房保障条例
43. 浙江省华侨权益保护条例

五、加强和创新社会治理、推进平安浙江建设方面的立法

44. 浙江省实施《中华人民共和国突发事件应对法》办法
45. 浙江省实施《中华人民共和国反恐怖主义法》办法
46. 浙江省反走私综合治理若干规定
47. 浙江省公共场所和特种行业治安管理条例
48. 浙江省未成年人网络保护条例
49. 浙江省校园安全条例
50. 浙江省社区矫正工作条例
51. 浙江省医疗纠纷预防与处理条例
52. 浙江省人民调解条例
53. 浙江省粮食安全保障条例
54. 浙江省交通建设工程质量和安全生产管理条例
55. 浙江省非机动车管理条例
56. 浙江省征收集体所有土地房屋补偿条例
57. 浙江省物业管理条例（修改）
58. 浙江省实施《中华人民共和国慈善法》办法
59. 浙江省志愿服务条例（修订）
60. 浙江省公共场所控制吸烟条例
61. 浙江省宗教事务条例（修改）

六、加强环境资源保护、推进美丽浙江建设方面的立法

62. 浙江省实施《中华人民共和国环境保护法》办法
63. 浙江省土壤污染防治条例
64. 浙江省固体废物污染环境防治条例（修改）
65. 浙江省钱江源国家公园条例
66. 浙江省城乡生活垃圾分类收集处理条例

67. 浙江省测绘管理条例（修订）
68. 浙江省实施《中华人民共和国土地管理法》办法（修订）

第二类项目：具有一定的立法必要性和针对性，可以安排调研并在条件确实成熟时提请审议的法规项目

69. 浙江省科学技术进步条例（修改）
70. 浙江省产品质量促进条例
71. 浙江省推进特色小镇发展条例
72. 浙江省区域协调发展促进条例
73. 浙江省民用机场管理条例
74. 浙江省道路运输条例（修改）
75. 浙江省农村经营性建设用地管理条例
76. 浙江省村务民主监督条例
77. 浙江省社区居委会条例
78. 浙江省行政程序条例
79. 浙江省预算绩效管理条例
80. 浙江省早期教育促进条例
81. 浙江省家庭教育促进条例
82. 浙江省科学技术普及条例
83. 浙江省文化产业发展条例
84. 浙江省大运河世界文化遗产保护条例
85. 浙江省公共图书馆条例
86. 浙江省社会办医促进条例
87. 浙江省基本医疗保险条例
88. 浙江省人体器官和遗体捐献条例
89. 浙江省实施《中华人民共和国体育法》办法（修改）
90. 浙江省失业保险条例（修订）
91. 浙江省低收入家庭增收促进条例
92. 浙江省个人信息保护条例

93. 浙江省反邪教条例
94. 浙江省家政服务条例
95. 浙江省不动产登记条例
96. 浙江省城乡文明行为促进条例
97. 浙江省无居民海岛保护与利用管理条例
98. 浙江省空间规划条例

此外，践行“八八战略”，落实中央和省委全面深化改革决策部署，围绕我省“四个强省”“六个浙江”和乡村振兴战略，推进大湾区、大花园、大通道、大都市区建设，实现我省“两个高水平”需要继续深入研究论证的其他法规项目；因国家和我省机构改革涉及机构及其职能调整，需要及时制定和修改的法规项目。

浙江省十三届人大及其常委会立法调研项目库

（2021 年 2 月调整后发布）

一、构建新发展格局、推动浙江经济高质量发展方面的立法

1. 浙江省保障“最多跑一次”改革规定

2. 浙江省地方金融条例

3. 义乌国际贸易综合改革试验区条例

4. 浙江省公路条例

5. 浙江省广告管理条例（修订）

6. 浙江省民营企业发展促进条例

7. 关于促进和保障长三角生态绿色一体化发展示范区建设若干问题的决定

8. 浙江省数字经济促进条例

9. 中国（浙江）自由贸易试验区条例（修订）

10. 浙江省公共数据条例

11. 浙江省数据安全条例

12. 浙江省快递业促进条例

13. 浙江省开发区条例

14. 浙江省促进中小企业发展条例（修订）

15. 浙江省标准化管理条例（修订）

16. 浙江省反不正当竞争条例（修订）

17. 浙江省科技创新促进条例
18. 浙江省大型科学仪器共享规定
19. 浙江省技术市场条例（修订）
20. 浙江省科学技术进步条例（修订）
21. 浙江省科学技术普及条例
22. 浙江省专利条例（修订）
23. 浙江省优化人才环境条例
24. 浙江省区域协调发展促进条例
25. 浙江省产品质量条例
26. 浙江省道路运输条例（修改）
27. 浙江省招标投标条例（修订）
28. 浙江省政府投资条例
29. 浙江省发展规划条例
30. 浙江省未来社区建设条例
31. 浙江省电力条例

二、实施乡村振兴战略、推进农业农村现代化建设方面的立法

1. 浙江省农村生活污水处理设施管理条例
2. 浙江省乡村振兴促进条例
3. 浙江省动物防疫条例（修订）
4. 浙江省农村宅基地管理条例
5. 浙江省农村经营性建设用地管理条例
6. 浙江省基本农田保护条例（修改）
7. 浙江省传统村落保护利用条例
8. 浙江省农民专业合作社条例（修改）
9. 浙江省美丽乡村建设条例
10. 浙江省实施《中华人民共和国农村土地承包法》办法（修订）

三、弘扬社会主义核心价值观、推进文化浙江建设方面的立法

1. 浙江省大运河世界文化遗产保护条例
2. 浙江省家庭教育促进条例

3. 浙江省志愿服务条例（修订）
4. 浙江省哲学社会科学促进条例
5. 浙江省文化产业发展条例
6. 浙江省公共图书馆条例
7. 浙江省文物保护管理条例（修订）
8. 浙江省实施《中华人民共和国档案法》办法（修订）

四、推动绿色发展、推进美丽浙江建设方面的立法

1. 浙江省测绘地理信息条例
2. 浙江省水资源条例
3. 关于全面禁止非法交易和滥食野生动物的决定
4. 浙江省生活垃圾管理条例
5. 浙江省土地管理条例
6. 浙江省实施《中华人民共和国环境保护法》办法
7. 浙江省野生动物保护条例
8. 浙江省固体废物污染环境防治条例（修订）
9. 浙江省国土空间规划条例
10. 浙江省征收集体所有土地房屋补偿条例
11. 浙江省土壤污染防治条例
12. 钱江源—百山祖国家公园管理条例
13. 浙江省海洋环境保护条例（修订）
14. 浙江省海塘建设管理条例（修订）
15. 浙江省湿地保护条例（修订）
16. 浙江省森林管理条例（修订）
17. 浙江省矿产资源管理条例（修订）

五、推动社会事业发展、打造人民幸福美好家园方面的立法

1. 浙江省教育督导条例
2. 浙江省精神卫生条例
3. 浙江省实施《中华人民共和国慈善法》办法
4. 浙江省华侨权益保护条例

5. 关于依法全力做好当前新型冠状病毒感染肺炎疫情防控工作的决定

6. 浙江省医疗保障条例

7. 浙江省中医药条例

8. 浙江省防汛防台抗旱条例（修订）

9. 浙江省突发公共卫生事件应急条例

10. 浙江省实施《中华人民共和国传染病防治法》办法

11. 浙江省就业促进条例

12. 浙江省城镇住房保障条例

13. 浙江省高等教育促进条例

14. 浙江省职业教育促进条例

15. 浙江省民办教育促进条例

16. 浙江省未成年人保护条例（修订）

17. 浙江省家政服务业促进条例

18. 浙江省实施《中华人民共和国红十字会法》办法（修订）

19. 浙江省职工基本养老保险条例（修改）

20. 浙江省失业保险条例（修订）

21. 浙江省社会保险基金监督条例

22. 浙江省爱国卫生促进条例（修订）

23. 浙江省残疾人保障条例（修订）

24. 浙江省反家庭暴力条例

六、加强社会主义民主法治、推进法治浙江建设方面的立法

1. 浙江省街道人大工作条例

2. 浙江省人民代表大会常务委员会任免国家机关工作人员条例（修改）

3. 浙江省各级人民代表大会常务委员会讨论决定重大事项的规定（修订）

4. 浙江省人民代表大会常务委员会议事规则（修改）

5. 浙江省人民代表大会议事规则（修订）

6. 浙江省综合行政执法条例

7. 浙江省民生实事项目人大代表票决制规定

8. 浙江省各级人民代表大会常务委员会监督条例（修订）

9. 浙江省国有资产监督条例

10. 浙江省各级人民代表大会常务委员会规范性文件备案审查规定（修订）

11. 浙江省荣誉居民条例

12. 浙江省街道办事处工作条例

七、创新和完善社会治理、推进平安浙江建设方面的立法

1. 浙江省实施《中华人民共和国反恐怖主义法》办法

2. 浙江省反走私综合治理规定

3. 浙江省粮食安全保障条例

4. 浙江省交通建设工程质量和安全生产管理条例

5. 浙江省电动自行车管理条例

6. 浙江省宗教事务条例（修订）

7. 浙江省无人驾驶航空器公共安全管理规定

8. 浙江省禁毒条例（修订）

9. 浙江省实施《中华人民共和国突发事件应对法》办法

10. 浙江省物业管理条例（修订）

11. 浙江省校园安全条例

12. 浙江省平安建设工作条例

13. 浙江省安全生产条例（修订）

14. 浙江省物资储备条例

15. 浙江省建筑业管理条例（修订）

16. 浙江省互联网信息服务管理条例

17. 浙江省铁路安全管理条例

18. 浙江省警务辅助人员管理条例

浙江省十三届人大常委会年度立法计划

浙江省人大常委会 2018 年立法计划

（2018 年 2 月 26 日浙江省十三届人大常委会
第二次主任会议通过）

一、继续审议项目

1. 浙江省各级人民代表大会常务委员会讨论决定重大事项的规定（修订）

2. 浙江省电子商务条例

3. 浙江省小型无人驾驶航空器安全管理条例

二、初次审议项目

1. 浙江省志愿服务条例（修改）（法制委提请）

2. 浙江省实施《中华人民共和国反恐怖主义法》办法（内司委提请）

3. 浙江省实施《中华人民共和国慈善法》办法（省政府提请，内司委初审）

4. 浙江省交通建设工程质量和安全生产管理条例（省政府提请，财经委初审）

5. 浙江省地方金融管理条例（省政府提请，财经委初审）

6. 浙江省保障“最多跑一次”改革规定（省政府提请，财经委初审）

7. 浙江省华侨权益保护条例（民侨委提请）

8. 浙江省粮食安全保障条例（农委提请）

9. 浙江省测绘管理条例（修订）（环资委提请）

为落实中央和省委关于深化改革、推进法治浙江建设部署以及实施“十三五”规划，需要制定和修改的其他法规项目，可能安排审议。

三、预备项目

1. 浙江省广告管理条例（修订）（法制委提请）

2. 浙江省职工基本养老保险条例（修改）（省政府提请，财经委初审）

3. 浙江省精神卫生条例（教科文卫委提请）

4. 浙江省教育督导条例（教科文卫委提请）

5. 浙江省宗教事务条例（修改）（民侨委提请）

四、调研项目

1. 浙江省人民调解条例

2. 浙江省家庭教育促进条例

3. 浙江省反走私综合治理若干规定

4. 浙江省非机动车管理条例

5. 浙江省公路条例

6. 浙江省道路运输条例（修改）

7. 浙江省电梯安全条例

8. 浙江省标准化管理条例（修订）

9. 浙江省职业教育条例

10. 浙江省社会科学促进条例

11. 浙江省发展中医条例（修改）

12. 浙江省农民专业合作社条例（修改）

13. 浙江省不动产登记条例

14. 浙江省农村生活污水处理设施运行维护条例

15. 浙江省生活垃圾分类收集处理条例

浙江省人大常委会2019年立法计划

（2018年12月17日浙江省十三届人大常委会
第十八次主任会议通过）

一、初次审议项目

1. 浙江省民营企业发展促进条例（省政府提请，财经委初审）

2. 浙江省公路条例（省政府提请，财经委初审）

3. 浙江省职工基本养老保险条例（修改）（省政府提请，相关专门委员会初审）

4. 浙江省农村生活污水处理设施运行维护条例（省政府提请，环资委初审）

5. 浙江省反走私综合治理规定（省政府提请，法制委初审）

6. 浙江省非机动车管理条例（省政府提请，内司委初审）

7. 浙江省家庭教育促进条例（相关专门委员会提请）

8. 浙江省精神卫生条例（教科文卫委提请）

9. 浙江省宗教事务条例（修改）（民侨委提请）

为落实中央和省委关于生态环境保护法规清理、机构改革等部署，需要安排审议的法规修改项目。

二、预备项目

1. 浙江省街道人大工作条例（主任会议提请）

2. 浙江省数字经济促进条例（省政府提请，财经委初审）

3. 义乌国际贸易综合改革试验区条例（省政府提请，法制委

初审）

4. 浙江省广告管理条例（修订）（法制委提请）

5. 浙江省农村生活垃圾分类收集处置条例（省政府提请，农委初审）

三、调研项目

1. 浙江省实施《中华人民共和国环境保护法》办法
2. 浙江省海洋环境保护条例（修改）
3. 浙江省招标投标条例（修订）
4. 浙江省标准化管理条例（修订）
5. 浙江省反不正当竞争条例（修订）
6. 浙江省经济开发区条例
7. 浙江省道路运输条例（修改）
8. 浙江省职业教育条例
9. 浙江省大运河世界文化遗产保护条例
10. 浙江省发展中医条例（修改）
11. 浙江省医疗保障条例
12. 浙江省乡村振兴促进条例
13. 浙江省水资源管理条例（修改）
14. 浙江省农民专业合作社条例（修改）
15. 浙江省动物防疫条例（修改）
16. 浙江省农村宅基地管理条例
17. 浙江省基层社会治理条例
18. 浙江省社区矫正工作条例
19. 浙江省预防职务犯罪条例（修改）
20. 浙江省哲学社会科学促进条例

四、已提请省人大常委会初次审议、2019 年需继续审议的项目

1. 浙江省地方金融条例
2. 浙江省电子商务条例

3. 浙江省实施《中华人民共和国反恐怖主义法》办法
4. 浙江省教育督导条例
5. 浙江省测绘地理信息条例
6. 浙江省小型无人驾驶航空器安全管理条例

浙江省人大常委会2020年立法计划

（2020年1月7日浙江省十三届人大常委会
第四十五次主任会议通过）

一、继续审议项目

1. 浙江省地方金融条例

2. 浙江省电子商务条例

3. 浙江省非机动车管理条例

4. 浙江省公路条例

二、初次审议项目

1. 浙江省数字经济促进条例（省政府提请，财经委初审）

2. 浙江省乡村振兴促进条例（省政府提请，农委初审）

3. 浙江省生活垃圾管理条例（省政府提请，环资委初审）

4. 浙江省大运河世界文化遗产保护条例（教科文卫委提请）

5. 浙江省实施《中华人民共和国土地管理法》办法（修订）（省政府提请，环资委初审）

6. 浙江省医疗保障条例（省政府提请，社会委初审）

7. 浙江省水资源管理条例（修订）（省政府提请，农委初审）

8. 浙江省广告管理条例（修订）（法制委提请）

9. 浙江省人民代表大会议事规则（修改）（主任会议提请）

10. 浙江省人民代表大会常务委员会议事规则（修改）（主任会议提请）

为落实党的十九届四中全会和省委十四届六次全会关于完善法治体系的部署，以及全面开展法规清理需要修改的其他法规项目，视情安排审议。

三、预备项目

1. 浙江省公共数据管理条例（省政府提请，财经委初审）
2. 浙江省快递业促进条例（省政府提请，财经委初审）
3. 浙江省国土空间规划条例（省政府提请，环资委初审）
4. 浙江省防汛防台抗旱条例（修订）（省政府提请，社会委初审）
5. 浙江省综合行政执法条例（省政府提请，监察司法委初审）
6. 浙江省实施《中华人民共和国环境保护法》办法（省政府提请，环资委初审）
7. 浙江省中医药条例（省政府提请，教科文卫委初审）
8. 浙江省标准化管理条例（修订）（省政府提请，财经委初审）
9. 浙江省大型科学仪器共享规定（长三角协同立法项目）（教科文卫委提请）

四、调研项目

1. 浙江省实施《中华人民共和国社区矫正法》办法
2. 浙江省禁毒条例（修订）
3. 浙江省招标投标条例（修订）
4. 浙江省政府投资条例
5. 浙江省经济开发区条例
6. 浙江省产品质量条例
7. 浙江省反不正当竞争条例（修订）
8. 浙江省道路运输条例（修改）
9. 浙江省实施《中华人民共和国中小企业促进法》办法
10. 浙江省科学技术普及条例
11. 浙江省哲学社会科学促进条例
12. 浙江省授予荣誉居民称号条例

13. 浙江省动物防疫条例（修改）
14. 浙江省基本农田保护条例（修改）
15. 浙江省农村宅基地管理条例
16. 浙江省矿产资源管理条例（修改）
17. 浙江省海洋环境保护条例（修订）
18. 浙江省社会保险基金监督条例
19. 浙江省劳动保障监察条例（修改）

浙江省人大常委会2021年立法计划

（2020年12月15日浙江省十三届人大常委会
第六十九次主任会议通过）

一、继续审议项目

1. 浙江省电子商务条例

2. 浙江省医疗保障条例

3. 浙江省土地管理条例

4. 浙江省乡村振兴促进条例

二、初次审议项目

1. 浙江省综合行政执法条例（省政府提请，监察司法委初审）

2. 浙江省公共数据条例（省政府提请，财经委初审）

3. 浙江省标准化管理条例（修订）（省政府提请，财经委初审）

4. 中国（浙江）自由贸易试验区条例（修订）（省政府提请，财经委初审）

5. 浙江省快递业促进条例（省政府提请，财经委初审）

6. 浙江省突发公共卫生事件应急条例（省政府提请，教科文卫委初审）

7. 浙江省中医药条例（省政府提请，教科文卫委初审）

8. 浙江省动物防疫条例（修订）（农委提请）

9. 浙江省野生动物保护条例（环资委提请）

10. 浙江省禁毒条例（修订）（省政府提请，监察司法委初审）

11. 浙江省实施《中华人民共和国环境保护法》办法（省政府提请，环资委初审）

12. 浙江省防汛防台抗旱条例（修订）（省政府提请，社会委初审）

13. 浙江省人大常委会关于契税税率适用问题的决定（省政府提请，法制委审议）

注：为落实中央和省委关于全面深化改革、推进法治浙江建设的部署，需要制定或者修改的其他法规项目，视情安排审议。根据法规清理工作方案，对县乡两级人民代表大会代表选举实施细则、华侨捐赠条例等50件左右需要修改的法规，适时安排审议。

三、预备项目

1. 浙江省国土空间规划条例（省政府提请，环资委初审）

2. 浙江省开发区条例（省政府提请，财经委初审）

3. 浙江省反不正当竞争条例（修订）（省政府提请，财经委初审）

4. 浙江省促进中小企业发展条例（修订）（省政府提请，财经委初审）

5. 浙江省大型科学仪器共享规定（教科文卫委提请，长三角一体化协同立法项目）

6. 浙江省铁路安全管理条例（省政府提请，财经委初审，长三角一体化协同立法项目）

7. 浙江省平安建设条例（省政府或者监察司法委提请）

8. 浙江省实施《中华人民共和国传染病防治法》办法（省政府提请，教科文卫委初审）

9. 浙江省实施《中华人民共和国突发事件应对法》办法（省政府提请，社会委初审）

10. 浙江省固体废物污染环境防治条例（修订）（省政府提请，环资委初审）

11. 浙江省科学技术普及条例（省政府提请，教科文卫委初审）

12. 浙江省哲学社会科学促进条例（教科文卫委提请）

四、调研项目

1. 浙江省未来社区建设条例
2. 浙江省民生实事项目人大代表票决制规定
3. 浙江省互联网信息服务管理条例
4. 浙江省政府投资条例
5. 浙江省招标投标条例（修订）
6. 浙江省电力条例
7. 浙江省家政服务业促进条例
8. 浙江省科学技术进步条例（修订）
9. 浙江省公共图书馆条例
10. 浙江省实施《中华人民共和国红十字会法》办法（修订）
11. 浙江省实施《中华人民共和国档案法》办法（修订）
12. 浙江省荣誉居民条例
13. 浙江省海塘建设管理条例（修订）
14. 浙江省农民专业合作社条例（修订）
15. 浙江省海洋环境保护条例（修订）
16. 钱江源—百山祖国家公园管理条例
17. 浙江省建筑业条例
18. 浙江省社会保险基金监督条例
19. 浙江省反家庭暴力条例
20. 浙江省残疾人保障条例（修订）

浙江省人大常委会2022年立法计划

（2021年12月16日浙江省十三届人大常委会第九十一次主任会议通过）

一、2021年已提请审议、2022年继续审议项目

1. 中国（浙江）自由贸易试验区条例（修订）

2. 浙江省实施《中华人民共和国环境保护法》办法

3. 浙江省禁毒条例（修订）

4. 浙江省铁路安全管理条例

二、提请审议项目

1. 浙江省促进高质量发展建设共同富裕示范区条例（省政府提请，农委初审）

2. 浙江省促进中小企业发展条例（修订）（省政府提请，财经委初审）

3. 浙江省反不正当竞争条例（修订）（省政府提请，财经委初审）

4. 浙江省电力条例（省政府提请，财经委初审）

5. 浙江省知识产权保护条例（省政府提请，教科文卫委初审）

6. 浙江省固体废物污染环境防治条例（修订）（省政府提请，环资委初审）

7. 浙江省海塘建设和综合保护条例（农委提请）

8. 浙江省平安建设条例（省政府提请，监察司法委初审）

9. 浙江省公安机关警务辅助人员管理条例（省政府提请，监察司法委初审）

10. 浙江省安全生产条例（修订）（社会委提请）

11. 浙江省民生实事项目人大代表票决制规定（主任会议提请）

12. 浙江省人民代表大会常务委员会关于授权省和设区的市人民政府为保障亚运会、亚残运会筹备和举办工作规定临时性行政措施的决定（主任会议提请）

为落实中央和省委关于高质量发展建设共同富裕示范区、推进数字化改革和法治中国示范区建设的部署，需要制定或者修改的其他法规项目，视情安排审议。根据法规清理工作安排，对道路运输条例、消费者权益保护法实施办法等需要修改的法规，适时安排审议。

三、预备审议项目

1. 之江实验室发展促进条例（省政府提请，教科文卫委初审）

2. 浙江省科学技术普及条例（省政府提请，教科文卫委初审）

3. 浙江省哲学社会科学工作促进条例（教科文卫委提请）

4. 浙江省科学技术进步条例（修订）（含大型科学仪器共享，长三角协同立法项目）（省政府提请，教科文卫委初审）

5. 浙江省互联网信息服务管理条例（社会委提请）

6. 浙江省国土空间规划条例（省政府提请，环资委初审）

7. 浙江省未来社区建设条例（省政府提请，环资委初审）

8. 钱江源—百山祖国家公园管理条例（省政府提请，环资委初审）

9. 浙江省野生动物保护条例（环资委提请）

10. 浙江省开发区条例（省政府提请，财经委初审）

11. 浙江省绿色低碳转型促进条例（省政府提请，财经委初审）

12. 浙江省审计条例（修改）（省政府提请，财经委初审）

13. 浙江省家政服务业促进条例（省政府提请，财经委初审）

14. 浙江省农作物病虫害防治条例（修订）（农委提请）

15. 浙江省建筑业条例（法制委提请）

16. 推进长三角区域居民服务“一卡通”若干规定（长三角协同立法项目）（暂定社会委提请）

四、调研论证项目

1. 浙江省政府投资条例
2. 浙江省创业投资条例
3. 浙江省招标投标条例（修订）
4. 浙江省民用航空条例
5. 浙江省实施《中华人民共和国传染病防治法》办法
6. 浙江省突发公共卫生事件应急条例
7. 浙江省实施《中华人民共和国红十字会法》办法（修订）
8. 浙江省职业教育条例
9. 浙江省全民阅读促进条例
10. 浙江省公共图书馆条例
11. 浙江省实施《中华人民共和国档案法》办法（修订）
12. 长三角生态绿色一体化发展示范区饮用水水源保护条例
13. 浙江省海洋环境保护条例（修订）
14. 浙江省森林管理条例（修订）
15. 浙江省农村供水条例
16. 浙江省基本农田保护条例（修订）
17. 浙江省村经济合作社组织条例（修订）
18. 浙江省就业促进条例
19. 浙江省社会保险基金监督条例
20. 浙江省预防和制止家庭暴力条例（修订）
21. 浙江省退役军人保障条例
22. 浙江省实施《中华人民共和国突发事件应对法》办法
23. 浙江省法律援助条例（修订）
24. 浙江省民族团结进步促进条例

浙江立法研究院 浙江大学立法研究院 简介

为深入贯彻党的十八大、十九大和省委有关加强立法工作会议的精神，探索新时代中国特色社会主义立法理论，参与立法实践工作，加强立法学学科建设，为地方立法乃至国家立法提供服务，浙江省人大常委会和浙江大学联合成立浙江立法研究院，浙江大学同步成立浙江大学校内研究机构——浙江大学立法研究院。

浙江立法研究院于 2018 年 1 月 20 日成立，为独立法人二类事业单位，由省社会科学界联合会主管；浙江大学立法研究院于 2018 年 1 月 22 日成立，为浙江大学校设研究机构，由浙江大学统一管理。浙江立法研究院与浙江大学立法研究院通力合作、成果共享。

两单位旨在深入研究新时代中国特色社会主义立法理论，相互合作，利用大数据技术实现“智慧立法”，以交叉学科的资源助力立法效率和提升立法质量，搭建培养立法专业队伍的顶尖平台，打造汇聚国内外立法专家的一流智库，为法治中国建设贡献浙江智慧。同时秉持多学科交叉融合的研究理念，在丰富的立法实践基础上，以精准的立法对象意识、精干的立法框架、精细的立法方案等为视点，以规范分析、比较分析、社科法学分析、大数据分析等为方法，对立法领域中的基础性及重点难点问题进行深入研究，解决立法实践中遇到的重大立法难题，从而指导立法机关提升立法技术。

自两单位成立以来，合作完成的多项成果获全国人大常委会及省级领导肯定批示并被立法机关吸收采纳；共同参与起草论证多部重要法律、法规；联合主办之江立法论坛、立法名家讲坛、立法专题沙龙精品活动，聚焦立法领域热点问题，邀请立法理论和实务界的专家学者共同探讨，加强成果交流和学习互鉴，促进学术与实务的对话；陆续推出“之江立法文丛”“立法名著译丛”“地方立法蓝皮书”等系列丛书，积极进行理论传播，踊跃为国家和地方立法实践建言献策。

2019 年，浙江大学立法研究院新增为中国智库索引（CTTI）来源智库。2021 年，浙江立法研究院入选浙江省新型重点专业智库。

关注官方微信，及时了解前沿立法资讯